Verfassungsrechtliche Grundlagen des bürgerschaftlichen Engagements

AF814390

Verfassungs- und Verwaltungsrecht unter dem Grundgesetz

Herausgegeben von
Paul Kirchhof, Edzard Schmidt-Jortzig, Rainer Wahl

Band 32

PETER LANG
Frankfurt am Main · Berlin · Bern · Bruxelles · New York · Oxford · Wien

Judith Reuter

Verfassungsrechtliche Grundlagen des bürgerschaftlichen Engagements

PETER LANG
Europäischer Verlag der Wissenschaften

Bibliografische Information Der Deutschen Bibliothek
Die Deutsche Bibliothek verzeichnet diese Publikation in der Deutschen Nationalbibliografie; detaillierte bibliografische Daten sind im Internet über <http://dnb.ddb.de> abrufbar.

Zugl.: Kiel, Univ., Diss., 2005

Gedruckt mit Unterstützung der
Hans Böckler Stiftung.

D 8
ISSN 0175-1425
ISBN 3-631-54643-2

© Peter Lang GmbH
Europäischer Verlag der Wissenschaften
Frankfurt am Main 2005
Alle Rechte vorbehalten.

Das Werk einschließlich aller seiner Teile ist urheberrechtlich geschützt. Jede Verwertung außerhalb der engen Grenzen des Urheberrechtsgesetzes ist ohne Zustimmung des Verlages unzulässig und strafbar. Das gilt insbesondere für Vervielfältigungen, Übersetzungen, Mikroverfilmungen und die Einspeicherung und Verarbeitung in elektronischen Systemen.

www.peterlang.de

Meinen Eltern

Vorwort

Die vorliegende Untersuchung wurde im Dezember 2004 fertig gestellt und im Sommersemester 2005 von der Rechtswissenschaftlichen Fakultät der Christian-Albrechts-Universität zu Kiel als Dissertation angenommen.

Ich bin vielen Menschen zu Dank verpflichtet, ohne die es mir nicht gelungen wäre, die Arbeit in der vorliegenden Form abzuschließen. Ich danke meinen Doktorvater Herrn Prof. Dr. Gerhard Igl, für die Betreuung der Arbeit und Herrn PD Dr. iur. habil. Utz Schliesky für die zügige Erstellung des Zweitgutachtens. Von meinen Kolleginnen und Kollegen im Institut für Sozialrecht und Sozialpolitik in Europa bin ich insbesondere Herrn PD Dr. iur. habil. Felix Welti für seine Gesprächs- und Hilfsbereitschaft und viele fruchtbare Diskussionen zu großem Dank verpflichtet; für die guten Zeiten am Institut danke ich Conny Hille, Conny Sulek und Hendrik Schleier.

Eine Doktorarbeit lässt man nicht im Büro, wenn man es abends verlässt, und nicht auf dem Schreibtisch, wenn man die Arbeitszimmertür schließt. Denjenigen, die dies nicht nur mit großer Gelassenheit hingenommen, sondern mit mir viele Stunden über einzelne Fragen diskutiert haben und mich gerade in der Endphase tatkräftig unterstützten, gilt mein besonderer Dank: allen voran Sicco Rah, aber auch Christian von Drathen, Bettina Zeuch, Sandra Isbarn und Kirstin Martin. Meine Eltern, die mich immer vorbehaltlos unterstützt haben, ist diese Arbeit gewidmet.

Für die Aufnahme in die Reihe „Verfassungs- und Verwaltungsrecht unter dem Grundgesetz“ danke ich Prof. Dr. Edzard Schmidt-Jortzig, Prof. Dr. Paul Kirchhof und Prof. Dr. Rainer Wahl. Der Hans Böckler Stiftung schließlich danke ich für die Gewährung eines Promotionsstipendiums und die finanzielle Förderung der Veröffentlichung.

Hamburg, August 2005 Judith Reuter

Inhaltsübersicht

Inhaltsverzeichnis

A. Einleitung

Bürgerschaftliches Engagement ist in Zeiten der Diskussion über die Frage, ob und wie das Verhältnis von Staat und Gesellschaft neu geordnet werden soll, von zentraler Bedeutung. Bürgerschaftliches Engagement umfasst die Tätigkeiten, die traditionell als Ehrenämter bezeichnet werden und darüber hinaus neue Formen, die sich zum Teil als weniger formalisiert darstellen. Allgemein gesagt geht es um gemeinwohlorientierte Tätigkeiten, die von Bürgerinnen und Bürgern freiwillig übernommen werden.
Bürgerschaftliches Engagement wird als integraler Bestandteil einer Zivil- bzw. Bürgergesellschaft gesehen, in welcher der einzelne Aufgaben übernimmt und staatliche Interventionen auf ein Minimum beschränkt sind. Die rechtlichen Aspekte einer solchen Staatskonzeption stehen bisher im Hintergrund. Juristische Aufarbeitungen der Thematik sind, ganz im Gegensatz zu den Veröffentlichungen in den Sozialwissenschaften, bisher nur selten.[1] Die bisherigen Veröffentlichungen behandeln in erster Linie die Problemstellungen, die sich für Ehrenamt oder bürgerschaftliches Engagement aus einfachgesetzlichen Regelungen ergeben.

Damit fehlt es an einer Rückbindung der Diskussion über das gesellschaftspolitisch Gewünschte an das verfassungsrechtlich Zulässige. Mit den Verfassungsprinzipien und dem Grundrechtskatalog des Grundgesetzes hat der Verfassungsgesetzgeber die grundlegenden Festlegungen über die Aufgabenverteilung zwischen staatlichem Handeln und gesellschaftlicher Eigeninitiative aber bereits getroffen. Eine Diskussion über gesellschaftliche Veränderungen durch und mit Hilfe von bürgerschaftlichem Engagement muss sich hieran orientieren, will sie nicht folgenlos bleiben.

Die Beantwortung grundlegender Fragen nach dem Verhältnis von bürgerschaftlichem Engagement und Verfassungsrecht ist letztlich auch zentral für die einfachgesetzliche Behandlung des Engagements, denn Steuerungswirkung und Durchsetzung von Veränderung geschieht regelmäßig durch einfachgesetzliche Regelungen. Zu kurz greift es deshalb anzunehmen, notwendig für die Entfaltung der Persönlichkeit sei in erster Linie die Freiheit des Einzelnen vom Staat.[2] Tatsächlich kann ein Weniger auf Gesetzgebungsseite jedoch auch ein Weniger an Gerechtigkeit bedeuten. Nicht jede gesetzliche Regelung bedeutet eine Einschränkung. Normen können auch Freiräume schaffen und freihalten, Handeln ermöglichen und Handelnde absichern und schützen. Zudem geht die Bedeutung des bürgerschaftlichen Engagements auch über seine Rolle in der Zivilgesell-

[1] Zu den wenigen Publikationen zählen Engel, Ehrenamt und Arbeitsrecht und Igl/Jachmann/Eichenhofer; Rechtliche Rahmenbedingungen bürgerschaftlichen Engagements.
[2] Depenheuer, Globalisierung, S. 19, 24.

schaftsdebatte hinaus. Sie ergibt sich unabhängig von dieser Diskussion bereits aus der bereits bestehenden Vielfältigkeit und der großen Anzahl bürgerschaftlich Engagierter.

Die verfassungsrechtlichen Grundlagen bürgerschaftlichen Engagements werden daher in dieser Arbeit untersucht werden. Es handelt sich um eine der ersten rechtswissenschaftlichen Arbeiten zum bürgerschaftlichen Engagement überhaupt und um die erste, die bürgerschaftliches Engagement aus diesem Blickwinkel betrachtet. Sie kann daher etwas nicht leisten: eine erschöpfende Darstellung der Thematik. Vieles kann nur angerissen werden. Es geht daher in erster Linie darum, Grundlagen für eine weitere Auseinandersetzung zu schaffen. So ist zu hoffen, dass diese Untersuchung nicht die einzige ihrer Art bleibt, sondern Anstöße gibt weiterzuforschen.

Die erste Beschränkung ist die auf den individuellen Blickwinkel. Die Arbeit befasst sich in erster Linie mit bürgerschaftlich Engagierten als Grundrechtsträgern und Grundrechtsträgerinnen. Soweit auch juristische Personen als Grundrechtsträgerinnen in Betracht kommen, wird auch auf das bürgerschaftliche Engagement und sein Schutz bei juristischen Personen behandelt. Hier liegt aber kein Schwerpunkt der Arbeit. Um das ohnehin schon sehr breit angelegte Thema zumindest etwas zu begrenzen, wurden steuerrechtliche Fragen[3], sowie Tätigkeiten im Rahmen eines Freiwilligen Sozialen Jahres, eines Freiwilligen Ökologischen Jahres und im Rahmen des Europäischen Freiwilligendienstes ausgeklammert.[4] Schwierigkeiten in der Auseinandersetzung mit dem Verhältnis von bürgerschaftlichem Engagement und Verfassungsprinzipien und Grundrechten werden beispielhaft dargestellt.

In Zusammenhang mit Engagement und Ehrenamt werden verschiedene Begriffe nebeneinander verwandt, die häufig nicht klar definiert sind. Notwendige Basis für eine grundlegende Auseinandersetzung ist aber eine klare Begriffsbestimmung. Daher steht am Anfang dieser Arbeit die Klärung des Arbeitsbegriffs „bürgerschaftliches Engagement“. Die Begriffe des bürgerschaftlichen Engagements und des Engagements werden synonym verwandt. Ehrenamt bezeichnet Tätigkeiten, die tatsächlich mit der Übernahme eines Amtes oder einer Funktion verbunden sind. Ehrenamt wird als speziellerer Begriff vom Begriff des bürgerschaftlichen Engagements umfasst.
Die Darstellung von Umfang und Ausprägung bürgerschaftlichen Engagements illustriert nicht nur die große Bedeutung, die das Engagement bereits heute hat. Hier werden auch bereits die Besonderheiten dargestellt, die für die rechtliche

[3] Vgl. dazu aber die umfassende Auseinandersetzung bei Igl/Jachmann/Eichenhofer.
[4] Ausführlich zum freiwilligen sozialen Jahr: Eberhard, Das freiwillige soziale Jahr.

Bewertung von Bedeutung sein können – die familiäre Situation bürgerschaftlich Engagierter ebenso wie ihre Erwerbstätigkeit oder geographische Besonderheiten.
Danach werden vorrechtliche Fragen geklärt: Gesellschaftspolitische Diskurse seit den 1970er Jahren haben die heutigen Vorstellungen von der Bedeutung des bürgerschaftlichen Engagements geprägt. Es werden die Begriffe der „Zivilgesellschaft", „Bürgergesellschaft" und des „aktivierenden Staates" und ihre Bedeutung für das bürgerschaftliche Engagement geklärt. Ein besonderes Augenmerk liegt dabei auf der Frage nach der Bedeutung gesellschaftlichen „Sozialkapitals". Diesem wird das Verhältnis von Staat und Gesellschaft in der Staatslehre gegenübergestellt und auf seine Folgen für die verfassungsrechtliche Beurteilung des bürgerschaftlichen Engagements untersucht.
Davon ausgehend werden die Festlegungen des Grundgesetzes auf das bürgerschaftliche Engagement bezogen. Dabei geht es zunächst darum zu klären, welche Vorgaben die Verfassungsprinzipien im Hinblick auf das bürgerschaftliche Engagement machen. Es geht insbesondere um das Verhältnis von Demokratieprinzip, Sozialstaatsprinzip und Engagement und darum, ob ein ungeschriebenes verfassungsrechtliches Subsidiaritätsprinzip die Förderung von bürgerschaftlichem Engagement als dem staatlichen Handeln gegenüber vorrangiger Tätigkeit gebietet.
Danach wird der grundrechtliche Schutz bürgerschaftlichen Engagements anhand der einschlägigen Grundrechte untersucht. Dabei werden besonders relevante einfachgesetzliche Regelungen beispielhaft herangezogen.

B. ALLGEMEINES

Voraussetzung für eine inhaltliche Auseinandersetzung ist eine Klärung der Begrifflichkeiten. Daher wird zunächst der Begriff des „bürgerschaftlichen Engagements" eingeführt und zu anderen Begriffen wie denen des „Ehrenamts" und der „Freiwilligenarbeit" abgegrenzt. Dazu gehört die Entwicklung der wichtigsten Merkmale für eine Kerndefinition des bürgerschaftlichen Engagements und ein Blick auf die gesellschaftliche Realität mit der Antwort auf die Fragen: Wie wird Engagement ausgeübt? Wer ist bürgerschaftlich engagiert und warum?

I. Begriff

Das Thema dieser Arbeit ist die verfassungsrechtliche Untersuchung freiwillig übernommener Tätigkeiten außerhalb klassischer Erwerbsarbeitsverhältnisse. Bei einigen, aber bei weitem nicht bei allen dieser Tätigkeiten handelt es sich um solche, die in den Rechtswissenschaften als Ehrenämter oder ehrenamtliche Tätigkeiten bezeichnet werden. Für andere freiwillige Tätigkeiten fehlt es bisher an einem gemeinsamen Oberbegriff.

1. Bürgerschaftliches Engagement als Arbeitsbegriff

Für die Begriffsfindung ist ein Blick hinüber zu den Nachbarwissenschaften hilfreich, denn in den Sozialwissenschaften gibt es seit längerem eine intensive Auseinandersetzung mit den hier behandelten Arbeitsformen und in diesem Zusammenhang auch eine neue Begriffsbildung. Der traditionelle Begriff des Ehrenamts und – daraus weiterentwickelt – der des sogenannten „Neuen Ehrenamts"[5] wird inzwischen zunehmend abgelöst durch den des Engagements.[6] Engagement wird häufig durch die Attribute „bürgerschaftlich" oder „freiwillig" ergänzt.[7] Dabei wird zum Teil darauf hingewiesen, dass eine Präferenz für den einen oder anderen Begriff auf unterschiedlichen modernisierungstheoretischen Konzepten beruht,[8] die hier aber zunächst dahinstehen können.[9] In Anlehnung an den angelsächsischen Sprachgebrauch wird auch der Begriff des Volun-

---

[5] Vgl. z. B. Gromm, Stimmen 2001, S. 505.
[6] Pankoke, TuP 2002, S. 214.
[7] Z.T. sogar durch beide, Klages, Engagement, S. 151.
[8] Beher/Liebig/Rauschenbach, S. 26f.
[9] S. unter C I.

teerings[10] bzw. – eingedeutscht – der Freiwilligenarbeit benutzt.[11] Die unterschiedlichen Begrifflichkeiten erschweren den Blick auf die Thematik.
In dieser Arbeit wird der Begriff des „bürgerschaftlichen Engagements" bzw. des „Engagements" zugrunde gelegt. Der Begriff des Engagements ist zwar verhältnismäßig neu,[12] hat sich inzwischen aber weitgehend durchgesetzt. Die Entscheidung für den Begriff des bürgerschaftlichen Engagements liegt darin begründet, dass er sich in den letzten Jahren mehr und mehr gegenüber den früher verwendeten Begriffen durchgesetzt hat und inzwischen auch losgelöst von seiner ursprünglichen Einbindung in ein bestimmtes politisches Handlungsprogramm etabliert ist. Er hat in der sozialwissenschaftlichen Diskussion den früheren Begriff des „Ehrenamts" abgelöst, der für die heutigen Formen von freiwilliger Tätigkeit nicht mehr passend erscheint. Mit „Ehrenamt" werden diejenigen Engagementformen bezeichnet, die traditionell als Ämter ausgeübt werden und als solche auch gesetzlich geregelt sind. Auf die Bezeichnung „Volunteering" wird verzichtet. Sie entstammt einer anderen historischen Tradition und kann daher die hier untersuchten Engagementformen weniger treffend abbilden als der Begriff des Engagements.
Engagement ist allerdings bisher nicht klar definiert worden. Dem Wortsinn nach bedeutet Engagement weltanschauliche Verbundenheit mit etwas, innere Bindung an etwas, das Gefühl des inneren Verpflichtetseins zu etwas bzw. persönlicher Einsatz.[13] Engagement im hier verwendeten Sinn umfasst mehrere der genannten Facetten: Auf jeden Fall ist es persönlicher Einsatz, nicht selten aus dem Gefühl des inneren Verpflichtetseins. Motiviert ist es nicht selten durch eine innere Bindung an etwas[14] oder weltanschauliche Verbundenheit.[15]

Ein einheitliches Verständnis des Engagements besteht dennoch nicht.[16] Unbestritten ist nur, dass verschiedene Handlungsformen vom Engagement umfasst werden. Diese Handlungsformen können von der familialen Pflegetätigkeit bis zum Dritten Sektor reichen und als verfestigtes Ehrenamt ebenso stattfinden wie als individuelle Hilfe für Dritte.[17] Die Grenzen werden im Einzelnen jedoch unterschiedlich gezogen.

---

[10] Vgl. etwa Gaskin/Smith/Paulwitz.
[11] Vgl. Freiwilligensurvey, Gesamtbericht, S. 50.
[12] Beher/Liebig/Rauschenbach, S. 17 ff.
[13] Duden 5, Das Fremdwörterbuch.
[14] Dazu gehört insbesondere das Engagement, das mit anderen aufgrund von Gemeinsamkeiten übernommen wird, sei es als politisches Engagement oder als Zusammenschluss Gleichbetroffener; hier kommen insbesondere Formen der Selbsthilfe in Betracht.
[15] Insbesondere das Engagement innerhalb der Kirchen.
[16] Igl/Jachmann/Eichenhofer, S. 47 beziehen sich auf „bürgerschaftliches Engagement."
[17] Igl/Jachmann/Eichenhofer, S. 47.

Bisher behilft man sich zumeist damit, statt einer abstrakten Definition des Engagements eine Anzahl von Handlungsformen unter dieses zu fassen. So wird immer wieder auf die „Vielfältigkeit" bürgerschaftlichen Engagements hingewiesen: „Neben der Tätigkeit in Vereinen und Verbänden, Kirchen, karitativen und anderen gemeinnützigen Organisationen, in Freiwilligenagenturen, Hospizbewegungen oder Tafeln umfasst es – um nur einige Beispiele zu geben – die Mitarbeit in Selbsthilfegruppen, Nachbarschaftsinitiativen und Tauschringen. Ferner politisches Engagement in Bürgerinitiativen, Nichtregierungsorganisationen (NGOs), Volksbegehren oder anderen Formen direktdemokratischer Bürgerbeteiligung, auch die Arbeit in Parteien und Gewerkschaften oder der Einsatz in Freiwilligendiensten. Nicht zuletzt gemeinwohlorientierte Aktivitäten von Unternehmen und Stiftungen mit gemeinnütziger Zielsetzung."[18] Ob alle genannten Handlungsformen als bürgerschaftliches Engagement anzusehen sind, wie es hier verstanden wird, sei zunächst dahingestellt. Als Tätigkeiten zwischen Staat, Markt und Privatem wird man jedenfalls einen klar abgrenzbaren Kernbereich von bürgerschaftlichem Engagement eingrenzen können; an den Rändern ist die Abgrenzung zu anderen Handlungsformen jedoch schwieriger.

2. Merkmale des bürgerschaftlichen Engagements

Bisher wird – wenn eine Konkretisierung überhaupt geschieht – in der Regel Engagement durch die Aufzählung von Beispielen näher bestimmt, die je nach Sichtweise unterschiedlich gewählt werden (typologische Begriffsbildung). Dies erschwert eine Auseinandersetzung mit der Thematik. Besser, als zur näheren Bestimmung dessen, was von Engagement umfasst wird, verschiedene Handlungsformen aufzuzählen, ist es daher, Merkmale zu entwickeln, die Engagement möglichst konkret definieren und die verschiedenen Handlungsformen an diesen Merkmalen daraufhin zu überprüfen, ob es sich bei ihnen tatsächlich um Engagement handelt. Für den weiteren Verlauf der Arbeit ist es dabei zunächst nicht notwendig, strenge Ausschlusskriterien zu entwickeln. Für eine Untersuchung der einschlägigen verfassungsrechtlichen Regelungen kann zunächst ein weiter Arbeitsbegriff zugrunde gelegt werden. Wenn es sich als notwendig erweist, wird der weite Begriff im Hinblick auf die konkrete Fragestellung eingeschränkt und durch eine Partikulardefinition genauer bestimmt.

---

[18] Bericht der Enquete-Kommission, BT-Drs 14/8900, S. 2.

a) Freiwilligkeit

Konstitutiv für das Vorliegen von bürgerschaftlichem Engagement ist, wie in der Regel auch bei der klassischen ehrenamtlichen Tätigkeit, die Freiwilligkeit der Übernahme. Die Freiwilligkeit der Tätigkeit besagt, dass eine Entscheidung für die Aufnahme einer Tätigkeit individuell getroffen wird.[19] Eine Einschränkung hinsichtlich der Freiwilligkeit der Übernahme gilt für bestimmte Formen des bürgerschaftlichen Engagements, denen in dieser Hinsicht eine Sonderstellung zukommt. Betrachtet man den Bereich des öffentlichen Ehrenamts, so ist die Freiwilligkeit der Tätigkeit kein geeignetes Abgrenzungskriterium, da zum Teil eine Pflicht zur Übernahme öffentlicher Ehrenämter besteht.[20] Klassische Ehrenämter und ehrenamtliche Tätigkeiten, die vom weiten Begriff des Engagements mit umfasst sind, werden zum Teil nicht aufgrund einer freien Willensentscheidung übernommen, sondern auf Bürgerinnen und Bürger übertragen, die eine Übernahme nur aus klar eingegrenzten und gesetzlich geregelten wichtigen Gründen ablehnen können. So ist eine Tätigkeit als Schöffe, Wahlhelfer oder Wahlhelferin, ehrenamtlicher Richter oder ehrenamtliche Richterin regelmäßig verpflichtend. Nur ausnahmsweise kann die Übernahme eines Ehrenamtes aus wichtigem Grund durch den betroffenen Bürger abgelehnt werden.[21] Ehrenbeamte oder ehrenamtlich tätige Bürger können unter bestimmten Voraussetzungen abberufen werden.[22]

Freiwilligkeit bedeutet zudem nicht, dass keine Verpflichtungen des oder der Aktiven bestehen. Im Gegenteil: Insbesondere bei Tätigkeiten, die innerhalb von Organisationsstrukturen, sei es in Vereinen oder anderen Gruppen, übernommen werden, ist die Zuverlässigkeit der Mitglieder notwendig, um reibungslose Abläufe sicherzustellen. Das bedeutet, dass Bindungen an Verpflichtungen – etwa die Anwesenheit während Büroöffnungszeiten oder das Einhalten von Dienstplänen – die Annahme einer Freiwilligkeit nicht hindern. Die Freiwilligkeit der Übernahme einer Aufgabe ist regelmäßig notwendige, aber nicht hinreichende Voraussetzung dafür, dass es sich bei der Tätigkeit um bürgerschaftliches Engagement handelt.

---

[19] Da auch die Entscheidung für die Übernahme einer Erwerbsarbeit freiwillig sein kann, ist dieses Kriterium nicht dazu geeignet, Beruf und bürgerschaftliches Engagement voneinander abzugrenzen. Anders Goll, S. 151.

[20] Zum Beispiel Schöffen; die Übernahme des Amtes kann nur unter besonderen Umständen abgelehnt werden, § 35 GVG.

[21] § 20 Abs. 2 GO-SH.

[22] § 20 Abs. 3 GO-SH.

b) Unentgeltlichkeit

Bereits im Mittelalter bekleideten Fürsten und Adelsherren an weltlichen Höfen, in den Gilden und Bruderschaften „Ehren-Ämter",[23] die ihnen Privilegien, Macht und Ansehen verschafften.[24] Später wurde das Ehrenamt zu einer Aufgabe für die Bürgerschaft und den ehrenwerten Männern, z. B. als Schöffen oder Laienrichtern, Presbytern und Kirchenvorstehern aufgetragen.[25] Zentrales Merkmal der Ehrenamtlichkeit war hier die unbezahlte Übernahme eines Amtes, also die Unentgeltlichkeit. Als man dann zu Beginn des 20. Jahrhunderts um das entscheidende Abgrenzungskriterium für eine rechtliche Erfassung stritt – Ehrenamt wurde damals in der Regel als öffentliches Ehrenamt verstanden – wurde einerseits die Freiwilligkeit der Amtsübernahme betont, ihre Bestellung durch Wahl oder Ernennung, die Übernahme eines Amtes auf Zeit, andererseits aber auch die fehlende Besoldung. Die fehlende Besoldung, die heute auch in der Unentgeltlichkeit bei der Definition des Ehrenamtes eine Rolle spielt, galt dabei als wichtigstes der verschiedenen Abgrenzungskriterien.[26]

Aber auch das Merkmal der Unentgeltlichkeit, das neben der Freiwilligkeit der Tätigkeit regelmäßig herangezogen wird, um bürgerschaftliches Engagement oder ehrenamtliche Tätigkeit zu definieren, entpuppt sich jedoch bei näherem Hinsehen als nicht so unproblematisch, wie es auf den ersten Blick erscheint, da Engagierte im Zusammenhang mit freiwilligen Tätigkeiten zum Teil auch Geldleistungen erhalten. Dies muss aber die Annahme von Unentgeltlichkeit nicht immer hindern.

Engagement beinhaltet häufig neben dem Einsatz von Zeit auch den Einsatz finanzieller Ressourcen: Das können z. B. Fahrtkosten sein oder Materialkosten. In erster Linie sind es diese Ausgaben, die engagierten Personen ersetzt werden. Entgeltlich wird eine Tätigkeit dadurch noch nicht; hier wird nur verhindert, dass die Tätigkeit für die Engagierten ein Zuschussgeschäft darstellt. Der finanzielle Ausgleich kann entweder durch die Erstattung konkret nachgewiesener Auslagen geschehen oder durch einen Pauschbetrag, der in der Praxis häufig aufgrund des geringeren Verwaltungsaufwandes vorgezogen wird.

Problematischer wird es, wenn nicht nur getätigte Ausgaben ersetzt werden, sondern darüber hinaus auch Aufwandsentschädigungen gezahlt werden, die den Einsatz der Arbeitskraft honorieren sollen. Für Unentgeltlichkeit im hier verwendeten Sinne soll es dabei ausreichen, wenn es sich um eine Aufwandsent-

---

[23] Karsten, S. 103, 121, Hervorhebung durch die Verfasserin.

[24] Karsten, S. 103, 121.

[25] Karsten, S. 103, 121.

[26] Engel, S. 28, Fn. 123ff.

schädigung handelt, die deutlich unter der jeweils üblichen Vergütung angesiedelt ist.[27]

c) Gemeinwohlorientierung

Als notwendige Voraussetzung für das Vorliegen von bürgerschaftlichem Engagement gilt neben der Freiwilligkeit und Unentgeltlichkeit auch die Gemeinwohlorientierung der Tätigkeit.[28]
Der Begriff des Gemeinwohls ist seit jeher schwer fassbar. Häufig genannt und selten genauer präzisiert, dient die Gemeinwohlorientierung in der Regel als Abgrenzungskriterium zur eigennützigen Tätigkeit und ist insoweit zentral für die Grenzziehung zwischen bürgerschaftlichem Engagement und anderen Tätigkeiten.

Damit ist allerdings noch nichts über die inhaltliche Bedeutung des Gemeinwohls gesagt. Soweit es ungeprüft zugrunde gelegt wird und mit ihm sehr unterschiedliche und oft wenig konkrete Vorstellungen verbunden sind,[29] fällt das Gemeinwohl als gemeinsamer Ausgangspunkt für eine seriöse Diskussion aus. Um eine Entscheidung über seine Anwendung treffen zu können, ist es notwendig, in ihm nicht nur eine Blankettverweisung zu sehen, sondern es inhaltlich zu bestimmen. Erst dann kann auch eine Entscheidung darüber getroffen werden, ob Gemeinwohlorientierung tatsächlich als Kriterium zur Bestimmung von bürgerschaftlichem Engagement taugt oder ob es sinnvoller ist, diese durch einen anderen Begriff zu ersetzen.

(1) Begriff des Gemeinwohls

Der Gemeinwohlbegriff ist ein staatstheoretischer Begriff. Er ist nicht notwendig mit bürgerschaftlichem Engagement verknüpft und reicht in seiner Komplexität weit über diese Thematik hinaus. Gleichwohl kann eine Antwort auf die Frage, was Gemeinwohl ist, möglicherweise Orientierung für die Suche nach der Antwort auf die Frage bieten, was bürgerschaftliches Engagement von anderen

---

[27] Ähnlich Igl/Jachmann/Eichenhofer, S. 52: Igl nennt hier das Beispiel eines Pharmakologieprofessors, der für den gleichen Vortrag, den er als Consultant für € 500 bei der für Drogenprojekte zuständigen Sozialbehörde hält, bei einem Drogenprojekt nur € 50 bekommt.
[28] Vgl. etwa Bericht der Enquete-Kommission, BT-Drs. 14/8900 S. 39.
[29] Bericht der Enquete-Kommission, BT-Drs. 14/8900, S. 39 - hier wird als Begründung dafür, dass Altruismus für die Annahme von Gemeinwohlorientierung einer Tätigkeit nicht notwendig sei, angeführt, „wer sich selbst nicht wichtig ist, kann auch nicht für andere sorgen."

Tätigkeiten unterscheidet und seinen besonderen Stellenwert in Staat und Gesellschaft ausmacht.

(a) Gemeinwohl als staatstheoretischer Begriff

Das Gemeinwohl ist zunächst das Ziel staatsrechtlicher Programmatik. Es ist auf staatliches Handeln im Hinblick auf das Gemeinwesen bezogen. Maßstab für staatliches Handeln soll eine Orientierung am Gemeinwohl sein. Die Gemeinwohlorientierung ist damit die umfassendste und abstrakteste aller staatstheoretischen Zielvorgaben.
Der Begriff des Gemeinwohls wird vornehmlich auf die Gesamtgesellschaft angewandt.[30] Sitz des Gemeinwohls soll das Gemeinwesen sein, d. h. die Gesamtheit der Bürger, und zwar nicht als Summe der Individuen, sondern als staatlich verbundene, integrale Einheit.[31] Das Gemeinwohl ist demzufolge die Gesamtheit der öffentlichen Interessen, es hat eine eigene, spezifische Qualität, weil es die Einheit des Gemeinwesens in seinen Zielen und darin das „allgemeine" Interesse verkörpert, das alle Bürger über ihre divergierenden privaten Interessen hinweg verbindet (bonum commune statt bonum particulare bzw. res publica statt res privata).[32] In seiner originären, klassischen Bedeutung bezeichnet es also das Leitbild vom guten Zustand des Gemeinwesens und vom Gedeihen aller seiner Glieder,[33] als die Sache des ganzen Gemeinwesens im Unterschied zu den Sonder- und Eigenbelangen der Individuen oder der Gruppen.[34]

Was aber macht diesen „guten Zustand" des Gemeinwesens aus? Wenn es heißt, Thema des Gemeinwohls sei das Wohlergehen der Bürgerschaft,[35] ist damit noch nicht viel gewonnen, da die Ansichten darüber, wann es der Bürgerschaft wohl ergeht, auseinandergehen können. Einigkeit herrscht zumindest darüber, dass sich das Gemeinwohl inhaltlich nicht in der materiellen Wohlfahrt erschöpft, es also nicht mit dem Gemeinnutz zusammenfällt.[36] Es geht über das rein Materielle hinaus.

---

[30] Brockhaus Enzyklopädie, Band 7, GEC – GZ.
[31] Isensee, HBStR III, § 57, Rn. 7.
[32] Isensee, HBStR III, § 57, Rn. 18; mit Bezug auf Thomas von Aquin Böckenförde, Gemeinwohl, S. 43, 52f.
[33] Isensee, HBStR III, § 57, Rn. 2.
[34] Zu klassischen Gemeinwohlvorstellungen s. auch Böckenförde, Gemeinwohl, S. 43, 44ff.
[35] Isensee, HBStR III, § 57, Rn. 7.
[36] Brockhaus Enzyklopädie, Band 7, GEC – GZ.

(b) Gemeinwohlbestimmung als Prozess

Heute wird das Gemeinwohl weniger als endgültig inhaltlich bestimmt, sondern vielmehr im wesentlichen als formales Problem von Kompetenz und Verfahren angesehen.[37] Es reduziert sich jedoch nicht allein auf Kompetenzverteilung und Verfahrensgestaltung, da insbesondere die Demokratie auf die Idee des Gemeinwohls verwiesen ist, die von der Integration der freien Bürger abhängig ist.[38] Im besten Falle kann Gemeinwohlbestimmung einen Prozess des kollektiven Lernens durch pluralistische, geordnete Auseinandersetzung der beteiligten Grundrechtsträger und Hoheitsträger bedeuten.[39] Gemeinwohl meint also nicht nur das in einer historischen Situation für die Gesamtheit der Mitglieder jeweilige Beste, sondern auch die meist durch einen Kompromiss zustande kommende Integration und den Ausgleich der verschiedenen sozialen Gruppenansprüche unter Berücksichtigung des sozialen Ganzen.[40]

Soweit angenommen wird, es kennzeichne die grundgesetzliche Demokratie, dass sie nicht von einem präexistenten und nur durchzusetzenden, sondern von einem diskursiv erst zu findenden Gemeinwohl ausgeht, für das die Verfassung lediglich die prozeduralen und materiellen Rahmenbedingungen bereitstellt,[41] ist allerdings darauf hinzuweisen, dass die von der Verfassung vorgegebenen Rahmenbedingungen insbesondere im materiellen Sinne von nicht zu unterschätzender Bedeutung sind. Das Gemeinwohl ist keine sich im Besitz des Staates befindliche Konstante, sondern eine sich aus dem Prozess der Meinungs- und Willensbildung erst ergebende Variable. Es gilt dies aber mit der Begrenzung des durch die Verfassung vorgegebenen Rahmens. Daher ist es nicht uneingeschränkt zutreffend, dass das „allgemeine Beste“ nicht durch bestimmte Inhalte definiert und nicht durch bestimmte Tätigkeitsfelder begrenzt wird.[42]

(c) Gemeinwohl und Grundgesetz

Die verfassungsrechtliche Komponente darf nicht aus den Augen verloren werden. Nicht nur die Landesverfassungen,[43] auch das Grundgesetz enthält Vorschriften, in denen das Gemeinwohl Erwähnung findet. Sie bleiben allerdings

---

[37] Grimm, Gemeinwohl, S. 125, 127.
[38] Isensee, HBStR III, § 57, Rn. 55f.
[39] AK-Denninger, 2. A., vor Art. 1, Rn. 21; ähnlich auch Grimm, Gemeinwohl, S. 125, 126.
[40] Brockhaus Enzyklopädie, Band 7, GEC – GZ.
[41] Grimm, HBVerfR, S. 373, 374; ähnlich Bericht der Enquete-Kommission, BT-Drs. 14/8900, S. 39.
[42] Isensee, HBStR III, § 57, Rn. 2.
[43] Hierzu ausführlich Häberle, S. 99, 106ff.

entweder deklamatorisch oder weisen die Konkretisierung des Gemeinwohl-Tatbestandes dem Gesetzgeber zu.[44]

Die prominenteste Erwähnung des Gemeinwohls findet sich in Art. 14 GG.[45] Die dort geregelte Eigentumsfreiheit wird in Art. 14 Abs. 2 GG folgendermaßen konkretisiert: „Eigentum verpflichtet. Sein Gebrauch soll zugleich dem Wohl der Allgemeinheit dienen." Art. 14 Abs. 3 GG bestimmt, dass Enteignungen nur „zum Wohl der Allgemeinheit" zulässig sind und Entschädigungen unter gerechter Abwägung der Interessen der Allgemeinheit und der Beteiligten zu bestimmen seien. Die Verpflichtung richtet sich an den Staat, nicht an das Individuum; dies ist der Struktur der Grundrechte als Abwehrrechten gegen den Staat zueigen. Das Bundesverfassungsgericht hat daher daraus Gesetzgebungsaufträge hergeleitet und dem Gesetzgeber die konkrete Ausgestaltung überlassen,[46] eine eigenständige Gemeinwohldefinition fehlt.

Art. 56 GG enthält der Amtseid des Bundespräsidenten, in dem dieser zu schwören hat, seine Kraft „dem Wohle des deutschen Volkes" zu widmen. Dieser Amtseid ist auch vom Bundeskanzler und den Bundesministern zu leisten, Art. 65 GG. Eine weitere inhaltliche Bestimmung dessen, was als Wohl des deutschen Volkes anzusehen ist, fehlt genauso wie Sanktionsregelungen. Konkrete Anhaltspunkte, was der Inhalt des Gemeinwohls sein soll, ergeben sich nicht.

Etwas anders stellt sich die Situation bei dem verhältnismäßig neuen Art. 87e Abs. 4 GG dar, in dem festgelegt ist, dass in Zusammenhang mit der Privatisierung der Eisenbahnen das Wohl der Allgemeinheit zu berücksichtigen ist. Hier wird auf den Ausbau und den Erhalt der Schienennetze und das Verkehrsbedürfnis der Bürgerinnen und Bürger Bezug genommen. Die Art und Weise der Berücksichtigung zu bestimmen, bleibt jedoch auch hier Aufgabe des Gesetzgebers.

Auch in der Rechtsprechung des Bundesverfassungsgerichtes spielt das Gemeinwohl eine Rolle. Die häufigste Berücksichtigung findet das Gemeinwohl dabei in der Rechtsprechung des Bundesverfassungsgerichts zu Art. 12 GG. In seiner sogenannten „Stufenlehre" hat das Gericht die Möglichkeiten der Einschränkung der Berufsfreiheit an Gemeinwohlaspekte gekoppelt. So ist die Freiheit der Berufsausübung nach der Rechtsprechung des Bundesverfassungsgerichts beschränkbar, wenn vernünftige Erwägungen des Gemeinwohls dies zweckmäßig erscheinen lassen, während für Beschränkungen der Berufswahl je

---

[44] Grimm, Gemeinwohl, S. 125, 132.
[45] Hofmann, S. 25, 37.
[46] Vgl. zum Ganzen Grimm, Gemeinwohl, S. 125, 132f.

nach Art und Weise zur Begründung der Zulassungsschranken entweder besonders wichtige oder überragend wichtige Gemeinschaftsgüter gefordert werden.[47] Was dabei als Erwägung des Gemeinwohls zu berücksichtigen ist, bleibt einzelfallabhängig und kann nur im konkreten Streitfall im Rahmen einer Abwägung entschieden werden.[48]

Im Rahmen der Rechtsordnung kann der Gemeinwohlbegriff also nicht als eindeutig fixierter Begriff verwendet werden, er ist vielmehr ausfüllungsbedürftig.[49] Vor diesem Hintergrund wird klar, dass die Frage, in welchem Maße das Grundgesetz Maßstab für die Bestimmung des Gemeinwohls ist, weiterhin unterschiedlich beurteilt wird. Die Ansichten gehen weit auseinander: Zum Teil wird angenommen, dass sich das Grundgesetz bei der inhaltlichen Bestimmung des Gemeinwohls zurückhielte,[50] zum Teil dass die genauere Beschreibung dieses „Gemeinwohls" alsbald in eine Darstellung der Grundzüge des geltenden Verfassungsrechts übergehen müsste.[51] Jedenfalls bildet das Grundgesetz den Rahmen und den Maßstab für die Grenzen des Gemeinwohls, wenn sich auch aus den einzelnen Regelungen des Grundgesetzes eine konkrete Begriffsbestimmung nicht ergibt. Diese wird primär vom Gesetzgeber geleistet.[52]

Viel spricht dafür, den Gemeinwohlbegriff an den – verfassungsrechtlich fixierten – Zielen und Zwecken zu orientieren, um derentwillen der Staat besteht.[53] Daher ist jedenfalls im Bereich zentraler und vom Konsens der Rechtsgemeinschaft getragener Aussagen des Verfassungsrechts (Art. 1 Abs. 1 GG, Art. 79 Abs. 3 GG) der Kern eines „Gemeinwohls der Bundesrepublik Deutschland" zu sehen.[54] Dazu gehören insbesondere die Menschenwürde und die soziale Gerechtigkeit,[55] bzw. der soziale Rechtsstaat.[56]

(d) Ergebnis

Der jeweils gültige Gemeinwohlbegriff entwickelt sich in der Auseinandersetzung verschiedener Positionen und verschiedener Gruppenansprüche. Das

[47] Erstmals BVerfGE 7, 377f. (Apotheken-Urteil).
[48] Ähnlich auch Grimm, Gemeinwohl, S. 125, 137.
[49] Böckenförde, Gemeinwohl, S. 43, 63.
[50] So aber Isensee, HBStR III, § 57, Rn. 108.
[51] Stolleis, Evangelisches Staatslexikon, Bd. 1, Spalte 1061, 1064.
[52] Hofmann, S. 25, 37.
[53] Böckenförde, Gemeinwohl, S. 43, 63.
[54] Stolleis, Evangelisches Staatslexikon, Bd. 1, Spalte 1061, 1064.
[55] Isensee, HBStR III, § 57, Rn.108.
[56] Häberle, S. 99, 100.

Gemeinwohl ist eine umfassende Zielvorgabe und bezeichnet das „Wohl des Gemeinwesens“ bzw. das Wohl der Allgemeinheit.

Das Grundgesetz bleibt eine klare und enge Begriffsbestimmung des Gemeinwohls schuldig; auch in der Rechtsprechung des Bundesverfassungsgerichts ergeben sich nur Leitlinien für eine Konkretisierung im jeweiligen Einzelfall und keine allgemeingültigen Festlegungen. Betrachtet man jedoch das Grundgesetz als Ganzes, so wird deutlich, dass im Grundgesetz selbst insgesamt eine Gemeinwohlorientierung zum Ausdruck kommt.
Gemeinwohl ist letztlich als der Inbegriff aller Staatsziele zu sehen, nicht beschränkt auf die institutionalisierte Staatlichkeit, aber nur unter der Voraussetzung, dass diese Staatsziele legitim d. h. verfassungsrechtlich zulässig sind.[57]
Mit diesem Horizont des Gemeinwesens als Ganzem fasst das Gemeinwohl die vielfältigen öffentlichen Interessen, die in Staat und Gesellschaft wirksam sind, zur Zieleinheit zusammen.[58]
Inwieweit die Verfassung inhaltliche Vorgaben macht, ist umstritten; dazu gehören aber jedenfalls die Menschenwürde und das Gebot der sozialen Gerechtigkeit als Folge des Sozialstaatsgebots, Art. 20 Abs. 1 GG.[59]

(2) Konkretisierung des Gemeinwohlbegriffs

Was bedeutet aber das „Wohl des Gemeinwesens“ oder das Wohl der Allgemeinheit über das Gebot der Menschenwürde und der sozialen Gerechtigkeit hinaus? Soweit darunter eine gute Verfassung aller Voraussetzungen und Gestaltungen menschlichen Lebens, neben den wirtschaftlichen auch der geistigen, künstlerischen, moralischen, nationalen und internationalen Beziehungen verstanden wird, da nur in angemessener Ordnung aller dieser Lebensformen auch das menschliche Wohl als Ganzes zureichend verwirklicht werden könne,[60] ist damit ein Rahmen gesteckt; auch hier verbleiben jedoch noch zu viele unbestimmte Rechtsbegriffe. Das Ersetzen eines abstrakten Begriffes durch einen anderen ist insbesondere bei der Anwendung der Gemeinwohlorientierung als Merkmal bürgerschaftlichen Engagements typisch. So wird angenommen, bürgerschaftliches Engagement sei gemeinwohlorientiert, wenn sich engagierte Bürgerinnen und Bürger bei ihrer Tätigkeit am Wohl des Gemeinwesens orientierten oder – dort, wo dieses Gemeinwohl nicht unmittelbar erkennbar sei – indirekt dazu beitrügen.[61] Hier wird Gemeinwohl nur durch Wohl des Gemeinwe-

[57] So auch Isensee, HBStR III, § 57, Rn. 2.
[58] Isensee, HBStR III, § 57, Rn. 2.
[59] Für „soziale Gerechtigkeit“ als Richtschnur Hofmann, S. 25, 38.
[60] Brockhaus Enzyklopädie, Band 7, GEC – GZ.
[61] Bericht der Enquete-Kommission, BT-Drs. 14/ 8900, S. 39.

sens ersetzt. Das hilft aber nicht weiter. Ein noch stärker auf die konkreten Sachverhalte heruntergebrochener Kriterienkatalog ist notwendig. Dies wird auch vom Gesetzgeber zunehmend so gesehen. Daher wird insbesondere im Verwaltungsrecht häufig nicht mehr konditional, sondern final geregelt.[62] Ein Beispiel dafür ist die Verankerung von Zielvorgaben im Bauplanungsrecht, § 1 Abs. 5 und Abs. 6 BauGB. Hier wird zunächst ein Ziel festgelegt, nämlich das der geordneten städtebaulichen Entwicklung und eine dem Wohl der Allgemeinheit entsprechende sozialgerechte Bodennutzung, § 1 Abs. 5 S. 1 BauGB. Dann werden in § 1 Abs. 6 BauGB beispielhaft solche Gesichtspunkte aufgeführt, die insbesondere zu berücksichtigen sind.[63] Eine ähnliche Struktur findet sich auch in den Regelungen der Abgabenordnung (AO) in Bezug auf die Anerkennung von Tätigkeiten als gemeinnützig. Diese Regelungen sind in Bezug auf die Frage nach dem Inhalt des Gemeinwohls besonders interessant.

(a) Maßstab Gemeinnützigkeitsrecht? § 52 Abs. 1 AO

Gemeinnützigkeit ist die Summe aus Gemeinwohl und Selbstlosigkeit und insofern grundsätzlich als Anhaltspunkt geeignet. Die zentrale Norm des Gemeinnützigkeitsrechts ist der § 52 Abgabenordnung (AO). Er legt die Voraussetzung für die Anerkennung einer Körperschaft als gemeinnützig fest. § 52 Abs. 1 S. 1 AO lautet: Eine Körperschaft verfolgt gemeinnützige Zwecke, wenn ihre Tätigkeit darauf gerichtet ist, die Allgemeinheit auf materiellem, geistigem oder sittlichem Gebiet selbstlos zu fördern.[64]

Diese wiederum sehr unbestimmten Begriffe werden in § 52 Abs. 2 AO weiter konkretisiert: Gemäß Abs. 2 Nr. 1 sind als Förderung der Allgemeinheit insbesondere anzuerkennen die Förderung der Wissenschaft und Forschung, der Bildung und Erziehung, Kunst und Kultur, der Religion, der Völkerverständigung, der Entwicklungshilfe, des Umwelt-, Landschafts- und Denkmalschutzes und des Heimatgedankens, gemäß Abs. 2 Nr. 2 die Förderung der Jugend- und Altenhilfe, des öffentlichen Gesundheitswesen, des Wohlfahrtswesens und des Sports, wobei Schach als Sport gelten soll. Die Einbeziehung des Schachspiels in die Gemeinnützigkeit über eine Zuordnung zum Sport erscheint zumindest anzweifelbar. Während in Abs. 2 Nr. 3 auch die allgemeine Förderung des demokratischen Staatswesens einbezogen wird, ist die erst nachträglich ergänzte Abs. 2 Nr. 4 in ihrer Zusammenstellung nicht unmittelbar einleuchtend: Genannt werden die Förderung der Tierzucht, der Pflanzenzucht und der Kleingärtnerei, des traditionellen Brauchtums einschließlich des Karnevals, der Fastnacht und

---

[62] Hofmann, S. 25, 33.

[63] Vgl. dazu im Detail Hofmann, S. 25, 33.

[64] Satz 2 schließt die Gemeinnützigkeit für die Fälle aus, in denen die Förderung nur einem abgeschlossenen Personenkreis zugute kommt.

des Faschings, der Soldaten- und Reservistenbetreuung, des Amateurfunks, des Modellflugs und des Hundesports.
Diese Regelung umfasst verschiedene Tätigkeiten, bei denen weder ein innerer Zusammenhang festgestellt werden kann, noch deutlich wird, inwiefern sie geeignet sein sollen, die Allgemeinheit auf materiellem, geistigen oder sittlichem Gebiet mehr als andere zu fördern. Dies gilt insbesondere für eine isolierte Anerkennung des Modellflugs gegenüber anderen Arten der Beschäftigung mit Modellen wie z. B. der Modelleisenbahn oder des Hundesports gegenüber anderer Beschäftigung mit Tieren. Auch hinsichtlich einer besonderen Förderung des Allgemeinheit durch das Amateurfunken bleiben Zweifel.[65] Das Gemeinnützigkeitsrecht, wie es sich in § 52 AO darstellt, kommt daher in dieser Form als Maßstab für Gemeinwohlorientierung nicht in Betracht.

(b) Der Vorschlag der Unabhängigen Sachverständigenkommission zur Prüfung des Gemeinnützigkeits- und Spendenrechts

Die Unabhängige Sachverständigenkommission zur Prüfung des Gemeinnützigkeits- und Spendenrechts hat 1988 einen Katalog von Kriterien entwickelt, an dem sich die Gemeinnützigkeit von Körperschaften messen lassen sollte.[66] Der Maßstab für die Anerkennung als gemeinnützig orientiert sich dabei maßgeblich an der Frage danach, was dem Gemeinwohl dient. In den Katalog sind nur solche ideellen Tätigkeiten aufgenommen worden, durch die tatsächlich das Gemeinwohl gefördert werden kann.[67] Die Sachverständigenkommission definiert Gemeinnützigkeit als selbstlose Förderung des Gemeinwohls. Gemeinwohlfördernde Tätigkeiten sollen zum einen gegeben sein, wenn gesetzliche Pflichtaufgaben des Staates oder der Kommunen übernommen werden oder wenn die Tätigkeit dazu geeignet und erforderlich ist, die Lebensgrundlagen des Gemeinwesen zu festigen, zu sichern oder zu erhalten. Entsprechendes soll auch für Kirchen als Körperschaften des öffentlichen Rechts gelten.[68] Eine Körperschaft fördert das Gemeinwohl nicht selbstlos, wenn sie im wesentlichen eigennützige

---

[65] Diese erhärten sich, wenn man sich mit dem Gesetzgebungsprozess befasst, der schließlich gegen den Rat der Sachverständigenkommission zu dieser Regelung führte, vgl. Isensee/ Knobbe-Keuk.
[66] Die Kommissionsarbeit hatte allerdings keine Folgen für die Weiterentwicklung des Gemeinnützigkeitsrechts; dies zeigte sich insbesondere bei der Einführung des § 52 Abs. 2 Nr. 4 AO 1990, durch den verschiedene Aktivitäten als gemeinnützig anerkannt wurden, deren Einbeziehung die Kommission explizit abgelehnt hatte. Vgl. dazu auch Isensee in FS Dürig, S. 33, 38f.
[67] Sachverständigenkommission, S. 278.
[68] Sachverständigenkommission, S. 94.

Zwecke ihrer Mitglieder oder Gesellschafter verfolgt.[69] Aus diesen Vorgaben entwickelte die Kommission einen abschließenden Katalog von Kriterien, bei deren Vorliegen eine Gemeinwohlförderung angenommen wird:

- Wohlfahrtswesen, Jugendhilfe, Altenhilfe
- Hilfe für politisch, rassisch oder religiös Verfolgte, für Flüchtlinge, Vertriebene, Kriegsopfer, Kriegshinterbliebene, Kriegsbeschädigte und Kriegsgefangene sowie Hilfe für Opfer von Straftaten; Pflege des Andenkens an Verfolgte, Kriegs- und Katastrophenopfer
- Öffentliche Gesundheitspflege einschließlich der Bekämpfung von Tierseuchen
- Feuer-, Arbeits- und Zivilschutz, Unfallverhütung, Einrichtungen zur Rettung aus Lebensgefahr
- Wissenschaft und Forschung
- Erziehung, Volksbildung und Berufsbildung
- Religion
- Kunst, Kultur, Denkmalschutz und Heimatpflege
- Umwelt-, Natur-, Landschafts- und Küstenschutz
- Tierschutz
- Betreuung von Strafgefangenen und ehemaligen Strafgefangenen
- Eintreten für die Verwirklichung von Verfassungsrechten und -zielen, Eintreten für Gesetz und Recht sowie für die guten Sitten im Rechtsverkehr
- Entwicklungshilfe
- Völkerverständigung

Für eine erste Annäherung an bürgerschaftliches Engagement ist es nicht notwendig, einen so klar abgeschlossenen Kriterienkatalog zugrunde zu legen. Diese, für das steuerliche Gemeinnützigkeitsrecht entwickelte Aufzählung kann aber Anhaltspunkte geben. Auch andere Kriterienkataloge stimmen weitgehend mit dem Obengenannten überein.[70] Dies liegt an seiner Herleitung aus der Aufgabenverteilung zwischen Staat und Gesellschaft. Insbesondere von Bedeutung ist die Annahme gemeinwohlfördernder Aufgaben bei der Übernahme von Pflichtaufgaben. Zu bedenken ist allerdings, dass, wie oben bereits ausgeführt, Gemeinwohlauffassungen in der jeweiligen Zeit zu betrachten sind. Auch daher ist der hier genannte Kriterienkatalog mit einer gewissen Zurückhaltung zu lesen und auf notwendige Änderungen zu prüfen. Dass auch hier manche Begriffe interpretationsoffen sind (Völkerverständigung, Kunst) spricht nicht gegen eine Orientierung an ihnen. Ein gewisser Abstraktionsgrad erlaubt eine flexible

[69] Sachverständigenkommission, S. 95.
[70] Isensee/Knobbe-Keuk, S. 331, 411.

Handhabung; gegenüber den bisherigen Begrifflichkeiten ist die dargestellte Aufzählung deutlich konkreter.

(c) Ergebnis

Für eine Konkretisierung des Gemeinwohlbegriffs kann der Kriterienkatalog, den die Sachverständigenkommission zur Reform des Gemeinnützigkeitsrechts entwickelt hat, Anhaltspunkte geben. Dabei sind die dort entwickelten Kriterium vor ihrer Anwendung immer daraufhin zu überprüfen, ob sie noch Gültigkeit beanspruchen können.

(3) Subjektive Gemeinwohlorientierung

Für die Annahme der Gemeinwohlorientierung ist es notwendig, aber nicht hinreichend, dass die Tätigkeit objektiv geeignet ist, dem Gemeinwohl zu dienen. Hinzukommen muss darüber hinaus eine subjektive Komponente, die eigene Motivation für die Übernahme der Tätigkeit.
Dieses Kriterium ist wichtig für die Abgrenzung zwischen rein privater Tätigkeit und bürgerschaftlichem Engagement. So sind etwa viele Tätigkeiten, die als Privatangelegenheit der Familien und dabei insbesondere von Frauen angesehen werden, objektiv gemeinwohlorientiert, ohne dass sie deshalb bereits als bürgerschaftliches Engagement angesehen werden. Dazu gehört insbesondere die Erziehung von Kindern. Bisher herrscht Einigkeit darüber, dass diese Tätigkeiten, die auf einer als privat verstandenen Entscheidung beruhen und deren Umsetzung auch von den Handelnden selbst nicht als gemeinwohlorientiert, sondern als privat verstanden wird, aus dem Bereich des bürgerschaftlichen Engagements auszuschließen sind.

Eine sinnvolle Abgrenzung ermöglicht die Voraussetzung einer subjektiven Gemeinwohlorientierung. Die Motivation, etwas für das Gemeinwohl zu tun, muss dabei nicht einziger Anlass für das Tätigwerden sein. Tatsächlich ist der Wunsch, etwas für das Gemeinwohl zu tun, in den seltensten Fällen das einzige Motiv. Regelmäßig spielen vielmehr verschiedene Motive und Anreize nebeneinander eine Rolle: Der Wunsch, etwas Gutes zu tun, ist regelmäßig mit der Hoffnung verbunden, dass die Aufgabe Spaß macht und man andere Menschen kennen lernt.[71] Außerdem erhoffen sich viele neben der Freude an der Tätigkeit auch eine Weiterqualifizierung.[72] Zu weitgehend wäre es zu verlangen, andere

---

[71] Freiwilligensurvey, Gesamtbericht, S. 112.
[72] Freiwilligensurvey, Gesamtbericht, S. 112.

Motive dürften nur von unwesentlicher Bedeutung sein.[73] Für eine Bejahung der subjektiven Gemeinwohlorientierung reicht es aus, dass in einem Motivbündel die Gemeinwohlorientierung der Tätigkeit ein Motiv unter anderen ist – der oder die Engagierte muss zumindest auch bezwecken, dass die Tätigkeit dem Gemeinwohl dient.

(a) Subjektive Gemeinwohlorientierung von Vereinstätigkeit?

Wenn Grundrechtsträger sich selbstlos dem Dienst für die Allgemeinheit widmen, so ist das ihre freiwillige, ethische Entscheidung. Das soziale Staatsziel macht deutlich, dass der „von unten" kommende Prozess der Gemeinwohlerbringung immer mit Unsicherheiten behaftet ist und die Verfassung den altliberalen Optimismus nicht teilt, dass das allgemeine Beste kraft der unsichtbaren Hand des Marktes von selber aus dem Wettbewerb der Interessen hervorgeht.[74] Der liberale Staat stellt auf einen Grundrechtsträger ab, dem die Chance offen steht, sich aus freien Stücken den Belangen des Gemeinwohls zu widmen und, zumal dann, wenn er an der politischen Willensbildung mitwirkt, über sein Privatinteresse hinauszublicken.[75]
Mit anderen Worten: Grundrechtsträger können Gemeinwohlerbringer sein, sie müssen es aber nicht. Wichtig für die Frage nach der Bedeutung für das bürgerschaftliche Engagement ist, dass gemeinwohlorientierte Tätigkeiten prinzipiell auch privatem Handeln zugänglich sind.[76] Zum Teil wird sogar von einem „Gemeinwohl" nichtstaatlicher Verbände gesprochen.[77] Nicht jedes organisierte Handeln in nichtstaatlichen Organisation ist aber dadurch schon gemeinwohlorientiert.

(i) Grundsätzlich keine subjektive Gemeinwohlorientierung von organisierter Geselligkeit und Selbsthilfegruppen

Zwar mag es sein, dass einige Freizeitvereine objektiv einen Beitrag zum Gemeinwohl leisten, etwa, indem Mitglieder eines Sportvereins durch die Ausübung ihrer Sports gesünder leben und so einen Beitrag zur Volksgesundheit leisten und ggf. die Krankenkassen entlasten. Mitgliedschaft und Teilnahme an Veranstaltungen sind jedoch nicht als bürgerschaftliches Engagement zu qualifizieren, solange es sich um Aktivitäten des Vereins für den Verein selbst oder der

[73] So aber Sachverständigenkommission, S. 95.
[74] Isensee, HBStR III, § 57, Rn. 87.
[75] In diesem Sinne Isensee, HBStR III, § 57, Rn. 85.
[76] Isensee, HBStR III, § 57, Rn. 134f.
[77] Isensee, HBStR III, § 57, Rn. 3.

Mitglieder für sich selbst innerhalb des Vereins handelt, und die Tätigkeiten nur intern bzw. in Bezug auf die eigene Person Wirkungen entfalten. Das Gleiche gilt für Selbsthilfegruppen im Hinblick auf ihre regulären Aktivitäten, die in erster Linie dem Wohl der Mitglieder selbst zu dienen bestimmt sind und deren – mögliche – gemeinwohlfördernde, Nebeneffekte insbesondere hinsichtlich einer möglichen Entlastung der Krankenversicherung nur Begleiterscheinungen sind. Weil es hier an der subjektiven Gemeinwohlorientierung fehlt, fallen Sport- und Freizeitvereine und andere Formen organisierter Geselligkeit grundsätzlich nicht unter den Begriff des Gemeinwohls.

(ii) Ausnahme 1: Übernahme von Aufgaben innerhalb der Vereinigung

Anders kann sich die Situation allerdings darstellen, wenn innerhalb dieser Vereinigungen von einzelnen Aufgaben übernommen werden, die über die üblichen Pflichten der Mitglieder hinausgehen. Das kann die Übernahme einer Tätigkeit als Übungsleiterin oder Übungsleiter sein; die Übernahme eines Amtes, z. B. als Vorstand oder Kassenwart oder auch die kurzzeitige Beteiligung an anfallenden Aufgaben, z. B. den Einsatz der Arbeitskraft bei der Renovierung des Vereinshauses oder bei der Organisation einer Veranstaltung. Für die Annahme einer Gemeinwohlorientierung kann bei derart gestalteter individueller Aufgabenübernahme ausreichen, dass die Tätigkeit selbst fremdnützig ist. Sie wird nicht eigennützig, sondern (auch) für andere übernommen. Diese anderen sind in diesem Fall ein Ausschnitt aus der „Allgemeinheit" im Sinne der Gemeinwohldefinition. Dass auch der oder die Aktive ein Interesse an der Reibungslosigkeit der Abläufe hat und insofern zumindest auch im eigenen Interesse handelt, ändert an dieser Bewertung nichts. Hier geht es um die objektive Fremdnützigkeit der Tätigkeit. Sie muss nicht selbstlos übernommen werden. Wichtig ist zudem die subjektive Seite der Gemeinwohlorientierung. Der oder die Engagierte muss die Förderung des Gemeinwohls durch die gewählte Tätigkeit wollen.

(iii) Ausnahme 2: Heraustreten aus dem eigenen Bereich

Anzunehmen ist eine Gemeinwohlorientierung, wenn die an sich nicht gemeinwohlorientierten Vereinigungen aus dem eigennützigen Bereich, etwa durch die Organisation von Veranstaltungen, heraustreten und sich an ein Publikum wenden, wenn also Veranstaltungen für andere durchgeführt werden. Hier liegt eine subjektive Gemeinwohlorientierung vor. Soweit es sich bei den durchgeführten Veranstaltungen um solche handelt, die unter den oben entwickelten Kriterienkatalog gefasst werden können, sind sie auch objektiv gemeinwohlorientiert. In diesen Fällen kann insgesamt eine Gemeinwohlorientierung angenommen werden. So kann z. B. eine Selbsthilfegruppe, die Workshops durchführt und Interessierte berät, hinsichtlich dieser Aktion als insgesamt gemeinwohlorientiert eingestuft werden, wenn sie in den Bereich des Gesundheitswesen fällt.

(iv) Ergebnis

Tätigkeiten in Freizeit- und Geselligkeitsvereinen und Selbsthilfegruppen sind grundsätzlich nicht gemeinwohlorientiert, da es bei ihnen an der notwendigen Voraussetzung einer subjektiven Gemeinwohlorientierung fehlt. Anders kann sich die Situation darstellen, wenn innerhalb dieser Organisationen Aufgaben auch für andere übernommen werden. Diese anderen sind Teil der Allgemeinheit; hier liegt also ebenso eine subjektive Gemeinwohlorientierung vor wie bei Veranstaltungen, die für eine breitere Öffentlichkeit durchgeführt werden.

(b) Gemeinwohlorientierter Vereinszweck

Ist bereits der Zweck der Vereinigung gemeinwohlorientiert im hier entwickelten Sinne, so sind auch die Tätigkeiten im Verein, die den Vereinszweck ausmachen, gemeinwohlorientiert. Ein Beispiel hierfür ist die Tätigkeit in einem Verein, der die Bepflanzung von Uferbereichen übernimmt, um die Renaturierung von begradigten Flüssen zu unterstützen. Hier fällt bereits der Vereinszweck – Renaturierung – in den Kriterienkatalog (Umweltschutz). Hier sind nicht nur die Tätigkeiten derjenigen, die über die Vereinstätigkeit hinaus Aufgaben übernehmen, gemeinwohlorientiert, sondern bereits das Tätigwerden im Verein.

(c) Ergebnis

Der objektive Nutzen für das Gemeinwohl allein macht eine Tätigkeit auch dann nicht zu bürgerschaftlichem Engagement, wenn sie freiwillig und unentgeltlich erbracht wird. Notwendig ist neben der objektiven auch eine subjektive Gemeinwohlorientierung. Diese fehlt insbesondere im Bereich der Familienarbeit, in Freizeit- und Geselligkeitsvereinen und bei der Selbsthilfe, soweit Aktivitäten auf die Teilnehmerinnen und Teilnehmer der Selbsthilfegruppen bzw. auf den Eigennutz innerhalb von Sport- und Freizeitvereinen beschränkt sind.

(4) Ergebnis

Der Begriff des Gemeinwohls wird zu Unrecht als Leerformel angesehen.[78] Richtig ist, dass es keine allgemeine und immer gültige Definition von Gemeinwohl geben kann. Insbesondere in einer pluralistischen, demokratischen Gesellschaft werden die jeweils geltenden Wertungen immer wieder neu als Kompromiss verschiedener Positionen und Gruppen entwickelt. Die Kriterien, die im Zuge der Diskussion um eine Neufassung von § 52 AO entwickelt wurden, können im großen und ganzen auch heute noch als Orientierung herangezogen werden.

Mit den hier entwickelten Anhaltspunkten sowohl inhaltlicher als auch formaler Art kann Gemeinwohl hinreichend konkret erfasst werden, so dass eine Anwendung dieses Begriffs für die Definition von bürgerschaftlichem Engagement sinnvoll ist. Die Gemeinwohlorientierung ist daher neben der Unentgeltlichkeit und der Freiwilligkeit der Tätigkeit notwendige Voraussetzung für bürgerschaftliches Engagement.

d) Organisatorische Anbindung

Zum Teil wird als geeigneter Anknüpfungspunkt für die Annahme von Ehrenamt bzw. Engagement angesehen, dass die Arbeit innerhalb einer Institution stattfindet. Insbesondere im sozialen Bereich wird häufig eine organisatorische Anbindung für die Annahme von bürgerschaftlichem Engagement vorausgesetzt. So wird zum Teil angenommen, ehrenamtliche Tätigkeit im sozialen Bereich müsse grundsätzlich in Institutionen der öffentlichen und vor allem der freien Wohlfahrtspflege eingebunden sein.[79] Engagement in der freien und öffentlichen Wohlfahrtspflege sei ehrenamtliche Tätigkeit im engeren Sinne, soziales Engagement außerhalb dieser Strukturen ehrenamtliche Tätigkeit im weiteren Sinne.[80]
Diese Beschränkung der ehrenamtlichen sozialen Tätigkeit auf die Mitarbeit bei Institutionen der öffentlichen und freien Wohlfahrtspflege ist jedoch zu eng.[81] Gerade in den letzten Jahren hat sich das bürgerschaftliche Engagement vieler Bürgerinnen und Bürger abseits der organisierten Formen entwickelt.[82] Eine Beschränkung auf bestimmte Organisationsformen würde die aktuelle Entwicklung außer acht lassen und so einen maßgeblichen Teil freiwilliger Tätigkeit nicht

---

[78] Luhmann, Verwaltung, S. 91.
[79] Goll, S. 151.
[80] Goll, S. 151, insb. Fn. 311.
[81] Igl, Soziales Engagement, S. 9.
[82] Vgl. dazu Freiwilligensurvey, Gesamtbericht, insb. S. 74ff.

berücksichtigen. Um bürgerschaftliches Engagement handelt es sich auch, wenn Bürgerinnen und Bürger außerhalb von etablierten und traditionellen Organisationsstrukturen tätig werden, und das gilt nicht nur für Engagement im sozialen Bereich, sondern insgesamt.

e) Nebenberuflichkeit

Soweit für die Annahme einer Ehrenamtlichkeit verlangt wird, dass die infragestehende Tätigkeit nebenberuflich ausgeübt wird, ist diese Einschränkung nicht sachdienlich. Zwar war dies klassischerweise Bestandteil der Definition von Ehrenamt. So wurde Ehrenamt in Art. 130 WRV zum Beispiel als ein Geschäftskreis von Organpersonen öffentlich-rechtlicher Körperschaften interpretiert, der weder mit Besoldung verbunden ist, noch den Hauptberuf der betreffenden Person ausmacht.[83] Die Voraussetzung der Nebenberuflichkeit macht aber einen Umstand zum entscheidenden Kriterium, der nicht der eigentlichen Tätigkeit immanent ist, sondern durch andere Lebensverhältnisse bestimmt wird.
Auch wenn die Mehrzahl der ehrenamtlichen Tätigkeiten eine andere Hauptbeschäftigung haben, so ist die Nebenberuflichkeit keine Voraussetzung für die Annahme, das es sich bei einer Tätigkeit um bürgerschaftliches Engagement handelt. Insbesondere in der sozialen Arbeit wird Engagement auch statt einer Haupterwerbstätigkeit ausgeübt.[84] Eine Nebenberuflichkeit als Voraussetzung für die Annahme von bürgerschaftlichem Engagement zu verlangen, ist daher abzulehnen.

f) Laienarbeit

Insbesondere im Bereich der sozialen Arbeit gilt ehrenamtliche Arbeit als „Laienarbeit“, d. h. als Engagement nicht einschlägig Qualifizierter. Es wird angeführt, ehrenamtlich Mitarbeitende besäßen in der Regel keine fachspezifische Berufsaubildung oder Erfahrung.[85] Schon 1986 zeigte sich allerdings in einer Untersuchung des Landes Baden-Württemberg, dass immerhin 17% eine solche Qualifikation vorweisen konnten. Im Freiwilligensurvey gaben 30% der Befragten an, dass für ihre Tätigkeit Fachwissen von Bedeutung[86] und immerhin 18%, dass berufliche Erfahrung für ihre Tätigkeit sogar Voraussetzung sei.[87] Insbesondere im Bereich der Gesundheit und Jugend- und Bildungsarbeit wird

---

[83] Peters, S. 294f.
[84] Vgl. dazu ausführlich unten D II 6.
[85] Goll, S. 152.
[86] Freiwilligensurvey, Gesamtbericht, S. 104, Übersicht 20.
[87] Freiwilligensurvey, Gesamtbericht, S. 108, Übersicht 22.

berufliche Erfahrung nach Einschätzung der Engagierten vorausgesetzt[88], und es gibt andere, die diese Tätigkeit tatsächlich beruflich ausüben.[89] Es zeigt sich insbesondere im sozialen Bereich eine Tendenz zur Übernahme von Ehrenämtern durch Fachkräfte, die aufgrund eines ihnen verschlossenen Arbeitsmarktes in diese Tätigkeitsform ausweichen.[90] Für die Annahme von bürgerschaftlichem Engagement vorauszusetzen, dass die Tätigkeit in Laienarbeit ausgeübt wird, ist daher kein geeignetes Kriterium.

g) Im Zweifel: Kein Verstoß gegen die verfassungsmäßige Ordnung

Die Erfahrungen insbesondere in der Zeit der Weimarer Republik haben gezeigt, dass Engagement auch für unzivile Zwecke genutzt werden kann. Die völkischen, rassistisch und antisemitisch orientierten Bewegungen der Weimarer Jahre erfüllten zum Teil die formalen Kriterien für bürgerschaftliches Engagement.[91] Sie waren freiwillig, nicht staatliche gesteuert, nicht auf Profit oder Privatvorteil aus und für allgemeine Dinge engagiert, so wie sie diese verstanden.[92] Gleichzeitig kämpften sie aber für Ziele, welche die Grundwerte der Zivilgesellschaft untergruben, aushebelten und zerstörten: etwa gegen die parlamentarische Demokratie, gegen die Republik und für den Ausschluss und die Verfolgung von Minderheiten. Diese Erfahrungen zeigen, dass nicht jede Form von bürgerschaftlichem Engagement akzeptabel ist.[93] Es kommt immer auch auf die Inhalte an. Letztlich ist der demokratische Rechtsstaat als Instanz der Prüfung und gegebenenfalls Sanktionierung zivilgesellschaftlichen Engagements unverzichtbar.[94]

h) Ergebnis: Freiwilligkeit, Unentgeltlichkeit, Gemeinwohlorientierung

Verlangt man neben der Unentgeltlichkeit und Freiwilligkeit ein zusätzliches Kriterium für das bürgerschaftliche Engagement, um es von anderen Tätigkeiten abzugrenzen, so ist die Gemeinwohlorientierung eine Möglichkeit. Sie setzt voraus, dass die gewählte Tätigkeit – nicht nur, aber auch – das zu fördern geeignet

---

[88] Freiwilligensurvey, Gesamtbericht, S. 108, Übersicht 22: Gesundheit 32%; Jugendarbeit 30%.
[89] Freiwilligensurvey, Gesamtbericht, S. 108, Übersicht 22: Gesundheit 46%, Jugendarbeit 48%.
[90] S. dazu ausführlich D II 6.
[91] Kocka, S. 15, 20.
[92] Kocka, S. 15, 20.
[93] Kocka, S. 15, 20f.
[94] Kocka, S. 15, 21.

ist, was durch einen Prozess der Auseinandersetzung von Grundrechtsträgern und Hoheitsträgern, von Gruppen und Verbänden, als allgemeines Wohl anerkannt wird. Dabei ist der Kernbereich aus den grundlegenden Wertungen des Grundgesetzes zu entnehmen; die Ränder hingegen sind in diesem dynamischen Prozess veränderlich und zum Teil sicher auch umstritten. Orientierungshilfe können hier immer wieder die Grundwertungen des Grundgesetzes geben.
Die zentralen Kriterien einer Dachdefinition von bürgerschaftlichem Engagement sind Freiwilligkeit, Unentgeltlichkeit und Gemeinwohlorientierung. Falls Zweifel an der Verfassungsmäßigkeit des bürgerschaftlichen Engagements bestehen, ist die jeweilige Tätigkeit an gesetzlichen Regelungen, insbesondere dem Verfassungsrecht zu messen.

3. Dritter Sektor und bürgerschaftliches Engagement

In der Diskussion um bürgerschaftliches Engagement gibt es immer wieder eine Bezugnahme auf den sogenannten Dritten Sektor. Auch die Dritte-Sektor-Forschung befasst sich immer wieder mit bürgerschaftlichem Engagement.
Mit „Dritter Sektor“ wird ein Bereich charakterisiert, der durch die Pole Staat, Markt und Gemeinschaft bzw. Familie begrenzt und gebildet wird.[95] Organisationen des Dritten Sektors sollen nicht Gewinnmaximierung als Zielsetzung haben, anders als Unternehmen, die am Markt agieren; die Mitgliedschaft soll, anders als in Familie und anderen Gemeinschaften, freiwillig sein und auf einer individuellen Entscheidung beruhen. Hier zeigen sich Parallelen zum bürgerschaftlichen Engagement. Zudem bezieht sich der Dritte Sektor hauptsächlich auf die Ebene der meist mitgliedschaftlichen Organisationen, in der Regel Vereine.[96] Hierzu gehören die großen Wohlfahrtsverbände ebenso wie Sport- und Kulturvereine und Initiativen.[97] Auf diese Art und Weise sind große Bereiche, in denen bürgerschaftliches Engagement statt findet, gleichzeitig Teile des Dritten Sektors. Andere Bereiche des bürgerschaftlichen Engagements, insbesondere diejenigen, die nicht in Organisationsstrukturen eingebunden sind, gehören nicht zum Dritten Sektor.
Schon daran zeigt sich, dass Dritter Sektor und der Bereich, in dem bürgerschaftliches Engagement ausgeübt wird, keinesfalls deckungsgleich sind. Daran ändert es auch nichts, wenn man annimmt, bei der Bezeichnung des Handlungsraumes der aktiven Bürgerinnen und Bürger stimmten Konzepte der Zivilgesellschaft und des Dritten Sektors darin überein, dass es sich um eine schwer abgrenzbare Sphäre von Gemeinschaften und Zusammenschlüssen handelt, die

95 Zimmer in Breit/Massing, S. 41.
96 Zimmer in Breit/Massing, S. 41.
97 Zimmer in Breit/Massing, S. 41.

sich zwischen den Polen Markt, Staat und Familie (bzw. anderen Lebensbereichen) erstreckt,[98] denn allein eine schwierige Grenzziehung anderen Lebensbereichen gegenüber kann für die Annahme gemeinsamer Konzepte nicht ausreichen.
Tatsächlich ist die Struktur von Dritten Sektor und bürgerschaftlichem Engagement ganz unterschiedlich, auch wenn es zum Teil Überschneidungen gibt: Während bürgerschaftliches Engagement zur Bezeichnung der individuellen Aktivität dient und damit auf die Mikro-Ebene des Einzelnen abzielt, bezieht sich der Begriff „Dritter Sektor" vorrangig auf die Meso-Ebene der Organisationen.[99] In dieser Arbeit geht es in erster Linie um eine Betrachtung des individuellen Engagements. Der Dritte Sektor als eigenständiges Phänomen ist daher nicht Thema dieser Untersuchung.

Bürgerschaftliches Engagement findet statt im weiten Bereich zwischen Öffentlichkeit und Privatheit in Form von gesellschaftlich, politisch und sozial relevantem Handeln. Dieses soll zu einem besseren Verständnis der Engagementstrukturen systematisiert werden. Trotz aller Vergröberungen, die sich zwangsläufig ergeben, wenn eine derart komplexe Materie formalisiert erfasst wird, bleiben doch Linien erkennbar, an welchen sich die Struktur freiwilliger Tätigkeit ausmachen lässt.

a) Verschiedene Typen bürgerschaftlichen Engagements

(1) Öffentliches Ehrenamt in Form vorgeprägter Ämter

Ein klassischer und traditioneller Bereich bürgerschaftlichen Engagements ist das öffentliche Ehrenamt in Form vorgeprägter Ämter als sogenanntem Ehrenamt im engeren Sinn.
Ehrenamt im engeren Sinn wird ein öffentliches Amt genannt, das unentgeltlich wahrgenommen wird. Es werden lediglich die baren Auslagen und der Verdienstausfall oder ein Pauschbetrag ersetzt. Im weiteren Sinn spricht man zwar von ehrenamtlicher Tätigkeit auch im privatrechtlichen Bereich, z. B. in Vereinen und Verbänden, wenn dafür außer Auslagenersatz keine Bezahlung statt findet.[100] Diese sollen hier jedoch nicht mit einbezogen werden. Typisch für öffentliche Ehrenämter ist, dass die Übernahme – in Abweichung von der Kerndefinition des bürgerschaftlichen Engagements – nicht notwendigerweise freiwillig sein muss und nur aufgrund gesetzlich geregelter Ausnahmen abgelehnt werden

---

[98] Klein, Reformpotenzial S. 60, 61.
[99] Zimmer in Breit/Massing, S. 40f.
[100] Creifelds Rechtswörterbuch, S. 364.

kann.[101] Beispiele dafür sind die Tätigkeiten von Schöffen und von Wahlhelferinnen und Wahlhelfern. Die Ausnahmen von einer Übernahme sind regelmäßig eng gefasst. Zu ihnen gehört auf der einen Seite bereits vorliegendes Engagement in öffentlichen Ämtern, so zum Beispiel, dass bereits mehrere öffentliche Ehrenämter bekleidet werden, auf der anderen Seite aber auch persönliche Gründe, wie anhaltende Krankheit.[102]

(2) Bürgerschaftlichen Engagement im weiteren Sinne

Den größeren Teil bürgerschaftlichen Engagements macht jedoch das bürgerschaftliche Engagement im weiteren Sinne aus. Dieses ist nicht an öffentliche Ämter gebunden und muss in jedem Fall freiwillig übernommen werden. Es kann eingebunden in Organisationen statt finden. Hier liegt bisher auch noch der Schwerpunkt des Engagement. Es kann allerdings auch individuell ausgeübt werden.

(a) Eingebunden in Organisationen

Bürgerschaftliches Engagement im engeren Sinne als Humankapitaltransfer geschieht dabei klassischerweise in Organisationen. Dazu gehören Kirchen, Parteien und Gewerkschaften ebenso wie Wohlfahrtsverbände. Einen maßgeblichen Teil machen die zahlreichen Vereine aus. Die Zahl derjenigen, die innerhalb von Organisationsstrukturen tätig sind, ist unvermindert hoch.[103]

(b) Individuell

Zunehmend wird Engagement jedoch auch individuell ausgeübt. Dabei ist hier nicht nur ganz und gar von anderen unabhängiges Handeln gemeint, sondern das Handeln, das fester Vereinsstrukturen entbehrt. Dabei reicht das Spektrum von individuellen und spontanen Tätigkeiten wie etwa der Nachbarschaftshilfe über kurzfristige offene Projektarbeit bis hin zu Selbsthilfegruppen, denen eine dauerhafte und feste Organisationsstruktur fehlt, in denen aber auch nicht nur eigennützig gearbeitet wird.[104]

---

[101] Vgl. zum Beispiel in Schleswig-Holstein § 20 GO-SH.
[102] § 20 Abs. 1 Nr. 1 bzw. Nr. 7 GO-SH.
[103] Freiwilligensurvey, Gesamtbericht, S. 19.
[104] Freiwilligensurvey, Gesamtbericht, S. 19; vgl. zur Selbsthilfe B I 2 c (3).

b) Engagement als Humankapital- oder Kapitaltransfer

Die Formen bürgerschaftlichen Engagements können unterschiedlich sein. Engagement beinhaltet jedoch immer eine Transferleistung. Bürgerschaftliches Engagement kann zum einen in Form von „Humankapitaltransfer" geschehen. Hierunter fallen die meisten Tätigkeiten und vor allem die klassischen Engagementbereiche: Der oder die Beteiligte setzt sich für eine Sache ein und verwendet dabei das ihm oder ihr eigene Humankapital: Wissen, Fähigkeiten, Kompetenz und Zeit.

Möglich ist jedoch auch der Einsatz finanzieller Mittel zur Unterstützung bestimmter Ziele. Dabei geschehen ebenfalls Transfers, und zwar in Form von Kapitaltransfer: Nicht Kompetenz wird weitergeben, vielmehr sollen bestimmte Bereiche mit finanziellen Ressourcen unterstützt werden. Kapitaltransfer, der in Organisationen eingebunden ist, findet in Stiftungen oder als Mäzenatentum statt. Individueller Kapitaltransfer geschieht regelmäßig in Form von Spenden.

Bisher geschieht unternehmerisches Engagement zumindest in der Bundesrepublik Deutschland regelmäßig in Form von Geld- und Sachspenden.[105] Stiftungsrechtliche Fragen werden daher in Zukunft eine große Rolle spielen. Im Rahmen dieser Arbeit liegt der Schwerpunkt aber auf dem Engagement als Transfer von Humankapital. Auf eine stiftungsrechtliche Analyse wird aus diesem Grund verzichtet.

c) Ergebnis

Bürgerschaftliches Engagement lässt sich zum einen in verschiedene Tätigkeitsbereiche gliedern: Es kann individuell und organisiert, in Form öffentlicher Ehrenämter und als Engagement im weiteren Sinne ausgeübt werden. Die Leistungen, die von Engagierten erbracht werden, sind Transferleistungen; möglich ist ein Humankapital- ebenso wie ein Kapitaltransfer.

4. Ergebnis

Bürgerschaftliches Engagement ist eine grundsätzlich freiwillige, gemeinwohlorientierte Tätigkeit, die grundsätzlich unentgeltlich ausgeübt wird. Wenn es um die Entwicklung von Optionen für eine rechtliche Behandlung bestimmter Engagementformen geht, kann eine engere Fassung des Begriffs vonnöten sein, etwa ein Anknüpfen an eine bestimmte Organisationsform. Es kann auch sein, dass in bestimmten Bereichen, z. B. im Rentenversicherungsrecht, eine recht-

---

[105] Janning/Bartjes, S. 48.

liche Erfassung nur für einen Teil des bürgerschaftlichen Engagements in Betracht kommt und eine Einschränkung deshalb nötig wird, etwa hinsichtlich Dauer und Umfang. Für die Erarbeitung der verfassungsrechtlichen Grundlagen bürgerschaftlichen Engagements reicht die Dachdefinition jedoch zunächst aus. Neben dem Begriff des bürgerschaftlichen Engagements wird der Begriff des Ehrenamts bzw. der Ehrenamtlichkeit verwandt, soweit es sich um Tätigkeiten handelt, die der klassischen Definition von Ehrenamt entsprechen.

II. Art und Umfang von bürgerschaftlichem Engagement in Deutschland

Die Fragen danach, wie sich bürgerschaftliches Engagement konkret gestaltet, wer es ausübt und wo, lassen sich nur anhand empirischer Studien beantworten. In den letzten Jahrzehnten gab es verschiedene Untersuchungen zu Art und Umfang von bürgerschaftlichem Engagement in Deutschland, die zum Teil sehr unterschiedliche Bilder vom Zustand der Freiwilligenarbeit zeichnen.
Die unterschiedlichen Ergebnisse sind dabei in erster Linie Folge verschiedener Definitionen von bürgerschaftlichem Engagement und unterschiedlicher Methoden, die den Erhebungen jeweils zugrunde liegen. Die Begriffe reichen vom klassischen Ehrenamt,[106] über bürgerschaftliches Engagement[107] bis hin zum sogenannten „Volunteering".[108] Beim Blick auf die unterschiedlichen Untersuchungen erschwert die Diffusität und Komplexität des Gegenstandsbereiches ein einheitliches Bild.[109] Fest steht vor allem: Je weiter in den unterschiedlichen Erhebungen der Untersuchungsgegenstand gefasst ist, desto häufiger finden sich die Befragten wieder.

1. Volumen von bürgerschaftlichem Engagement

Das Volumen bürgerschaftlichen Engagements wird entsprechend unterschiedlich beziffert. Im Freiwilligensurvey 1999[110] als bis dahin aktuellster und umfangreichster Untersuchung wurde eine Engagementquote von 34% festgestellt.[111] In der Folgestudie von 2004 hat sich dieser Anteil auf 36% erhöht.[112]

[106] Zeitbudgetstudie des Statistischen Bundesamtes 1999.
[107] Speyerer Wertesurvey von 1997, Nachweis bei Klages/Gensicke.
[108] Arbeitsbegriff bei Gaskin/Smith/Paulwitz.
[109] So auch Beher/Liebig/Rauschenbach, S. 191.
[110] Freiwilligensurvey, Gesamtbericht, S. 18.
[111] Beachte jedoch die Unsicherheiten in der Methode, Freiwilligensurvey, Gesamtbericht, Anhang 1 Fn.42.

Ein noch höherer Prozentsatz ergab sich im Rahmen des sogenannten Speyerer Wertesurveys,[113] bei dem insgesamt etwa 3000 Personen befragt wurden.[114] Nach den Ergebnissen anderer Studien[115] sind jedoch weniger Menschen in Deutschland freiwillig tätig. Zu diesen Studien gehört auch das Sozio-ökonomische Panel (SOEP). Es wird bereits seit 1985 durchgeführt. In dieser repräsentativen Befragung von Haushaltsmitgliedern ab sechzehn Jahren werden auch Daten zur ehrenamtlichen Tätigkeit abgefragt. Dieser Untersuchung zufolge waren 1996 in Westdeutschland etwa 30%, in Ostdeutschland etwa 25% der Befragten freiwillig engagiert. Im Vergleich zur Erhebung zur Zeitverwendung durch das Statistische Bundesamt, die seit 1992 durchgeführt wird, liegen die Zahlen jedoch noch verhältnismäßig hoch, denn der Zeitbudgetstudie waren zufolge nur 17% der Befragten freiwillig tätig.[116] Befragt wurden Haushaltsmitglieder ab 12 Jahre. Die Frage nach ehrenamtlicher Arbeit war relativ eng gefasst: Ehrenamt wurde als die Wahrnehmung von Aufgaben durch aktive Mitarbeit innerhalb institutioneller Einrichtungen beschrieben. Damit wurden autonomes Handeln und projektorientierte Arbeit nicht berücksichtigt. Allerdings wurde soziale Arbeit als betreuende, pflegerische Leistung in diakonischen Einrichtungen, Kirche u.a. ebenfalls genannt. Ein Teil der Abweichung insbesondere gegenüber den Freiwilligensurveys von 1999 und 2004 erklärt sich aus dem Ausschluss neuerer Engagementformen, die in die Freiwilligensurveys einbezogen waren. Die Entwicklung der letzten Jahre geht jedoch hin zu informelleren Formen von Engagement und weg von der Mitarbeit in Vereinen und Verbänden. Aus diesem Grund vermitteln die aktuellen Untersuchungen, die nicht nur das formalisierte Ehrenamt berücksichtigen eher ein realistisches Bild von Engagement im Sinne dieser Arbeit.

Als eine der wichtigsten Erhebungen neben den Freiwilligensurveys gilt die sogenannte Eurovol-Studie[117], in der das Engagement zwischen 1993 und 1995 in zehn verschiedenen europäischen Ländern verglichen wurde. Der zugrunde gelegte Engagementbegriff war hierbei der des „volunteering“, also der insbesondere im angloamerikanischen Raum übliche Begriff für Freiwilligenarbeit. Auch die Ergebnisse der Eurovol-Studie unterscheiden sich stark von denen der Frei-

---

[112] Dies zeigen offenbar die Ergebnisse des 2. Freiwilligensurveys von 2004, Freiwilligensurvey 2004, Kurzzusammenfassung, S. 1.

[113] S. Klages/Gensicke: Die Autoren dieser Studie waren auch an der Durchführung und Analyse des Freiwilligensurveys beteiligt. Thomas Gensicke untersuchte das freiwillige Engagement in den alten und neuen Ländern; Helmut Klages das Engagementpotenzial in Deutschland, vgl. Gensicke; Klages, Engagementspotenzial.

[114] Klages/Gensicke stellten eine Engagementquote von 38% der Befragten fest.

[115] Vgl. etwa Gaskin/Smith/Paulwitz.

[116] Vgl. zum Ganzen die ausführliche Darstellung bei Zierau, S. 15, 22 – 28.

[117] Gaskin/ Smith/ Paulwitz.

willigensurveys. Mit einem Aktivitätsgrad von 17% lag Deutschland im Ländervergleich im hinteren Bereich. Im Gesamtdurchschnitt waren 27% der Einwohnerinnen und Einwohner nach der „Volunteering"-Definition freiwillig tätig. Ähnlich sind die neuen Zahlen einer internationalen Studie des Berliner Max-Planck-Instituts für Bildungsforschung. Demnach haben auch im Vergleich zu anderen reichen Industrieländern deutsche Jugendliche eine geringere politische Beteiligungs- und Mitbestimmungsbereitschaft sowie ein geringeres sozialpolitisches Engagement.[118]
Zwar kann es sein, dass beim Wertesurvey und beim Freiwilligensurvey 1999 und 2004 aufgrund der Befragungsmethoden die Zahl der Engagierten überhöht ausgewiesen werden. Andererseits ist zu bedenken, dass in der Eurovol-Studie mit ihren besonders niedrigen Zahlen für Deutschland immerhin elf Prozent der für Deutschland Befragten ihre Aktivität nicht in den zwanzig zur Auswahl stehenden Handlungsbereichen wiederfanden.[119] Aufgrund der engen Fassung der Fragestellung, in der nur institutionelle Mitarbeit erfasst wurde, ist die geringe Zahl der Engagierten bei der Zeitverwendungserhebung von 1992 ebenfalls nicht überraschend. Wenn, wie hier, ein umfassender Engagementbegriff zugrunde gelegt wird, korrelieren damit eher die Ergebnisse der Freiwilligensurveys von 1999 und 2004. Aus diesem Grunde werden diese Daten auch vorrangig herangezogen.[120] Dabei ist zu berücksichtigen, dass insbesondere die Daten der Freiwilligensurveys mit gewissen Unsicherheiten behaftet sind: Diese Unsicherheit liegt unter anderem darin begründet, dass Befragungen immer die Kooperationsbereitschaft der Befragten voraussetzen. Wer sich nicht die Zeit für eine Befragung nimmt, wird sich in ihr auch nicht wiederfinden. Das kann aber gerade bei Erhebungen zum bürgerschaftlichen Engagement die Ergebnisse zugunsten der Aktiven verzerren, da wahrscheinlich die Kooperationsbereitschaft Engagierter gegenüber der nicht Engagierter höher ist. Dieses Problem sehen auch die für die Freiwilligensurveys Verantwortlichen.[121] Darüber hinaus handelte es sich bei den Freiwilligensurveys um Telefonumfragen. Bestimmte Personen wurden daher nicht berücksichtigt. Zu ihnen gehören Obdachlose, Kranke, Anstaltsbewohner und -bewohnerinnen, Menschen ohne Telefonanschluss,[122] aber auch Personen ohne ausreichende deutsche Sprachkenntnisse.[123]

---

[118]Leif, FR-Dokumentation vom 29.12.2002 m.w.N.
[119] Gaskin/Smith/Paulwitz, S. 75, Tabelle 10, "Andere".
[120] Die im Folgenden genannten Ergebnisse sind dabei dem Freiwilligensurvey 1999 entnommen, falls nicht ausdrücklich auf eine andere Quelle Bezug genommen wird. Vom Freiwilligensurvey 2004 liegt bisher nur eine Kurzzusammenfassung vor.
[121] So auch Freiwilligensurvey, Gesamtbericht, S. 55.
[122] Immerhin 4% der Bevölkerung, vgl. Freiwilligensurvey Gesamtbericht, Anhang I zur methodischen Anlage der repräsentativen Befragung insgesamt.
[123] Freiwilligensurvey, Gesamtbericht, S. 55, ausführlich Anhang I.

Wegen dieser Schwierigkeiten und wegen der Art und Weise, auf welche die Telefonbefragung durchgeführt wurde, ist der Freiwilligensurvey 1999 zum Teil harsch kritisiert worden.[124] Die Verantwortlichen der Freiwilligensurveys selbst gehen davon aus, dass die von ihnen ermittelten Zahlen aus diesen Gründen die Engagementquote überhöht ausweisen.[125] Sie sehen Unsicherheiten bei den absoluten Zahlen, halten jedoch die Aussagen zu den Strukturen des bürgerschaftlichen Engagements für besser fundiert.[126] Daher sind die – auch hier zugrundegelegten – Zahlen mit einer gewissen Zurückhaltung zu lesen. Um zumindest eine Annäherung an die Realität des bürgerschaftlichen Engagements zu erreichen und als Anhaltspunkte für die Struktur des Engagements sind sie jedoch unverzichtbar.

2. Zeitaufwand der freiwillig Tätigen

Regelmäßigkeit von Aktivität geht nicht notwendigerweise auch mit umfangreicher Aktivität einher. So engagieren sich zwar mehr als zwei Drittel der Aktiven regelmäßig, jedoch geben 28% an, dieses regelmäßige Engagement finde einmal im Monat oder seltener statt. Nur 3% engagieren sich regelmäßig täglich. Jeweils etwas mehr als 20% der Befragten engagieren sich mehrmals wöchentlich, einmal wöchentlich oder mehrmals monatlich.[127] Diese Daten können zu unterschiedlichen Handlungsfeldern in Beziehung gesetzt werden: Die Arbeit in bestimmten Bereichen ist regelmäßig besonders zeitaufwändig bzw. besonders wenig zeitintensiv.

So beteiligen sich Engagierte in Schule und Kindergarten, Justiz und beruflicher Interessenvertretung (jeweils etwa 40%) häufig nur mit einem Zeitaufwand von weniger als fünf Stunden im Monat.[128] Besonders hoch ist der Zeitaufwand hingegen in den Bereichen Gesundheit, Soziales, Rettungsdienst, Umweltschutz, Jugendarbeit und Sport. Mehr als drei Zehntel derjenigen, die sich hier engagieren, geben an, mehr als zwanzig Stunden im Monat mit ihrer freiwilligen Tätigkeit befasst zu sein. Im Gesundheitswesen ist diese Zahl mit 38% sogar noch höher. Auch bürgerschaftliche Aktivitäten am Wohnort werden oft mit mehr als 20 Stunden im Monat ausgeübt.

---

[124] Leif, FR-Dokumentation vom 29.12.2001.

[125] Freiwilligensurvey, Gesamtbericht, S. 54ff, allerdings an nicht besonders prominenter Stelle und als „Kleingedrucktes".

[126] Freiwilligensurvey, Gesamtbericht, S. 55.

[127] Dies korreliert mit den Angaben zum Zeitaufwand in Stunden. Hier werden 2-5, 5-10 und 10-20 Stunden monatlich ebenfalls jeweils von etwa 20% angegeben; Freiwilligensurvey, Gesamtbericht, Übersicht 14.

[128] Freiwilligensurvey, Gesamtbericht, S. 94, Übersicht 15.

3. Systematisierung der unterschiedlichen Ausprägungen bürgerschaftlichen Engagements

Bei einem näheren Blick auf die Zahlen zum bürgerschaftlichen Engagement lassen sich bestimmte Muster und Strukturen erkennen. Bestimmte Engagementformen finden sich besonders häufig in bestimmten Organisationsformen. Auch die Lebenssituation bestimmt Art und Umfang des Engagements.

a) Organisation bürgerschaftlicher Tätigkeit

Wenn bürgerschaftliches Engagement ausgeübt wird, geschieht dies in 43% der Fälle und damit mit Abstand am häufigsten innerhalb eines Vereins.[129] Die anderen wichtigen, aber zahlenmäßig weit geringer vertretenen Formen der Organisation sind Kirchen und religiöse Vereinigungen mit 14% und Selbsthilfegruppen, Projekte und Initiativen mit 13%. Parteien und Gewerkschaften folgen mit 4% bzw. 2%.[130]

Die Dominanz des Vereins als Organisationsform ist nicht überraschend. Der Verein ist die klassische Form bürgerschaftlichen Engagements; die Mitgliedschaft im Verein ist daher zum Teil auch Anknüpfungspunkt für rechtliche Regelungen freiwilliger Tätigkeit. Jedoch fällt die Präsenz anderer Formen freiwilliger Arbeit ins Auge: Fast gleichauf mit der Einbindung in kirchliche und religiöse Strukturen liegen Selbsthilfegruppen, Projekte und Initiativen, die als wenig formalisiertes Engagement zum Teil bisher nicht einmal in Erhebungen zum bürgerschaftlichem Engagement berücksichtigt wurden[131] und häufig nicht von rechtlichen Regelungsmechanismen erfasst werden, die an das Ehrenamt im klassischen Sinn anknüpfen.

Nach wie vor ist eine zentrale Organisationsform bürgerschaftlichen Engagements, die im Freiwilligensurvey nicht getrennt erfasst wurde, ihre Anbindung an die wohlfahrtsverbandliche Arbeit. Allein die sechs großen Verbände der freien Wohlfahrtspflege können nach eigenen Angaben auf rund 1,5 Mio. Personen zurückgreifen, von denen jede im Durchschnitt vier Stunden pro Woche unentgeltlich tätig ist.[132] Faktisch sind die ehrenamtlich Arbeitenden in die institutionellen Rahmenbedingungen der Träger und in deren jeweilige Organisations-

---

[129] Freiwilligensurvey, Gesamtbericht, S. 71.
[130] Freiwilligensurvey, Gesamtbericht, S. 72,Übersicht 11.
[131] So bleiben sie ausgeklammert, was zu entsprechend geringen Zahlen hinsichtlich der Beteiligung an freiwilligem Engagement führt.
[132] Bäcker/Bispinck u.a., Bd. 2, S. 345.

und Arbeitsstruktur, Personal- und Arbeitseinsatzplanungen eingebunden.[133] Wohlfahrtsverbände spielen in verschiedenen Bereichen des Sozialrechts eine besondere Rolle. Insbesondere im Kinder- und Jugendhilferecht, SGB VIII, wird die Stellung der freien Jugendhilfe bei der Sicherstellung der Versorgung mit sozialen Leistungen hervorgehoben, § 73 ff. SGB VIII. In § 75 Abs. 3 SGB VIII ist ausdrücklich geregelt, dass neben den Kirchen und Religionsgemeinschaften des öffentlichen Rechts auch die auf Bundesebene zusammen geschlossenen Verbände der freien Wohlfahrtspflege anerkannte Träger dieser freien Jugendhilfe sind. Eine Zusammenarbeit mit Trägern der freien Wohlfahrtspflege war auch im Bundessozialhilfegesetz (BSHG) vorgesehen. Diese wird im SGB II, das die Grundsicherung für Arbeitslose ab dem 1.1.2005 regelt, weiter geführt, § 17 SGB II.

Die Übernahme von Aufgaben in Wohltätigkeitsvereinigungen hat in Deutschland eine lange Tradition. In Deutschland hat die Gesetzgebung bereits zu Beginn des 19. Jahrhunderts Regelungen für ehrenamtliches (bürgerschaftliches) Engagement angesehener Bürgerinnen und Bürger getroffen. Die Bürgerinnen und Bürger engagierten sich vor allem sozial. Diese Art des sozialen Handelns wurde zusammen mit zahllosen privaten Wohltätigkeitsvereinigungen vor allem in der zweiten Hälfte jenes Jahrhunderts immer deutlicher sichtbar.[134] Um 1900 entwickelte sich unter dem Einfluss verschiedener sozialer Bewegungen in Politik, Kirche und Gesellschaft parallel zur Armenunterstützung ein System „sozialer Wohlfahrt" und verdrängte diese schließlich.[135]

Die heute bedeutenden Wohlfahrtsverbände sind Teil der Wohlfahrtspflege. Unter Wohlfahrtpflege versteht man heute die planmäßig, d. h. professionelle, auf Dauer angelegte und zweckgestaltet organisierte, zum Wohl der Allgemeinheit und nicht des Erwerbs wegen ausgeübte, vorbeugende oder abhelfende unmittelbare Betreuung wirtschaftlich, gesundheitlich oder infolge sonstiger sozialer Schwierigkeiten bedrängter Personen.[136] Sie wird zum Wohl der Allgemeinheit ausgeübt, wenn sie nicht auf Gewinnerzielung ausgerichtet und nicht auf Mitglieder der betreuenden Einrichtung beschränkt ist und ohne Vorleistung erbracht wird. Wohlfahrtspflege ist frei, wenn ihre Träger keine Gebietskörperschaften sind und eigene Aufgaben innehaben und ausüben. Ein Verband der freien Wohlfahrtspflege ist ein föderativer und überlokal mindestens auf der Ebene eines Bundeslandes organisierter Zusammenschluss von Einrichtungen und Diensten, die freie Wohlfahrtspflege betreiben. Von diesem Zusammen-

---

[133] Bäcker/Bispinck u.a., Bd. 2, S. 345.
[134] Gaskin/Smith/Paulwitz, S. 27.
[135] Gaskin/Smith/Paulwitz, S. 27.
[136] Neumann, S. 80.

schluss ist zu fordern, dass er ein Mindestmaß interner Organisation aufweist und von den Mitgliedseinrichtungen alle sozialpädagogischen Hilfeformen, nämlich offene, halboffene und stationäre Hilfe angeboten werden.[137]

Bürgerschaftliche Tätigkeit und Organisationsform sind regelmäßig miteinander verknüpft: Während Parteien und Gewerkschaften im Bereich der politischen Arbeit eine Rolle spielen, findet sich soziales Engagement häufig im Zusammenhang mit einer Einbindung in Kirche und religiöse Vereinigungen. Vereine bilden die Organisationsform für den größten Bereich bürgerschaftlichen Engagements. Sport und Bewegung und andere freizeitorientierte Bereiche sind hier die dominanten Handlungsfelder.[138] Es bildet sich also zum Teil ein Handlungsfeld in einer Organisationsform ab; ein anderer Teil der Organisationsformen bündelt Engagement aus verschiedenen Handlungsfeldern.

Bürgerschaftliches Engagement findet in Form informeller Mitarbeit und durch die Übernahme von Ämtern statt. Informelle Mitarbeit findet sich vor allem im Bereich des Umwelt- und Naturschutzes und in den Bereichen Gesundheit und Soziales,[139] dort also, wo auch die Arbeit in Projekten und Initiativen vorherrscht.[140] Die Übernahme von Ämtern spielt hingegen vor allem in der Politik, Schule und beruflicher Interessenvertretung eine Rolle.

b) Erwerbstätigkeit, Einkommen und Engagement

(1) Erwerbstätigkeit und finanzielle Situation

Die Erwerbsquote von bürgerschaftlich engagierten Frauen und Männern liegt im Durchschnitt bei 54%. Prozentual liegt die Erwerbstätigkeit der Männer mit 62% deutlich über, die der Frauen mit 45% deutlich unter dem Durchschnittswert.[141] Die Erwerbsquote bürgerschaftlich Engagierter liegt damit insgesamt unter der Erwerbsquote der gesamten Bevölkerung.[142]

---

[137] Definition insgesamt bei Neumann, S. 80.

[138] Freiwilligensurvey, Gesamtbericht, S. 71ff., vgl. insbesondere Übersicht 11.

[139] Freiwilligensurvey, Gesamtbericht, S. 75, Übersicht 12.

[140] Hier liegen die Zahlen bei 22% (Gesundheit), 19% (Soziales) und 18% (Umweltschutz), ebd., S. 72, Übersicht 11.

[141] Vgl. Zierau S. 15, 57f., Abbildung 8.

[142] Im April 1998 bei den 15 – 65-Jährigen etwa 80% (Männer) und 63% (Frauen). Nachweis bei Zierau S. 15, 57, Fn.28. Allerdings wird im Freiwilligensurvey nicht deutlich, ob hier aus der Untersuchung nur die 15-65-jährigen berücksichtigt wurden oder alle Befragten. Dann sind wegen des höheren Schülerinnen- und Schüleranteils und des höheren Anteils von Rent-

Andererseits sind Erwerbstätige öfter in bürgerschaftliches Engagement eingebunden als diejenigen, die nicht im Erwerbsleben stehen. So sind etwa Rentnerinnen und Rentner/Pensionärinnen und Pensionäre auffallend weniger beteiligt,[143] wobei sich hier eine strukturelle Änderung abzuzeichnen scheint.[144] Eine Ausnahme bilden die Familienfrauen, die noch stärker beteiligt sind als erwerbstätige Frauen.[145] Der Einfluss von Erwerbstätigkeit auf Art und Umfang des bürgerschaftlichen Engagements ist sehr unterschiedlich. Während bei Männern Vollzeitbeschäftigung und Engagement vereinbar sind – engagierte Männer sind im Durchschnitt sogar mehr als vierzig Wochenstunden beschäftigt[146] – sind engagierte Frauen in Durchschnitt nur 31 Stunden erwerbstätig.

Arbeiterinnen und Arbeiter haben unter den Erwerbstätigen den geringsten Beteiligungsgrad; Beamte sind anteilig am meisten engagiert.[147] Dies entspricht auch dem Bildungsniveau: Eine hohe Bildung begünstigt Engagement.[148] Die finanzielle Situation bürgerschaftlich Engagierter wird von diesen überwiegend als gut bezeichnet.[149] Je höher das Haushaltseinkommen, desto höher der Beteiligungsgrad.[150]

(2) Arbeitslose

Arbeitslose sind unter den Engagierten weit unterdurchschnittlich vertreten: Unter den Arbeitslosen sind 22% engagiert, im Durchschnitt der 25-59jährigen engagieren sich hingegen 37%.[151] Wenn Arbeitslose sich jedoch engagieren, ist der

---

nerinnen, Rentnern, Pensionärinnen und Pensionären die Abweichung jedenfalls zum Teil plausibel.

143 Männliche Erwerbstätige zu 43%, weibliche Erwerbstätige zu 32%; Rentnerinnen/Pensionärinnen 20%, Rentner/Pensionäre knapp 30%, Zierau, S. 15, 57.

144 Gemäß dem Freiwilligensurvey 2004 stieg der Anteil der 66 bis 75 Jahre alten Befragten insgesamt von 26% auf 31%; der Anstieg bei den 55 bis 65 Jahre alten Befragten war sogar noch stärker, nämlich von 34% auf 40%, Freiwilligensurvey 2004, Kurzzusammenfassung, S. 3.

145 37%, Zierau, S. 15, 57.

146 Vgl. Abbildung 10 bei Zierau.

147 Zierau, S. 15, 101.

148 Zierau, S. 15, 100.

149 Zierau, S. 15, 99.

150 Zierau, S. 15, 99.

151 Freiwilligensurvey, Gesamtbericht, S. 67; vgl. hier insb. Fn. 25; die Anzahl der arbeitslosen Engagierten scheint jedoch in den letzten fünf Jahren gestiegen zu sein, vgl. Freiwilligensurvey 2004, Kurzzusammenfassung, S. 3.

Umfang ihrer Tätigkeit durchschnittlich etwas größer als der von nicht erwerbslosen Engagierten.[152]
Dem Freiwilligensurvey 1999 zufolge waren etwa zehn Prozent der Arbeitslosen 15 Stunden und mehr in der Woche bürgerschaftlich engagiert und damit nach den Regelungen des SGB III a. F. vom Bezug von Arbeitslosengeld ausgeschlossen, da sie dem Arbeitsmarkt nicht zur Verfügung standen. In diesem Zusammenhang wird darauf hingewiesen, dass auch viele Erwerbstätige im gleichen Umfang bürgerschaftlich engagiert sind.[153] Dies spricht gegen die generelle Annahme des SGB III a. F. Die Norm ist im Zuge des Job-Aqtiv-Gesetzes daher aufgehoben worden. Damit hat sich die Situation von stark bürgerschaftlich engagierten Arbeitslosen verbessert. Seitdem ist die Zahl der arbeitslosen Engagierten gestiegen.[154]
Interessant ist in diesem Zusammenhang auch, dass 22% der befragten Männer und 25% der im Freiwilligensurvey befragten Frauen, die eine Tätigkeit ausübten, die andere gegen Bezahlung ausüben, ebenfalls gern gegen Bezahlung arbeiten würden.[155] Hier scheint Engagement ein Ersatz für Erwerbstätigkeit bei verschlossenem Arbeitsmarkt zu sein.

(3) Ergebnis

Erwerbstätige Männer sind deutlich öfter engagiert als erwerbstätige Frauen. Der Beteiligungsgrad steigt mit dem Bildungsniveau. Arbeitslose sind deutlich seltener engagiert als Menschen, die nicht arbeitslos sind. Wenn sie allerdings engagiert sind, liegt ihr Engagement über dem Durchschnitt.

c) Familiäre Situation bürgerschaftlich Engagierter und geschlechtsspezifische Ausprägungen von Engagement

Beim Freiwilligensurvey wurden 14 922 Personen ab 14 Jahren befragt. Etwas mehr als die Hälfte von ihnen waren Frauen.[156] Engagierte leben meist in Mehrpersonenhaushalten.[157]

---

[152] Freiwilligensurvey, Gesamtbericht, S. 67f., detailliert zu den verschiedenen Ausprägungen.
[153] Freiwilligensurvey, Gesamtbericht, S. 79.
[154] Freiwilligensurvey 2004, Kurzzusammenfassung, S. 3.
[155] Zierau, S. 15, 87.
[156] Zierau, S. 15, 30.
[157] Freiwilligensurvey, Gesamtbericht, S. 61f.; insb. Übersicht 7.

Die familiäre Situation korreliert nicht nur mit der Häufigkeit von bürgerschaftlichem Engagement in dem Sinne, dass innerhalb von Familien lebende Befragte öfter engagiert sind,[158] es wirkt sich auch geschlechtspezifisch aus. Dabei steigt das Engagement von Frauen, wenn Kinder im Haushalt leben, allerdings überwiegend in Bereichen, die mit der Kinderbetreuung zusammenhängen.[159] Auf der anderen Seite steht Frauen weniger Zeit für bürgerschaftliches Engagement zur Verfügung, denn Pflege und Kinderbetreuung werden überwiegend von Frauen übernommen.[160] Das Alter der Kinder und die damit notwendige Betreuung, die regelmäßig von der Mutter übernommen wird, wirken sich auf die Zeit aus, die für andere Aktivitäten, also auch bürgerschaftliches Engagement, zur Verfügung steht. Bei Männern hat das Alter der Kinder hingegen keinen hemmenden Einfluss auf die freiwillige Tätigkeit, und es beeinflusst auch nicht die Art der wahrgenommenen Tätigkeit.[161]

Frauen und Männer sind in den verschiedenen Bereichen bürgerschaftlichen Engagements unterschiedlich präsent: Wenn man den Sportbereich außer acht lässt, ist zu erkennen, dass zwischen Frauen und Männern deutliche Unterschiede bestehen, was ihre freiwillige Tätigkeit in den verschiedenen Bereichen betrifft.[162] Ein Zusammenfassen der „sozialen" und „kirchlichen/religiösen" Felder würde die soziale Betätigung bei den Frauen sogar vor den Sportbereich setzen und damit an die erste Stelle der Tätigkeitsfelder der Frauen rücken,[163] Männer bevorzugen hingegen Bereiche mit hohem freizeitorientierten Potenzial.[164] Männer bevorzugen Vereinstätigkeiten und übernehmen deutlich häufiger Vorstands- und Leitungsfunktionen.[165] Frauen sind öfter in weniger festen Strukturen tätig und leisten direkte Hilfe.[166] Mit dem Begriff der „Freiwilligenarbeit" identifizieren sich daher auch mehr Frauen als Männer, mit „Ehrenamt" mehr Männer als Frauen.[167] Hier spiegelt sich immer noch die historische Entwicklung des Ehrenamtes wider: Verwaltungstätigkeiten als typisch männliches, unmittelbare wohltätige Arbeit als typisches weibliches Betätigungsfeld.

---

[158] Dieser Befund ergibt sich auch im Freiwilligensurvey 2004, vgl. Freiwilligensurvey 2004, Kurzzusammenfassung, S. 3.
[159] Insbesondere Kindergarten und Schule, Zierau, S. 15, 97.
[160] Zierau, S. 15, 55, Abbildung 7.
[161] Männer sind sogar eher häufiger bürgerschaftlich engagiert, wenn Kinder unter drei Jahren im Haushalt leben.
[162] Zierau, S. 15, 33.
[163] Zierau, S. 15, 33, mit Nachweisen in Abbildung 2.
[164] Zierau, S. 15, 36.
[165] Zierau, S. 15, 71; 44% der Männer nehmen Vorstands- und Leitungsfunktionen wahr, aber nur 31% der Frauen.
[166] Zierau, S. 15, 69.
[167] Zierau, Abbildung 13, Ehrenamt: Frauen 26%, Männer 36%; Freiwilligenarbeit: Frauen 54%, Männer 47%.

Diese Entwicklung lässt sich besonders gut am sozialen Ehrenamt darstellen. Das soziale Ehrenamt wurde 1853 durch das „Elberfelder System" geschaffen, das die Durchführung der öffentlichen Armenpflege (als Teil der kommunalen Verwaltung) auf der Grundlage der Preußischen Städteordnung zur ehrenamtlichen Aufgabe der (männlichen) Bürger machte.[168] Mit dem Elberfelder System begann eine Tradition ehrenamtlicher Armenpflege, welche die Organisation städtischer Armenfürsorge in Deutschland auf Jahrzehnte hinaus bestimmte.[169] Außerhalb der Armenpflege sollten Frauen als freiwillige „Hilfskräfte" die Ehrenämter männlicher Ehrenbeamten ergänzen, so in den sozialen und caritativen Diensten, in Nachbarschaftshilfe und beim Kochen und Verteilen der Armensuppe.[170] Sie verrichteten auch die unmittelbare barmherzige Arbeit in den Hospizen der Klöster und Gemeinden, in denen Kranke, Sterbende, Alte, Obdachlose und Behinderte aufgenommen und versorgt wurden.[171] Die Zulassung zu diesen ehrenamtlichen Arbeiten mussten sich die bürgerlichen Frauen erkämpfen, indem sie selbst damit argumentierten, dass Frauen für alle Tätigkeiten, die mit dem Hauswesen zusammenhängen, zuständig sind, und daher auch das Haus der Bedürftigen das ureigenste Arbeitsfeld der Frau sein müsse.[172]

Schon in der Entwicklung des Engagements im 19. Jahrhunderts gab es hinsichtlich der Art der ausgeübten Tätigkeit eine Zweiteilung: Auf der einen Seite stand das soziale Engagement, das häufig von Frauen übernommen wurde; auf der anderen Seite das für die weitere Entwicklung des Begriffs maßgeblichere Ehrenamt als öffentliches Amt. Auch die von Männern übernommenen Tätigkeiten im Rahmen des Elberfelder Systems waren als Aufgaben der kommunalen Verwaltung öffentliche Ämter.

Die Trennung zwischen männlichen Ehrenbeamten, welche die gesamte Verwaltungsarbeit in der Armenpflege übernahmen – sowohl die Entgegennahme und Prüfung der Bittgesuche, als auch die Entscheidung über zu gewährende Unterstützungen und die Kontrolle über fortlaufend Unterstützte – und der freiwilligen unmittelbaren sozialen Wohlfahrtspflege, die hauptsächlich durch Frauen geleistet wird, bleibt bis heute bestehen.[173]

Die von einem Viertel der Engagierten aufgeübten Tätigkeiten werden in anderen Zusammenhängen gegen Bezahlung ausgeübt. Interessant ist hier, dass mehr Frauen als Männer, die in diesem Bereich tätig sind, den Wunsch äußerten, ge-

---

168 Sachße, Traditionslinien, S. 23, 24.
169 Sachße, Traditionslinien, S. 23, 25.
170 Karsten, S. 103, 121.
171 Karsten, S. 103, 121.
172 Notz, Frauen, S. 297f.
173 Karsten, S. 103, 121.

gen Bezahlung tätig zu werden.[174] 25% der Frauen wünschen sich eine bezahlte Tätigkeit anstelle ihres Engagements. Dies korreliert mit dem Befund etwa im Bereich der sozialen Arbeit, dass bürgerschaftliches Engagement keineswegs mehr eine Domäne von Laien ist, die ihr Engagement als Ausgleich zur Berufstätigkeit sehen, sondern von beruflich qualifizierten Personen, zumeist Frauen, genutzt wird, um in einem weitgehend verschlossenen Arbeitsmarkt die Möglichkeit zu haben, in dem gewählten Berufsfeld zu arbeiten, häufig mit der Hoffnung, dort später einen Arbeitsplatz zu finden.[175]

Es deutet also einiges darauf hin, dass Engagement auch gewählt wird, weil in diesem Bereich der Zugang zum Arbeitsmarkt verschlossen ist. Außerdem erhalten Frauen wesentlich seltener eine Vergütung für ihre Tätigkeit.[176] Dies liegt auch in den unterschiedlichen Tätigkeitsfeldern begründet; In der sozialen Arbeit als „Liebestätigkeit" wird selbstlose Handeln erwartet; zudem entsprechen die übernommenen Aufgaben häufig Haus- und Familienarbeit, also traditionell unentgeltlicher Arbeit, während Vorstands- und Verwaltungstätigkeiten außerhalb von Vereinen regelmäßig entlohnt wird.

d) Geographische Besonderheiten

(1) Ost-West-spezifische Ausprägungen von Engagement

Die Beteiligungsgrade in Ostdeutschland und Westdeutschland unterscheiden sich deutlich. Frauen und Männer in Ostdeutschland sind weniger freiwillig engagiert als Frauen und Männer in Westdeutschland. Wie groß der Unterschied ist, wird in den verschiedenen Studien unterschiedlich beziffert. Dem Freiwilligensurvey 1999 zufolge sind in Westdeutschland 36% der Befragten freiwillig engagiert, in Ostdeutschland 28%. Auch hier scheint die Beteiligung in den letzten fünf Jahren allerdings gestiegen zu sein. Der Freiwilligensurvey 2004 weist eine Engagementquote in Westdeutschland von 37%, also nur eine marginale Steigerung, für Ostdeutschland inzwischen jedoch eine Engagementquote von 31% aus. Damit liegt das Engagement in den ostdeutschen Bundesländern allerdings immer noch deutlich unter dem in Westdeutschland. Dabei liegen auch beim Umfang des Engagements die ostdeutschen Zahlen insgesamt unter den Westdeutschen. So gaben in Westdeutschland 20% an, bis zu fünf Stunden in

---

[174] Bei den Frauen 25%, bei den Männern 22%, Zierau, S. 15, 87.
[175] Vgl. hierzu auch Karsten, S. 103, 111.
[176] Zierau, S. 15, 87.

der Woche beschäftigt zu sein (Ostdeutschland: 16%); mehr als fünf Stunden nannten in Westdeutschland 11 %, in Ostdeutschland 9%.[177]

Der Freiwilligensurvey unterscheidet bei den Nicht-Engagierten noch einmal zwischen Nicht-Aktiven und Aktiven, die aber nicht engagiert sind. Hierzu zählen zum Beispiel Mitglieder in Sportvereinen, die keine weitergehenden Aufgaben übernehmen. In Ostdeutschland ist die Zahl der überhaupt nicht Aktiven mit 45% deutlich höher als in Westdeutschland (32%). Auch hier sind die Zahlen insgesamt allerdings zwischen 1999 und 2004 offenbar leicht gestiegen.[178]
Die Beteiligung am öffentlichen Leben in Vereinen, Gruppen ist in Ostdeutschland weniger verbreitet.[179] Schlusslicht war 1999 Ostberlin mit einer Beteiligung von nur 19% (im Vergleich: Sachsen 30%, Thüringen und Mecklenburg-Vorpommern 29%, Brandenburg und Sachsen-Anhalt 28%).[180] Dabei ist jedoch die insgesamt meist niedrigere Engagementquote in großen Städten zu berücksichtigen; auch in Westberlin lag die Aktivität mit 26% sehr niedrig.[181] Auch unter der Berücksichtigung der Zahlen des Freiwilligensurveys 2004, der auf eine langsame Veränderung der Engagementstrukturen in Ostdeutschland hindeutet, bleibt der Unterschied in der Beteiligung Ost- und Westdeutscher deutlich sichtbar. Die Frage nach den Ursachen der geringeren Beteiligung in den neuen Bundesländern ist daher weiter von Bedeutung.

Bei der Analyse der Ursachen für diese Unterschiede werden situative und kulturelle Faktoren unterschieden: Während situative Faktoren die aktuelle Situation in den neuen Ländern beschreiben (die geringeren Einkommen, hohe Arbeitslosigkeit u.a.) bezeichnen kulturelle Faktoren etwa die geringere Kirchenbindungen und die Prägungen der DDR-Zeit.[182] Hierzu zählt auch die nicht so langfristig gewachsene Vereinsbindung in den Neuen Ländern.[183] Jedoch muss bei der Vereinsbindung berücksichtigt werden, dass die Tendenz insgesamt weg von Vereinsstrukturen und hin zu weniger formalisierten Formen von bürgerschaftlichem Engagement geht. Es ist also zweifelhaft, ob die erst seit zehn Jahren neu entwickelte Vereinskultur in den ostdeutschen Ländern überhaupt je den Umfang der Vereinskultur in Westdeutschland erreichen wird.[184] Allerdings hat

---

[177] Gensicke, S. 22, 23, Abbildung 1.1.
[178] Der Anteil der aktiven Nicht-Engagierten ist gemäß den Ergebnissen des Freiwilligensurveys 2004 in Gesamtdeutschland von 32% auf 34% gestiegen, vgl. Freiwilligensurvey 2004, Kurzzusammenfassung, S. 1.
[179] Gensicke, S. 22, 24, vgl. auch Freiwilligensurvey 2004, Kurzzusammenfassung, S. 4.
[180] Gensicke, S. 22, 24, Abbildung 1.2.
[181] Gensicke, S. 22, 24; vgl. auch Hamburg mit der höchsten Nichtengagiertenquote (41%).
[182] Gensicke, S. 22, 26.
[183] Gensicke, S. 22, 31.
[184] Ähnlich Gensicke, S. 22, 32.

sich offenbar in den letzten fünf Jahren auch das Engagement in festen Organisationsstrukturen in Ostdeutschland verstärkt.[185]

(2) Stadt-Land-spezifische Ausprägungen und Nord-Süd-Gefälle

Die Beteiligung in den neuen Bundesländern ist niedriger als in den alten Bundesländern.[186] Die Beteiligung im Bereich des bürgerschaftlichen Engagements ist außerdem auf dem Lande und in kleinen Städten höher als in Großstädten:[187] Die Engagementquote ist in Baden-Württemberg mit 40% am höchsten, gefolgt von Hessen und Bayern mit 39% bzw. 37%; Hamburg bildet mit 31% das Schlusslicht, allerdings gleichauf mit Niedersachsen/Bremen. Nordrhein-Westfalen, Rheinland-Pfalz/Saarland und Schleswig-Holstein bilden mit 35% bzw. 34% das Mittelfeld.[188] An die niedrigste Quote in Westdeutschland schließen dann die ostdeutschen Länder an.

Bei den westdeutschen Bundesländern gibt es ein Süd-Nord-Gefälle. Dabei ist ein großer Teil des Unterschiedes bedingt durch den Bereich „Sport und Bewegung", der auch insgesamt den größten Raum einnimmt. Hier unterscheiden sich Spitzenreiter Baden-Württemberg und Schlusslicht Hamburg sehr deutlich: Baden-Württemberg hat eine sportbezogene Engagementquote von 16%, Hamburg von 9%; außerdem nimmt in Baden-Württemberg auch der Bereich Freizeit und Geselligkeit mit 6% gegenüber 4% und der kirchliche Bereich (8% gegenüber 4%) einen breiteren Raum ein.[189] Hamburg weist in den Bereichen berufliche Interessenvertretung, Politik, Schule und Kindergarten hingegen eine tendenziell höhere Beteiligung auf.[190]

Eine höhere Beteiligung im kirchlichen Bereich ist auf die stärkere Kirchenbindung in den südlicheren Bundesländern insgesamt zurückzuführen. Die ersten beiden Ergebnisse (Sport, Freizeit und Unterhaltung), in denen die Hamburger Zahlen starken unter denen Baden-Württembergs liegen, sind aus der unterschiedlichen Struktur von Großstädten und ländlichen Gegenden zu erklären. Das Angebot insbesondere im Sportbereich und bei Freizeit und Geselligkeit ist

---

[185] Freiwilligensurvey 2004, Kurzzusammenfassung, S. 4.

[186] Dies ist weiterhin der Fall, wenn auch nach dem Ergebnis des Freiwilligensurveys 2004 die Beteiligung in den neuen Bundesländern offenbar steigt, vgl. Freiwilligensurvey 2004, Kurzzusammenfassung, S. 4.

[187] Gensicke, S. 22, 24.

[188] Freiwilligensurvey, Gesamtbericht, S. 64f., insb. Übersicht 8. Bei der Untersuchung wurden Niedersachsen/Bremen und Rheinlandpfalz/Saarland zusammengefasst.

[189] Freiwilligensurvey, Gesamtbericht, S. 65.

[190] Freiwilligensurvey, Gesamtbericht, S. 65.

in Großstädten regelmäßig höher. Daher ist die Motivation, sich in diesen Bereichen zu engagieren in Städten im Allgemeinen nicht so hoch. Im ländlichen Raum hingegen besteht oft keine Alternative dazu, selbst etwas auf die Beine zu stellen: Engagement ist hier sozusagen aus der Not geboren. Dies lässt sich auch insgesamt nachweisen: Das Engagement ist in den Kernbereichen der Stadtgebiete mit 33% am niedrigsten, in ländlichen Gemeinden am höchsten mit 42%.[191]

(3) Ergebnis

Engagement ist im Westen Deutschlands immer noch stärker verbreitet als im Osten und im Süden stärker als im Norden. Dies hat neben kulturellen auch situative Gründe. So ist das bürgerschaftliche Engagement im kirchlichen Umfeld im Süden stärker und Sport- und Geselligkeitsvereine finden sich deutlich seltener in den großen Städten, in denen ein breitgefächertes Angebot an Freizeitaktivitäten angeboten wird.

4. Motivation

Die Motivation zur Übernahme ehrenamtlicher oder freiwilliger bürgerschaftlicher Arbeit hat sich in den letzten Jahren gewandelt. Auf der einen Seite steht weiterhin das soziale Gemeinschaftsgefühl. Viele Engagierte wollen etwas für andere tun.[192] Es spielen aber auch vermehrt andere Motive eine Rolle: nicht zuletzt persönliche Betroffenheit und neben dem Wunsch nach Selbstverwirklichung auch der nach politischer Teilhabe.[193] Ehrenamt wird auch als ein Medium im Prozess der Identitätssuche und Selbstfindung betrachtet. Zum Teil wird inzwischen sogar angenommen, das entscheidende handlungsleitende Merkmal des neuen Ehrenamts bestehe in der Reziprozität des Gebens und Nehmens und nicht mehr in der des selbstlosen Handelns.[194] Tatsächlich sind jedoch altruistische Motive weiterhin sehr wichtig.[195] Darüber hinaus sind wichtige Motive bürgerschaftlich Engagierter Spaß und Anerkennung.[196]

---

[191] Freiwilligensurvey, Gesamtbericht, S. 65f., dort Übersicht 9.
[192] Freiwilligensurvey, Gesamtbericht, S. 80, Übersicht 24.
[193] Beher/Liebig/Rauschenbach, S. 7.
[194] Beher/Liebig/Rauschenbach, S. 13 mit Verweis auf Rauschenbach/Müller/Otto.
[195] Zierau, S. 15, 104; dies zeigt sich auch in den Ergebnissen des Freiwilligensurveys 2004, vgl. Freiwilligensurvey 2004, Kurzzusammenfassung, S. 3.
[196] Beher/Liebig/Rauschenbach, S. 7.

Als zentrales Moment zur Aktivierung des neuen Engagements wird, anders als früher, nicht mehr die Sozialisation in einem bestimmten Milieu, sondern das Prinzip der „biographischen Passung“ herangezogen: Wichtiger als Orientierungsmarken durch die Zugehörigkeit zu einem sozialen Milieu sei inzwischen die Koppelung der freiwilligen Tätigkeit an eigene Erfahrungen und Fähigkeiten, und dass die angebotene freiwillige Arbeit in die eigene Lebensplanung hineinpasst.[197] Dadurch wachse zugleich das Potenzial von Freiwilligen an, weil bürgergesellschaftliches Engagement (neue Ehrenamtlichkeit) deutlich über das traditionelle Milieu und über Mitgliedschaftsgrenzen von Sozialverbänden hinausgehe.[198] Da Engagement also heute zunehmend als selbst gewähltes Element der Biographiegestaltung bewertet wird,[199] gibt es in Phasen beruflicher Neu- oder Umorientierung, in Übergängen etwa von der Schule zur Berufsausbildung; insbesondere bei Frauen nach der Familienphase vor dem Wiedereinstieg in das Berufsleben Zeitabschnitte, in denen Menschen vermehrt Interesse an freiwilligem Engagement haben.[200]

Es geht nicht zuletzt darum, durch das Engagement Qualifikationen zu erreichen, die eine verbesserte Ausgangsposition für die nachfolgende Phase bieten oder bestimmte Freiräume für die eigene Persönlichkeitsentwicklung zu nutzen. Insbesondere bei jungen Menschen lässt sich ein starkes Interesse an Engagement feststellen, das Weiterbildungsmöglichkeiten beinhaltet. Dies schließt in zunehmend vielen Fällen auch die Chance einer beruflichen Verwertungsmöglichkeit der ehrenamtlichen Tätigkeit ein.[201] Insbesondere bestimmte Gruppen von Akademikern – vor allem jüngere, arbeitslose Akademiker – engagieren sich freiwillig in Projekten und Organisationen, um sich für den regulären Arbeitsmarkt weiterzuqualifizieren und in einer Art „Arbeitsprozess zu bleiben“.[202]

Bei Jugendlichen geht es vor allem darum, situationsbezogen etwas anderes zu machen als in der Schule oder im Betrieb, projekt- und zielorientiert die eigenen Fähigkeiten dazu einzusetzen, ein erreichbares Ziel zu verfolgen und die eigenen Kenntnisse und Erfahrungen zu erweitern.[203] Engagement von Jugendlichen findet vor allem in solchen Organisationen statt, mit denen aufgrund ihrer Wertorientierung eine hohe Identifikation möglich ist.[204] Zwar engagieren sich Jugendliche häufig in Form nicht-institutionalisierter politischer Partizipation, d. h.

---

[197] Zur Bedeutung „biographischer Passungen“ vgl. auch Beher/Liebig/Rauschenbach, S. 13.
[198] Beck, S. 416, 421.
[199] Olk/Jakob, NP 1991, S. 500, 501f.
[200] Beck, S. 416, 423.
[201] Klages, Das Parlament Nr. 32-33/2001, S. 1.
[202] So Beck, S. 416, 421.
[203] Picot, S. 111, 157, Übersicht 18; Beck, S. 416, 424.
[204] Beck, S. 416, 424.

punktuell, spontan und kurzfristig,[205] nichtsdestotrotz wird weiterhin fast die Hälfte des bürgerschaftlichen Engagements junger Menschen innerhalb von festen Organisationsstrukturen, insbesondere in Vereinen, ausgeübt.[206]

5. Ergebnis

Legt man wie in dieser Untersuchung einen weiten Begriff des bürgerschaftlichen Engagements zugrunde, kann man von einer Engagementquote von gut 30% ausgehen. Fast ein Drittel der Bundesbürger über vierzehn Jahre engagiert sich freiwillig, unentgeltlich und gemeinwohlorientiert. Dabei gibt es im Osten Deutschlands weniger Engagement als im Westen; in den Städten weniger als in den ländlichen Gebieten. Arbeitslose sind unterdurchschnittlich vertreten: Die meisten Engagierten leben in finanziell gesicherten Verhältnissen. Während Frauen häufig in informellen Zusammenhängen direkte Hilfe leisten, ziehen Männer Ämter im Verein und Vorstandsfunktionen vor.

Mehr als zwei Drittel der Aktiven engagieren sich regelmäßig, aber selten; wer sich mit mehr Zeit seinem Engagement widmet, ist häufig im Bereich Gesundheit, Soziales oder Umweltschutz tätig. Die häufigste Form des Engagements ist immer noch die Arbeit im Verein, auch wenn diese gegenüber Projekt- und Initiativarbeit abnimmt. Die Motive der Engagierten sind vielfältig. Sie umfassen den Wunsch, anderen zu helfen und durch die Arbeit Anerkennung zu finden genauso wie die Hoffnung neue Freundschaften zu knüpfen und neue Fähigkeiten zu entwickeln. Zunehmend wichtig ist, dass sich das Engagement als ein sinnvoller Teil der eigenen Biographie darstellt.

---

[205] Beck, S. 416, 424.

[206] Picot. S. 111, 177, Übersicht 27.

C. Bürgerschaftliches Engagement und das Verhältnis von Staat und Gesellschaft

Zentrale Begrifflichkeiten in der gesellschaftspolitischen Diskussion sind „Staat" – wie in „Aktivierender Staat" – und „Gesellschaft" – so etwa in „Zivilgesellschaft" und „Bürgergesellschaft". Mit ihnen wird bezug genommen auf ein dualistisches Konzept von Staat und Gesellschaft, in dem sich Staat und Gesellschaft gegenüber stehen. In der Gegenüberstellung zur „Gesellschaft" bedeutet „Staat" danach die Organisation, die für sich die ausschließliche Befugnis beansprucht, unwiderstehliche Gewalt auszuüben. Dagegen bildet die „Gesellschaft" die komplementäre Größe: den Inbegriff aller sozialen Erscheinungen unterhalb jener Instanz.[207] Staatstheoretische Ansätze in diesem Sinne finden sich bereits bei Hobbes. Seine entscheidende Prägung hat dieses Begriffspaar im juristischen Positivismus des 19. Jahrhunderts erfahren.[208]

Die Frage nach dem Verhältnis von Staat und Gesellschaft war im 20. Jahrhundert nicht nur in der Weimarer Republik und in der Zeit des Nationalsozialismus maßgeblich. Es gibt auch heute liberalistische Forderungen danach „die gesellschaftlichen Kräfte weitgehend von staatlicher Bevormundung freizustellen".[209] Dem liegt die Vorstellung zugrunde, dass Staat und Gesellschaft klar voneinander abgegrenzt sind. Als Reaktion insbesondere auf den Faschismus und im Zuge der politischen Auseinandersetzungen wurde jedoch schon 1968 sowohl von konservativer Seite, etwa von Forsthoff als auch von Vordenkern der Linken wie Habermas das Verständnis von Staat und Gesellschaft als voneinander unabhängigen Bereichen in Frage gestellt. Auch heute wird eine solche Trennung insbesondere im Hinblick auf bürgerschaftliches Engagement wieder thematisiert und zum Teil auch bezweifelt.

Bürgerschaftliches Engagement ist Teil dieser Diskussion, da zum Begriff des bürgerschaftlichen Engagements neben der Freiwilligkeit und der Unentgeltlichkeit auch die Gemeinwohlorientierung gehört. Von dieser gibt es auch, anders als von der Freiwilligkeit (Schöffen, Wahlhelfer) oder der Unentgeltlichkeit (Aufwandsentschädigung, Verdienstausfall) keine Ausnahmen. Gemeinwohlorientierung muss immer vorliegen. Sie bildet die Brücke zwischen dem Handeln des und der Einzelnen und der organisierten Staatlichkeit, in deren – zumindest potenziellen – Aufgabenbereich die übernommene Aufgabe regelmäßig fällt, sei es, wie häufig, das Wohlfahrtswesen oder die Jugendhilfe, der Umweltschutz oder auch Denkmalschutz und Heimatpflege.[210] Bürgerinnen und Bürger

---

[207] Isensee, Dualismus, S. 317.
[208] Isensee, Dualismus, S. 317.
[209] Zippelius, Staatslehre, S. 266.
[210] Ein umfassenderer Katalog findet sich oben unter B I 2 c.

sind Teil der gesellschaftlichen Sphäre; die von ihnen übernommenen Aufgaben sind hingegen Aufgaben des stets gemeinwohlorientierten Staates.

In diesem Kapitel wird das Verhältnis von Staat, Gesellschaft und bürgerschaftlichem Engagement näher beleuchtet. Dabei werden zunächst die zentralen gesellschaftspolitischen Konzepte und die jeweilige Rolle des bürgerschaftlichen Engagements dargestellt, da die gesamte Diskussion um den Stellenwert des bürgerschaftlichen Engagements bisher weitgehend innerhalb dieser Modelle geführt wird. Danach wird untersucht, wie sich das Verhältnis von Staat und Gesellschaft heute aus staatsrechtlicher Perspektive darstellt und welche Konsequenzen dies für die verfassungsrechtliche Erfassung des bürgerschaftlichen Engagements hat.

Ist von einer Trennung von Staat und Gesellschaft auszugehen, so handeln Bürgerinnen und Bürger bei der Übernahme von Aufgaben in erster Linie als Grundrechtsträger innerhalb ihrer Freiräume gegenüber dem Staat. Ist eine solche Trennung als überwunden anzusehen, muss für bürgerschaftliches Handeln im Spannungsfeld zwischen Öffentlichem und Privatem eine neue Positionierung gefunden werden.
Diese Positionierung im Spannungsfeld von Staat und Gesellschaft bestimmt auch die verfassungsrechtliche Erfassung des bürgerschaftlichen Engagements. Aus diesem Grund ist das Verhältnis von Staat und Gesellschaft für diese Untersuchung von zentraler Bedeutung. Die Ergebnisse werden bei der Frage nach der Bedeutung der Verfassungsprinzipien für das bürgerschaftliche Engagement wieder aufgenommen und auf ihre Folgen aus verfassungsrechtlicher Perspektive untersucht.

I. Bürgerschaftliches Engagement in der gesellschaftspolitischen Diskussion

Die zentralen Modelle der hier relevanten gesellschaftspolitischen Diskussion sind die der Bürger- und Zivilgesellschaft und des „aktivierenden Staates." Auch in der sogenannten „Sozialkapitaldiskussion" spielen partizipative Elemente eine große Rolle. Häufig werden diese Begriffe allerdings benutzt, ohne dass eine klare Inhaltsbestimmung vorgenommen worden ist. Daher bedarf es zunächst einer Klärung der zentralen Begrifflichkeiten.

1. „Zivilgesellschaft“ und bürgerschaftliches Engagement

Zivilgesellschaft ist in der Diskussion um die Rolle von bürgerschaftlichem Engagement ein vielstrapazierter Begriff.[211] Mit dem Konzept der Zivilgesellschaft wird eine Gestaltung und Implementierung von Politik in Verbindung gebracht, die gesellschaftlich eingebunden und rückgekoppelt sein und insofern ein Mehr an Demokratie sowie ein höhere Maß sozialer Gerechtigkeit in Aussicht stellen soll.[212] Aus der Perspektive der Zivilgesellschaft sollen die gemeinschaftsbezogenen Aktivitäten und Formen der gegenseitigen Unterstützung und der Interessenartikulation von Bürgerinnen und Bürgern sowie die hier vorzufindenden Organisationsformen wie Bürgergruppen, Vereine und freiwillige Assoziationen Ausdruck und zentrale Grundlage sowohl einer demokratischen politischen Kultur als auch einer solidarischen Wohlfahrtsgesellschaft sein.[213] Zivilgesellschaft soll dabei der Raum gesellschaftlicher Selbstorganisation, die Sphäre der Vereine, Zirkel, sozialen Beziehungen und Non-Government-Organizations, sowie die Sphäre der Selbständigkeit von Individuen und Gruppen sein.[214] Die Zivilgesellschaft wird daher als Ort des Bürgerengagements bezeichnet.[215]

a) Entwicklung des Begriffs der „Zivilgesellschaft“

Die positive Konnotation von Zivilgesellschaft als politisch-gesellschaftliches Programm hat ihre Wurzeln in der „societas civilis“ der Antike,[216] insbesondere im Gesellschafts- und Politikverständnis Aristoteles'.[217]

In neuerer Zeit entstand der zivilgesellschaftliche Entwurf in den bürgerlich-adligen Milieus des späten 18. und frühen 19. Jahrhunderts, in primär bürgerlichen Logen, Lesegesellschaften und ähnlichem, sowie dann in Vereinen, liberalen Veranstaltungen und Selbstverwaltungskörperschaften.[218] Diese waren allerdings reine Männerangelegenheit – Frauen blieb der Zugang zu diesen Vereinen bis Anfang des 20. Jahrhunderts versperrt.[219] Auch sie hatten sich zunächst ab Mitte des 19. Jahrhunderts organisiert: in demokratischen Frauenvereinen, in denen neben Wohltätigkeit auch politische Ziele eine Rolle spielten, in Frauenbildungsvereinen und in Arbeiterinnenvereinen. Diese Vereine waren jedoch ab

---

211 Ausführlich zum Ganzen: Klein, Zivilgesellschaft.
212 Zimmer in Frantz/Zimmer, S. 9.
213 Evers/Olk, S. 9, 11.
214 Schuppert, Zivilgesellschaft, S. 185, 193.
215 Klein, Reformpotenzial, S. 60.
216 Zimmer in Frantz/Zimmer, S. 9.
217 Zimmer in Breit/Massing, S. 41.
218 Kocka, S. 15, 17.
219 Kocka, S. 15, 18.

1850 Repressalien ausgesetzt und wurden schließlich ganz verboten. Während sich eine Vereinskultur auch politischer Art zu entwickeln begann, wurde Frauen von einer Teilnahme an politischen Vereinen sogar per Gesetz ausgeschlossen.[220]

Später wurde die sozialdemokratische Arbeiterbewegung mit ihren Forderungen nach Fortschritt und Gerechtigkeit, Rechtsstaatlichkeit und Rechtsgleichheit, nach Teilhabe und Demokratisierung, nach Freiheit und Bildung für alle, wie nach Realisierung der dafür notwendigen Lebensbedingungen zum wichtigsten Fürsprecher des zivilgesellschaftlichen Programms, ohne dass hier dieses Wort verwendet worden wäre.[221]
Von Bedeutung war der Begriff in den letzten Jahrzehnten zunächst für die Bürgerrechtsbewegung der ehemaligen Ostblockstaaten,[222] insbesondere die polnische Solidarnosc-Bewegung.[223] Der Ausgangspunkt war allerdings im Vergleich zu westlichen Staatsformen ein anderer: Hier stand Zivilgesellschaft überhaupt erst für die Rückeroberung staatlich geregelter Bereiche.[224] Inzwischen wird er auch als Leitbegriff für die sozialwissenschaftliche Diskussion um die Aufgabenverteilung zwischen Staat und Gesellschaft verwendet.
Aus liberaler Sicht soll Zivilgesellschaft die Vision einer Gesellschaft bezeichnen, in der Bürgerinnen und Bürger ihre Rechte und Pflichten im Sinne von „Citoyens“ wahrnehmen.[225] Der Begriff Zivilgesellschaft soll den Ausschnitt der gesellschaftlichen Wirklichkeit kennzeichnen, der die selbstermächtigten, selbstorganisierten und selbstverantwortlichen Tätigkeiten und Körperschaften beinhaltet.[226] Hier bestehen Übergänge zu anderen Gesellschaftskonzepten, insbesondere denen des „aktivierenden Staats“.[227] Die Übernahme von Aufgaben durch die Bürgerinnen und Bürger soll hierbei in erster Linie freiwillig und unentgeltlich erfolgen und gemeinwohlorientiert sein. Iin dieser Konzeption spielt bürgerschaftliches Engagement also eine zentrale Rolle.
Die neuen sozialen Bewegungen sind die in den 1970er Jahren entstandenen Protestbewegungen, die unabhängig von ihren spezifischen Anliegen, Formen und Strategien gemeinsame Grundwerte teilen und ähnliche Vorstellungen gesellschaftlicher Ordnung entwickelt haben.[228] Dazu gehören u.a. die Friedens-

---

[220] Gerhard, Frauenbewegung, S. 65ff.
[221] Kocka, Bürgertum, S. 15, 19.
[222] Zimmer in Breit/Massing, S. 41, 42; vgl. auch die ausführliche Darstellung bei Klein, Zivilgesellschaft, S. 19 – 59.
[223] Jonas, FR-Dokumentation vom 17.Juli 2001.
[224] Jonas, FR-Dokumentation vom 17. Juli 2001.
[225] Citoyen wird hier in Abgrenzung zum Bourgeois verwendet.
[226] Strachwitz, Sondervotum, BT-Drs. 14/8900, S. 25.
[227] S. unter C I 3.
[228] Klein, Zivilgesellschaft, S. 132.

bewegung, die Anti-Atom-Bewegung, die Ökologiebewegung, Solidaritätsbewegungen und Schwulenbewegung.[229] Ob die Frauenbewegung ebenfalls Teil der neuen sozialen Bewegungen ist, ist unter Feministinnen umstritten. In diesen neuen sozialen Bewegungen entwickelte sich die Zivilgesellschaft zu einem wünschenswerten Modell politischer Ordnung.[230] Diese Vorstellungen umfassen ein egalitär-emanzipatorisches Politikverständnis, Kritik an bürokratischer Bevormundung und Vertrauen in gesellschaftliche Selbstverantwortung[231] und stellen auch das sozialdemokratische Modell vom „Staat als Hüter und Wächter des Gemeinwohls" in Frage.[232] Aus der politischen Linken kommend, nähern sie sich in diesem Politikverständnis den Vertretern liberaler Positionen an.[233] Gesellschaftliche Selbstverantwortung und Selbstorganisation geschieht in diesem Rahmen häufig als bürgerschaftliches Engagement. In der aktuellen Diskussion überwiegen die marktliberalen Stimmen gegenüber der Position der neuen sozialen Bewegungen.[234]

b) Zivilgesellschaft als sozialwissenschaftlicher Begriff

Zivilgesellschaft wird in den Sozialwissenschaften auch beschreibend verwendet. So soll Zivilgesellschaft als deskriptiv-analytischer Begriff einen spezifischen Bereich, einen gesellschaftlichen Raum beschreiben.[235] Hierdurch werde der Raum gesellschaftlicher Selbstorganisation zwischen Staat, Ökonomie und Privatheit bezeichnet, der die Sphäre der Vereine, sozialen Beziehungen und Nichtregierungsorganisationen umfasse, einen Raum öffentlicher Diskurse und gemeinwohlbezogenen, mehr oder weniger institutionalisierten Initiativen und Gruppen; es handele sich hier um den Raum, in dem bürgerschaftliches Engagement in erster Linie stattfinde.[236] Diese Definition entspricht weitgehend dem Begriff des „Dritten Sektors", wie er bereits weiter oben verwandt wurde.[237] Um die verschiedenen Bedeutungsebenen auseinander zu halten, wird der Bereich zwischen Markt, Staat und Familie weiterhin mit „Dritter Sektor" bezeichnet, während „Zivilgesellschaft" für einen bestimmten Gesellschaftsentwurf gebraucht wird.

---

[229] Klein, Zivilgesellschaft, S. 132.
[230] Klein, Zivilgesellschaft, S. 131.
[231] Klein, Zivilgesellschaft, S. 132.
[232] Braun, Diskurs, S. 3.
[233] Auch Braun, Diskurs S. 3f.
[234] So auch Braun, Diskurs, S. 3.
[235] Kocka, S. 15, 17.
[236] Kocka, S. 15, 17.
[237] S.oben B I 3.

c) Ergebnis für das bürgerschaftliche Engagements

Der Begriff der Zivilgesellschaft ist nicht als Bezeichnung eines Bereiches zwischen Staat, Markt oder Familie zu sehen. Er beschreibt vielmehr einen bestimmten Gesellschaftsentwurf.
In diesem Gesellschaftsentwurf spielt die Stärkung von bürgerschaftlichem Engagement eine zentrale Rolle. Impulse zu einer Verstärkung bürgerschaftlichen Engagements kommen dabei zum einen von den anti-institutionellen sozialen Bewegungen und dem sozialen Pluralismus auf „links-alternativer“, zum anderen von „liberal-konservativer“ Seite.[238] Dabei ähneln sich zwar die Forderungen nach Entstaatlichung, Privatisierung und Subsidiarität,[239] herrschend ist jedoch die liberale Deutung der Zivilgesellschaft.

Sie werden zwar zum Teil unterschiedlich verstanden,[240] insgesamt lässt sich jedoch feststellen, dass die Grundstrukturen sich ähneln.[241] Es geht um eine Neubestimmung des Verhältnisses von Staat und Bürgerinnen und Bürgern, wobei der Staat Verantwortung abgeben und die Bürgerinnen und Bürger Verantwortung übernehmen sollen. Dabei wird der Befund, dass moderne Demokratien nicht nur aus einem Staatsapparat bestehen, der sich durch Wahlen legitimiert, sowie aus den für diese Wahlen notwendigen politischen Parteien, sondern aus einer Vielzahl von Verbänden, Interessengruppen, freiwilligen Organisationen, sozialen Bewegungen und kurzfristigen Initiativen, in denen sich Bürgerinnen und Bürger zusammenfinden,[242] in einen größeren thematischen Kontext eingebunden: Es wird vertreten, erst in einer aktiven Nutzung der Bürgerrechte und in der sozialen Teilhabe könnten sich gemeinwohlbezogene Motive und Werthaltungen und damit eine politische Kultur entfalten, auf welche die Demokratie angewiesen sei.[243] Ob dies aus verfassungsrechtlicher Sicht zutreffend ist, wird in Zusammenhang mit der Frage nach dem Verhältnis von bürgerschaftlichem Engagement und dem Demokratieprinzip des Grundgesetzes thematisiert.

---

238 Ähnlich Braun, Diskurs, S. 3.

239 Braun, Diskurs, S. 3.

240 Strachwitz, Sondervotum, BT-Drs. 14/8900, S. 25.

241 Eine umfassende Darstellung der sozialwissenschaftlichen Positionen kann im Rahmen dieser Arbeit nicht geleistet werden. Anhand der drei dargestellten Konzepte lassen sich aber die wichtigsten Linien der sozialwissenschaftlichen Diskussion nachzeichnen. Für eine intensivere Auseinandersetzung sei verwiesen auf: Breit/Massing.

242 Buchstein, S. 8.

243 Klein, Reformpotenzial, S. 60, 61.

2. „Bürgergesellschaft" und bürgerschaftliches Engagement

a) Bürgergesellschaft und Subsidiarität

Zur Bürgergesellschaft soll das Prinzip der Subsidiarität gehören.[244] Dieses Prinzip beinhaltet nach Auffassung der Enquete-Kommission „Bürgerschaftliches Engagement" allgemein den Vorrang kleinerer Einheiten in ihrer Selbstbestimmung und Leistungskraft. Diese solle nicht beeinträchtigt, müsse aber ausgeschöpft werden, bevor eine höhere Einheit – wie Kommune, Land oder Europäische Union helfend einspringt.[245] Es sei Pflicht des Staates, diese subsidiäre Aufgabenwahrnehmung sich entfalten zu lassen.[246] Als Beispiele für die Rückverlagerung von Aufgaben in die Gesellschaft wird insbesondere auf die ehrenamtliche Betreuung von Stadtbibliotheken, Museumsausstellungen, Schwimmbädern etc. verwiesen, die vielerorts nur durch die Eigeninitiative der Bürgerinnen und Bürger offengehalten werden können.[247] Soweit dieser Gedanke weitergeführt wird, wird Bürgergesellschaft als Vision einer Gesellschaftsverfassung und als Gegenmodell zum „gegenwärtigen Versorgungs- und Verwaltungsstaat"[248] verstanden. Leitidee einer bürgerschaftlichen Vision ist aus liberaler Sicht die gesellschaftliche Selbstorganisation.[249]
Hier gibt es Berührungspunkte und Überschneidungen mit den liberalen Positionen bei der Diskussion um die Rolle der Zivilgesellschaft und des „aktivierenden Staates". Die freiwillige und unentgeltliche Betreuung von Stadtbibliotheken und Museen wird allerdings in der Regel nicht übernommen, um die Mitwirkungsmöglichkeiten der Gemeindemitglieder zu verbessern, sondern weil die Kommune die Kosten nicht mehr trägt. Es sind also durchaus Zweifel erlaubt, ob die Unterstützung gesellschaftlicher Selbstorganisation tatsächlich in dem Wunsch begründet ist, der Gesellschaft Entfaltungsmöglichkeiten zu schaffen oder ob nicht finanzielle Erwägungen im Vordergrund stehen.
Verfassungsrechtlich interessant ist die Bezugnahme auf ein Verhältnis der Nachrangigkeit staatlichen Eingreifens gegenüber gesellschaftlicher Tätigkeit, das mit Subsidiarität bezeichnet wird. Es wird zu untersuchen sein, ob sich eine solche Rangordnung von privatem und staatlichem Handeln insbesondere im Bereich der Daseinsvorsorge verfassungsrechtlich stützen lässt.[250]

---

[244] Bericht der Enquete-Kommission, BT-Drs. 14/8900.
[245] Bericht der Enquete-Kommission, BT-Drs. 14/8900.
[246] Endres/Back, S. 355, 362; sie zitieren dies in den Materialien zur Qualitätssicherung in der Kinder- und Jugendhilfe des BMfSTJ von 1996.
[247] Klages, Engagement, S. 151.
[248] Strachwitz, Sondervotum, BT-Drs. 14/8900, S. 25.
[249] Strachwitz, Sondervotum, BT-Drs. 14/8900, S. 25.
[250] Siehe dazu unter D I 2.

b) Bürgergesellschaft und „Bürgertugenden"

Bürgergesellschaft wird auch als eine Ressource der Demokratie bezeichnet.[251] Unmittelbare Beteiligung in der Bürgergesellschaft habe positive Auswirkungen auf die „Tugend" der Staatsbürger.[252] Die Verbindung zur Demokratie manifestiere sich nicht nur im bürgerschaftlichen Engagements des Wahlgangs, sondern auch in der Hinführung auf allgemeinpolitische Fragestellungen in den verschiedensten Formen des bürgerschaftlichen Engagements.[253] Inwieweit gesellschaftliche Selbstorganisation zur Demokratisierung beitragen kann, ist in den Sozialwissenschaften insbesondere mit der Frage nach der Bedeutung von Sozialkapital verbunden und wird deshalb dort behandelt.[254]

c) Bürgergesellschaft und Bürgerarbeit

Zum Teil wird darauf abgestellt, der Schlüssel zu einer neuen Qualität von Wohlfahrt müsse sich aus neuen Formen des kooperativen Bürgersinns ergeben (etwa in der sogenannten „Bürgerarbeit"), die experimentell Individualität und Sozialsinn aufeinander abstimmen und die Kluft zwischen Familien und Staat überbrücken könnten.[255] Die Gesellschaft befinde sich in einem Entwicklungsprozess, der zur sogenannten „Bürgergesellschaft" führe. In dieser Gesellschaftsform soll bürgerschaftliches Engagement einen anderen Stellenwert und eine weitergehende Funktion haben als bisher. „Bürgerarbeit" ist demnach bürgerschaftliches soziales Engagement in Form von Projektarbeit in kooperativen und selbstorganisierten Arbeitsformen.[256] Statt einer Entlohnung im engeren Sinne soll ein Bürgergeld auf Sozialhilfeniveau gezahlt werden, soweit die Engagierten darauf angewiesen sind.[257] Das Modell der Bürgerarbeit wird als Möglichkeit gesehen, dem Staat den Rückzug aus seinen sozialen Verpflichtungen zu erleichtern, um so einer Krise der staatlichen Finanzhaushalte zu begegnen, sowie die Aufwertung von nicht-erwerbswirtschaftlicher Arbeit, um über diesen Weg die Arbeitslosigkeit einzugrenzen. Daran wird Kritik geübt: Bürgerarbeit bleibe damit nur minderwertiger Ersatz für Erwerbsarbeit.[258] In dem Maße, in dem Arbeitslose die Ableistung von Bürgerarbeit zur Auflage gemacht würde,

---

[251] Buchstein, S. 9.
[252] Buchstein, S. 9, 10.
[253] Buchstein, S. 9, nennt die Mitglieder im Sportverein, die mit ausländischen Sportfreunden konfrontiert werden oder die Ornithologen, die den Rückgang einer Vogelart feststellen und nach Ursachen forschen.
[254] S. unter C I 4.
[255] Beck, S. 416, 425.
[256] Beck, S. 416, 418.
[257] Beck, S. 416, 420.
[258] Bäcker/Bispinck u.a., Bd. 2, S. 349.

erhielte sie zudem dem Charakter einer Arbeitspflicht.[259] Das Konzept verpflichtender Bürgerarbeit stehe insofern in der Tradition mit Konzepten wie einem sozialen Pflichtjahr für Mädchen oder einem Sozialjahr für Ältere.[260]
Das Konzept der „Bürgerarbeit“ ist bisher in dieser Form nicht verwirklicht. Eine Einführung erscheint auch mittelfristig nicht wahrscheinlich. Für den Fortgang der Arbeit spielt die „Bürgerarbeit“ aus diesem Grund keine besondere Rolle.[261]

d) Ergebnis für das bürgerschaftliche Engagement

Die sogenannte „Bürgergesellschaft“ weist einige Überschneidungen zur Zivilgesellschaft und insgesamt zu Konzepten des „aktivierenden Staates“ auf; die Frage danach, inwieweit bei bürgerschaftlichem Engagement sogenannte „Bürgertugenden“ eingeübt werden, die zur Demokratie und zum Funktionieren innerhalb eines Gemeinwesens beitragen, wird im Rahmen der Diskussion um die Bedeutung des Sozialkapitals behandelt. Das Konzept der „Bürgerarbeit“ wird im Rahmen dieser Arbeit nicht besonders untersucht. „Bürgergesellschaft“ eignet sich insgesamt weniger gut als „Zivilgesellschaft“ oder „aktivierender Staat“ für die weitere Auseinandersetzung mit der sozialwissenschaftlichen Debatte.

3. Die Rolle des bürgerschaftlichen Engagements im „aktivierenden Staat“

Die Diskussion um den „aktivierenden Staat“ knüpft an die Zivilgesellschaftsdebatte an, soweit es in dieser um Selbstorganisation und Subsidiarität geht. In das Modell des „aktivierenden Staates“ werden hohe Erwartungen gesetzt. Es soll Beschäftigungspotenziale jenseits des Arbeitsmarktes binden und zur Integration in die Gesellschaft beitragen. Es wird angenommen, das Konzept des „aktivierenden Sozialstaats“ bewege sich im Spektrum zwischen eingeforderter Bürgerfreiheit und persönlicher Verantwortungsübernahme.[262] Der „aktivierende Staat“ sei nicht, wie Zivil- oder Bürgergesellschaft, ein Gesellschaftsentwurf, sondern nehme ein Leitbild für die Aufgabenteilung zwischen Staat und Gesell-

---

[259] Bäcker/Bispinck u.a., Bd. 2, S. 349.
[260] Bäcker/Bispinck u.a., Bd. 2, S. 349.
[261] Obwohl insbesondere eine Prüfung der verfassungsrechtlichen Zulässigkeit der Einführung von „Bürgerarbeit“ eine interessante Aufgabe darstellen würde, da insb. hinsichtlich der rechtlichen Ausformung bisher noch keine überzeugenden Ausführungen vorliegen, etwa zur Frage der Einbindung in die Sozialversicherungssysteme und ihrer Finanzierung. Allerdings sprengt dies den Rahmen dieser Arbeit.
[262] Stecker, S. 115.

schaft auf und „sucht es konkretisierend umzusetzen“.[263] Eine solche Umsetzung soll Bürgerinnen und Bürger einbeziehen und setzt für seine Funktionsfähigkeit bürgerschaftliches Engagement voraus.

Bei den Konzepten des „aktivierenden Staates“ wird immer wieder betont, Ziel sei nicht der Rückzug des Staates aus bestimmten Bereichen; der Staat weiche nicht, er wandle sich.[264] Staat und Gesellschaft stünden nicht beziehungslos nebeneinander, es gäbe vielmehr ein interaktives Aufeinander-Einwirken.[265] In diese Richtung geht auch ein Kabinettbeschluss der Bundesregierung von 1999: „Aktivierender Staat bedeutet, die Selbstregulierungspotentiale der Gesellschaft zu fördern und ihnen den notwendigen Freiraum zu schaffen. Im Vordergrunds muß deshalb das Zusammenwirken staatlicher, halbstaatlicher und privater Akteure zum Erreichen gemeinsamer Ziele stehen. Dieses Zusammenwirken muß entwickelt und ausgestaltet werden. Vor allem dem Bund fällt hierbei die Aufgabe zu, die rechtlichen Rahmenbedingungen für einen bürgerorientierten und partnerschaftlichen Staat mit effizienter Verwaltung zu schaffen.“[266] In diesem Konzept geht es vor allem darum, staatliche Leistungen unter dem Aspekt ihres „aktivierenden Effektes“ zu betrachten, also danach, inwieweit eine staatliche Leistung Eigeninitiativen der Bürger nach sich zieht und unterstützt. Dabei ist zum Teil auch davon die Rede, ursprünglich von der Gesellschaft übernommene Aufgaben sollten wieder an die Gesellschaft zurück gegeben werden. Weiterführend sollen solche Konzepte eines „aktivierenden“ oder „ermöglichenden“ Staats sein, die von einer gleichberechtigten Wechselbeziehung eines aktivierenden, ermöglichenden Staates und einer aktiven und Verantwortung übernehmenden Bürgergesellschaft ausgehen.[267] Dabei wird das Konzept des aktivierenden Staates insbesondere als das passende Konzept angesehen, wenn das Finanzvolumen staatlicher Leistungen stagnieren oder sinken und „staatliche Handlungsfähigkeit“ bewahrt werden soll.[268] Es geht vor allem um eine sogenannte Aktivierung von Bürgerinnen und Bürgern, um Leistungen sicherzustellen, aus deren Finanzierung sich der Staat zurückgezogen hat oder zurückziehen will.

---

263 Schuppert, Zivilgesellschaft, S. 185.
264 Insbesondere zum Begriff des „Rückzugs“ ausführlich Schuppert, Zivilgesellschaft, S. 185, 188.
265 Schuppert, Zivilgesellschaft, S. 185, 189.
266 Kabinettsbeschluss, Moderner Staat – moderne Verwaltung.
267 Bericht der Enquete-Kommission, BT-Drs. 14/8900, S. 25; in die gleiche Richtung gehen bei der Veränderung arbeits- und sozialrechtlicher Regelungen die Leitmotive des „Förderns und Forderns“.
268 Lamping u.a., S. 28.

Ob sich diese Konzepte als Grundlage für eine Bestimmung der Position von bürgerschaftlichem Engagement eignen, ist umstritten. Anlass zur Kritik ist insbesondere die Verknüpfung von Bürgeraktivierung und dem Rückzug der Staates von bestimmten Leistungen. Zum Teil wird dieses Konzept daher als vor einem finanziell und marktliberal motivierten Hintergrund stehend gesehen und wegen der zugrundeliegenden Zielrichtung, sozialstaatliche Leistungen zu reduzieren, kritisiert. Appelle an die Solidarbereitschaft und Selbst-Verantwortung des Einzelnen sowie Konzepte wie das der „Bürgerarbeit“[269] werden als Instrumentalisierungsversuch gedeutet.[270] Die „Aktivierung bürgerschaftlichen Engagements“ erscheint in erster Linie als Gelegenheit der finanziellen Entlastung der Sozialbudgets, indem Ehrenamt und Engagement vermehrt Regelaufgaben des Sozialstaats übernehmen.[271] Die partizipative Deutung dieser Umstrukturierung erscheint als Methode, Sozialabbau zu kaschieren.

Der Begriff des „aktivierenden Staates“ ist daher nicht unwidersprochen geblieben. So wird darauf hingewiesen, mit dem Begriff des „aktivierenden Staates“ würden oft Vorstellungen verbunden, die das Gegenteil von bürgerschaftlichem Engagement bedeuteten: Das gelte besonders für neue Formen des Arbeitszwangs und schlecht bezahlter Arbeit für die Bezieherinnen und Bezieher sozialer Transferleistungen, die mit der Parole „fördern und fordern“ „aktiviert“ werden sollten.[272] „Aktivieren“ heiße dabei nicht selten, dass die sozialen und zivilen Bürgerrechte der Betroffenen durch verstärkten staatlichen Zwang ausgehöhlt werden.[273] So wird aus diesem Konzept heraus auch gefordert, dass „die Verbindung von Leistung und Gegenleistung“ verstärkt wird, indem z. B. die Kommunen allen arbeitsfähigen Sozialhilfeempfängerinnen und Sozialhilfeempfängern eine Beschäftigung, ggf. in Form einer gemeinnützigen Tätigkeit anbieten und bei Ablehnung durch die Sozialhilfeempfängerinnen und Sozialhilfeempfänger der Anspruch auf Sozialhilfe entfällt.[274] Aus diesem Grund sollten diejenigen, die arme und arbeitslose Bevölkerungsgruppen nicht dergestalt diskriminiert wissen wollten, auf den Begriff des „aktivierenden Staates“ verzichten.[275]

Im übrigen wird angemerkt, dass es eine lineare Entwicklung von familiärer Selbsthilfe über die ehrenamtliche Wahrnehmung sozialer Dienste bis hin zu

---

269 Vgl. dazu Beck, 416ff.
270 Stecker, S. 115.
271 Stecker, S. 117.
272 Roth, Sondervotum, BT-Drs. 14/8900, S. 25.
273 Roth, Sondervotum, BT-Drs. 14/8900, S. 25.
274 Endres/Back, S. 355, 363; sie zitieren Matthias Wissmann, damals wirtschaftspolitischer Sprecher der CDU, in der Pressemitteilung 61/98 der CDU Bonn, S. 12.
275 So auch Roth, Sondervotum BT-Drs. 14/8900, S. 25.

ihrer professionellen Organisation nicht gegeben habe; soziales Ehrenamt und sozialer Beruf hätten sich eher parallel entwickelt.[276] Damit sei die in diesem Zusammenhang entwickelte Vorstellung einer schlichten Rückführung professioneller Leistungen in neuerliche Ehrenamtlichkeit oder Selbsthilfe, die aktuellen sozialpolitischen Ansätzen gelegentlich zugrunde liegt, hinfällig.[277] Es wird kritisiert, dass durch die bisherigen Maßnahmen und Programme in erster Linie Frauen für freiwillige und soziale Tätigkeiten – darüber hinaus auch nur bestimmte Altergruppen – motiviert werden konnten.[278] Es wird daher kritisiert, dass, solange diese Steuerungsmechanismen zu diesen Ergebnissen führen, sich der Vorwurf kaum endgültig aus der Welt schaffen ließe, dass hier letztlich doch wieder ohnehin unerwünschte weibliche Arbeitskraftanbieter auf formalen Erwerbsarbeitsmärkten ersatzweise auf unbezahlte soziale Tätigkeiten verwiesen werden sollen.[279]

Es erscheint jedenfalls bedenkenswert, dass die Einbeziehung von Bürgerinnen und Bürgern und ihren Organisationen erst in dem Moment als wichtiges Element gesellschaftlicher Aufgabenverteilung entdeckt wird, in dem Einsparpotenziale im Bereich staatlicher Aufgaben und Leistungen in das Zentrum des Interesses rücken. Aus rechtswissenschaftlicher Perspektive geht es aber letztlich darum, wie die geplanten Veränderungen verfassungsrechtlich zu bewerten sind.[280]

4. Die Bedeutung des bürgerschaftlichen Engagements in der Diskussion um das „Sozialkapital“

Es stellt sich hinsichtlich der Bedeutung von bürgerschaftlichem Engagement für die Gesellschaft nicht nur die Frage, inwieweit der Sozialstaat Engagement braucht, damit eine Umverteilung von Aufgaben geschehen kann – dies wird vornehmlich bei der Frage nach dem geeigneten Gesellschaftsentwurf thematisiert –, sondern auch, inwieweit demokratische Prozesse mit bürgerschaftlichem Engagement verknüpft sind. In der Diskussion um die Rolle des Engagements wird in diesem Zusammenhang immer wieder vom Einsatz bestimmter Ressourcen als „Sozialkapitaltransfer“ gesprochen.[281]

---

[276] Sachße, Ehrenamtlichkeit, S. 51.
[277] Sachße, Ehrenamtlichkeit, S. 51.
[278] Olk, S. 19, 34.
[279] Olk, S. 19, 34 m.w.N.
[280] S. bei D I und II.
[281] S. oben unter C I 4.

Dabei wird vertreten, eine funktionierende Demokratie brauche eine Gesellschaft bzw. Individuen mit einem hohen Sozialkapital. Sozialkapital wird häufig als eine besonders wichtige Ressource einer Gesellschaft gesehen, die insbesondere in der Zukunft von großer Bedeutung sein werde.[282] So wird vertreten, „die bürgerschaftlich Engagierten schaffen eine Atmosphäre der Solidarität, der Zugehörigkeit und des gegenseitigen Vertrauens. Kurz sie erhalten und sie mehren, was wir heute „soziales Kapital" nennen: die Verbundenheit und das Verständnis zwischen den Mitgliedern einer Gesellschaft, die Verlässlichkeit gemeinsam geteilter Regeln, Normen und Werte und nicht zuletzt das Vertrauen in die Institutionen des Staates."[283] Weil sich dieses Sozialkapital in bürgerschaftlichem Engagements zeige, sei dieses förderungswürdig.[284] Ob es sich hierbei tatsächlich um Sozialkapital handelt, soll untersucht werden.

Im engen Sinne ist Kapital der Wert, der sich durch Arbeit, Produktion und Handel vermehrt; die Geldmenge, die zur Investition bereitsteht oder verwendet wurde.[285] Im weiteren Sinne ist Kapital die Bezeichnung für eine Ressource, über die verfügt und die zur Verfolgung von Zielen eingesetzt werden kann.[286] Neben dem ökonomischen Kapital wird heute auch regelmäßig von Humankapital gesprochen. Humankapital wird dabei als die Ressource verstanden, die sich aus den Fertigkeiten und Fähigkeiten des Einzelnen ergibt.

Der Begriff des Sozialkapitals wird ebenfalls verwandt; er bleibt aber häufig vage. Er dient als Schlagwort, ohne dass er mit Inhalten gefüllt wird, und das, obwohl der Begriff des „Sozialkapitals" seit langem wichtiger Bestandteil einer Diskussion über das Verhältnis von Bürger und Gesellschaft und von Bürgern untereinander ist.

Ist Sozialkapital tatsächlich eine wichtige gesellschaftliche Ressource, und bildet sich das soziale Kapital in der Bereitschaft der Bürgerinnen und Bürger ab, sich freiwillig zu engagieren, so ist eine staatliche Unterstützung bürgerschaftlichen Engagements auch gesamtgesellschaftlich notwendig und sinnvoll. Dies sollte dann auch zukünftige Rechtssetzung nicht unberücksichtigt lassen. Die Antwort auf die Frage, was unter „Sozialkapital" zu verstehen ist, ist also auch für die juristische Auseinandersetzung hilfreich.

Es lassen sich zwei grundlegend unterschiedliche Theorien zum Sozialkapital gegeneinander setzen: Zum einen wird Sozialkapital verstanden als der und dem Einzelnen zugeordnete Kapitalform, so insbesondere bei Pierre Bourdieu; zum

---

[282] Mutz, Aus Politik und Zeitgeschichte 21/2001, S. 14, 17.
[283] Bericht der Enquete-Kommission, BT-Drs 14/8900, S. 2.
[284] Vgl. zum Ganzen insb. Putnam, Bowling alone.
[285] Langenscheidts Fremdwörterbuch.
[286] Haug, S. 10.

anderen wird Sozialkapital als gesamtgesellschaftliche Ressource aufgefasst, Robert D. Putnam ist hier der prominenteste Vertreter.

a) Sozialkapital und Netzwerke bei Pierre Bourdieu

Bourdieu dienen die unterschiedlichen Kapitalbegriffe als Mittel, um die Konstruktion von Klassen zu erläutern. Er geht davon aus, dass es vier verschiedene Kapitalsorten gibt: das ökonomische Kapital, das kulturelle Kapital, das soziale Kapital und das symbolische Kapital.[287] Die Menge des akkumulierten Kapitals – sei es ökonomisch, kulturell, sozial oder symbolisch – bestimmt im Modell Bourdieus die Position des Betreffenden innerhalb der Gesellschaft.
Bourdieu geht es darum, die Stellung des Einzelnen im Verhältnis zu anderen zu bestimmen. Dazu bedient er sich des „sozialen Feldes", in dem er die Positionen der sogenannten „Akteure" verortet. Im sozialen Feld als mehrdimensionalem Raum ist die vom Einzelnen aktuell eingenommene Position aufgrund seiner Kapitalmengen (ökonomisches, kulturelles, soziales, symbolisches Kapital) bestimmbar. Die Einzelnen verteilen sich in der ersten Raumdimension je nach Gesamtumfang an Kapital, über das sie verfügen, in der zweiten Dimension je nach Zusammensetzung des Kapitals.[288] Vorhandenes Kapital festigt die eigene Position; aus der eigenen Position ergibt sich ein bestimmter Habitus, der das Festhalten an der erreichten Position erleichtert.
Das ökonomische Kapital bezeichnet dabei Geld und Verfügungsgewalt über Produktionsmittel.[289] Das ökonomische Kapital ist unmittelbar und direkt in Geld konvertierbar und eignet sich besonders zur Institutionalisierung in Form des Eigentumsrechts.
Das kulturelle Kapital im inkorporierten Zustand ist in Form von Bildung direkt an den Träger gebunden, im objektivierten Zustand bezeichnet kulturelles Kapital Güter wie etwa Bücher oder Bilder. Im institutionalisierten Zustand bedeutet kulturelles Kapital auch das Führen von Titeln.[290] Das kulturelle Kapital ist unter bestimmten Voraussetzungen in ökonomisches Kapital konvertierbar und eignet sich besonders zur Institutionalisierung in Form von schulischen Titeln.
Soziales Kapital nach Bourdieu ist „die Gesamtheit der aktuellen und potentiellen Ressourcen, die mit dem Besitz eines dauerhaften Netzes von mehr oder weniger institutionalisierten Beziehungen gegenseitigen Kennens oder Anerkennens verbunden sind; oder, anders ausgedrückt, es handelt sich dabei um Res-

---

[287] Ergänzend führt er z.T. noch das „symbolische Kapital" an, welches „gemeinhin als Prestige (...) bezeichnet (wird, JR)," Bourdieu, Lecon, S. 11.
[288] Bourdieu, Lecon, S. 11.
[289] Rebenstorf, S. 65.
[290] Bourdieu bei Rebenstorf, S. 66f.

sourcen, die auf der Zugehörigkeit zu einer Gruppe beruhen."[291] Dabei ist Sozialkapital im Sinne Bourdieus mehr als eine bilaterale Austauschbeziehung. Es bezeichnet materielle und symbolische Tauschbeziehungen in einem Gruppensystem.[292] Gruppenzugehörigkeit kann dabei auf unterschiedliche Art und Weise signalisiert werden, etwa durch einen Mitgliedsausweis oder den gemeinsamen Familiennamen.[293] Das soziale Kapital, das Kapital an sozialen Verpflichtungen oder Beziehungen, ist unter bestimmten Voraussetzungen ebenfalls in ökonomisches Kapital konvertierbar.[294]

Um Sozialkapital nutzen zu können, ist es erforderlich, bestehende Beziehungen zu pflegen. Je größer das Kapital ist, umso größer ist dann auch der Ertrag der Beziehungsarbeit. Mehrere Gruppenmitgliedschaften können sich gegenseitig ergänzen, und die Pflege einer Mitgliedschaft hat gegebenenfalls einen positiven Effekt auf die Mitgliedschaft in einer anderen Gruppe, auf den Zugang zu deren Ressourcen.[295] Die Pflege der Beziehung zur Sicherung von Erträgen des Sozialkapitals ist jedoch in jedem Fall aufwändig: Notwendig ist vor allem Zeit, aber auch, zumindest indirekt, Geld, das Freiräume und Zeit schaffen hilft.
Abhängig vom persönlichen Umfeld kann die Akkumulation sozialen Kapitals mehr oder weniger Ressourcen erfordern: Leichter hat es, wer etwa bereits durch seine Familie oder seine Arbeit über Beziehungen zu anderen verfügen kann, denn wer bereits in bestimmte Netzwerke integriert ist, hat leichteren Zugang zu Sozialkapital. Auch ökonomisches Kapital kann die Zugangswege zu sozialem Kapital verkürzen: Wer durch gesicherte finanzielle Verhältnisse Zeit für die Pflege von Beziehungen zur Verfügung hat und auch etwa Reise- oder Telefonkosten, Mitgliedsbeiträge und Einladungen nicht scheuen muss, kann soziales Kapital leichter aufbauen und erhalten als andere ohne derartige Absicherung.

Sozialkapital ist bei Bourdieu also Voraussetzung für und nutzbares Ergebnis der Teilhabe an Netzwerken, dabei jedoch an Personen und Personengruppen angebunden. Der Transfer von sozialem Kapital geschieht innerhalb von Netzwerken. Eine Außenwirkung in dem Sinne, dass gesellschaftliche Transformationsprozesse durch die Schaffung und Nutzung von sozialem Kapital angestoßen und forciert werden, ist dem Modell Bourdieus nicht zu entnehmen. Vielmehr prägt die Menge verschiedener Kapitalsorten, die dem Einzelnen zur Verfügung steht, die Stellung im Vergleich zu anderen.
Sozialkapital bei Bourdieu entsteht aus der Nutzung von Netzwerken und ist den Mitgliedern der Netzwerke zugeordnet, die mit seiner Hilfe eine bestimmte Po-

---

291 Bourdieu, Soziales Kapital, S. 183 , 190f.
292 Rebenstorf, S. 68.
293 Rebenstorf, S. 68f.
294 Bourdieu, Soziales Kapital S. 183, 184f.
295 Rebenstorf, S. 69.

sition im sozialen Feld erreichen oder behaupten wollen. Sozialkapital ist bei Bourdieu nicht als allgemeine gesellschaftlich nutzbare Ressource anzusehen. In dieser Deutung hat das Sozialkapital keinen positiven Einfluss auf demokratische Prozesse. Eine funktionierende Demokratie hängt nicht von dem Sozialkapital einer Gesellschaft ab.

b) Begriff des Sozialkapitals bei Robert D. Putnam

Auch der Amerikaner Robert D. Putnam beschäftigt sich mit dem Sozialkapital. Seine Theorie hat sich stärker verbreitet als die Ansichten Bourdieus; wenn von Sozialkapital die Rede ist, wird häufiger auf Putnam als auf Bourdieu rekurriert.[296]

Putnam beschränkt sich auf die Untersuchung von formalisierten Beziehungen. Diese umfassen u.a. Teilnahme am Vereinsleben und am politischen Leben, Mitgliedschaften in formalen Gruppen, wie etwa der Kirche. Er behauptet, das Verschwinden bestimmter sozialer Organisationen stelle eine Bedrohung für die politische Beteiligung und demokratischen Institutionen dar.[297] Diesem könne durch die Bildung von sozialem Kapital entgegengewirkt werden. Diese Bildung von Sozialkapital sei nicht einfach, sie sei jedoch der Schlüssel zu einer funktionierenden Demokratie.[298]

Putnam geht davon aus, dass Netzwerke zivilen Engagements die Kooperation fördern und letztlich auf die Organisation einer Gesellschaft positive Effekte haben. Je horizontaler eine Organisation aufgebaut sei, desto erfolgreicher arbeiteten diese Institutionen. Sozialkapital wirkt dabei laut Putnam in zwei verschiedenen Richtungen: Zum einen würden sich Bürger in ihrer Gemeinde mehr und durchsetzungsfähiger engagieren; zum anderen werde durch eine starke Infrastruktur in der Gemeinde und in der Bevölkerung verankerte demokratische Werte die Kooperation erleichtert, die für effektive politische Arbeit in der Gemeinde notwendig sei.[299] Engagement schaffe Vertrauen. Aus bürgerschaftlichem Engagement entstünden Bürgerkompetenz und Bürgertugenden, selbst wenn das Engagement auf einer unteren Ebene statt finde und sich in erster Linie als gesellschaftliches Gruppenleben in unpolitischen Vereinigungen wie Sportvereinen darstelle.[300] Gute Regierung entstehe so letztlich als Nebenprodukt der Mitgliedschaft der Bürger in freiwilligen Vereinen.[301]

---

[296] Vgl. dazu auch Braun, Soziales Kapital, S. 6f.

[297] Ausführlich dargestellt bei Haug, S. 35.

[298] „Buildung social capital will not be easy, but it is the key to making democracy work", Putnam, Democracy, S. 185.

[299] Putnam, Democracy, S. 182.

[300] Buchstein, S. 14.

[301] Haug, S. 32.

Putnam hat durch seine Verbindung von Netzwerkarbeit und gesamtgesellschaftlichen Entwicklungen viel dazu beigetragen, dass die Schaffung von sozialem Kapital auch als wichtige Aufgabe der Politik angesehen wird. Jedoch ist fraglich, inwieweit die positive Wirkung von bürgerschaftlichem Engagement auf eine demokratische Gesellschaftskultur tatsächlich gegeben ist. Der von Putnam vorausgesetzte Mechanismus, aktives Vereinsleben führe zu demokratischer politischer Partizipation, bleibt unklar.

Kritiker weisen darauf hin, effektive Verwaltung sei keinesfalls ein Indikator demokratischer Gesellschaften. Effektive Verwaltung sei ebenfalls in Diktaturen möglich.[302] Überdies ist, wie schon bei den Vertretern der Netzwerktheorien angeklungen, das Funktionieren von Zusammenhalt innerhalb einer Organisation, etwa einem Verein, noch kein Garant dafür, dass sich die internen Strukturen demokratiefördernd auf die Gesellschaft auswirken. So wird ebenfalls vertreten, Interaktionen zwischen Gruppen, die sich durch Ethnizität, Religion oder andere geteilte Werte definierten, könnten zu beträchtlichem gesellschaftlichen Misstrauen führen.[303]

c) Stellungnahme

Bei der Einschätzung des Nutzens sozialen Kapitals, wie es sich in verschiedenen Formen bürgerschaftlichen Engagements abbildet, muss klargestellt werden, welche Definition des Begriffs zugrunde gelegt werden soll. So viele unterschiedliche Ansätze bei der Begriffsbestimmung für Sozialkapital es auch gibt, es zeigt sich nur ein grundlegender Unterschied.

Zum einen wird vertreten, es handele sich bei der Frage nach dem Sozialkapital um eine Frage von Netzwerkbildung und Netzwerknutzung. Der Einzelne begibt sich in bestimmte Netzwerke, die ihm helfen sollen, und in denen er hilft. Es handelt sich also um Kapital, das auf der Interdependenz verschiedener Beteiligter beruht und ohne sie nicht funktioniert. Die Effekte des sozialen Kapitals zeigen sich zuallererst und hauptsächlich in den Netzwerken selbst.
Putnam als Vertreter der anderen Position sieht soziales Kapital hingegen als für die Gesellschaft vorhandene Ressource, die für die Gesellschaft als solche und nicht nur für die in ihr agierenden Individuen von Bedeutung ist. Daher kann er auch zu dem Ergebnis kommen, dass eine Gesellschaft an sich – und gerade nicht nur die in ihr lebenden Individuen – Sozialkapital brauche. Außer acht gelassen wird allerdings bei einer einseitig positiven Bewertung des Sozialkapitals

302 S. dazu Haug, S. 32.
303 Haug, S. 34.

für eine Gesellschaft im Sinne Putnams, dass die Bildung von Organisationen und Vereinen, der Zusammenschluss von Menschen zur Verfolgung gemeinsamer Ziele zwar zu einer Vernetzung der Beteiligten führt und insofern positiv wirken kann, andererseits Gruppen entstehen können, die sich gegenüber anderen abschotten. Eine gemeinsame Identität kann auch zur Ausgrenzung derjenigen führen, die in dieser Gruppe keinen Platz haben.

Die Mitgliedschaft in einer Vereinigung allein ist noch keine Indiz dafür, dass auch außerhalb der Gruppe zivile Tugenden wie effektive unkorrumpierte Bearbeitung von Verwaltungsfällen herrschen; Nachbarschaften können zwar nach innen Vertrauen, jedoch gleichzeitig nach außen Misstrauen produzieren.[304] Eine Gesellschaft muss durch eine starke Vereinstätigkeit und einen hohen Organisationsgrad seiner Bürger nicht unbedingt demokratischer und offener werden. Es spricht im Gegenteil viel dafür, dass diese Gruppen versuchen können, in ihrem Sinne auf politische Entwicklungen Einfluss zu nehmen und ihre Interessen durchzusetzen. Das bedeutet nicht, dass ein solches Verhalten nicht legitim oder nicht sogar schutzwürdig ist; nur ist es kein Zeichen für die Demokratisierung einer Gesellschaft.

Daher ist die einfache Gleichsetzung verbandlicher und Vereinsaktivität mit der Vergrößerung des gesellschaftlich nutzbaren Sozialkapitals zu kurz gegriffen. Zwar kann es innerhalb bestimmter Gruppen Demokratisierungs- und Mobilisierungsprozesse geben. Dass diese aber gesamtgesellschaftlich zu Integration und Demokratisierung führen, ist keine notwendige Folge. Vielmehr ist es möglich, dass die Marginalisierung bestimmter Personen und Personengruppen noch zunimmt, während das Sozialkapital anderer Personen anwächst.

Für diese These sprechen auch empirische Erkenntnisse: Unter den Arbeitslosen sind dem Freiwilligensurvey[305] zufolge 22% bürgerschaftlich engagiert. Der Anteil der Engagierten unter den Arbeitslosen ist damit deutlich niedriger als in der Vergleichsgruppe der 25-59jährigen insgesamt. In dieser Gruppe liegt er bei 37%.[306] Auch beim Vergleich engagierter Männer und Frauen ergibt sich, dass der Grad der freiwilligen Tätigkeit grundsätzlich vom Grad der Einbindung in die Arbeitswelt abhängt:[307] Knapp 20% der Rentnerinnen/Pensionärinnen bzw. knapp 30% der Rentner/Pensionäre sind freiwillig tätig, jedoch 43% der männlichen und ca. 32% der weiblichen Erwerbstätigen.[308] Sind Kinder vorhanden, ist das ehrenamtliche Engagement von Männern und Frauen überdurchschnittlich

---

[304] Haug, S. 34.
[305] Freiwilligensurvey, Gesamtbericht, S. 27.
[306] Freiwilligensurvey, Gesamtbericht, S. 27.
[307] Zierau, S. 15, 57.
[308] Zierau S. 15, 57.

hoch, wobei dies ebenfalls durch die stärkere soziale Einbindung von Eltern erklärt wird, die zum Teil über die Kinder gestiftet wird und sich nicht selten in einem über das Kind vermittelten, ehrenamtlichen Engagement niederschlägt, so z. B. wenn Eltern ehrenamtliche Aufgaben in Kindergarten oder Schule ihrer Kinder übernehmen oder wenn sich Mütter als Übungsleiterin einer Mutter-und-Kind-Sportgruppe betätigen.[309] Ehrenamtliche leben weitaus häufiger in Partnerschaft als Nichtehrenamtliche; Singles, aber auch allein Erziehende sind deutlich unterdurchschnittlich aktiv.[310]

Daraus lässt sich folgender Schluss ziehen: Wer bereits auf Netzwerke zugreifen kann und integriert ist, also schon Sozialkapital besitzt, kann dieses auch für weitergehende Tätigkeiten benutzen und engagiert sich öfter freiwillig als derjenige, dem durch seine Lebenssituation der Zugang zu Netzwerken erschwert ist. Die Tätigkeit eingebundener Personen wirkt sich jedenfalls individuell nicht auf andere Personengruppen aus, deren Sozialkapital im Sinne Bourdieus niedrig ist (Alleinerziehende, Arbeitslose). Ein positiver gesamtgesellschaftlicher Effekt ist jedenfalls nicht notwendig daraus abzulesen. Viel spricht dafür, dass Engagement – abgesehen von den gesamtgesellschaftlichen Auswirkungen durch die Tätigkeit selbst – eher innerhalb der beteiligten Gruppen wirkt als nach außen. Es wird zudem darauf hingewiesen, dass bürgerschaftliches Engagement, Ehrenamt, Vereinsmitgliedschaft, also „soziales Kapital" nicht mit demokratischen oder zivilgesellschaftlichem Engagement gleichzusetzen sei.[311] Gerade im Hinblick auf die Vereinskultur etwa in der Kaiserzeit und in der Zeit des Nationalsozialismus habe sich gezeigt, dass das eine das andere nicht notwendig bedinge.[312] Ein Zusammenhang zwischen einer funktionierenden Demokratie und Sozialkapital ist also nicht zwingend gegeben.

5. Ergebnis

Der Begriff des Sozialkapitals eignet sich nicht für die Beurteilung des Stellenwertes von bürgerschaftlichem Engagement zwischen Staat und Gesellschaft. Sozialkapital, wie es hier verstanden wird, ist eine dem Individuum zugeordnete Größe und keine gesamtgesellschaftlich vorhandene Ressource.
Gegenüber dem Begriff der Zivilgesellschaft vermittelt die „Bürgergesellschaft" wenig neue Erkenntnisse. Das Konzept der „Bürgerarbeit" wirft juristisch zumindest einige Fragen auf (Worauf gründet sich die Zahlung eines „Bürgergel-

---

[309] Klenner/Pfahl, spw 4/2001, S. 35, 36f.
[310] Klenner/Pfahl, spw 4/2001, S. 35, 36f.
[311] Roth, Aus Politik und Zeitgeschichte, B 39-40/2001, S. 15, 22.
[312] Roth, Aus Politik und Zeitgeschichte, B 39-40/2001, S. 15, 22.

des"? Wie ist das Verhältnis zu Sozialhilfe? Wie kann sich eine solche Konzeption in das Sozialversicherungssystem der Bundesrepublik einfügen?), die im Rahmen dieser Arbeit allerdings nicht beantwortet werden können.[313] Die Bedeutung von „Bürgertugenden" und Demokratisierungsprozessen wurde im Zusammenhang mit der Sozialkapitaldiskussion untersucht. Fragen der Subsidiarität staatlicher Leistungen ergaben sich in ähnlicher Form beim „aktivierenden Staat". Der Begriff der Zivilgesellschaft bzw. des „aktivierenden Staats" erscheint daher gegenüber dem der Bürgergesellschaft vorzugswürdig, weil hier eine klarere Begriffsbestimmung möglich ist. Der Begriff der Bürgergesellschaft wird deshalb im weiteren nicht mehr verwendet.

II. Das Verhältnis von Staat und Gesellschaft in der Staatslehre und Folgen für die Behandlung von bürgerschaftlichem Engagement

Auch im Staatsrecht spielt die Frage nach dem Verhältnis von Staat und Gesellschaft eine zentrale Rolle. Die unterschiedlichen Positionen beeinflussen die verfassungsrechtliche Betrachtung bürgerschaftlichen Engagements, da von ihnen abhängt, welche Position Bürgerinnen und Bürgern im Verhältnis zur Staatlichkeit zukommt.

1. Entwicklung der Trennung von Staat und Gesellschaft

a) Vom Menschen als politischem Wesen zum Bürger

Die Annahme eines Dualismus von Staat und Gesellschaft ist eine neuere Entwicklung. Hegel war der erste, der die traditionelle Einheit von Staat und Gesellschaft ganz deutlich auflöste, indem er zwischen der Sphäre der „bürgerlichen Gesellschaft" und der des Staates differenzierte.[314] Die Gedanken, die dem zugrunde lagen, hatten sich aber über Jahrhunderte entwickelt. So hatte sich bereits in den Lehren vom Gesellschaftsvertrag mit der Zeit ein Gegenüber von Staat und Gesellschaft herauskristallisiert:

---

[313] Dies wäre allerdings vor einer weiteren politischen Diskussion durchaus eine verdienstvolle Aufgabe, da die Erkenntnisse den Umgang mit dieser Konzeption möglicherweise verändern würden.

[314] Ottmann in Maier/Denzer, Bd. 1, S. 138.

Der Gedanke, dass dem Bürger bestimmte Rechte zukommen, über die er verfügen kann, ist bereits bei Thomas Hobbes vorhanden. In Hobbes′ Staatstheorie übertragen die Bürger alle ihre Rechte in einem Vertrag, der gleichzeitig Gesellschafts- und Unterwerfungsvertrag ist, auf einen Herrscher, der daher absolut und ohne selbst durch die Gesetze des Staates gebunden zu sein, herrscht. So sollte der nach Hobbes bestehende Zustand der Unsicherheit, in dem der Mensch des Menschen Wolf und der natürliche Zustand des Menschen der Krieg „omnium contra omnes", aller gegen alle, ist, beseitigt werden.[315] Mit Hobbes begann also bereits die Aufspaltung in zwei Bereiche, ein Dualismus des „privat" gewordenen Individuums mit seinem Bedürfnis nach Sicherheit und des vom Menschen losgelösten Staatsapparats, anders gesagt: die Trennung zwischen Staat und Individuum.[316] Staat und Herrschaft – von den Menschen selbst geschaffen zu ihrem eigenen Schutz – stehen bei Hobbes dem Einzelnen gegenüber. Der Bürger übergibt seine Rechte jedoch insgesamt an den Staat. Von der späteren Entwicklung hin zu einer Gesellschaft im Sinne eines vom Staat freien Raums ist noch nichts zu spüren.

Den zentralen weitergehenden Schritt machte John Locke, der zwar auch von einem Vertrag ausging, in dem sich die – frei und gleich geborenen – Menschen einer politischen Herrschaft unterwarfen. Dieser sollte jedoch nur eine politische Herrschaft begründen;[317] für ihn war die Aufgabe der Regierung in erster Linie, Freiheit, Leben und Eigentum, d. h. die bürgerlichen Freiheitsrechte zu schützen.[318] Dies wurde zur Grundformel für die Menschenrechte. Mit der Betonung der Rechte der Einzelnen setzte Locke sich deutlich gegen Hobbes ab. Hier kommt also ein neuer Aspekt zum Tragen: die Rechte der Bürger, die durch den Staat geschützt werden sollen, und die später in der Französischen Revolution eine zentrale Rolle spielten. Diese Rechte haben die Einzelnen in erster Linie gegenüber dem Staat.

Mit dieser Abgrenzung fand der als zoon politikon, als politisches Wesen gedachte Mensch der Antike, wie er ähnlich auch noch von Thomas von Aquin und Thomas Morus entwickelt bzw. weitergeführt wurde, sein vorläufiges Ende. Aristoteles hatte den Menschen noch als ein von Natur aus politisches Wesen gesehen, das auf ein Leben in einer von Vernunft geordneten Gemeinschaft mit seinen Mitmenschen hin angelegt sei und welches das ihm gemäße Gute nicht außerhalb der politischen Gemeinschaft finden könne.[319] Bei ihm gab es keine

---

[315] Hobbes, Leviathan, 13. Kapitel.
[316] Maier, Hobbes, S. 374.
[317] Locke, Second Treatise, Chapter II.
[318] Euchner in Maier/Denzer, Bd.1, S. 24.
[319] Aristoteles, Nikomachische Ethik I, 1097b.

Trennung von privat und öffentlich, und die Polis, die Gemeinschaft des altgriechischen Stadtstaats, war Heimat des politischen Menschen.[320]

Thomas von Aquin, der sich intensiv mit den Lehren des Aristoteles auseinander setzte, nahm den Begriff des zoon politikon im 13. Jahrhundert auf und erweiterte ihn: Der Mensch sei von Natur aus politisch, das heißt gesellschaftlich: homo est naturaliter politicus, id est, socialis.[321] Auch Thomas von Aquin blieb also bei einem einheitlichen Verständnis politischer Gemeinschaft.[322] Die Leitung der Gemeinschaft war bei ihm Teil des gesellschaftlichen Ganzen, eine Trennung von Staat und Gesellschaft gab es nicht. Auch Thomas Morus hielt noch an dieser einheitlichen Vorstellung fest: In seinem 1516 erschienenen Hauptwerk „Utopia", findet sich ebenfalls eine einheitliche Gemeinschaft. Das Zusammenleben ist geprägt von einer totalen Kontrolle und Eingebundenheit seiner Bewohnerinnen und Bewohner. Freiräume gibt es nicht; das Versammlungskollektiv legt die Ziele der Gesellschaft fest, so dass eine kodifizierte Sphäre individueller Bürger- und Menschenrechte nicht existiert. Staat und Gesellschaft sind eins.

b) Die Französische Revolution und die Paulskirchenverfassung: Menschen- und Bürgerrechte als Rechte gegenüber dem Staat

Die Struktur der Freiheitsrechte Einzelner gegenüber staatlicher Einflussnahme, die John Locke in den Mittelpunkt rückte, und die Trennung von staatlicher Herrschaft und individueller Freiheit zeigte sich in der französischen Erklärung der Menschen- und Bürgerrechte, der „déclaration des droits de l'homme et du citoyen" vom 4.8.1789: Der Einzelne und die Gesellschaft sollten dem Zugriff des Staates, seiner Organisierung und Aktualisierung individueller Verhaltensleistungen nicht total, d. h. in jeder Hinsicht, sondern nur in bestimmter Hinsicht und bestimmten Bereichen, eben jenen, die für die Erreichung der Staatszwecke notwendig sind, unterworfen sein.[323] Was jenseits dessen lag, blieb in einem spezifischen Sinn vorstaatlich, von staatlicher Organisierung und Aktualisierung frei: die Freiheitssphäre der Individuen und der Gesellschaft.[324]

---

[320] In der Polis war dabei aber nicht jeder Mensch gleichzeitig politischer Mensch, d. h. Bürger. Bürger war nur, wer von Arbeit unabhängig war. Die griechische Polis wurde getragen und aufrechterhalten von Sklaven, die genauso wenig wie Frauen als Teil der Polis-Gemeinschaft im Sinne des zoon politikon angesehen wurden, Brunkhorst, S. 34.
[321] Zitiert in Arendt, S. 34.
[322] Miethke in Maier/Denzer, Bd. 2, S. 84f.
[323] Böckenförde in FS Hefermehl, S. 11, 14.
[324] Böckenförde in FS Hefermehl, S. 11, 14.

Schon Lorenz von Stein sah die französische Menschenrechtserklärung als die Grundlage und den Ausgangspunkt der Trennung von Staat und Gesellschaft.[325] Dies lässt sich zurückführen auf Artikel 1 der Erklärung der Menschen- und Bürgerrechte von 1789, der bestimmte, dass die Menschen frei und gleich an Rechten geboren seien: Les hommes naissent et demeurent libres et egaux en droits.
Diese Betonung des Individuums, das nicht mehr wie zuvor eingebunden ist in Herrschaftsordnungen der altständischen Gesellschaft, bereitet den Weg für die Trennung von Staat und Gesellschaft, die durch das Bild der Gesellschaft als einem staatsfreien Freiraum geprägt ist. Dabei zeigt sich ein grundlegender Wandel auch in der Aufeinander-Bezogenheit von Staat und Gesellschaft: Während bis dahin die Staatsverfassung die Gesellschaftsordnung bestimmt hat, dreht sich dieses Verhältnis jetzt um; die staatliche Verfassung ist, auf dem Boden der staatsbürgerlichen Ordnung, Konsequenz, nicht Bedingung der Gesellschaftsordnung.[326] Ziel ist die Verwirklichung der selbstbestimmten Persönlichkeit. Dabei ist, wie bereits vorher angeklungen, trotz der allgemeinen Formulierung der Menschenrechtserklärung der Adressatenkreis beschränkt.[327]
Zur praktischen Nutzung seiner neuen, zunächst nur theoretischen Freiheit bedarf der Einzelne äußerer Unabhängigkeit, die nicht mehr durch Recht (etwa Privilegien) vermittelt wird, sondern durch Besitz.[328] Schon Lorenz von Stein erkannte, dass die Freiheit erst eine wirkliche für den ist, der die Bedingungen derselben, die materiellen und geistigen Güter, als die Voraussetzung der Selbstbestimmung besitzt.[329]

Auch in der Antike waren Eigentum und Besitz – insbesondere das Eigentum an Sklaven – konstitutiv für die Ausübung politischer Rechte. Während jedoch in der Antike damit zusammenhängend der Polis-Bürger gerade nicht arbeiten musste und ihm das ermöglichte, sich als politische Wesen zu entfalten,[330] ist es in der bürgerlichen Gesellschaft anders: Regelmäßig führt erst der Erwerb zu Besitz und dieser zur Freiheit des Bürgers.

In der Entwicklung weg vom feudalen System hin zur bürgerlichen Gesellschaft wurden daher die vorher bestimmenden Privilegien durch ein neues rechtliches System ersetzt, das insbesondere auf die Verwirklichung der Rechtsgleichheit,

---

325 Von Stein, Soz. Bew., Bd. I, S. 209.
326 Böckenförde, Staat und Gesellschaft, S. 146, nennt dies eine Grundthese von Steins.
327 Vergleiche zum Ausschluss der Frauen, die zum Teil aktiv am Revolutionsgeschehen beteiligt waren, von den Menschen- und Bürgerrechten, Olympe de Gouge, in: Gerhard, Gleichheit, S. 263.
328 Böckenförde, Staat und Gesellschaft, S. 149.
329 Von Stein, Soz. Bew., Bd. I, S. 237ff.
330 Vgl. dazu Brunkhorst, S. 23ff.

Erwerbs- und Vertragsfreiheit und auch der Gewerbefreiheit als Voraussetzung für Bürgerfreiheit abzielte.
Der erste deutsche Grundrechtskatalog in der Paulskirchenverfassung von 1849 beinhaltete Freiheitsrechte, u.a. Gewerbefreiheit, Freiheit der Person, Meinungs- und Glaubensfreiheit, Forschungs- und Lehrfreiheit, Petitionsfreiheit, Versammlungs- und Vereinigungsfreiheit, Freiheit in dem Erwerb und in der Veräußerung des Vermögens.[331] Anders als in der Antike war es grundsätzlich möglich, sich diese Freiheiten zu erarbeiten. Daher wird, im Gegensatz zur Antike, der Erwerb für die Entfaltung in der Gesellschaft zentral. Für Marx ist die Trennung von Staat und bürgerlicher Gesellschaft in Anknüpfung an die Rechtsphilosophie Hegels das Kennzeichen der kapitalistischen Gesellschaft.[332]

c) Ergebnis

Die Unterscheidung von Staat und Gesellschaft ist historisch gewachsen und lässt sich insbesondere auf die Entwicklungen im 19. Jahrhundert zurückführen. Mit ihr eng verknüpft sind die Bürgerrechte, die denjenigen, die in der jeweiligen Zeit als Bürger anerkannt waren, Freiräume gegenüber staatlicher Gewalt gewährleisteten, in denen sie sich im Sinne einer liberalen Bürgergesellschaft insbesondere im Bereich der Erwerbstätigkeit betätigen konnten, um Eigentum und politische Partizipation zu erreichen. In der Entwicklung dieser Freiheiten ging es immer um die Verwirklichung des Bürger – erst später auch der Bürgerin – in der Gesellschaft gegenüber dem Staat.

Ausgangs- und Bezugspunkt sollte die freie, selbstbestimmte und erwerbsorientierte Einzelpersönlichkeit sein.[333] Die Begrenzung und Zweckbindung der staatlichen Entscheidungsgewalt (und damit des Staates selbst) gegenüber den Einzelnen und der Gesellschaft in der französischen Revolution und durch die bürgerliche Freiheitsbewegung erfolgte in einer Weise, die den Charakter der Ge-

---

331 Hattenhauer, Rn. 275.
332 Klein, Zivilgesellschaft, S. 103.
333 Wobei dies auf bestimmte Bevölkerungsgruppen beschränkt war. So galten in Deutschland nach dem Bürgerlichen Gesetzbuch von 1900 noch bis 1957 massive Beschränkungen hinsichtlich der Rechtsgleichheit von Männern und Frauen: Erwerbsfreiheit gab es für verheiratete Frauen nicht; die Aufnahme einer Erwerbstätigkeit war gemäß § 1358 BGB von der Zustimmung des Ehemannes abhängig, außerhalb des häuslichen Wirkungskreises konnte die Ehefrau keine Geschäfte in eigenem Namen vornehmen, § 1357. Auch hinsichtlich Eigentum und Besitz galten strenge Einschränkungen: Mit der Heirat fiel das Vermögen der Frau dem Mann gemäß § 1363 BGB zur „Verwaltung und Nutznießung“ zu. Im Unterschied zum Allgemeinen Preußischen Landrecht blieb der Frau inzwischen das vorbehalten, was die „durch Arbeit oder durch den selbständigen Betrieb eines Erwerbsgeschäfts“ erwarb, § 1367 BGB.

sellschaft als Erwerbsgesellschaft begründete[334] und individuelle Freiheit zumindest für einen Teil der Bevölkerung ermöglichte. Die Freiheit des und der Einzelnen gegenüber dem Staat, die es erlauben sollte, sich im Staat frei zu entfalten, war die wichtigste Funktion der Trennung von Gesellschaft und Staat.

2. Überwindung der Trennung von Staat und Gesellschaft?

a) Gleichsetzung von Staat und Gesellschaft im Faschismus

Im Nationalsozialismus wurde die Entwicklung hin zu einer Trennung von Staat und Gesellschaft mit bürgerlichen Freiheitsrechten unterbrochen. Unter dem totalitären Regime ging es um Kontrolle, nicht um die Ermöglichung von Freiräumen. Staat und Gesellschaft sollten eins sein. Dies war ein Bestandteil der nationalsozialistischen Ideologie und fand unter den Juristen der Zeit Fürsprecher. Zu ihnen gehörte auch Forsthoff, der die nationalsozialistische Staatslehre mitbegründete[335] und das Ineinanderfallen von Staat und Gesellschaft als ein Merkmal des totalitären Regimes sah, welches er auch als theoretisches Modell billigte. So vertrat er 1933 in seinem Werk „Der totale Staat" die Auffassung, der Dualismus von Staat und Gesellschaft sei überwunden.[336] Es gebe keine Unterscheidung prinzipiell politischer und prinzipiell unpolitischer, prinzipiell staatlicher und prinzipiell nichtstaatlicher Angelegenheiten mehr.[337] Diese Auffassung der Identität von Staat und Gesellschaft im totalen Staat prägte die Zeit des Faschismus in Deutschland. Freiräume, wie sie in der bürgerlichen Gesellschaft etabliert und in der Weimarer Republik ausgebaut wurden, gab es nicht mehr. Bei jeder Diskussion über die Hinfälligkeit der Trennung von Staat und Gesellschaft aufgrund gegenüber dem 19. Jahrhundert veränderten sozialen Strukturen ist auch die Gefahr zu bedenken, die damit in totalitären Regimes einhergeht.[338] Gerade hier zeigt sich, dass ein vom Staat freier, seiner Kontrolle entzogener Bereich für die Entfaltung der Persönlichkeit wichtig ist.

b) Diskursethik

Nach dem Zweiten Weltkrieg, insbesondere in den Sechziger und Siebziger Jahren des 20. Jahrhunderts wurde die Trennung von Staat und Gesellschaft den-

[334] Böckenförde in FS Hefermehl, S. 11, 14.
[335] Vgl. auch Falk, S. 55.
[336] Forsthoff, Totaler Staat, S. 27.
[337] Forsthoff, Totaler Staat, S. 27.
[338] Ehmke in FS Smend, S. 23, 25.

noch bald wieder hinterfragt. Vor allem in der Soziologie wurde versucht, die Gegenüberstellung von Staat und Gesellschaft aufzulösen. Dabei spielte der Mensch als kommunikatives Wesen und die Interaktion verschiedener Personen eine herausragende Rolle. Die zusammenlebenden Menschen wurden nicht als Einzelne in der Gesellschaft aufgefasst, sondern als Kommunikationsgemeinschaft.

Dabei bedeutet das Apriori der Kommunikationsgemeinschaft nach Apel, dass die höchste Instanz nicht wie bei Kant in der praktischen Vernunft, sondern in der Gemeinschaft der Vernünftigen zu suchen sei.[339] Wer Rechte geltend machen will, muss diese rechtfertigen und sich andererseits mit den Ansprüchen anderer auseinandersetzen, d. h. in einen „Diskurs" eintreten.[340] Dies wird verstanden als sinnvoller, bestimmten Spielregeln folgender Austausch von Argumenten. Die so gefundenen Argumente sollen Basis des Zusammenlebens sein. Das Funktionieren eines solchen Diskurses setzt jedoch – wollen die Teilnehmerinnen und Teilnehmer tatsächlich gleichberechtigt sein – voraus, dass sie annähernd die gleiche Sachkenntnis und Sprachfähigkeit mitbringen, außerdem müssen sie einander auf Augenhöhe begegnen und respektieren.

Legitimes Recht wird in dieser Theorie durch Entscheidungsfindungsprozesse im Sinne der Diskursethik, so genannte deliberative Verfahren begründet. Die Unterscheidung verschiedener Handlungsbereiche folgt also hier nicht der Trennlinie zwischen Staat und Gesellschaft, sondern zwischen der „Systemwelt", der Welt der funktional-strategischen Rationalität, d. h. der Steuerungsmedien Geld (Ökonomie) und Macht (Politik und Verwaltung) und der „Lebenswelt". Die „Lebenswelt" ist demgegenüber der Ort der Identitätsstiftung und der sozialen Integration. Habermas sieht Recht als Scharnier zwischen Systemwelt und Lebenswelt. Der Maßstab für die Legitimität der zu treffenden Entscheidungen lautet: Gültig sind genau die Handlungsformen, denen alle möglicherweise Betroffenen als Teilnehmer an rationalen Diskursen zustimmen können.[341]

Wäre also die Diskursethik als maßgebliches Position anzusehen, so müsste die Trennung von Staat und Gesellschaft als überwunden angesehen werden. Zu Recht wird jedoch von Kritikern der Diskursethik angeführt, dass zum einen die Annahme gleicher Voraussetzungen der Einzelnen unzutreffend sei, zum anderen durch die Bedingung des gegenseitigen Respekts eine bestimmte ethische Vorgabe bereits getroffen sei.

---

[339] Apel, Das Apriori der Kommunikationsgemeinschaft.

[340] Störig, S. 713f.

[341] Habermas, S. 138.

c) Systemtheoretischer Ansatz Luhmanns

In der modernen Soziologie, insbesondere soweit sie systemtheoretisch geprägt ist, wird der Staat teilweise als ein „Untersystem“ der Gesellschaft bezeichnet: Luhmann sieht den neuzeitlichen Staat als Ausbildung der politischen Sphäre zu relativer gesellschaftlicher Autonomie, als Untersystem der Gesellschaft, das eine spezifische Funktion in der Gesamtordnung erfüllt und dafür ausdifferenziert und freigestellt ist.[342] Der Staat ist demnach also dasjenige Untersystem, dessen Funktion die Produktion politischer Entscheidungen und deren Durchsetzung ist.[343]

Böckenförde nennt diese Schlussfolgerung „folgerichtig“, weist jedoch darauf hin, dass die Soziologie als Wissenschaft vom sozialen Sinn einen anderen Ausgangspunkt wählt als dies im Verfassungsrecht der Fall ist. Die Begriffsrahmen seien unterschiedlich, denn in diesem systemtheoretischen Ansatz werde der Begriff „Gesellschaft“ weiter gefasst: Gesellschaft ist nicht die Gesamtheit der Individuen, sondern die Summe zwischenmenschlicher Beziehungen.[344] Verfassungsrechtlich ist damit, darin ist Böckenförde zuzustimmen, also nichts widerlegt. [345]

d) Ergebnis

In der Zeit des Nationalsozialismus im totalitären Staat galt die Trennung von Staat und Gesellschaft als überholt. Nach dem Krieg setzte die Diskussion von neuem ein. Eine besondere Rolle für die staatstheoretische Diskussion spielten die Anstöße aus der Soziologie, insbesondere die systemtheoretischen Ansätze und die Diskursethik, in denen andere Maßstäbe für eine Bestimmung des Verhältnisses von Politik und Privatem, vom Handeln des Einzelnen und staatlichem Handeln gesucht wurden, welche die Bedeutung der Kommunikation in den Mittelpunkt rückten. Auch diese Ansätze können jedoch eine staatstheoretische Überwindung der Trennung von Staat und Gesellschaft letztlich nicht begründen.

---

[342] Luhmann, Verwaltung, S. 281.
[343] Luhmann, Verwaltung, S. 281.
[344] Böckenförde in FS Hefermehl, S. 11, 17.
[345] Böckenförde in FS Hefermehl, S. 11, 20.

3. Interdependenz trotz Trennung – Verhältnis von Staat und Gesellschaft als dialektischer Prozess

a) Das Verhältnis von Staat und Gesellschaft im Pluralismus

Nicht nur der theoretische Überbau, auch das Zusammenleben der Menschen hat sich über die Jahrhunderte verändert. Das heutige Zusammenleben ist geprägt von verschiedensten Kulturen und Lebensentwürfen, die nebeneinander stehen. Die Form dieses Zusammenlebens wird häufig als Pluralismus bezeichnet. Pluralismus bedeutet ein System des Geltenlassens und der Selbstverwirklichung möglichst vieler.[346] Er beinhaltet eine Vielfalt gleichberechtigt nebeneinander bestehender und miteinander um Einfluss, Macht konkurrierender Gruppen, Organisationen, Institutionen, Meinungen, Werte, Weltanschauungen.[347] Mit Pluralismus wird gemeinhin jener Zustand einer Gesellschaft oder eines Staates bezeichnet, in dem der Mensch in Gruppen auftritt und diese Gruppen im Ganzen des Staates und der Gesellschaft die eigentlich relevanten Größen darstellen.[348] Dieser Gruppenpluralismus ist eine Absage an den integralistischen, autoritären und totalitären Anspruch des Staates.[349]

Hobbes hatte in „Leviathan" noch angenommen, Verbände und Parteien seien schädlich für den Staat, da sie sich im Naturzustand des Krieges jeder gegen jeden befänden und dadurch die Staatsmacht schwächen könnten und hatte für ein Verbot dieser Gruppen zugunsten einer starken Staatsgewalt plädiert.[350] Auch später wurde eine starke Stellung der Verbände als Gefahr für die Entscheidungsfreiheit des Staates gesehen und damit seine Fähigkeit, einen gerechten Interessenausgleich herbeizuführen.[351] Zugrunde liegt diesen Positionen, dass gesellschaftlicher Pluralismus und souveräne Staatlichkeit in einem Ausschließungsverhältnis stehen und die Entwicklung des einen notwendig auf Kosten des anderen geht.[352] Im Grundgesetz finden diese Positionen allerdings keine Stütze,[353] sie können heute als überwunden angesehen werden; es gehört zur Grundkonzeption der Demokratie, dass alle möglichen Interessen und Meinungen eine Chance erhalten, miteinander zu konkurrieren und Einfluss auf das

---

346 Zacher, Pluralität, S. 161.
347 Duden 5, Das Fremdwörterbuch.
348 Zacher, Pluralität, S. 161.
349 Zacher, Pluralität, S. 161.
350 Hobbes, Leviathan, Kapitel 29. Hobbes formuliert dies plastisch, wenn er schreibt, Korporationen seien viele kleine Staaten im Innern eines größeren, ähnlich den Eingeweidewürmern eines natürlichen Menschen.
351 Eschenburg, insb. 64ff., auch unter Bezugnahme auf Hobbes.
352 Grimm, HBVerfR S. 373, 374.
353 Grimm, HBVerfR, S. 373, 374.

staatliche Handeln zu gewinnen suchen.[354] Dies geschieht häufig in Gruppen und Verbänden; eine hervorgehobene Stellung haben die Parteien, Art. 21 GG.

Nach Isensee stellt die Demokratie zwar die Einheit des Gemeinwesens her, weil sie nur eine Form der Legitimität anerkennt: den Allgemeinwillen des Volkes, der Regierende und Regierte eins werden lasse. Andererseits sieht er „die privaten Lebensformen der Bürger und die politische Lebensform der Nation" nur als miteinander zusammenhängend, nicht als identisch.[355] Partizipation an politischen Prozessen bedeutet, dass das Politische, der Staat, und der Teilnehmende, das Mitglied der Gesellschaft, voneinander unterschieden sind. Dies gilt auch dann, wenn man mit Smend den Staat als Integrationsvorgang der Gesellschaft deutet, nicht dagegen als die statische Organisation, die Rechtsakte setzt.[356] Wenn man also eine Interaktion zwischen beiden Ebenen sieht, bedeutet das nicht eine Aufhebung der grundsätzlichen Trennung.

Im Liberalismus hat sich gezeigt, dass die Selbstregulierung gesellschaftlicher und ökonomischer Prozesse nur unzulänglich funktioniert und dass eine Instanz unentbehrlich ist, die korrigierend eingreift, um ein möglichst hohes Maß an öffentlicher Wohlfahrt und sozialer Gerechtigkeit zu verwirklichen.[357] In dem Gefüge widerstreitender Interessenten und Mächtegruppen besteht das Bedürfnis nach einer regulierenden Instanz.[358] Bei dieser Regulierung geht es auch darum, einen gerechten Ausgleich zwischen den widerstreitenden Interessen zu schaffen.[359] Das wichtigste Mittel zu solcher Interessenregulierung ist eine Ausgliederung von Entscheidungsinstanzen, die den partikulären gesellschaftlichen Kräften unabhängig und nicht zuletzt mit einer gewissen Entscheidungsmacht entgegentreten.[360]

b) Das Verhältnis von Staat und Gesellschaft als Wechselbeziehung

Gemäß dem demokratischen Prinzip des Art. 20 Abs. 2 S. 1 GG ist es notwendig, dass alle staatliche Entscheidungsgewalt auf das Volk zurückgeführt werden kann. Volk im grundrechtlichen Sinne ist dabei gleichzeitig auch Gesellschaft.[361] Damit sind Gesellschaft und Staat jedenfalls eng miteinander verbunden. Dass

---

[354] Zippelius, Staatslehre, S. 242.
[355] Isensee, Dualismus, S. 317, 318.
[356] Smend, S. 138f.
[357] Zippelius, Staatlehre, S. 266.
[358] Zippelius, Staatslehre, S. 266.
[359] Zippelius, Staatslehre, S. 266.
[360] Ähnlich Zippelius, Staatslehre, S. 266.
[361] So auch Böckenförde in FS Hefermehl, S. 11, 20.

staatliche Entscheidungsgewalt vom Volk her kommen muss, bedeutet allerdings nicht unbedingt, dass die Unterscheidung von Staat und Gesellschaft hinfällig geworden ist. Es gibt immer noch eine prinzipielle Trennung von Staat als Organisation der politischen Entscheidungs- und Herrschaftsgewalt und Gesellschaft im Grundgesetz, die durch vielfache Verschränkungen relativiert wird.[362] Der Staat steht in notwendiger und mannigfacher Wechselbeziehung mit der Gesellschaft, ohne darum aufzuhören, von ihr organisatorisch und funktional unterschieden und gesondert zu sein.[363]

Die Herausbildung der Unterscheidung und das Sich-Gegenübertreten von Staat und Gesellschaft stellt ein dialektisches Beziehungsverhältnis zwischen den beiden auf der Grundlage einer organisatorischen Unterscheidung und Trennung dar.[364] Diese organisatorische Zusammenfassung und Verselbständigung der politischen Entscheidungsfunktionen, ihre relative Herauslösung aus gesellschaftlicher Unmittelbarkeit sei es gerade, die einerseits die innerstaatliche Friedenseinheit möglich macht, andererseits die wirksame funktionale Reduzierung und Zweckausrichtung aller politischen Entscheidungsgewalt zugunsten der individuellen Freiheit.[365] Der Staat sei daher zu verstehen als die politische Entscheidungseinheit und Herrschaftsorganisation für eine Gesellschaft (oder, wenn man so will, „über" ihr). Aus diesem Grund ist die Aufrechterhaltung der Unterscheidung und Gegenüberstellung von Staat und Gesellschaft im demokratischen Staat nicht mit der Aufhebung des demokratischen Prinzips gleichzusetzen, sondern hat nur eine gewisse Begrenzung und Einbindung desselben zum Zwecke der Sicherung der individuellen und gesellschaftlichen Freiheit zur Folge.[366]

Dagegen spricht auch nicht, dass das starke Anwachsen der Interdependenzen zwischen beiden „Sphären" (Staat und Gesellschaft), insbesondere die sozialstaatliche Staatstätigkeit zum Teil als Beweis für die Unzulänglichkeit der Trennung von Staat und Gesellschaft gesehen wird. [367] Diese Staatstätigkeit, insbesondere das Vorhalten lebenswichtiger sozialer Leistungen durch den Staat und die soziale Intervention des Staates in gesellschaftliche Abläufe hinein, ist gerade kein Gegenprinzip zur Unterscheidung von Staat und Gesellschaft, sondern ihr sachlich und systematisch zugeordnet.[368]

---

[362] Erichsen, HBStR VI, § 152, Rn. 7.
[363] Böckenförde in FS Hefermehl, S. 11, 17.
[364] Böckenförde in FS Hefermehl, S. 11, 18.
[365] Böckenförde in FS Hefermehl, S. 11, 17.
[366] So auch Böckenförde in FS Hefermehl, S. 11, 20.
[367] Luhmann, Legeshierarchie, S. 26 – 37.
[368] Böckenförde in FS Hefermehl, S. 11, 25.

Dies lässt sich zum einen bereits aus dem Begriff entnehmen, der auf ein „Gegenüber" des Staates hinweist, für das Verantwortung wahrzunehmen ist: die Sphäre des „Sozialen", auf die Gesellschaft.[369] Das allein reicht aber noch nicht aus. Darüber hinaus geht es aber auch um die tatsächliche Bedeutung und Rolle des Sozialstaatsprinzips:
Wenn die individuelle Freiheit die gesellschaftliche Sphäre ausmacht, so ist für das Funktionieren gesellschaftlicher Abläufe notwendig, dass Freiräume tatsächlich genutzt werden können. Lorenz von Stein sah dies bereits am Ende des 19. Jahrhunderts mit Blick auf die ungleichen Lebensbedingungen sehr deutlich. Er stellt fest, dass bei ungehinderter Entwicklung, die staatlich gewährleistete und geschützte rechtliche Freiheit und Gleichheit für eine immer wachsende Zahl von Menschen zur leeren Form wird und die dem Prinzip nach freieste, auf der Gleichheit des Rechts beruhende Gesellschaft aus sich die materielle Unfreiheit entlässt.[370] Um dies zu verhindern, muss der Staat den sozialen Ungleichheiten entgegenwirken, die sich notwendig aus der „Dialektik von Freiheit und Gleichheit" ergeben, um individuelle und gesellschaftliche Freiheit und die rechtliche Gleichheit real zu erhalten.[371]

Sozialstaatliche Leistungen können also Freiheit ermöglichen. Damit ist sozialstaatliches Handeln gerade kein Indiz für eine Zusammenfallen von Staat und Gesellschaft, sondern im Gegenteil Garant für individuelle Freiräume gegenüber staatlicher Einflussnahme. Sozialstaatliches Handeln, wenn es im Hinblick auf diese Ziele geschieht, sichert in diesem Sinne individuelle Freiheit und verwischt damit keinesfalls die Trennung von Staat und Gesellschaft.[372] Staat und Gesellschaft stellen sich heute nicht mehr als autarke Ordnungen dar, sondern als eine dialektische Einheit.[373] In dieser dialektischen Zuordnung, die Diversität und Identität umschließt, bildet der Staat die Antithese zur Gesellschaft und die umgreifende einheitsstiftende Synthese.[374]

c) Grundrechte als Abwehrrechte

Auch in der Ausgestaltung der Grundrechte als Abwehrrechten des Grundrechtsträgers gegenüber dem Staat spiegelt sich die Trennung von Staat und Ge-

---

369 Isensee, Dualismus, S. 317, 322.
370 Von Stein, Soz. Bew., Bd. II, S. 64ff., insb. 68f.
371 Böckenförde in FS Hefermehl, S. 11, 25.
372 Inwieweit die Nebenordnung des Rechtsstaatsprinzips zum Sozialstaatsprinzip zur Aufrechterhaltung der Trennung von Staat und Gesellschaft beiträgt, indem es ein Übermaß an staatlicher Lenkung verhindert, wird später behandelt, siehe unten bei D I 4 a (3).
373 Isensee, Dualismus, S. 317, 323.
374 Isensee, Dualismus, S. 317, 323.

sellschaft wider.[375] Auf dieser Unterscheidung beruhen die Grundrechte, die eine dualistische Beziehung zwischen Rechtsträgern und Rechtsverpflichteten, zwischen Individuen und „öffentlicher Gewalt“ zum Gegenstand haben.[376]

d) Ergebnis

Von einem strengen Dualismus in dem Sinne, dass sich Staat und Gesellschaft als nebeneinander existierende Bereiche ohne Wechselbeziehung darstellen, wird heute nicht mehr gesprochen. Diese Unverbundenheit war für die Zeit des Absolutismus prägend; sie ist seit langem überwunden. Das bedeutet aber noch nicht unbedingt, dass die Unterscheidung von Staat und Gesellschaft in jeder Hinsicht obsolet geworden ist.[377] Fragen nach der Rolle von Demokratie im Spannungsfeld von Staat und Gesellschaft, wie sie insbesondere in der Diskurstheorie gestellt werden, können an dieser grundlegenden Unterscheidung nichts ändern. Auch die systemtheoretischen Ansätze überzeugen aus den oben genannten Gründen nicht. Im übrigen sollten die Erfahrungen des „totalen Staates“ in der Zeit des Nationalsozialismus nicht achtlos beiseite geschoben werden: Die Trennung von Staat und Gesellschaft und die Erhaltung von Freiräumen für Bürgerinnen und Bürger gegenüber dem Staat können auch Schutz vor totalitären Tendenzen bieten.

Staat und Gesellschaft stellen Ordnungsformen oder Organisationszusammenhänge über den Menschen dar.[378] Der Staat als demokratischer Staat kann den ihn tragenden Bürgerinnen und Bürgern, die zugleich die Gesellschaft bilden, nicht als in sich abgeschlossene und selbsttragende Einheit gegenüber gestellt werden.[379] Der Dualismus von Staat und Gesellschaft ist ein dialektischer Prozess, in dem die Bürgerinnen und Bürger insbesondere in Verbänden und Vereinigungen auf Meinungsfindung und Entscheidungen der staatlichen Organe Einfluss und andererseits staatliches Handeln auf Bürgerinnen und Bürger wirkt. Daher ist auch heute noch von einem Dualismus von Staat und Gesellschaft auszugehen, wobei beide Bereich sich aufeinander beziehen und gegenseitig aufeinander Einfluss nehmen.

---

375 Isensee, Dualismus, S. 317, 325; vgl. hier auch die detaillierten Ausführungen zur Stellung von Verbänden und kommunaler Selbstverwaltung.
376 Isensee, Dualismus, S. 317, 322.
377 So auch Isensee, Dualismus, S. 317, 323.
378 Böckenförde, Staat und Gesellschaft, S. XV.
379 Böckenförde, Staat und Gesellschaft, S. XV.

4. Bürgerschaftliches Engagement und die Trennung von Staat und Gesellschaft

Für die Verortung von bürgerschaftlichem Engagement hat dies zur Folge, dass das bürgerschaftliche Engagement in erster Linie als Teil der individuellen Freiheitsausübung zu verstehen ist, das sich in der gesellschaftlichen Sphäre entfaltet. Das bedeutet auch, dass es nicht darum geht, gesellschaftliche bzw. staatliche Aufgaben neu zu verteilen oder Verantwortung an die Bürgerin oder den Bürger zu geben, schon gar nicht zurück zu geben. Es geht darum, in der Gesellschaft die Voraussetzungen für die Grundrechtsausübung der Einzelnen zu schaffen. Bürgerschaftliches Engagement ist nicht Konsequenz einer Einheit staatlicher und gesellschaftlicher Aufgaben, sondern grundrechtlich geschützter Teil der Persönlichkeitsentfaltung des und der Einzelnen in der Gesellschaft. Wie sich dies vor dem Hintergrund des Grundgesetzes konkret auf verschiedenen Formen des bürgerschaftlichen Engagements auswirkt, wird im verfassungsrechtlichen Teil dargestellt.

III. Ergebnis für die verfassungsrechtliche Beurteilung von bürgerschaftlichem Engagement

„Wer den Wohlfahrtsstaat retten will, muß ihn verändern.“[380] Diese, inzwischen oft in abgewandelter Form wiederholte, These begründet einen großen Teil der Ansätze, die bürgerschaftlichem Engagement einen größeren Stellenwert innerhalb der Gesellschaft einräumen wollen: Veränderungen seien notwendig, um bestimmte Merkmale des Sozialstaats erhalten zu können; andere seien verzichtbar, ihr Abbau notwendig. Der Abbau dieser staatlichen Leistungen kann aber zu Lücken bei der Erfüllung von Aufgaben führen, aus denen sich staatliche Stellen zurückziehen. Eine Verlagerung dieser Aufgaben weg vom Staat und hin zu bürgerschaftlich Engagierten soll eine gesellschaftliche Umstrukturierung bewirken, in der mehr durch den Einzelnen (bürgerschaftlich engagiert) und weniger durch den Staat übernommen wird. Vor diesem Hintergrund wird die verstärkte Förderung bürgerschaftlichen Engagements zum Teil als Instrumentalisierungsversuch aufgefasst, durch den die entstehenden Lücken gefüllt werden sollen. Diese Varianten gesellschaftlicher Umstrukturierung werfen nicht nur in den Sozialwissenschaften, sondern auch im Verfassungsrecht Fragen auf. Die Umsetzbarkeit neuer Gesellschaftskonzepte bestimmt sich immer auch nach ihrer verfassungsrechtlichen Zulässigkeit. Insbesondere das Programm des „aktivierenden Staates“ steht hier auf dem Prüfstand.

---

[380] Beck, S. 416, 425.

Beim aktivierenden Staat geht es um Partizipation von Bürgerinnen und Bürgern und – weitergehend – um Verantwortungsübernahme. Bisher staatliches Handelns soll an Bürgerinnen und Bürger delegiert, staatliche Leistungen begrenzt werden. Wenn es hierbei auch um eine Einschränkung sozialstaatlicher Leistungen geht, ist die Zulässigkeit solcher Gesellschaftskonzepte am Sozialstaatsprinzip des Grundgesetzes zu messen.[381]

Soweit es um eine Aufgabenverteilung zwischen Staat und Bürgerinnen und Bürgern geht, wird immer wieder auf das „Subsidiaritätsprinzip“ rekurriert. Es bleibt zu klären, inwieweit eine solche Bezugnahme auch aus rechtswissenschaftlicher Sicht überhaupt tragfähig ist.[382]

Welche Folgen hat bürgerschaftliches Engagement innerhalb von Vereinigungen individuell und gesamtgesellschaftlich? Dass die Mitarbeit in Vereinigungen nicht zwangsläufig zu einer demokratischeren Gesellschaftsstruktur führt, wurde bei der Sozialkapitaldiskussion bereits nachgewiesen.[383] Welche Möglichkeiten bürgerschaftlicher Teilhabe an demokratischen Prozessen es dennoch gibt, wird nicht allein durch das jeweils zugrunde liegende Gesellschaftsmodell bestimmt; die Entwürfe verschiedener Partizipationsmodelle müssen sich vielmehr am Demokratieprinzip des Grundgesetzes messen lassen.[384]

---

[381] Vgl. dazu unter D I 4 a.
[382] Vgl. dazu unter D I 2.
[383] Vgl. oben C I 4.
[384] Vgl. dazu unter D I 1.

D. Bürgerschaftliches Engagement und Verfassungsrecht

Nicht nur sozialwissenschaftliche Gesellschaftsmodelle bestimmen die Positionierung des bürgerschaftlichen Engagements. Wie bereits im vorangegangenen Kapitel angeklungen, spielt für die Position des bürgerschaftlichen Engagements neben dem Verhältnis von Staat und Gesellschaft insbesondere auch das Verhältnis zu den Normen des Grundgesetzes eine Rolle. Zum einen geht es dabei um die verfassungsrechtlich verankerten Strukturprinzipien des Grundgesetzes, wie zum Beispiel dem Demokratieprinzip und möglicherweise auch einem Subsidiaritätsprinzip. Zum anderen ist individuell ausgeübtes bürgerschaftliches Engagement immer auch eng mit den verfassungsrechtlich gewährleisteten Freiheitsrechten des und der Einzelnen verbunden.

Sowohl Verfassungsprinzipien als auch Grundrechte haben Einfluss auf die rechtliche Behandlung von bürgerschaftlichem Engagement. An ihnen sind bestehende und intendierte gesetzliche Regelungen zu messen. Dabei lässt die Verfassung häufig nicht nur Raum für verschiedene Regelungsmöglichkeiten, sondern auch dafür, auf sie zu verzichten. Dennoch kann es Regelungsmöglichkeiten geben, die besonders sinnvoll sind, um bestimmte Ziele zu erreichen.

I. Verfassungsprinzipien

Es ist bereits im vorhergehenden Kapitel dargestellt worden, dass in der gesellschaftspolitischen Diskussion immer wieder Begrifflichkeiten verwendet werden, die auch im Verfassungsrecht eine Rolle spielen. Insbesondere sozialwissenschaftliche Vorstellungen von „aktivierendem Staat" und „Zivilgesellschaft" basieren – oft unausgesprochen – auf einer bestimmten Vorstellung davon, wie das Verhältnis zwischen Staat und Gesellschaft strukturiert ist.[385] Dabei wird ein Subsidiaritätsverhältnis zwischen staatlichem und gesellschaftlichem Handeln häufig als selbstverständlich vorausgesetzt.[386] Auch werden dem bürgerschaftlichen Engagement oft demokratiefördernde Effekte zugeschrieben.[387]

Das Verhältnis von Staat und Gesellschaft in der Bundesrepublik Deutschland wird nicht zuletzt durch das Grundgesetz bestimmt. Hier spielen vor allem die Strukturprinzipien, wie etwa das Rechtsstaats- und Sozialstaatsprinzip, eine bedeutende Rolle. Diese Strukturprinzipien spannen einen Raum auf, in dem sich auch bürgerschaftliches Engagement verorten lässt. An ihnen müssen sich daher auch sozialwissenschaftliche Entwürfe messen lassen, wenn sie nicht auf der

---

[385] Dazu oben C I.
[386] Dazu oben C I, insb. C I 3.
[387] Dazu oben C I 4 b.

Diskursebene verbleiben, sondern tatsächlich Impulse für die weitere Entwicklung geben sollen. Welches Bild von Staat und Gesellschaft gibt uns das Recht, namentlich das Grundgesetz, vor? Die Verfassungsprinzipien als Strukturentscheidungen können darüber Auskunft geben. Damit sind insbesondere sie es, ggf. im Zusammenspiel mit den Grundrechten, die eine Antwort auf die Frage geben können, in welchem Verhältnis staatliches Handeln und bürgerschaftliches Engagement zueinander stehen, und welche Rolle partizipativen Elementen im Hinblick auf demokratisierende Effekte zukommen kann.

1. Keine Demokratie ohne bürgerschaftliches Engagement? – Bürgerschaftliches Engagement und Demokratieprinzip

„Das Ehrenamt erweist sich als ein Instrument zur Integration des Individuums in die Gesellschaft und trägt so zur Stabilisierung der demokratischen Ordnung bei."[388] oder, plakativer formuliert: Demokratie lebt vom Ehrenamt. So wird das Verhältnis von bürgerschaftlichem Engagement und Demokratie gern beschrieben, um die Bedeutung des bürgerschaftlichen Engagements für Staat und Gesellschaft hervorzuheben.[389] Die Frage, ob Demokratie tatsächlich von Ehrenamt lebt, oder, schlichter formuliert, ob das Demokratieprinzip zu seiner Verwirklichung tatsächlich auf bürgerschaftliches Engagement angewiesen ist, ist damit noch nicht beantwortet. Sie ist davon abhängig, wie Demokratie in diesem Kontext zu verstehen ist.

a) Demokratie als globales Bauprinzip

In der Diskussion um die Rolle von bürgerschaftlichem Engagement liegt häufig die Vorstellung zugrunde, bei Demokratie handele es sich um ein globales Bauprinzip für alle Institutionen und Vereinigungen, die in irgendeiner Form Macht ausüben.[390] Insbesondere in den 1970er Jahren, aber auch danach, wurde Demokratie in der Forderung nach Demokratisierung von Strukturen und Lebensbereichen relevant. Die Forderung nach mehr Demokratie wurde gleichbedeutend mit Forderungen nach Partizipation und Teilhabe, nach Verringerung oder Abbau von Herrschaft verstanden.[391] Insbesondere in und durch soziale Bewegungen wurde versucht, in diesem Sinne zu handeln und auf die gesellschaftliche und politische Entwicklung Einfluss zu nehmen. Hier spielte insbesondere die

---

[388] Engel, S. 1.
[389] Vgl. etwa Engel, S. 1.
[390] Nachweise bei Geis, Selbsthilfe, S. 106, Fn. 164.
[391] Hennis, S. 47, 48.

Gründung von Bürgerinitiativen und darin die Arbeit an gemeinsamen Anliegen ein wichtige Rolle. Bürgerinitiativen sind dabei als rechtsfähige oder nichtrechtsfähige Vereinigungen von Einwohnerinnen und Einwohnern oder Bürgerinnen und Bürgern zu verstehen, die sich zur Verfolgung individueller und gemeinsamer, die kommunale Verbandskompetenz betreffender, Interessen gründen.[392] Eines der eindrücklichsten Beispiele für die Forderung nach Demokratisierungsprozessen in gesellschaftlichen Institutionen war die Forderung nach einer „Demokratisierung“ der Hochschulen in den 1960er und 1970er Jahren.

Kennzeichen demokratischer Verhältnisse ist ein komplexes, vielschichtiges Wechselspiel zwischen Regierenden und Regierten mit entsprechenden Rückkoppelungseffekten, die über den punktuellen Wahlakt hinausreichen.[393] Demokratische Willensbildung ist daher für die Verwirklichung demokratischer Verhältnisse, wie immer sie auch im Einzelnen verstanden werden, von zentraler Bedeutung. Es gehört zur Grundkonzeption der Demokratie im weiteren Sinne, dass alle möglichen Interessen und Meinungen eine Chance erhalten, miteinander zu konkurrieren und Einfluss auf das staatliche Handeln zu gewinnen suchen.[394] Eine funktionierende Demokratie ist auf demokratisch gebildete Bürgerinnen und Bürger angewiesen[395] und kann auf die Teilnahme von Bürgerinnen und Bürgern nicht verzichten. Die Grundrechte sind wichtig für einen demokratischen Staat, da sie als Abwehrrechte gegenüber dem Staat Freiräume gewährleisten. Hierzu zählen neben der Versammlungs- und Vereinigungsfreiheit insbesondere auch die Meinungs- und Informationsfreiheit. Die Forderung nach einer „Demokratisierung“ der Verhältnisse muss sich daher nicht notwendig aus dem verfassungsrechtlichen Demokratieprinzip ergeben.

b) Das Demokratieprinzip des Grundgesetzes, Art. 20 Abs. 2 GG

Der Demokratiebegriff des Grundgesetzes ist schon seiner Herkunft nach ein Begriff der Staatsformenlehre oder, allgemeiner: der politischen Herrschaftslehre.[396] Demokratie in diesem Zusammenhang definiert eine bestimmte politische Herrschaftsweise.[397] Die Vorstellung der Demokratie, wie sie dem Grundgesetz in Art. 20 Abs. 2 S. 1 GG zugrunde liegt, stimmt nicht notwendig mit dem politologischen Demokratiebegriff und seinen Partizipationselementen ü-

---

[392] Gern, Rn. 582.
[393] Dreier, Jura 1997, S. 249, 256.
[394] Zippelius, Staatslehre, S. 242.
[395] Die Probleme, denen ein Staat gegenübersteht, in dem dieses fehlt, zeigen sich insbesondere im Scheitern der Weimarer Republik.
[396] Hennis, S. 47, 58.
[397] Hennis, S. 47, 58.

berein. Das Grundgesetz bezieht sich vielmehr auf die Demokratie als Regierungsform. Eine rechtswissenschaftliche Auseinandersetzung mit der verfassungsrechtlichen Erfassung bürgerschaftlichen Engagements hat nicht die Demokratietheorien im weiteren Sinne zum Maßstab, sondern das verfassungsrechtlich verankerte Demokratieprinzip ganz konkret.[398]

(1) Volkssouveränität als Grundlage demokratischer Verfasstheit

Art. 20 Abs. 2 S. 1 GG lautet: „Alle Staatsgewalt geht vom Volke aus". Damit knüpft der Verfassungsgesetzgeber an das Prinzip der Volkssouveränität an. Diese führt dazu, dass die Ausübung staatlicher Befugnisse grundsätzlich der Legitimation bedarf, die auf das Volk zurückführt bzw. von ihr ausgeht.[399] Jede Ausübung von Staatsgewalt durch staatliche Organe und Amtswalter muss vom Volk abgeleitet sein und wird nur treuhänderisch für das substanziell Träger der Staatsgewalt bleibende Volk wahrgenommen.[400]

Um Legitimation staatlichen Handelns vom Volk her zu erreichen, müssen grundsätzlich verschiedene, nämlich funktionelle, institutionelle, personelle und sachlich-inhaltliche Komponenten zusammenwirken. Für das Legitimationsniveau der Verwaltung sind die organisatorisch-personelle und die sachlich-inhaltliche Legitimationskomponente entscheidend.[401] Wie das Verhältnis dieser Komponenten zueinander gestaltet sein muss und wie streng die Anforderungen an die Legitimation zu handhaben sind, ist dabei ausgesprochen umstritten.[402] Das Bundesverfassungsgericht hat in seiner Entscheidung zum Lippeverband und der Emschergenossenschaft[403] deutlich gemacht, dass die Anforderungen bei der funktionalen Selbstverwaltung anders gestaltet sein können als bei der gemeindlichen Selbstverwaltung.

(2) Personell-organisatorische und sachlich-inhaltliche Legitimation

Grundsätzlich verlangt das Bundesverfassungsgericht für die personelle Legitimation der staatlichen Organe und Amtswalter, dass jeder einzelne Amtsträger sein Amt im Wege einer Wahl durch das Volk oder Parlament oder dadurch erhalten hat, dass er durch einen seinerseits personell legitimierten, in Verantwortung gegenüber dem Parlament handelnden oder mit dessen Zustimmung bestellt

[398] Vgl. dazu auch Dreier, Jura 1997, S. 249.
[399] Böckenförde, HBStR I, § 22, Rn. 11.
[400] Muckel, NZS 2002, S. 118, 119.
[401] Böckenförde, HBStR II, § 24, Rn. 23; Musil, DÖV 2004, S. 116.
[402] Vgl. nur Böckenförde, HBStR II, § 24, und Blanke, KJ 1998 , S. 452ff.
[403] BVerfGE 107, 59ff.

worden ist.[404] Die für die unmittelbare Staatsverwaltung auf Bundes- und Landesebene sowie die kommunale Selbstverwaltung verfassungsrechtlich notwendige demokratische Legitimation erfordert eine ununterbrochene Legitimationskette vom Volk zu den mit staatlichen Aufgaben betrauten Organen und Sachwaltern.[405] Darüber hinaus bedarf es einer sachlich-inhaltlichen Legitimation. Diese beinhaltet, dass die Staatstätigkeit inhaltlich an den Willen des unmittelbar vom Volk gewählten Parlaments gebunden ist.[406] Die Amtsträger müssen im Auftrag und nach Weisung der Regierung handeln und die Regierung damit in die Lage versetzen, die Sachverantwortung gegenüber Volk und Parlament zu übernehmen.
Ein Amtsträger ist uneingeschränkt personell legitimiert, wenn er sein Amt im Wege der Wahl durch das Volk oder das Parlament oder durch einen seinerseits legitimierten Amtsträger oder dessen Zustimmung erhalten hat; wird er von einem Gremium mit nur zum Teil personell legitimierten Amtsträgern bestellt, erfordert die volle demokratische Legitimation, dass die die Entscheidung tragende Mehrheit aus einer Mehrheit unbeschränkt demokratisch legitimierter Mitglieder des Kreationsorgans besteht (Prinzip der doppelten Mehrheit).[407]

Diese strenge Position ist immer wieder Kritik ausgesetzt gewesen. Es wird demgegenüber auch vertreten, dass auch durch parlamentarisches Gesetz selbst – unabhängig von der ununterbrochenen Legitimationskette – zumindest eingeschränkte organisatorisch-personelle Legitimation vermittelt werden kann.[408] Dies schließt auch das Bundesverfassungsgericht nicht mehr von vornherein aus.[409] Es soll nicht in erster Linie die Form der Legitimation, sondern deren Effektivität entscheidend sein.[410] Organisatorisch-personelle und sachlich-inhaltliche Legitimation müssen demnach in der Summe ausreichen; die Verteilung zwischen den beiden Formen kann demgegenüber schwanken.

(3) Ergebnis und Folgen für das bürgerschaftliche Engagement

Das Demokratieprinzip des Grundgesetzes setzt voraus, dass die Ausübung staatlicher Befugnisse ausreichend legitimiert ist. Diese Legitimation kann grundsätzlich nur vom Staatsvolk im Sinne des Art. 20 Abs. 2 GG ausgehen. Sie

---

404 BVerfGE 83, 60, 71.
405 BVerfGE 107, 59ff.; 93, 37, 66ff; st. Rspr. vgl. nur BVerfGE 47, 253, 275; 83, 69, 72f.; 93, 37, 66; so auch Böckenförde, HBStR II, § 24, Rn. 1; Engelmann, NZS 2000, S. 76, 77.
406 Böckenförde, HBStR II, § 24, Rn.11.
407 BVerfGE 107, 59ff.; 93, 37, 67f.
408 Dederer, NVwZ 2000, S. 403, 403.
409 BVerfGE 93, 37, 67.
410 BVerfGE 93, 37, 67; jetzt auch BVerfGE 107, 59ff.

ergibt sich aus der organisatorisch-personellen Legitimation, also der grundsätzlichen Rückführbarkeit der übertragenen Aufgaben auf das Volk im Sinne einer so genannten Legitimationskette und der sachlich-inhaltlichen Legitimation, die in der Bindung an den Parlamentswillen als dem vom Volk gewählten Gremium besteht. Dabei kann eine stärkere sachlich-inhaltliche Legitimation unter Umständen eine schwächere organisatorisch-personelle Legitimation ausgleichen und umgekehrt.

Vor diesem Hintergrund ist die Frage nach dem Verhältnis von bürgerschaftlichem Engagement und dem grundgesetzlichen Demokratieprinzip zu sehen. Es sei vorweg gestellt, dass mit der relativ engen Fassung des Demokratiebegriffs, wie er hier verstanden wird, anders als bei der Zugrundelegung der These von der Demokratie als globalem Bauprinzip bei weitem nicht alle Formen des bürgerschaftlichen Engagements eine Rolle spielen.

Aber auch in Bezug auf einen weiteren Demokratiebegriff und seine Bedeutung für das bürgerschaftliche Engagement sei noch einmal darauf hingewiesen, dass es zu kurz greift, generell vom Nutzen des bürgerschaftlichen Engagements für die Stabilisierung der demokratischen Ordnung auszugehen. Wie oben bereits gezeigt wurde, kann der Zusammenschluss in Vereinen und Organisationen nicht nur integrativ, sondern auch ausgrenzend wirken; er kann Kommunikation, insbesondere die interne, fördern und gleichzeitig Grenzen anderen gegenüber schaffen.[411]

c) Bürgerschaftliches Engagement und Demokratie in der Selbstverwaltung

Nicht jedes bürgerschaftliche Engagement spielt im Hinblick auf das Demokratieprinzip aus Art. 20 Abs. 2 GG eine Rolle. Von Bedeutung ist vor allem die Selbstverwaltung. Unter Selbstverwaltung wird verallgemeinernd die Konstruktion verstanden, dass eine öffentlich-rechtliche Organisationseinheit zwar dem Staatsverband eingegliedert ist, jedoch gegenüber dem staatsunmittelbaren Behördensystem institutionell verselbstständigt ist und sich zugleich dadurch auszeichnet, dass bestimmte öffentliche Angelegenheiten von den davon besonders berührten Personen, den Betroffenen, eigenverantwortlich verwaltet wird.[412] Die wichtigsten Selbstverwaltungsformen sind die der kommunalen Selbstverwaltung auf der einen Seite und verschiedene Formen der funktionalen Selbstverwaltung auf der anderen Seite, hierzu zählt zum Beispiel die Selbstverwaltung in der Sozialversicherung.

---

[411] S. oben unter C I 4.
[412] Tomerius/Breitkreuz, DVBl. 2003, S. 426, 427; Hendler, S. 284.

Gerade in Bezug auf bürgerschaftliches Engagement in der Selbstverwaltung stellt sich die Frage danach, ob „Volk" hier immer nur im Sinne von „Staatsvolk" zu verstehen ist oder ob Träger demokratischer Legitimation auch „Teilvölker" sein können. Hinsichtlich der kommunalen Selbstverwaltung weist Art. 28 Abs. 1 GG auf der Ebene der Kreise und Gemeinden das Volk als Legitimationssubjekt aus.[413] Dies hat auch das Bundesverfassungsgericht für die Gesamtheit der Gemeindebürgerinnen und Gemeindebürger bestätigt.[414]
Die Entstehungsgeschichte des Art. 20 Abs. 2 GG enthält keinen Hinweis darauf, dass der Parlamentarische Rat auch gebiets- oder aufgabenmäßig definierte Teilvölker wie die Gemeindebürger oder die Mitglieder funktionaler Selbstverwaltungsträger verstanden haben könnte.[415] Für die kommunale Selbstverwaltung ist dies aber weitgehend anerkannt.[416]
Die Mitglieder und Träger funktionaler Selbstverwaltung fungieren hingegen nicht als eigenständiges, originäres Subjekt demokratischer Legitimation.[417]

(1) Beteiligung in der kommunalen Selbstverwaltung

Relevant wird bei der Frage nach dem Verhältnis von bürgerschaftlichem Engagement und grundgesetzlichem Demokratieprinzip in erster Linie das bürgerschaftliche Engagement, durch das staatliche Entscheidungsprozesse begleitet und gegebenenfalls auch beeinflusst werden. Dazu gehört Engagement vor allem, soweit es mit staatlichen Entscheidungsprozessen unmittelbar verknüpft ist. Neben den Anhörungsverfahren bei der Bundes- und Landesgesetzgebung ist dies vor allem im Kommunalrecht der Fall.

Schon im 19. Jahrhundert gab es die Idee, Bürger[418] an politischen Prozessen zu beteiligen. So beinhaltete Gneists Rechtsstaatsbegriff, dass auf der lokalen Kreisebene und der regionalen Ebene die Kräfte der Gesellschaft mit dem Staat aktiv und institutionell verbunden und die Versöhnung von öffentlicher Pflicht und privatem Erwerbsbetrieb in der (ehrenamtlichen) Teilnahme des Bürgertums an den Staatsaufgaben je von neuem verwirklicht werden sollte.[419]

Die kommunale Selbstverwaltung spielt heute für die Demokratie in der Bundesrepublik Deutschland eine zentrale Rolle. Sie dient dem Aufbau der Demo-

---

[413] Kluth, S. 369.
[414] BVerfGE 38, 258, 269ff.; 47, 253, 271 ff.
[415] Emde, S. 324.
[416] BVerfGE 47, 253, 271 ff.
[417] Kluth, S. 372.
[418] Die Beteiligung von Bürgerinnen war zu dieser Zeit in der Regel nicht mitgedacht.
[419] Gneist, S. 317ff., insb. S. 319.

kratie von unten nach oben und stellt die Grundlage des demokratischen Staatsaufbaus dar. Die kommunale Selbstverwaltung ist als Beteiligung der Bürgerschaft an der örtlichen Verwaltung anerkannt.[420] Kommunale Selbstverwaltung bedeutet Selbstbestimmung der eigenen Angelegenheiten durch die Bürgerinnen und Bürger und eigene Wahl der sie vertretenden Gemeindeorgane.[421] Sie ist geeignet, die einzelnen Bürgerinnen und Bürger zu aktivieren und zu integrieren, den Gegensatz zwischen Gesellschaft und Staat zu überbrücken und die innere Identifikation zwischen Staatsvolk und Staatsgewalt zu fördern.[422] Das Demokratieprinzip kommt hinsichtlich der Kommunen in Art. 28 Abs. 1 S. 2 GG zum Ausdruck, demzufolge das Volk auch in den Kreisen und Gemeinden eine Vertretung haben muss.[423]

Die kommunale Selbstverwaltung in Deutschland verdankt ihr Entstehen der preußischen Städteordnung vom November 1808.[424] Diese zielte auf die Integration des aufstrebenden Bürgertums in den absolutistischen Staat durch das Angebot der Verwaltung der lokalen Angelegenheiten durch die Bürger selbst.[425] Die hier begründeten Selbstgestaltungsrechte zogen zwangsläufig entsprechende Selbstgestaltungspflichten nach sich. § 191 der genannten Städteordnung bestimmte daher, dass die Bürger zur Übernahme „öffentlicher Stadtämter" verpflichtet waren, ohne dafür ein Entgelt beanspruchen zu können.[426]

Aus Art. 28 Abs. 2 GG wird zum Teil nicht nur ein Recht zur Selbstverwaltung, sondern sogar eine „Selbstverwaltungspflicht" der Bürgerinnen und Bürger zur eigenverantwortlichen Entscheidung für die weitere Entwicklung ihrer Gemeinde abgeleitet, welche sich aus der im Grundgesetz zugewiesenen öffentlichen Aufgabenwahrnehmung, der demokratisch-politischen Funktion der kommunalen Selbstverwaltung im Staatsaufbau und der damit verbundenen Letztentscheidungsverantwortung der legitimierten Entscheidungsträger für die örtlichen Angelegenheiten ableitet.[427] Daher ist sie wichtiger Bestandteil der Demokratie.[428] Hieraus erklärt sich die Bedeutung des bürgerschaftlichen Engagements in der kommunalen Selbstverwaltung bei der Frage nach dem Verhältnis von bürgerschaftlichem Engagement und Demokratieprinzip.

---

[420] Tomerius/Breitkreuz, DVBl. 2003, S. 426, 428.
[421] Gern, Rn. 54.
[422] Gern, Rn. 54.
[423] Gern, Rn. 54.
[424] Sachße, Traditionslinien, S. 23, 24.
[425] Sachße, Traditionslinien, S. 23, 24.
[426] Sachße, Traditionslinien, S. 23, 24.
[427] Tomerius/Breitkreuz, DVBl. 2003, S. 426, 434.
[428] Stober, § 7 I 2d.

Staatsorganisatorisch stellt die Kommune diejenige Einheit dar, in der Personen auf der untersten gebietlichen Ebene eines Staates verfasst sind.[429] Die Verwaltung der Gemeinde geschieht dabei durch die Gemeindevertretung. Sie und der Bürgermeister bzw. die Bürgermeisterin sind die Organe der Gemeinde. Dabei ist die Bürgermeistertätigkeit zum Teil, die Mitgliedschaft in der Gemeindevertretung sogar regelmäßig, als ehrenamtliche Tätigkeit ausgestaltet, §§ 32, 24 I, 3, 4, 5 SH GO.[430] Auf kommunaler Ebene spielt die Mitsprache und Mitwirkung von Bürgerinnen und Bürgern gegenüber der Landes- und Bundesebene zumeist eine größere Rolle.[431] Dies ergibt sich schon daraus, dass hier auf der untersten Ebene Entscheidungen getroffen werden und der Abstand zwischen Bürgerinnen und Bürgern und ihren Vertreterinnen und Vertretern kurz sind.

Darüber hinaus sollen Verwaltungsträger in neueren Gesetzesentwürfen dazu angehalten werden, die gewünschte aktive Mitarbeit der Bürgerinnen und Bürger zu unterstützen und zu fördern: Sie sollen angehört und beteiligt werden und ihnen soll die Möglichkeit der Mitwirkung in Ausschüssen, Beiräten und Kommissionen ermöglicht werden.[432] Es sind insbesondere in jüngerer Vergangenheit tatsächlich unterschiedliche kommunalrechtliche Regelungen zur Einbeziehung von Bürgerinnen und Bürgern geschaffen worden, die sich regelmäßig als bürgerschaftliches Engagement darstellen. Darüber, diese Beteiligungsmöglichkeiten noch auszubauen, wurde insbesondere im Rahmen des Internationalen Jahres der Freiwilligen nachgedacht.

Es kann im Rahmen dieser Untersuchung nicht jede Form des Engagements auf kommunaler Ebene berücksichtigt werden. So wird kein besonderes Augenmerk auf die unstreitig demokratisch legitimierten ehrenamtlichen Bürgermeister und Bürgermeisterinnen und Gemeindevertreter und -vertreterinnen gelegt.[433] Ebenso wenig werden die formalisierten kommunalen Ehrenämter behandelt, zu denen Bürgerinnen und Bürger verpflichtet werden und deren Übernahme sie nur aus wichtigem Grund verweigern können. Diese kommunalen Ehrenämter stellen, wie bereits oben dargestellt, in ihrer Struktur eine Ausnahme zur Dach-

---

429 Igl/Jachmann/Eichenhofer, S. 505.

430 Beispielhaft werden in diesem Kapitel die Regelungen der Gemeindeordnung der Landes Schleswig-Holstein herangezogen.

431 Wichtiges Beispiel für bürgerschaftliches Engagement auf Bundesebene sind die Anhörungsverfahren von Interessenvertretern und anderen Auskunftspersonen im Rahmen der Beratung von Ausschüssen, § 70 Abs. 1 S. 1 und Anlage 2 GO BT.

432 Vgl. die Entwürfe des Landes Mecklenburg-Vorpommern bei Schuppert, Zivilgesellschaft, S. 185, 187. Die demokratiefördernden Effekte der außerdem angestrebten Ermöglichung einer Durchführung öffentlicher Aufgaben der Daseinsvorsorge durch Bürgerinnen und Bürger bleiben allerdings unklar.

433 Vgl. dazu aber die Darstellung bei Meyer, DL 2004, S. 432ff.

definition des bürgerschaftlichen Engagements dar und haben insofern eine Sonderstellung inne.[434]
Wichtig ist im Zusammenhang mit Fragen von Demokratie und demokratischer Willensbildung vor allem bürgerschaftliches Engagement, das sich als Beteiligung an Entscheidungsprozessen darstellt. Ob diese Tätigkeiten den Schutz durch das Demokratieprinzip des Grundgesetzes genießen oder ob sie möglicherweise zwar grundrechtlichen Schutz genießen, sich dieser aber nicht auf das Demokratieprinzip gründen, ist dabei zu untersuchen. Bürgerinnen und Bürger werden auf kommunaler Ebene auf unterschiedliche Art und Weise beteiligt, wobei diese Beteiligung eine unterschiedliche Qualität haben kann.

(a) Anhörung Sachkundiger und Betroffener

Die einfachste Art der Beteiligung ist die Anhörung Sachkundiger und Betroffener. Dies ist etwa in den Ausschüssen in Schleswig-Holstein möglich, obwohl es nicht ausdrücklich vorgesehen ist.[435] Diese Anhörungen werden in Anlehnung an ihre Wurzeln, die in den 1970er Jahren liegen, auch „Hearings" genannt. Die Anhörungen dienen dazu, den Entscheidungsträgern Entscheidungshilfen zu liefern und die Auswirkungen der Beschlüsse rechtzeitig deutlich zu machen.[436]

(b) Bürgerbeteiligung in Ortsbeiräten und sonstigen Beiräten

Eine andere Beteiligungsform ist die Mitarbeit in Beiräten, die z. B. in §§ 47c, d und e GO SH für das Land Schleswig-Holstein geregelt ist.[437] Ähnliche Regelungen finden sich auch für andere Bundesländer. Beiräte können demzufolge durch Satzung anerkannt und mit Rechten versehen werden.[438] In ihnen sind Bürgerinnen und Bürger organisiert, die sich die Vertretung bestimmter Anliegen zum Ziel gesetzt haben oder die jeweils besonders betroffen sein können. So sieht etwa die GO SH in § 47c die Möglichkeit der Schaffung von Ortsbeiräten vor, die in allen wichtigen Angelegenheiten, die einen Ortsteil betreffen, zu unterrichten sind, § 47c Abs. 1 GO SH. Der Ortsbeirat ist auch mit eigenen Kompetenzen ausgestattet. Er kann in Angelegenheiten, die den jeweiligen Ortsteil betreffen, Anträge an die Gemeindevertretung stellen, und der oder die Vorsit-

---

[434] S. oben unter B I 2 a.
[435] Von Mutius/Rentsch, § 46 GO SH, Rn. 8.
[436] Von Mutius/Rentsch, § 46 GO SH, Rn. 8.
[437] Eine Darstellung der Beteiligungsmöglichkeiten im Rahmen der Kreisordnung und ihre Legitimation vor dem Hintergrund des Demokratieprinzips findet sich bei Schliesky, DL 2004, S. 422, 425ff.
[438] Von Mutius/Rentsch, § 46 GO SH, Rn. 11.

zende kann an Sitzungen eines Ausschusses teilnehmen, wenn der Antrag des Ortsbeirates behandelt wird, § 47c Abs. 1 S. 2 GO SH. Auch ist ihm oder ihr auf Antrag das Wort zu erteilen, § 47c Abs. 1 S. 3 GO SH. Es ist darüber hinaus möglich, dass Entscheidungen auf den Ortsbeirat übertragen werden. Dies setzt voraus, dass die Gemeindevertretung dies in ihrer Hauptsatzung bestimmt, § 47 Abs. 2 S. 1 GO SH. Die Übertragung vorbehaltener Aufgaben ist nicht möglich, § 47 Abs. 2 S. 1 GO SH. Die vorbehaltenen Aufgaben umfassen diejenigen Aufgaben, deren Bedeutung für die Gemeinde wesentlich sind, wie etwa baurechtliche und finanzrechtliche Regelungen, § 28 GO SH.
§ 47b Abs. 2 GO SH sieht für die Bildung eines Ortsbeirates nicht nur vor, dass nicht ausschließlich Gemeindevertreterinnen und -vertreter vertreten sein dürfen, sondern dass auch Bürgerinnen und Bürger Mitglieder sein müssen, die der Gemeindevertretung nicht angehören.[439] Die Bürgerinnen und Bürger, die nicht der Gemeindevertretung angehören, müssen sogar die Zahl der Gemeindevertreterinnen und -vertreter übersteigen, § 47b Abs. 2 S. 2 GO SH. Damit liegt die Stimmenmehrheit im Ortsbeirat bei den Mitgliedern, denen eine direkte demokratische Legitimation fehlt.

Neben der Bildung von Ortsbeiräten ist auch die Bildung sogenannter „sonstiger Beiräte" möglich, in denen Vertreter „gesellschaftlich bedeutender Gruppen" organisiert sein sollen, § 47d GO SH. Die genaue Ausgestaltung bleibt dabei der jeweiligen Satzung vorbehalten. In Schleswig-Holstein war die Bildung von Beiräten, insbesondere für Senioren, Ausländer oder Behinderte aufgrund des Runderlasses des Innenministeriums über die Einrichtung und Beteiligung von Senioren im Land Schleswig-Holstein vom 2.8.1994[440] bereits vor der Aufnahme in die Gemeindeordnung möglich; der amtlichen Begründung des Gesetzesentwurfs zufolge kommt der Aufnahme des § 47d GO SH aber besondere Appellfunktion zu.[441] Zu den gesellschaftlich relevanten Gruppen zählen in Anlehnung an § 43 Abs. 3 Landesrundfunkgesetz neben Seniorinnen und Senioren insbesondere Kinder und Jugendliche, Ausländerinnen und Ausländer und Behinderte. Die Wahrnehmung ihrer Interessen darf sich allerdings nicht auf Einzelprobleme (wie etwa den Bau einer Umgehungsstraße) oder bestimmte Sachbereiche (z. B. Sport oder Naturschutz) beziehen, sondern muss sich als Wahrnehmung besonderer Gruppeninteressen darstellen.[442]

---

[439] Voraussetzung ist hier, dass diese Bürgerinnen und Bürger grundsätzlich selbst Mitglieder der Gemeindeversammlung sein könnten, die hier vorgesehenen Voraussetzungen also erfüllen, § 47b Abs. 2 GO SH.
[440] Amtsblatt SH S. 446.
[441] Von Mutius/Rentsch, § 47d GO SH, Rn. 1.
[442] Von Mutius/Rentsch, § 47d GO SH, Rn. 2.

(c) Bewertung

Die Beteiligung von Bürgerinnen und Bürgern kann sich mit Blick auf das Demokratieprinzip als problematisch erweisen. Hier ist eine differenzierte Betrachtungsweise geboten. Hilfreich ist in diesem Zusammenhang eine Orientierung an einem Phasenmodell:[443] Es lassen sich die Phasen der Meinungsbildung, Willensbildung und Entscheidung unterscheiden. Die Meinungsbildungsphase soll dabei diejenige Phase bezeichnen, in der die für den Entscheidungsprozess erforderlichen Informationen zusammen getragen werden. In der Willensbildungsphase bilden sich dann die zur Entscheidung berufenen Organe aufgrund der zuvor erarbeiteten Meinungen einen (organschaftlichen) Willen. Schließlich wird in der Entscheidungsphase durch das nach der Kompetenzordnung dazu berufene Organ die verbindliche und nach außen wirksame Entscheidung getroffen.

Engagement kann in jeder der verschiedenen Phasen statt finden. Die meisten Möglichkeiten der Beteiligung gibt es in der Meinungsbildungsphase, denn die Anforderungen an die demokratische Legitimation der Mitwirkenden ist desto geringer, je weiter entfernt die Bürgerbeteiligung von der staatlichen Entscheidung ist.[444] Je näher sie ist, desto höhere Anforderungen müssen an die demokratische Legitimation gestellt werden. Die Schaffung von Gremien wie den Beiräten ist vor diesem Hintergrund nicht unproblematisch. Hinsichtlich einiger Regelungen bestehen Zweifel an der Vereinbarkeit mit dem Demokratieprinzip.

Entstehen Beiräte, in denen bestimmte Gesellschaftsgruppen ausschließlich oder überwiegend repräsentiert sind und in denen die Interessen dieser gesellschaftlichen Gruppen vertreten werden, so erhalten diese Gruppen eine Möglichkeit, auf die Entscheidungsprozesse Einfluss zu nehmen, welche die Einflussnahme derjenigen übersteigt, die in solchen Beiräten nicht beteiligt sind. Dies wird man solange als unschädlich ansehen können, wie die Vertretung von Eigeninteressen auf die Artikulation dieser Interessen beschränkt ist. Zwar ist schon hier ein Übergewicht auf Seiten der im Beirat organisierten Interessengruppe vorhanden. Allerdings wird den Gemeindevertretern eine eigene und unabhängige Entscheidung hier nicht aus der Hand genommen. Die Gemeindevertreterinnen und -vertreter können immer noch frei entscheiden. Festzustellen ist daher, dass im Hinblick auf das verfassungsrechtliche Demokratieprinzip weder die Bildung solcher Beiräte grundsätzlich problematisch ist, noch dass durch sie in bestimmten Fällen Anträge gestellt werden können und der oder die Vorsitzende gegebenenfalls an Sitzungen der Gemeindevertretung teilnehmen und das Wort

[443] Diese Untergliederung und ihre Erläuterung findet sich bei Schliesky, DL 2004, S. 422, 425.
[444] Schliesky, DL 2004, S. 422, 426.

erhalten kann. Die Beteiligung von Betroffenen und Interessierten hat sich gerade in komplexen Verfahren bewährt.

Bürgerschaftliches Engagement in Form der Mitwirkung von Bürgerinnen und Bürgern in der gemeindlichen Selbstverwaltung außerhalb der kommunalen Organe (Gemeindevertretung, Bürgermeister/in) kann das Demokratieprinzip des Grundgesetzes verwirklichen helfen. Ihre Partizipation trägt ihren Teil dazu bei, den Menschen davor zu bewahren, zum bloßen Objekt staatlicher Entscheidungen herabzusinken, und verwirklicht damit ein Stück Menschenwürde. Überdies wird dem Staat eine zusätzliche Informationsquelle erschlossen. So kann der Staat, hier in Gestalt der Gemeinde, vom Wissen seiner Bürgerinnen und Bürger profitieren. Die Beteiligung Betroffener und Interessierter am Verwaltungsverfahren erhöht überdies die Chance, eine konsensfähige Entscheidung zu finden,[445] denn Partizipationsmöglichkeiten erhöhen die Akzeptanz der auf diese Art und Weise entwickelten Lösungen. Partizipation wird daher zu Recht als Scharnier und Bindeglied zwischen Staat und Bürgerinnen und Bürgern gesehen.[446]

Schwierigkeiten ergeben sich erst, wenn die Kompetenz darüber hinausgeht und innerhalb dieser Gremien tatsächlich bindende Entscheidungen getroffen werden können. Hier ist zu bedenken, dass Beiräte qualitativ etwas anderes sind als die Ausschüsse der Gemeindevertretung; ihnen kommt innerhalb der Gemeinde keine Funktion als Organ oder Teilorgan zu. Daher ist es anders zu beurteilen, wenn den Beiräten in bestimmten Bereichen tatsächlich Entscheidungskompetenzen übertragen werden; so kann zum Beispiel die Vertretung von Senioreninteressen im Einzelfall denen der Familien in der Gemeinde zuwider laufen, für die es aber keine entsprechende Interessenwahrnehmung in Beiräten geben mag.

Weitergedacht würde dies dazu führen, dass Interesse und widerstreitendes Interesse organisiert werden müssten. Dies ist jedoch unrealistisch, zumal Untersuchungen zeigen, dass die Aktivbürger einer Gemeinde keineswegs einen Querschnitt durch die Bevölkerung repräsentieren. Wer sich souverän in politischen Strukturen bewegt, im Umgang mit Menschen geübt ist und zeitlich und finanziell genügend Dispositionsfreiheit hat, engagiert sich sehr viel eher als andere. Engagement ist ein Mittelschichtsphänomen.[447] Es besteht daher immer die Gefahr, dass die Interessen derjenigen aus dem Blick geraten, die nicht in der Lage sind, die angebotenen Partizipationsmöglichkeiten zu nutzen. So ergibt sich die Gefahr, dass Partikularinteressen den Blick auf das Gemeinwohl ver-

---

[445] Emde, S. 356.
[446] Emde, S. 356.
[447] Freiwilligensurvey, Gesamtbericht, S. 25.

drängen, dem die Gemeindevertreterinnen und -vertreter jedoch in erster Linie verpflichtet sind.[448] Nicht jedes eigeninitiative Handeln in einer Gruppe ist zugleich demokratische Betätigung,[449] nicht jedes Mitspracherecht ist Ausdruck demokratischer Partizipation, schon gar nicht, wenn die Zusammenschlüsse Teil freier sozialer Gruppenbildung sind[450] und die Durchsetzung eigener Interessen im Mittelpunkt steht. Da diese Gruppen nicht das Staatsvolk als ganzes repräsentieren, fehlt es ihnen an demokratischer Legitimationskraft im Sinne des grundgesetzlichen Demokratieprinzips.

Die Entscheidung selbst sollte daher auf das Volk – auf gemeindlicher Ebene auch das örtlich begrenzte Teilvolk – zurückzuführen sein. Insbesondere für den Bereich der Leistungsverwaltung gilt, dass jede Leistung für eine Gruppe oder ein Anliegen in Zeiten knapper Kassen gleichzeitig das Versagen einer anderen Verwendung beinhaltet. Die Entscheidung über die Verwendung der Mittel muss aber einer Instanz vorbehalten bleiben, der neben dem Blick auf das große Ganze auch ein allgemeines Mandat für die Entscheidung zukommt und in der Partikularinteressen zurückstehen.

Allerdings ist zu berücksichtigen, dass die Gemeindevertretung die grundlegenden Entscheidungen über den jeweiligen Beirat trifft und in einer Satzung die Anforderungen an die Beiratsmitgliedschaft, die Zahl der Mitglieder und das Wahlverfahren in den Beirat genauso festlegt wie die Grundzüge der inneren Ordnung und ggf. Regelungen über die Nichtöffentlichkeit von Sitzungen, § 47d Abs. 3 GO SH.
Grundsätzlich kann eine besonders starke sachlich-inhaltliche Legitimation Schwächen in der personell-organisatorischen Legitimation ersetzen, das heißt, die Übertragung von Entscheidungskompetenzen kann möglicherweise bei einer detaillierten gesetzlichen Regelung zulässig sein. Im schleswig-holsteinischen Landesrecht ist dies aber bisher nicht ausreichend geregelt. Anders als bei den Gemeindevertreterinnen und -vertretern fehlt es für die Beiratsmitglieder bisher an einer klaren Regelung über Ausschlussgründe, wie sie z. B. § 22 GO SH vorsieht, der für den Fall einer Selbstbetroffenheit oder der Betroffenheit bestimmter Verwandter eine ehrenamtliche Tätigkeit ausschließt. Gerade wenn die Schaffung von Beiräten darauf beruht, bestimmten gesellschaftlichen Gruppen in sie betreffenden Angelegenheiten eine Mitwirkungsmöglichkeit zu geben, ist aber die Schaffung von Ausschlussgründen gleichzeitig notwendig und problematisch, da eine Voraussetzung für die Tätigkeit eines Beirates ja gerade ist,

[448] Ähnlich auch Gern, Rn. 595.
[449] Geis, Selbsthilfe, S. 107.
[450] Geis, Selbsthilfe, S. 107.

dass es sich in der infragestehenden Angelegenheit um die Wahrnehmung besonderer Gruppeninteressen geht.

Damit wird aber die Verwirklichung des Demokratieprinzips auf kommunaler Ebene nicht behindert. Anders als bei anderen Konstruktionen mittelbarer Legitimation,[451] die vielfacher Kritik ausgesetzt sind, weil in ihnen die Verbindung zum Volk allein eine formale und keine spürbare mehr ist, ist die Kommune bereits eine kleine Einheit mit demokratischen Mechanismen auf Ortsebene.[452] Die Wahl der Mitglieder einer kommunalen Vertretungskörperschaft bzw. die Direktwahl des Oberbürgermeisters, soweit sie vorgesehen ist, vermittelt den Gemeindeorganen die notwendige personelle und inhaltlich-sachliche Legitimation, sie begründet zugleich eine Verantwortung der Gemeindeorgane ihrer Bürgerschaft gegenüber.[453] Gerade im Hinblick auf die kurzen Wege und die flachen Hierarchien ist die Erweiterung der Kompetenzen von Beiräten nicht vordringlich.

Nach alldem können als demokratisch legitimiert die Entscheidungen angesehen werden, welche das demokratisch legitimierte Organ – auf kommunaler Ebene regelmäßig die Gemeindevertretung – im Konfliktfall mit einem demokratisch nicht legitimierten Organ, wie etwa einem Beirat, selbst herbeiführen kann und das nicht von dem Votum einer demokratisch nicht legitimierten Instanz rechtlich abhängig ist.[454] Daher ist Beteiligungsrechten nicht demokratisch legitimierter Gremien, die über den Bereich der Mitwirkung hinausgehen und sich als Mitentscheidung darstellen, eine Absage zu erteilen.[455]

In der Gemeindevertretung gibt es im Übrigen bereits ein Gremium, in dem i. d. R. Ehrenamtliche Verantwortung für die gemeindlichen Belange übernehmen, und diese tun dies als demokratisch legitimierte Vertreterinnen und Vertreter, die durch Wahl bestimmt wurden. Diese gewählten Vertreterinnen und Vertreter haben die Interessen der gesamten Bürgerschaft wahrzunehmen, auch wenn die individuelle Wahlentscheidung sich möglicherweise nicht im erhofften Maße in der Zusammensetzung der Gemeindevertretung wiederfinden sollte.[456] Anders als auf Bundes- und Landesebene sind hier die Wege zu den gemeindlichen Vertretern zudem kurz.

---

[451] Wie Böckenförde, HBStR II, § 24, vgl. nur die Kritik bei Blanke, KJ 1998, S. 452ff.
[452] Tomerius/Breitkreuz, DVBl. 2003, S. 426, 429, bezeichnen dies als „Mikrodemokratie".
[453] So auch Tomerius/Breitkreuz, DVBl. 2003, S. 426, 429.
[454] Böckenförde, HBStR II, § 24, Rn. 20.
[455] Ähnlich auch Böckenförde, HBStR II, § 24, Rn. 20.
[456] Ähnlich von Mutius/Rentsch, § 47d GO SH, Rn. 1.

(d) Ergebnis

Bürgerschaftliches Engagement findet sich in verschiedenen Bereichen der kommunalen Selbstverwaltung und ist mit ihr eng verbunden. Im Hinblick auf das Demokratieprinzip sind insbesondere die Mitwirkungsmöglichkeiten von Bürgerinnen und Bürgern an politischen Entscheidungsprozessen von Bedeutung. So können die Organe der Gemeinde auf der einen Seite von dem Wissen und der Erfahrung ihrer Bürgerinnen und Bürger profitieren. Auf der anderen Seite steigt die Bereitschaft der Bürgerinnen und Bürger, die getroffenen Entscheidungen mitzutragen.

Die zentralen Entscheidungen in einer Gemeinde müssen aber der Gemeindevertretung, ihren Ausschüssen und dem Bürgermeister bzw. der Bürgermeisterin vorbehalten sein. Die Arbeit von Beiräten hingegen muss sich solange auf Anregungen und Empfehlungen beschränken, wie auch die Legitimation der Beiräte beschränkt ist. Sie geben nur die Interessen eines Teils der Einwohnerschaft wieder, rechtliche und politische Ansprüche können jedoch allein auf die Wahl durch die Wahlberechtigten gestützt werden.[457] Eine § 22 SH GO entsprechende Regelung fehlt.

Selbst wenn die Delegation von Kompetenzen von der Gemeindevertretung klar geregelt wird, Schlüsselthemen ausgeschlossen sind und Kontrollmechanismen funktionieren, so ist von der Delegation aufgrund der oben genannten Schwierigkeiten, insbesondere der unterschiedlich gut organisierten Gruppeninteressen auch für den Fall, dass das Demokratieprinzip nicht entgegensteht, von der Übertragung von Entscheidungskompetenzen abzuraten.

(2) Bürgerschaftliches Engagement in der funktionalen Selbstverwaltung

(a) Struktur der funktionalen Selbstverwaltung

Auch in der funktionalen Selbstverwaltung findet bürgerschaftliches Engagement statt. Die Ämter sind häufig als Ehrenämter ausgestaltet.[458]

Funktionale Selbstverwaltung ist der Oberbegriff für sehr unterschiedlich strukturierte Verwaltungseinrichtungen. Dieser große Bereich fasst Verwaltungsträger und Einrichtungen im Kooperationsfeld zwischen organisierter Staatlichkeit und gesellschaftlichen Kräften unterschiedlicher Traditionen und Intensi-

---

[457] Von Mutius/Rentsch, § 46 GO SH, Rn. 11.

[458] Das ist zum Teil allerdings in der konkreten Ausgestaltung anzweifelbar; s. zu den Regelungen bei der Kassenärztlichen Vereinigung unten D II 6 b (4) (c).

tätsstufen zusammen.[459] Dazu gehört die Selbstverwaltung der freien Berufe ebenso wie die wirtschaftliche Selbstverwaltung, Realkörperschaften wie z. B. die Wasserverbände und die soziale Selbstverwaltung.[460] Gemeinsam ist diesen die Organisationsform der juristischen Person des öffentlichen Rechts, in der Regel der Körperschaft, und eine damit einhergehende eigenständige Einflussnahme der Mitglieder auf die Verwaltungsführung.[461] Die Zulässigkeit solcher Körperschaften wird im Hinblick auf das Demokratieprinzip grundsätzlich anerkannt. Dies hat unterschiedliche, nicht zuletzt auch historische Gründe. So geht etwa die Selbstverwaltung in der Sozialversicherung auf die Bismarckschen Reformen in den 1880er Jahren zurück. Das Sozialversicherungswesen sollte „in Form korporativer Genossenschaften unter staatlichem Schutze und staatlicher Förderung organisiert werden."[462] Auch die Bildung von Kammern hat eine lange Tradition.[463] Der Verfassungsgeber hat bei Inkrafttreten des Grundgesetzes die vorhandenen, historisch gewachsenen Organisationsformen der funktionalen Selbstverwaltung zur Kenntnis genommen und durch Erwähnung ihre grundsätzliche Vereinbarkeit mit der Verfassung anerkannt.[464]

(b) Demokratische Legitimation der funktionalen Selbstverwaltung

Anders als in der kommunalen Selbstverwaltung stellt sich die Frage nach der demokratischen Legitimation nicht im Hinblick darauf, inwieweit Bürgerinnen und Bürger auch ohne Organ zu sein, Einfluss auf Entscheidungen nehmen dürfen. Hier geht es vielmehr darum, ob auch gewählte Mitglieder in ihren Entscheidungen beschränkt sind oder nicht.

Grundsätzlich gelten hinsichtlich der personellen Legitimation von Amtsträgern die vom Bundesverfassungsgericht aufgestellten strengen Maßstäbe, insbesondere die Voraussetzung einer ununterbrochenen Legitimationskette vom Volk zu den mit staatlichen Aufgaben betrauten Organen und Amtswaltern.[465]

---

[459] Schmidt-Aßmann, AöR 116 (1991), S. 329, 344.
[460] S. die Übersicht bei Kluth, S. VIII.
[461] Schmidt-Aßmann, AöR 116 (1991), S. 329, 344.
[462] Hendler, S. 81, s. dort auch zur Entstehungsgeschichte der Kammern.
[463] Hendler, S. 93ff.
[464] BVerfGE 107, 59ff.
[465] Zuletzt BVerfGE 107, 59ff.

(i) Grundsätzliche Vereinbarkeit der funktionalen Selbstverwaltung mit dem Demokratieprinzip

Die strengen Maßstäbe hinsichtlich der personellen Legitimation werden im Bereich der funktionellen Selbstverwaltung zum Teil nicht eingehalten.[466] Das Bundesverfassungsgericht hat solche Regelungen in seiner Entscheidung zur Emschergenossenschaft und zum Lippeverband trotzdem für zulässig gehalten.[467] Es fordert diese Legitimationskette nur noch für die unmittelbare Staatsverwaltung und die kommunale Selbstverwaltung und geht in dieser Entscheidung grundsätzlich davon aus, dass außerhalb der unmittelbaren Staatsverwaltung und der gemeindlichen Selbstverwaltung das Demokratiegebot des Art. 20 Abs. 2 GG offen für Formen der Organisation und Ausübung von Staatsgewalt ist, die von dem Erfordernis lückenloser personeller demokratischer Legitimation aller Entscheidungsbefugten abweichen kann.[468] Im Rahmen der repräsentativen Volksherrschaft erlaubt das Grundgesetz nach Auffassung des Bundesverfassungsgerichts auch besondere Formen der Beteiligung von Betroffenen bei der Wahrnehmung öffentlicher Aufgaben.[469]

Die Auswahl der auf Organisationseinheiten der Selbstverwaltung zu übertragenden Aufgaben und die Regelung der Strukturen und Entscheidungsprozesse, in denen diese bewältigt werden, stehen nach Auffassung des Bundesverfassungsgerichts weitgehend im Ermessen des Gesetzgebers. Abgesehen von denjenigen Aufgaben, die der Staat selbst durch seine eigenen Behörden als Staatsaufgaben im engeren Sinn wahrnehmen muss, ergibt sich aus dem demokratischen Prinzip des Art. 20 Abs. 2 GG nicht, welche Aufgaben dem Staat als im engeren Sinn staatlichen Aufgaben vorzubehalten sind.[470]

(ii) Anforderungen an die demokratische Legitimation der funktionalen Selbstverwaltung

Die Anforderungen, die an die demokratische Legitimation funktionaler Selbstverwaltung zu stellen sind, sind umstritten. Dem Bundesverfassungsgericht zufolge ergänzt und verstärkt die funktionale Selbstverwaltung das demokratische Prinzip und kann als dessen Ausprägung verstanden werden, soweit sie der Verwirklichung des übergeordneten Ziels der freien Selbstbestimmung aller

---

[466] Vgl. dazu auch Mayen, DÖV 2004, S. 45ff.
[467] BVerfGE 107, 59ff.; zur Kritik daran Becker, DÖV 2004, S. 910, 912.
[468] BVerfGE 107, 59ff., Leitsatz 1.
[469] BVerfGE 107, 59ff.
[470] BVerfGE 107, 59ff., Leitsatz 1 und 2.

dient.[471] Es lässt in einer neuen Entscheidung zu, dass es bei Einrichtungen der funktionalen Selbstverwaltung an einer vollständigen organisatorisch-personellen Legitimation fehlt, wenn diese durch Parlamentsgesetz errichtet wurden, ihnen darin eine eng begrenzte öffentliche Aufgabe zur Erledigung übertragen wurde, das Gesetz die Handlungsbefugnisse der Organe festlegt und sie der Rechtsaufsicht durch organisatorisch-personell hinreichend legitimierte Amtsträger unterstellt sind.[472] Für diese Lockerung der personellen Legitimationsanforderungen soll entscheidend sein, dass die Verwaltung durch die Betroffenen selbst erfolgt.[473] Allerdings beschränkt das Gericht die Legitimation nicht auf die Verwaltung, sondern lässt auch zu, dass das Handeln innerhalb der funktionalen Selbstverwaltung Auswirkungen auf Nichtmitglieder hat.

Dagegen hatte noch das Bundesverwaltungsgericht in seinem Vorlagebeschluss die infragestehenden Regelungen für verfassungswidrig gehalten, da es an einer ununterbrochenen Legitimationskette zwischen Staatsvolk und Amtswaltern fehlte.[474] Es sei aber eine Rückbindung an das Parlament und damit an das Volk notwendig, insbesondere dann, wenn es um originäre und essenzielle Staatsaufgaben ginge. Das Bundesverwaltungsgericht sieht die Abgabe von Kompetenzen sonst als Fremdbestimmung der Gemeinschaft durch Träger von Partikularinteressen.[475] Ähnlich parlamentszentriert[476] wird auch in der Literatur vertreten, dass die Erledigung von Aufgaben, welche die Allgemeinheit betreffen oder sonst von politischer Tragweite sind, im Wege funktioneller Selbstbestimmung nicht möglich sei.[477]

Diejenigen, die, wie das Bundesverfassungsgericht, eine demokratische Legitimation als gegeben ansehen, gehen in ihrer Begründung unterschiedliche Wege: So wird angenommen, der Errichtungsakt eines Selbstverwaltungsträgers vermittle eine „kollektiv-personelle“ Legitimation und daher liege kein Bruch in der Legitimationskette vor.[478] Andere sehen die Verbandsmitglieder als „Teilvölker“ im Sinne des Art. 20 Abs. 2 GG und halten eine demokratische Legitimation auch in der funktionalen Selbstverwaltung für gegeben.[479] Am wei-

---

[471] BVerfGE 107, S. 59, 2. Leitsatz und S. 92; das Gericht bezieht sich hier auf Emde, S. 356.
[472] Vgl. die Zusammenfassung bei Häußermann, JA 2004, S. 22, 25.
[473] Häußermann, JA 2004, S. 22, 24.
[474] BVerwG, NVwZ 1999, 870ff.
[475] BVerwG, NVwZ 1999, 870, 873.
[476] Ausdruck bei Musil, DÖV 2004, S. 116, 118.
[477] Böckenförde, HBStR II, § 24, Rn. 34.
[478] Kluth, S. 342 ff.; Dederer, NVwZ 2000, S. 403, 405.
[479] MD-Herzog, Art. 20, Rn. 56f.

testen geht der Ansatz, dass der funktionalen Selbstverwaltung eine eigenständige Legitimation zukomme.[480]

(iii) Bewertung

Zwar wird man dem Bundesverfassungsgericht dahingehend zustimmen können, dass das Demokratieprinzip aufgrund seines Prinzipiencharakters entwicklungsoffen ist.[481] Zweifelhaft ist jedoch, ob der vom Gericht gesteckte weite Rahmen noch den Anforderungen entspricht, die das Demokratieprinzip aufstellt. Die Auffassung des Bundesverfassungsgerichts, die gesetzgeberische Gestaltungsfreiheit erlaube es auch, den Selbstverwaltungsträger zu verbindlichem Handeln mit Entscheidungscharakter zu ermächtigen, ist grundsätzlich zu befürworten. Dies lässt sich auch auf Art. 87 Abs. 2 GG stützen, der im gewissen Umfang eine Autonomie der funktionalen Selbstbestimmung zulässt.

Zu weit geht es jedoch, dies für Handeln gegenüber Dritten, also Nichtmitgliedern, zuzulassen.[482] Hier trifft es nicht zu, dass sowohl das Demokratieprinzip als auch die funktionale Selbstverwirklichung die sie verbindende Idee des sich selbst bestimmenden Menschen in einer freiheitlichen Ordnung (Art. 1 Abs. 1 GG) verwirklichen,[483] denn jedenfalls die Nichtmitglieder sind hier nicht selbst-, sondern fremdbestimmt. Eine Entscheidung ist für einen Dritten nicht demokratisch, wenn er auf den Entscheidungsprozess keinerlei Einfluss nehmen konnte.[484] Daher können die geringen Anforderungen, die das Bundesverfassungsgericht hier stellt, nicht ausreichen. Ein legitimatorisches Defizit kann höchstens hingenommen werden, soweit es sich um atypische Ausnahmefälle oder Annextätigkeiten im Rahmen der Aufgabenerfüllung des Selbstverwaltungsträgers handelt.[485] Schon angesichts der Tatsache, dass die Verbände regelmäßig Partikularinteressen vertreten, überzeugt der Gedanke, diese könnten „Teilvölker“ im Sinne des Art. 20 Abs. 2 GG nicht.[486] Das Demokratieprinzip will gerade verschiedenen Positionen die Möglichkeit geben, miteinander in Wettstreit zu treten; eine einseitige Bevorzugung von Partikularinteressen läuft der Struktur des Demokratieprinzips daher zuwider.

---

[480] Emde, S. 382ff.
[481] BVerfGE 107, 59ff.
[482] BVerfGE 107, 59, 94.
[483] So aber BVerfGE 107, 59, 92.
[484] So auch Musil, DÖV 2004, S. 116, 120.
[485] Musil, DÖV 2004, S. 116, 120.
[486] So auch Becker, DÖV 2004, S. 910, 913.

(c) Ergebnis

Auch die funktionale Selbstverwaltung, die häufig durch bürgerschaftlich engagierte Mitglieder geschieht, ist grundsätzlich verfassungsrechtlich unbedenklich. Dies ergibt sich aus dem Demokratieprinzip genauso wie aus der grundsätzlichen Anerkennung von Selbstverwaltungskörperschaften in der Verfassung, so etwa in Art. 87 Abs. 2 und 3 GG. Dies bedeutet aber grundsätzlich nur, dass die Betroffenen eigene Angelegenheiten wahrnehmen. Entscheidungen, die sich auf unbeteiligte Dritte beziehen und für diese Folgen haben, können nicht aus der Verfassung begründet werden, da sie sich gerade nicht als Selbst-, sondern als Fremdbestimmung darstellen.

(3) Ergebnis

Bürgerschaftlich Engagierte können sich zusammenschließen und versuchen, Entscheidungsprozesse zu beeinflussen. Diese Möglichkeiten eröffnet ihnen aber nicht das Demokratieprinzip des Grundgesetzes, dass eine Herrschaftsform darstellt. Engagierte können sich statt dessen insbesondere auf die Kommunikationsgrundrechte und Art. 2 Abs. 1 GG berufen, zum Teil auch auf Art. 4 GG und hinsichtlich ihrer Organisation auf Art. 9 GG. Die Einbeziehung von Bürgerinnen und Bürgern in den staatlichen Entscheidungsprozess – außerhalb der Selbstverwaltung – durch Gestaltungsmöglichkeiten partizipativer Effekte findet ihre Rechtfertigung in der grundrechtlichen Betroffenheit des oder der Einzelnen, nicht im Demokratieprinzip.[487]

Bürgerschaftliches Engagement und sein Verhältnis zum Demokratieprinzip ist insbesondere in der kommunalen, aber auch in der funktionalen Selbstverwaltung von Bedeutung. Hier kann es das demokratische Prinzip verwirklichen helfen. Für beide Bereiche gilt jedoch, dass jemand, der nicht vollständig personell legitimiert ist, Entscheidungen nicht mittragen darf, die Dritte betreffen. Hinsichtlich der Ausgestaltung des Engagements in der Selbstverwaltung ist zu unterscheiden:
In der kommunalen Selbstverwaltung bedeutet das eine Beschränkung auf Beratung und Information für die bürgerschaftlich Engagierten. Nicht demokratisch legitimierten interessierten oder sachkundigen Bürgerinnen und Bürgern können Mitwirkungsrechte, aber keine Mitentscheidungsrechte eingeräumt werden.

[487] Schuppert, EuGRZ 1985, S. 525, 531; Hendler, S. 310; Böckenförde, HBStR II, § 24, Rn. 29.

In der funktionellen Selbstverwaltung muss zwischen der Übertragung von Aufgaben, die sich auf die Selbstverwaltung beschränken, und solchen, die auch Dritte betreffen unterschieden werden. Soweit nur eigene Angelegenheiten verwaltet werden, kann ein weniger strenger Maßstab angelegt werden. Ansonsten gilt das strenge Erfordernis demokratischer Legitimation entsprechend der sonstigen Verwaltung.

2. Erst der Bürger, dann der Staat? – Bürgerschaftliches Engagement und Subsidiaritätsprinzip

Im Zuge der Diskussion über eine Förderung von bürgerschaftlichem Engagement wird immer wieder darauf hingewiesen, die Übernahme von Aufgaben durch Bürgerinnen und Bürger sei Ausdruck der Subsidiarität und Teil der notwendigen Rückgabe genuin gesellschaftlicher Aufgaben an die eigentlich Verantwortlichen.[488] Die Einstandspflicht der gesellschaftlichen Kräfte sei Ausdruck eines Subsidiaritätsprinzips und bedeute die Verantwortlichkeit der Gesellschaft vor der Verantwortlichkeit des Staates.[489] Die Verankerung eines Subsidiaritätsprinzips in der deutschen Verfassung ist umstritten. Katholisch orientierte Autoren, aber auch solche, die sich zum liberalen Lager zählen, neigen zu einer verfassungsrechtlichen Bejahung, während andere mit Blick auf eine Gesamtanalyse des Grundgesetzes Bedenken anmelden.[490]

Befürworter sehen das Subsidiaritätsprinzip als Verkörperung des liberalen Konzeptes dezentraler Verwirklichung des Gemeinwohls im Feld der konkurrierenden Staatsaufgaben.[491] Den Individuen und gesellschaftlichen Verbänden komme der Vorrang in der Wahrnehmung zu, wenn sie bereit und fähig seien, den öffentlichen Interessen, die auf dem Spiel stehen, zu genügen.[492] Das Subsidiaritätsprinzip entspreche auch der rechtsstaatlichen Sekundärtugend der Rationalität insofern, als der Staat seine sachlichen und persönlichen Mittel, die ihm allein als Treuhänder der Allgemeinheit zustehen, nur für solche Aufgaben einsetze, denen die private Initiative nicht gerecht werde.[493] Das Prinzip der Subsidiarität gehört auch nach Auffassung der Enquete-Kommission „Bürgerschaftliches Engagement" zur zu entwickelnden „Bürgergesellschaft". Das Subsidiaritätsprinzip beinhalte den Vorrang der kleine Einheiten in ihrer Selbstbe-

---

[488] S. oben bei C I.
[489] U.a. Bericht der Enquete-Kommission, BT-Drs 14/8900.
[490] Herzog, Evangelisches Staatslexikon, Sp. 3566.
[491] Isensee, HBStR III, § 57, Rn. 167.
[492] Isensee, HBStR III, § 57, Rn. 167.
[493] Isensee, HBStR III, § 57, Rn. 167.

stimmung und Leistungskraft.[494] Diese solle nicht beeinträchtigt, sie müsse aber auch ausgeschöpft werden, bevor eine höhere Einheit – wie Kommune, Land, Bund oder Europäische Union – helfend einspringe. Subsidiarität biete für Bürgerinnen und Bürger und für zivilgesellschaftliche Organisationen die Chance, staatliche Aufgaben zu übernehmen. Bürgergesellschaft als Bezugsrahmen verweise auch darauf, dass politische Gestaltung nicht nur eine Aufgabe von Verwaltung, Staat und professioneller Politik sei, sondern auch und gerade eine Angelegenheit der Bürgerinnen und Bürger selbst.[495]
Der Dreh- und Angelpunkt der Argumentationen ist der Subsidiaritätsgrundsatz. Der von der katholischen Soziallehre entwickelte, in seinem Geltungsbereich und seiner Aussagekraft umstrittene Subsidiaritätsgrundsatz wird zumeist dahingehend verstanden, dass die jeweils größere Einheit nur dann als „Lückenbüßer" einspringen solle, wenn eine bestimmte Leistung nicht durch eine kleinere Einheit selbst sichergestellt werden kann.[496]

Von anderen wird stärker betont, der Subsidiaritätsgrundsatz verpflichte in seiner positiven Ausprägung den Staat bzw. umfassende und übergeordnete Gemeinschaften gegenüber den kleineren und untergeordneten Gemeinschaften zum hilfreichen Beistand. Es gehe nicht um die Beschränkung des Staates auf eine Rolle als Ausfallbürge; es gehe vielmehr darum, für die Mitglieder der Gesellschaft die Voraussetzungen zur Entfaltung zu schaffen.[497] Die negative Deutung fordere eine Beachtung der Grenzen dieser Unterstützung, die dort liegen sollen, wo Eigentätigkeit und Selbstentfaltung der kleineren Gebilde behindert oder gänzlich beseitigt werden.[498]

Die Stellung des Subsidiaritätsprinzips als allgemeinem Verfassungsprinzip ist jedoch umstritten. Im Gegensatz zum Sozialstaats-, Rechtsstaats- und Demokratieprinzip ist im Grundgesetz ein allgemeines Subsidiaritätsprinzip nicht geregelt. Daher ist es fraglich, ob es als ungeschriebenes Prinzip tatsächlich neben den anderen Prinzipien steht.

---

494 Bericht der Enquete-Kommission, BT-Drs. 14/8900, S. 24f.
495 Bericht der Enquete-Kommission, BT-Drs. 14/8900, S. 24f.
496 Vgl. Endres/Back, S. 355, 364.
497 Endres/Back, S. 355, 363f., insb. Fn. 8 und 9. Sie zitieren dazu Oswald von Nell-Breuning, der zusammen mit Gustav Gundlach die päpstliche Enzyklika Quadragesimo anno formuliert hat.
498 Goll, S. 23 m.w.N.

a) Bedeutung des Begriffs der „Subsidiarität“

Der Begriff des „Subsidiären“ leitet sich aus dem lateinischen Wort „subsidium“ ab, dessen ursprüngliche Bedeutung im militärischen Bereich liegt und die im Rücken zurückbleibende Hilfe (Rückhalt, Reservetruppe) meint: Als weitere Übersetzungsmöglichkeiten für das lateinische Wort „subsidium“ werden „Beistand“ und „Hilfe“ verwendet.[499] Die im Deutschen übliche Verwendung im Sinne von „behelfs- oder ersatzweise“ ergibt sich nicht aus den lateinischen Wurzeln des Begriffs.

b) Subsidiaritätsprinzip als staatstheoretischer Begriff

Staatstheoretisch soll das Subsidiaritätsprinzip zwei grundlegende Bedeutungen haben: Zum einen den Vorrang der kleineren vor der größeren Einheit. Zum anderen soll Grundlage allen staatlichen Handelns die größtmögliche Schonung gesellschaftlicher Substanz sein.[500]
Subsidiarität als staatstheoretischer Begriff ist jedoch nur beschreibend zu verstehen: *Wenn* ein solches Prinzip im Grundgesetz verfassungsrechtlich verankert ist, dann beinhaltet es staatstheoretisch die angegebenen Komponenten. *Ob* dieses Prinzip jedoch tatsächlich Teil verfassungsrechtlicher Vorgaben ist, kann eine staatstheoretische Beschreibung nicht beantworten, dazu muss ganz konkret die infragestehende Verfassung untersucht werden. Auch rechtsvergleichend ist festzustellen, dass Subsidiaritätsdenken keinesfalls allgemein und zwingend mit jeglicher politischer Verfasstheit einhergeht.[501] Zum Teil wird das Subsidiaritätsprinzip auch nur als Kategorie sozialen Handelns verstanden und deshalb grundsätzlich für untauglich gehalten, um einen Gesellschaftsaufbau „von unten“ zu konstruieren.[502]

c) Herleitung des Subsidiaritätsprinzips als Verfassungsprinzip

Beim Verfassungskonvent von Herrenchiemsee wurde die Aufnahme des Subsidiaritätsprinzips zwar verlangt, konnte aber nicht durchgesetzt werden.[503] An einer konkreten Formulierung im Grundgesetz fehlt es daher. Dies spricht

[499] Battisti, S. 204.
[500] Vgl. Isensee, Subsidiaritätsprinzip, Abschnitt 3 und 4, S. 35ff.
[501] Geis, Selbsthilfe, S. 87 m.w.N.
[502] Zum Ganzen ausführlich Rendtorff, Der Staat 1962, S. 405ff., insb. S. 428.
[503] Herzog, Der Staat 1963, S. 399, 412.

grundsätzlich gegen ein Subsidiaritätsprinzip als eigenständiges Verfassungsprinzip.[504] Es könnte jedoch als ungeschriebenes Prinzip von Bedeutung sein.

(1) Aus dem Naturrecht

Um tatsächlich normativ zu wirken, ist es notwendig, Subsidiarität innerhalb der Verfassung zu verorten. Es braucht einen Nachweis, dass Subsidiarität Teil der Verfassung sein soll, obwohl eine ausdrückliche Normierung als Verfassungsprinzip fehlt.

Vor allem in den fünfziger Jahren wurde versucht, das Subsidiaritätsprinzip als allgemeingültigen, naturrechtlichen Grundsatz in Staatsrecht und Staatslehre zu etablieren[505] und ihm damit als überpositiven Rechtssatz Geltung zukommen zu lassen.[506] Dabei ging es in erster Linie darum, ein anthropozentrisches Konzept zu entwickeln, das einen Gegenpol bilden sollte zur Ideologie des „totalen Staates".[507] Darüber hinaus wird auf Otto von Gierkes verwiesen, dessen Organismus-Denken ein vor-staatliches Subsidiaritätsverständnis begründet.[508] Der naturrechtlichen Begründung der Subsidiarität in der Rechtsordnung der Bundesrepublik Deutschland wurde jedoch mit der Stärkung pluralistischer Ansätze die Basis entzogen.[509] Die Subsidiarität ist nicht als Teil überpositiven Rechts für die deutsche Rechtsordnung von Bedeutung.

(2) Insbesondere aus der katholischen Soziallehre

Begründet wird das Subsidiaritätsprinzip zum großen Teil mit einem Verweis auf die katholische Soziallehre.[510] Diese findet in der päpstlichen Enzyklika „Quadragesimo anno" ihren Ausdruck:[511] Dieser zufolge soll an dem sozialphilosophischen Grundsatz fest gehalten werden, dass „dasjenige, was der Einzelmensch aus eigener Initiative und mit seinen eigenen Kräften leisten kann, ihm nicht entzogen und der Gesellschaftstätigkeit zugewiesen werden darf"[512], sowie, dass es ungerecht sei, das „was die kleineren und untergeordneten Gemeinwesen leisten und zum guten Ende führen können, für die weitere und ü-

---

504 So auch Herzog, Der Staat 1963, S. 399, 412.
505 Utz, S. 78; Süsterhem in FS Nawiasky, S. 141, 155.
506 Geis, Selbsthilfe, S. 88f.
507 Forsthoff, Totaler Staat.
508 Geis, Selbsthilfe, S. 88.
509 Geis, Selbsthilfe, S. 89.
510 So auch Oppermann, JuS 1996, S. 569.
511 Quadrogesimo anno, Nr. 79, s. auch Heinze, S. 142; Utz, S. 7ff.
512 Quadrogesimo anno, Nr. 79 jeweils lateinisch in der Fn.

bergeordnete Gemeinschaft in Anspruch zu nehmen (...)." Papst Johannes Paul II hat 1991 in seiner Enzyklika „Centesimus annus" die Autonomie der kleineren sozialen Einheiten gegenüber den größeren noch einmal nachdrücklich betont.[513] In einer solchen Staats- bzw. Gesellschaftsstruktur würde wohl auch die Rolle des bürgerschaftlichen Engagements – als Handeln in kleineren sozialen Einheiten – stärker betont werden. Dabei kann hier offen bleiben, ob dies auch für die eher aus finanzieller Not als aus bürgerschaftlichem Selbstverständnis entstandene Aufgabenübernahme im Bereich der kommunalen Einrichtungen wie Schwimmbädern oder Büchereien gilt.

Der deutsche Text der Enzyklika zum lateinischen „socialis quaevis opera vi naturaque sua subsidium afferre membris corporis socialis debeat" lautet: „Jedwede Gesellschaftstätigkeit ist ja ihrem Wesen und Begriff nach subsidiär."[514] Dieser Satz wird häufig als zentrale Aussage des Subsidiaritätsprinzips in der katholischen Soziallehre angeführt und soll den unbedingten Vorrang des Handelns der kleineren vor der größeren Einheit begründen. Die Übersetzung der Textstelle bedeutet allerdings: „Jedwede Gesellschaftstätigkeit hat aus ihrer Natur heraus die Bestimmung, den Gliedern des Gesellschaftskörpers Hilfe zu bringen."[515] Aus diesem Grund wird das Subsidiarität zum Teil nicht in einem negativ-abgrenzenden Sinne als Nichteinmischung der größeren Gemeinschaft (der Gesellschaft, des Staates) in die Belange der kleineren Gemeinschaften und Individuen verstanden, sondern auch in einem positiv-auffordernden Sinn, nämlich, der ursprünglichen Bedeutung von „subsidium" entsprechend – als Hilfe zur Bewältigung jener Aufgaben, die vom Einzelnen und von den „kleineren Gemeinwesen", auf sich allein gestellt, nicht oder nur mangelhaft erfüllt werden können.[516] Es geht dann auch hier nicht darum, dass sich der Staat aus bestimmten Aufgaben zurückzieht und Bürgerinnen und Bürgern das Feld überlässt; letztlich geht es um ein Miteinander, nicht um ein Entweder-Oder.
Dabei darf nicht aus den Augen verloren werden, dass diese Auffassung die Auffassung der katholischen Soziallehre ist. Nicht weniger, aber auch nicht mehr. Seiner Entstehungsgeschichte nach ist das Subsidiaritätsprinzip eindeutig katholisch.[517] Für das System der Bundesrepublik und das Verhältnis von staatlichem Handeln zu individueller Aufgabenwahrnehmung in diesem System ist die Aussagekraft des Subsidiaritätsprinzips, wie es in der päpstlichen Enzyklika entwickelt wurde, nicht von entscheidender Bedeutung, sondern die Regelungen des Grundgesetzes.

---

513 Rohls, S. 37, 38.
514 Quadrogesimo anno, Nr. 79 jeweils lateinisch in der Fn.
515 Battisti, S. 205.
516 Battisti, S. 205.
517 Herzog, Evangelisches Staatslexikon, Sp. 3570.

(3) Aus dem Subsidiaritätsgrundsatz in Art. 23 GG

Gemäß Art. 23 Abs. 1 Satz 1 GG wirkt die Bundesrepublik Deutschland zur Verwirklichung eines vereinten Europas bei der Entwicklung der Europäischen Union mit, die demokratischen, rechtsstaatlichen, sozialen und föderativen Grundsätzen und dem Grundsatz der Subsidiarität verpflichtet ist. Damit wird auf den in Maastricht geschaffenen Art. 5 EGV Bezug genommen. Nach Art. 5 EGV wird die Gemeinschaft in den Bereichen, die nicht in ihre ausschließliche Zuständigkeit fallen, nach dem Subsidiaritätsprinzip nur tätig, sofern und soweit die Ziele der in Betracht gezogenen Maßnahmen auf Ebene der Mitgliedstaaten nicht ausreichend erreicht werden können und daher wegen ihres Umfangs oder ihrer Wirkung besser auf Gemeinschaftsebene erreicht werden können.[518] Mit diesem verhältnismäßig neuen, durch den Maastricht-Vertrag eingefügten,[519] Art. 23 GG taucht der Begriff der Subsidiarität erstmals im Grundgesetz auf. Das bedeutet aber nicht notwendigerweise, dass das Subsidiaritätsprinzip als genuiner Bestandteil der deutschen Verfassungsordnung anzusehen ist.[520]
Art. 23 GG regelt nur das Verhältnis zur Europäischen Union. Art. 23 GG hat daher keine Bedeutung für die Frage nach einem verfassungsrechtlichen Subsidiaritätsprinzip innerhalb der deutschen Staatlichkeit.[521]

(4) Aus dem Vorrang der kleineren Einheit im föderalen System

Aus den Art. 30, 70 und 28 Abs. 2 GG ergibt sich der Vorrang der kleineren Einheit vor der größeren Einheit als eine Ausprägung von Subsidiarität innerhalb eines föderalen Systems.[522] Für diese Arbeit ist jedoch dieser Teil der staatstheoretischen Betrachtung und der Nachweis dieser Ausprägung eines Subsidiaritätsprinzips weitgehend unbeachtlich. Die Festlegungen innerhalb des Staatsaufbaus und im Verhältnis von Bundesrepublik Deutschland und Europäischer Union lassen keine Rückschlüsse darauf zu, inwieweit der Subsidiaritätsgedanke auch im Verhältnis Staat und Gesellschaft verfassungsrechtlich verankert ist. Für das Verhältnis von staatlichem zu nichtstaatlichem Handeln sind staatsorganisatorische Festlegungen keine Orientierungshilfe, da sie für andere Organisationsstrukturen gelten.

---

[518] AblEG 1992, C 191, S. 1ff.
[519] BGBl. 1992 I, S. 2086.
[520] So aber Isensee, Subsidiarität als Ordnungsprinzip, S. 129, 167.
[521] Vgl. Badura, Staatsrecht, Rn. 143 m.w.N.
[522] Wobei z.T. argumentiert wird, dass gerade die Fülle von Einzelregelungen darauf hinweise, dass es kein übergreifendes Subsidiaritätsprinzip gibt, Herzog, Der Staat 1963, S. 399, 412.

Für die Frage nach dem Verhältnis von Selbstorganisation durch Bürgerinnen und Bürger und staatlicher Übernahme von gesellschaftspolitisch wichtigen Aufgaben spielt es vielmehr eine Rolle, inwieweit verfassungsrechtliche Vorgaben nichtstaatlichem Handeln Vorrang vor staatlichem Handeln einräumen. Aus dem Vorrang der kleineren vor der größeren Einheit im föderalen System lässt sich ein allgemeines Subsidiaritätsprinzip, das auch den Vorrang von nichtstaatlichem vor staatlichem Handeln umfasst, nicht herleiten.

(5) Aus der Reihenfolge der Individualgrundrechte

Der Subsidiaritätsgedanke wird zum Teil aus der Reihenfolge der Individualgrundrechte im Grundgesetz abgeleitet.[523] Diese sollen aufsteigend aufgebaut sein, so dass sie das Individuum „konzentrisch umfangen" und einen zunehmenden „Sozialbezug" aufweisen.[524] Es werden dabei die Art. 2, 6, 9, 12 GG genannt. Dem widersprechen jedoch die folgenden Grundrechte aus Art. 11, 13, 16a GG, die Individualgrundrechte sind. Aus ihnen kann daher kein insgesamt zunehmender Sozialbezug herausgelesen werden.[525] Die Vorstellung eines organischen Aufbaus der Grundrechte basiert wiederum auf der katholischen Soziallehre und vor-rechtlichen Organismusvorstellungen,[526] die jedoch angesichts der obengenannten Grundrechte nicht haltbar sind.

Auch eine Verbindung der Regelungen zur Staatsorganisation mit der Auslegung der Grundrechte auf den Subsidiaritätsgedanken hin ist problematisch. Zum Teil wird dies schon aus systematischen Gründen für fragwürdig gehalten.[527] Darüber hinaus kann nach dem Obengesagten weder aus dem einen noch aus dem anderen die Verankerung des Subsidiaritätsprinzips im Hinblick auf die Aufgabenverteilung zwischen Staat und Gesellschaft geschlossen werden; die Zweifel werden auch durch die Kombination beider Ansätze nicht beseitigt.
Im Übrigen beinhaltet das Grundgesetz auch Elemente, die mit dem Prinzip des subsidiären staatlichen Handelns nicht im Einklang stehen: So begründet das Sozialstaatsprinzip eine staatliche Verantwortung im Bereich des Sozialen, die nicht von gesellschaftlicher Selbstverantwortung überlagert wird, sondern gleichberechtigt neben ihr steht.[528]

---

523 Wallenstätter, S: 85ff.
524 Kritisch Geis, Selbsthilfe, S. 89.
525 Geis, Selbsthilfe S. 90; Er begründet dies auch damit, dass der Schutzbereich des Art.12 GG in dieser Auslegung missinterpretiert würde, da er gerade keine korporativ-ständische Komponente beinhalte, Fn. 56.
526 Geis, Selbsthilfe, S. 89.
527 Geis, Selbsthilfe, S. 90.
528 S. unten D I 4; Heimburg, S. 26f.

(6) Aus der Garantie der freien Entfaltung der Persönlichkeit

Zum Teil wird die Vorgabe subsidiären staatlichen Handelns nicht der Gesamtschau verfassungsrechtlicher Regelungen entnommen, die aus den angeführten Gründen ebenfalls für problematisch gehalten werden, sondern sie werden auf Art. 1 Abs. 1 und Art. 2 Abs. 1 GG zurückgeführt. Die darin begründete Garantie freier Selbstentfaltung und -verantwortung führe zum Primat der Individualfreiheit vor staatlichem Handeln. Zudem werde so dem Staat die Verwirklichung gerade dieser Freiheiten aufgegeben.[529] Leitbild der Verfassung sei daher die Bewahrung selbstverwirklichender Freiheitsausübung nicht nur *gegen*, sondern auch *im* und *mit dem* Staat.[530] Daraus wird geschlossen, der personalistische Kern des Subsidiaritätsprinzips sei mit dem Grundprinzip des anthropozentrischen Sozialstaates identisch und könne daher auch normative Kraft entfalten.[531]

Das Subsidiaritätsprinzip wird also auf der einen Seite durch die Art. 1 und 2 GG bestimmt, auf der anderen Seite durch das Sozialstaatsprinzip des Grundgesetzes. Der Inhalt dessen, was als Subsidiaritätsprinzip bezeichnet wird, geht daher nicht über das hinaus, was sich auch aus dem geschriebenen Verfassungsrecht ergibt. Wenn aber der Kern des – nicht verfassungsrechtlich niedergelegten – Subsidiaritätsprinzips mit dem Grundprinzip eines „anthropozentrischen Sozialstaats" übereinstimmt, so ist die Hilfskonstruktion über ein ungeschriebenes Verfassungsprinzip nicht notwendig.
Subsidiarität spielt in Fragen der Staatsorganisation eine Rolle. Hier gilt der Vorrang des kleineren vor der größeren Einheit, so wie Art. 28 GG ihn festlegt. Dies lässt aber nicht auf ein allgemeines Subsidiaritätsprinzip im Verhältnis von Staat und Gesellschaft schließen. Eine Herleitung des Subsidiaritätsprinzip aus der Abfolge der Individualgrundrechte kann ebenfalls nicht überzeugen.

Durch die exponierte Stellung der Art. 1 Abs. 1 GG und Art. 2 Abs. 1 GG und die in ihnen festgelegte freie Selbstbestimmung und freie Selbstverwirklichung des Individuums kommt dem und der Einzelnen als Teil der Gesellschaft verfassungsrechtlich eine große Bedeutung zu. Wer vertritt, die Zusammenschau von Art. 1 und 2 GG und dem Sozialstaatsprinzip könne Erkenntnisse über das Verhältnis von Freiheit und staatlichem Eingreifen vermitteln, kann sich auf diese verfassungsrechtlich gesicherten Normen beziehen. Weshalb also das Subsidiaritätsprinzip als ein ungeschriebenes Verfassungsprinzip etabliert werden soll, bleibt unklar. Einer Konstruktion über den Subsidiaritätsgedanken bedarf es nicht. Das – schriftlich fixierte – Sozialstaatsprinzip reicht als Anknüpfungs-

[529] Isensee HBStR III, § 57, Rn. 148.
[530] Geis, Selbsthilfe, S. 90, Hervorhebungen durch den Autor.
[531] Geis, Selbsthilfe, S. 90.

punkt aus, zumal die Herleitung des Subsidiaritätsprinzips, wie oben bereits gezeigt, auf wackligen Füßen steht. Damit lassen es weder die grundlegenden staatstheoretischen Festlegungen noch die ausdrücklichen verfassungsrechtlichen Regelungen zwingend erscheinen, das (jedenfalls ungeschriebene) Subsidiaritätsprinzip als allgemeines Verfassungsprinzip neben dem Rechtsstaats-, Sozialstaats- und Demokratieprinzip anzuerkennen.

Die Frage nach der Notwendigkeit bürgerschaftlichen Engagements bzw. die Forcierung freiwilliger Aktivität mit dem Ziel der Übernahme bisher staatlich geregelter Aufgabenbereiche durch gesellschaftliche Kräfte ist jedenfalls keine Frage, die mit Hilfe eines „Subsidiaritätsprinzips" geklärt werden kann, sondern eine Frage der Stellung des und der Einzelnen im Sozialstaat und der Frage nach den staatlichen Aufgaben, die sich aus dem Sozialstaat ergeben. Als solche sind diese Fragen beim Sozialstaatsprinzip und bei den Grundrechten zu untersuchen.

(7) Ergebnis

Subsidiarität spielt in verschiedenen Bereichen der deutschen Verfassung eine Rolle, sowohl in der Staatsorganisation als auch im Verhältnis der Bundesrepublik Deutschland und der Europäischen Union. Einige Aspekte, die auch im Subsidiaritätsprinzip der katholischen Soziallehre bedeutsam sind, finden sich im Grundgesetz wieder. Das gilt für den Vorrang privaten Handelns, so wie er sich insbesondere aus dem Persönlichkeitsrecht ergibt, wie auch für den – allerdings nur zum Teil – gewährleisteten Vorrang der Bundesländer im föderalen System. Gegen eine verfassungsrechtliche Geltung des Subsidiaritätsprinzips im Sinne der katholischen Soziallehre im deutschen Verfassungsrecht spricht jedoch mehr. Das Grundgesetz war ein Kompromiss zwischen verschiedenen Denkrichtungen und ethischen Grundhaltungen. Dieser Kompromiss konstituierte eine eigenständige Werte- und Lebensordnung, die gerade keine reine Verwirklichung einer Idee darstellt.[532] Der Gesetzgeber ist nicht daran gehindert, sich im Rahmen seiner Gestaltungsfreiheit bei der Ordnung des Soziallebens am Subsidiaritätsprinzip zu orientieren.[533] Ein umfassendes Prinzip, wie es das verfassungsrechtlich niedergelegte Rechtsstaats,- Sozialstaats- und Demokratieprinzip darstellen, ist das Subsidiaritätsprinzip allerdings nicht.

---

[532] So auch Hendler, S. 344.
[533] Hendler, S. 344.

d) Ergebnis und Folgen für das bürgerschaftliche Engagement

Zwar mag es stimmen, dass mit dem Staatsbegriff, von dem das Verfassungsrecht, zumal in den Grundrechten, ausgeht, auch sein Gegenüber in das Blickfeld rückt, die Gesellschaft als die Gesamtheit der dem Staat im engeren Sinne zugeordneten Individuen und Organisationen.[534] Das bedeutet aber noch nicht, dass ein Subsidiaritätsprinzip neben den anderen Verfassungsprinzipien wie der Rechtsstaatlichkeit, dem Demokratieprinzip oder dem Sozialstaatsprinzip steht. Es ist weder verfassungsrechtlich im Sinne eines Vorrangs privaten Handelns vor staatlichem Handeln geregelt, noch als übergesetzliches Prinzip nachweisbar.

Das hat nicht zur Folge, dass anderen Akteuren der Weg zur Übernahme von Aufgaben durch den Staat verwehrt ist oder dass der Staat nicht anderen Akteuren Aufgaben übertragen darf, wie dies zum Beispiel im Sozialrecht der Fall ist. Die Zulässigkeit solcher Regelungen ergibt sich aber nicht aus einem ungeschriebenen Subsidiaritätsprinzip, sondern insbesondere aus dem Sozialstaatsprinzip und seinem Zusammenspiel mit dem Rechtsstaats- und Demokratieprinzip und aus dem Recht auf freie Entfaltung der Persönlichkeit und den anderen Grundrechten zusammen mit dem Sozialstaatsprinzip.[535]
Die Konstruktion eines verfassungsrechtlichen Subsidiaritätsprinzips und der Rekurs auf das Subsidiaritätsprinzip bei der Frage nach der Aufgabenverteilung zwischen Bürgerinnen und Bürgern und staatlichen Stellen ist deshalb überflüssig. Eine staatliche Zurücknahme und ein Eintreten von Bürgerinnen und Bürgern und ihren Organisationen, das über das grundgesetzlich Geregelte hinausgeht, wird verfassungsrechtlich nicht verlangt.

3. Rechtsstaatsprinzip und bürgerschaftliches Engagement

Anders als bei dem Demokratie-, Subsidiaritäts- und Sozialstaatsprinzip erschließt sich der Zusammenhang zwischen bürgerschaftlichem Engagement und Rechtsstaatsprinzip nicht unmittelbar. Eine Verknüpfung von bürgerschaftlichem Engagement mit dem Rechtsstaatsprinzip fehlt auch in der gesellschaftspolitischen Diskussion. Dies liegt nicht zuletzt daran, dass bei der Frage, was Inhalt des Rechtsstaatsprinzips ist, Uneinigkeit herrscht.

---

[534] Isensee, Subsidiarität als Ordnungsprinzip, S. 129, 142.
[535] S. insbesondere zum Kinder- und Jugendhilferecht unten D I 4 b.

Auf der einen Seite gehört es dem Bundesverfassungsgericht zufolge zu den elementaren Prinzipien des Grundgesetzes,[536] auf der anderen Seite wird angezweifelt, dass das Rechtsstaatsprinzip überhaupt im Grundgesetz verankert sei.[537] Inhalt und Umfang des Rechtsstaatsprinzips – soweit seine grundgesetzliche Verankerung angenommen wird – sind umstritten: Zum Teil wird es als in erster Linie strukturelle Festlegung verstanden,[538] zum Teil wird angenommen, das Rechtsstaatsprinzip habe einen eigenständigen Gehalt, der über eine Bündelung der verschiedenen grundgesetzlichen Regelungen hinausgehe.[539]
Eigenen Einfluss auf den Stellenwert bürgerschaftlichen Engagements kann das Rechtsstaatsprinzip nur haben, wenn es mehr ist als eine Überschrift, unter der verschiedene verfassungsrechtliche Regelungen zusammengefasst werden.

a) Entwicklung des Rechtsstaatsgedanken

Die Entwicklung des Rechtsstaatsgedanken spielt in Deutschland erstmals mit dem Erstarken des Bürgertums im 19. Jahrhundert eine maßgebliche Rolle. Wilhelm von Humboldt nannte die zugrundeliegende Forderung die „Gewißheit gesetzmäßiger Freiheit“[540]. Ausgangspunkt ist die von Montesquieu entwickelte Lehre von der Gewaltenteilung.[541] Rechtsstaatlichkeit im bürgerlich-liberalen Sinne hatte jedoch eine andere Zielrichtung als nur die politische Freiheit des Bürgers. Im bürgerlichen Rechtsstaat des 19. Jahrhunderts ging es vor allem darum, durch den formellen Rechtsstaat das Schaffen von Freiräumen zur Herstellung und Sicherung von bürgerlicher Freiheit und Eigentum zu gewährleisten.[542]

b) Das Rechtsstaatsprinzip im Grundgesetz

Soweit vertreten wird, das Grundgesetz kenne das Rechtsstaatsprinzip nicht, und es habe im Grundgesetz keine Erwähnung gefunden,[543] ist dem schon der Formulierung in Art. 28 Abs. 1 GG wegen nicht zuzustimmen.[544] Auch im Grund-

---

536 BVerfGE 20, 323, 331.
537 Von Münch/Kunig-Schnapp, Art. 20, Rn. 24.
538 Ipsen, Staatsrecht I, Rn. 735.
539 Sobota, Das Prinzip Rechtsstaat.
540 Heller, S. 55, 58.
541 Montesquieu, Vom Geist der Gesetze.
542 Böckenförde, Rechtsstaat, S. 66, mit Beispiel zu Enteignungsgesetzen in Fn. 54. Vgl. auch Degenhart, Staatsrecht I, Rn. 235.
543 Von Münch/Kunig-Schnapp, Art. 20, Rn. 24.
544 Neuerdings auch Art. 23 Abs. 1 GG. Art. 23 Abs. 1 GG bezieht sich dabei allerdings auf die rechtsstaatliche Verpflichtung der Europäischen Union und der Europäischen Gemein-

gesetz ist der Gedanke der Rechtsstaatlichkeit verankert. Uneinigkeit aber herrscht über die Frage, ob das Rechtsstaatsprinzip als Oberbegriff verschiedener grundgesetzlicher Festlegungen dient und als solcher nicht mehr ist als die Summe seiner Teile oder ob Rechtsstaatlichkeit noch einen weitergehenden Inhalt hat, und die verfassungsrechtlichen Festschreibungen beispielhaft zu verstehen sind.[545]
In Art. 28 Abs. 1 GG heißt es: „Die verfassungsmäßige Ordnung in den Ländern muss den Grundsätzen des republikanischen, demokratischen und sozialen Rechtsstaates im Sinne dieses Grundgesetzes entsprechen." Art. 28 Abs. 1 GG sieht aber nur eine Angleichung der Länderverfassungen an die Grundsätze der Bundesverfassung vor, so wie das Grundgesetz sie festlegt. Wie Rechtsstaatlichkeit im Sinne des Grundgesetzes zu verstehen ist, ergibt sich aus Art. 28 Abs. 1 S. 1 GG gerade nicht. Der Verfassungsgeber wollte in Art. 28 Abs. 1 GG kein neues, eigenständiges Prinzip schaffen. In Art. 28 GG wird der „Rechtsstaat im Sinne dieses Grundgesetzes", an dem sich die Verfassungen der Länder zu orientieren haben, als bestehend vorausgesetzt, nicht geregelt.[546] Da Rechtsstaatlichkeit in Art. 28 GG nur vorausgesetzt und nicht erst festgelegt wird, ergibt sich hieraus kein Hinweis auf die konkrete Ausgestaltung des Rechtsstaatsprinzips.

Zum Teil wird vertreten, das Rechtsstaatsprinzip als allgemeiner Rechtsgrundsatz ergebe sich aus der Zusammenschau der grundgesetzlich normierten Teilelemente.[547] Hier wird in erster Linie auf Art. 20 GG und Art. 1 Abs. 3 GG verwiesen. Rechtsstaatlichkeit findet sich als Begriff dort nicht. In Art. 20 Abs. 1 GG heißt es: „Die Bundesrepublik Deutschland ist eine demokratischer und sozialer *Bundes*staat." Dennoch spielt Art. 20 GG für das grundgesetzliche Rechtsstaatsprinzip eine wichtige Rolle. In Art. 20 Abs. 3 GG ist die Bindung der Gesetzgebung an die verfassungsmäßige Ordnung und der vollziehenden Gewalt und der Rechtsprechung an Recht und Gesetz festgelegt. Es finden sich also zentrale Elemente von Rechtsstaatlichkeit in Art. 20 GG, auch wenn der Begriff der Rechtsstaatlichkeit selbst fehlt. Diese Formulierung ist von eigenständiger und vorrangiger Bedeutung, und sie ist – anders als Art. 28 GG – durch Art. 79 Abs. 3 GG mit höchstem Verfassungsrang versehen.[548] Rechtsstaatlichkeit wird in Art. 20 Abs. 3 GG aber nicht erschöpfend behandelt. Art. 1 Abs. 3 GG mit sei-

---

schaft(en) und kann für die Diskussion innerhalb der Bundesrepublik Deutschland keine Impulse geben. Vgl. im Detail von Münch/Kunig-Rojahn, Art. 23, Rn. 25.

545 Für ein weitergehendes Rechtsstaatsverständnis Sobota, Das Prinzip Rechtsstaat.

546 Bieback, 1987, S. 229, 230 und Benda, HBVerfR, S. 720.

547 Jarass/Pieroth, Art. 20, Rn. 29, ähnlich Abendroth S. 70, 71.

548 So auch Bieback, Jura 1987, S. 229, 230.

ner Verpflichtung aller öffentlichen Gewalt auf die Art. 1 GG nachfolgenden Grundrechte spielt ebenfalls eine tragende Rolle.[549]

Diejenigen, die annehmen, Rechtsstaatlichkeit gehe über die Summe der genannten Teilelemente hinaus, machen dabei nicht immer deutlich, was – außer Art. 20 Abs. 3 GG – tatsächlich normiert sein und so das Prinzip formen soll, und was erst aus dem Prinzip abgeleitet wird. Unklar ist dies insbesondere beim Verhältnismäßigkeitsprinzip, das zum Teil als grundgesetzlich normiertes Teilelement bezeichnet, gleichzeitig aber aus dem Rechtsstaatsprinzip abgeleitet wird[550] bzw. sich aus dem „Wesen der Grundrechte" ergeben soll.[551]

Weite und Umfang des Rechtsstaatsprinzips sind daher nicht eindeutig bestimmt.[552] Es kann jedoch letztlich dahinstehen, welche Regelungen und Elemente im Einzelnen umfasst sind.[553] Das Rechtsstaatsprinzip erschließt sich jedenfalls aus einer Zusammenschau grundrechtlicher Bestimmungen und aus der Gesamtkonzeption des Grundgesetzes.[554] Auch die Anforderungen des materiellen Rechtsstaats müssen aus der Verfassung abgeleitet werden.[555] Soweit im Grundgesetz bereits Regelungen vorhanden sind, ist der Rückgriff auf ein allgemeines Rechtsstaatsprinzip jedenfalls unnötig und unzulässig.
Das Rechtsstaatskonzept des Grundgesetzes beinhaltet zentrale formelle Bestandteile wie die Gewaltenteilung, die Rechtsgebundenheit der Staatsorgane und die Unabhängigkeit der Gerichte. Die Gefahr, die darin liegt, sich auf die formellen Elemente von Rechtsstaatlichkeit zu beschränken, hat sich spätestens im Nationalsozialismus gezeigt. Eine Beschränkung auf Verfahrensgrundsätze allein reicht nicht aus, um Fehlentwicklungen vorzubeugen. Eine Ankoppelung an materielle Grundlagen der Verfassung hat sich als notwendig erwiesen. Das Rechtsstaatsprinzip geht daher über die formellen Festlegungen hinaus. Die konstituierte Rechtsordnung existiert nicht im luftleeren Raum; sie ist ihrerseits an dem materiellen Gehalt des Rechtsstaatsbegriffs angekoppelt. Die Rechtsordnung selbst muss bestimmten materiellen Anforderungen genügen.[556] Zu den

---

549 Degenhart, Staatsrecht I, Rn. 233.
550 Dies bleibt auch bei Jarass/Pieroth, Art. 20 GG, unklar, die den Verhältnismäßigkeitsgrundsatz erst als grundgesetzlich normiertes Teilelement bezeichnen, welches das Prinzip konstituiert (Rn. 28); später jedoch angeben, der Verhältnismäßigkeitsgrundsatz werde aus dem Rechtsstaatsprinzip abgeleitet (Rn. 80).
551 MD-Herzog, Art. 20, Rn. 72.
552 Eine Zusammenstellung und Bewertung von 142 Elementen, die im Zusammenhang mit dem Rechtsstaatsprinzip diskutiert werden findet sich bei Sobota, 1.Teil, insb. S. 253ff.
553 So auch Degenhart, Staatsrecht I, Rn. 233.
554 Degenhart, Staatsrecht I, Rn. 233.
555 Jarass/Pieroth, Art. 20, Rn. 30 m.w.N.
556 Degenhart, Staatsrecht I, Rn. 234.

materiellen Grundlagen gehört die Grundrechtsbindung von Gesetzgebung, vollziehender Gewalt und Rechtsprechung an die dem Art. 1 Abs. 3 GG nachfolgenden Grundrechte und die Bindung der Gesetzgebung an die verfassungsmäßige Ordnung, Art. 20 Abs. 3 GG.[557] Auf diese Art und Weise werden die Gewalten auf die Grundwerte der Verfassung verpflichtet.

c) Engagement im Rechtsstaat

Engagement ist von den Ausformungen des Rechtsstaatsprinzips, wie es hier verstanden wird, zunächst nicht unmittelbar betroffen. Allerdings können Fragen von Freiheits- und Eigentumsgewährleistungen im Rahmen des Rechtsstaatsprinzips dann eine Rolle spielen, wenn sie mit dem Sozialstaatsprinzip konfrontiert werden. Das Verhältnis von Rechts- und Sozialstaat kann dann auch auf bürgerschaftliches Engagement wirken.[558]
Auch die Bindung an die Grundrechte hat letztlich Folgen für das bürgerschaftliche Engagement. Hier spielt auch die historisch gewachsene Vorstellung vom Rechtsstaatsprinzip als in erster Linie freiheitsgewährleistendes Prinzip eine Rolle. Gerade die Grundrechte in ihrer Funktion als Abwehrrechte gegenüber dem Staat eröffnen Bürgerinnen und Bürgern Handlungsmöglichkeiten auch in Bezug auf bürgerschaftliches Engagement. Nicht zuletzt gehört dazu auch die Inanspruchnahme von Versammlungs- und Vereinigungsfreiheit.[559]

d) Ergebnis

Das im Grundgesetz formulierte Rechtsstaatsprinzip ist im Sinne Ipsens als zusammenfassende strukturelle Festlegung zu verstehen[560] und beinhaltet materielle und formelle Komponenten. Zentrale formelle Elemente sind in Art. 20 Abs. 3 GG geregelt. Materiell spielt vor allem die Bindung an die Grundrechte, Art. 1 Abs. 3 GG eine Rolle.
Die Rechtsstaatlichkeit des Grundgesetzes beeinflusst bürgerschaftliches Engagement zunächst nicht mehr, als es andere Formen der freien Entfaltung der Persönlichkeit im Staat beeinflusst. Das Verhältnis von Rechtsstaatsprinzip und So-

---

[557] ähnlich Stein/Frank, Staatsrecht, § 30 V. Ob das Verhältnismäßigkeitsprinzip aus dem Rechtsstaatsprinzip hergeleitet wird oder aus den Grundrechten, ist umstritten. Neuerdings wird es eher bei den Grundrechten verortet. Sobota mit Verweis auf BVerfGE 65, 1, 44 (Volkszählung); früher hatte das BVerfG das Verhältnismäßigkeitsprinzip noch auch dem Rechtsstaatsprinzip hergeleitet, BVerfGE 57, 250, 270 und w. N.
[558] Dazu unten D I 4 a (3).
[559] S. unten D II 4 und D II 5.
[560] Ipsen, Staatsrecht I, Rn. 735.

zialstaatsprinzip und seine Folgen für das bürgerschaftliche Engagement werden beim Sozialstaatsprinzip thematisiert, Fragen der Freiheitsgewährleistung bei den Grundrechten.

4. Freiheitsermöglichung als Basis für freiwilliges Handeln – Sozialstaatsprinzip und bürgerschaftliches Engagement

Wie oben bereits dargelegt,[561] ist es neben dem Demokratieprinzip nicht ein ungeschriebenes Subsidiaritätsprinzip, sondern in erster Linie das Sozialstaatsprinzip des Grundgesetzes, aus dem sich Erkenntnisse über das Verhältnis von bürgerschaftlichem Engagement und staatlichem Handeln gewinnen lassen.

Gerade in Bereichen, die mit der sozialstaatlichen Verantwortung des Staates in Verbindung stehen, etwa bei der Aufgabe der Sicherung einer menschenwürdigen Existenz und der Hilfe für Notleidende, sind viele Menschen engagiert: Bürgerschaftliches Engagement ist oft soziales Engagement.[562] Viele Aufgaben der Daseinsvorsorge werden von Wohlfahrtsverbänden erfüllt, die immer noch die zentrale Organisationsform ehrenamtlicher Mitarbeit darstellen. Allein die sechs großen Verbände der freien Wohlfahrtspflege können nach eigenen Angaben auf rd. 1,5 Mio. Personen zurückgreifen, von denen jede im Durchschnitt vier Stunden pro Woche unentgeltlich tätig ist.[563] In vielen Bereichen gibt es eine enge Verflechtung zwischen Aufgabenwahrnehmung durch staatliche Stellen, Verbände der Wohlfahrtspflege und zunehmend auch gewerbliche Anbieter.[564] Soziales Engagement findet aber auch informell, etwa in Form von Nachbarschaftshilfe, statt.

Um das Verhältnis von bürgerschaftlichem Engagement und Staatstätigkeit zu beleuchten, ist zu klären, wie das Verhältnis der Inanspruchnahme persönlicher Freiheit und der Verantwortung des Staates für das Wohl der Bürgerinnen und Bürger vor dem Hintergrund des Sozialstaatsprinzips zu beurteilen ist. Dies hängt davon ab, welchen Inhalt das grundgesetzliche Sozialstaatsprinzip hat.

---

561 S. oben unter D I 2.
562 Freiwilligensurvey, Gesamtbericht, S. 45, Übersicht 2, und S. 47.
563 Bäcker/Bispinck u.a., Bd. 2, S. 345.
564 S. dazu insb. bei der Kinder- und Jugendhilfe, unten D I 4 b.

a) Struktur und Inhalt des Sozialstaatsprinzips

Art. 20 Abs. 1 GG legt die Grundstruktur der Bundesrepublik Deutschland als demokratischen und sozialen Bundesstaat fest. Art. 28 Abs. 1 S. 1 GG gebietet, dass die verfassungsmäßige Ordnung in den Ländern den Grundsätzen des republikanischen, demokratischen und sozialen Rechtsstaats im Sinne dieses Grundgesetzes entsprechen muss. Das Sozialstaatsprinzip ist dabei stärker in dem Attribut „sozial" des Art. 20 Abs. 1 GG verankert als in Art. 28 Abs. 1 GG („sozialer Rechtsstaat").[565] Art. 28 Abs. 1 GG enthält keine zusätzliche, inhaltlich neue Formulierung von Strukturprinzipien, sondern lediglich ein Gebot der Angleichung der Landesverfassungen an die Bundesverfassung.[566]

(1) Die Festschreibung des Sozialstaatsprinzips im Grundgesetz

Die Formulierung in Art. 20 Abs. 1 GG, die Bundesrepublik sei ein demokratischer und sozialer Staat, wurde auf Vorschlag von Carlo Schmid und von Mangoldt aufgenommen.[567] Sie geht zurück auf die Terminologie Hellers.[568] Das Sozialstaatsprinzip war kein besonderes Thema bei den Beratungen des Konvents von Herrenchiemsee[569] und wurde im Parlamentarischen Rat nicht diskutiert.[570] Den Materialien zufolge war die Verkürzung auf das Beiwort „sozial" nicht die Folge einer rechtlichen Gewichtung, sondern stand vielmehr am Ende von Abkürzungsbemühungen.[571] Der Umstand, dass das Sozialstaatsprinzip nur als Adjektiv erscheint, ändert deshalb nichts an seiner grundlegenden Bedeutung.[572] Er zeigt auch, dass eine Interpretation zu weit geht, die aus der adjektivischen Form schließen will, das Grundgesetz lasse für den sozialen Staat fast alles offen, liefere hingegen mit dem – substantivischen – Rechtsstaat etwas verhältnismäßig Durchgebildetes.[573] Der in Art. 20 Abs. 1 GG verwandte Indikativ stellt dabei nicht die Beschreibung eines Zustandes dar, sondern enthält ein rechtliches Sollen.[574]

---

[565] Bieback, Jura 1987, S. 229, 230.
[566] Bieback, Jura 1987, S. 229, 230.
[567] Kempen, S. 21.
[568] Vgl. etwa: Heller, Rechtsstaat oder Diktatur?
[569] Kittner, 2. A., Art. 20 Abs. 1 - 3 IV, Rn. 17.
[570] Zu den Einzelheiten vgl. Stern, Staatsrecht I, S. 878.
[571] AK-Kittner, 2. A., Art. 20 Abs. 1 - 3 IV, Rn. 20.
[572] So noch Ipsen, Staatsrecht I, 10. A., Rn. 855.
[573] So aber Suhr, S. 151, 157; zu berücksichtigen ist auch, dass der „Rechtsstaat" in Art. 20 GG nicht genannt ist, sondern erst in Art. 28 GG, vgl. unten unter D I 3 und D 1 4.
[574] Ipsen, Staatsrecht I, 10. A., Rn. 858.

(2) Entwicklung bis zum Grundgesetz

(a) Liberaler Rechtsstaat des 19. Jahrhunderts und „soziale Demokratie" im Sinne von Steins

Die Sozialstaatsbestimmung ist in dieser Form ein Novum in der deutschen Verfassungsgeschichte.[575] Um Freiheit und Eigentum zu schützen, hatte das Bürgertum im 19. Jahrhundert die Forderung erhoben, dass Eingriffe nur auf „Grund eines Gesetzes" vorgenommen werden dürften.[576] Ziel dieser Forderung war vor allem die Sicherung der bestehenden Güterverteilung. Es entstand der liberale Rechtsstaat des 19. Jahrhunderts, der im Sinne des Bürgertums gerade nicht auf sozialen Ausgleich ausgerichtet war,[577] sondern auf den Schutz von Freiheit und Eigentum.[578] Das zentrale Thema der Zeit war der bürgerlich-liberale Rechtsstaat, nicht der Sozialstaat.

Mit der Qualifizierung des deutschen Staates als „sozial" wird auf ein Staatskonzept Bezug genommen, dessen Entwicklungsgeschichte jedoch ebenfalls ins 19. Jahrhundert zurückreicht. Die Entstehung des Sozialstaatskonzeptes verbindet sich insbesondere mit dem Namen Lorenz von Stein.[579] Bereits 1850 hatte er das „Losungswort der sozialen Demokratie" ausgegeben.[580] Es zeigte sich schon damals, dass aufgrund der unterschiedlichen Ausgangspositionen in einer nur auf Freiheit und Rechtsgleichheit beruhenden Gesellschaft die Gegensätze zwischen den Besitzenden und den Nicht-Besitzenden immer stärker werden.
Lorenz von Stein entwickelte daraufhin das Konzept eines sozialen Staates, in welchem der gesellschaftlichen Ungleichheit im Sinne der Gleichheit entgegengewirkt werden sollte.[581] Von Stein ging es dabei weniger um die Verbesserung der Situation der abhängigen Klasse um ihrer selbst willen. Vielmehr sollte durch die Reformen die Bedrohung, der sich die Monarchie, gerade durch die Arbeiterklasse, ausgesetzt sah, überwunden werden. [582] Man kann daher sagen, dass insbesondere auf Druck der Arbeiterbewegung erste Schritte in Richtung einer Sozialpolitik gemacht wurden.[583] Die Forderungen der nicht-besitzenden

---

575 von Münch/Kunig-Schnapp, Art. 20, Rn. 35; AK-Kittner, 2. A., Art. 20 Abs. 1 - 3 IV, Rn. 7.
576 Nachweis bei Kempen, S. 9.
577 Von Münch/Kunig-Schnapp, Art. 20, Rn. 36; vgl. auch Gröschner in Dreier, Art. 20, Rn. 1ff.
578 Ipsen, Staatsrecht I, Rn. 856.
579 Sommermann in von Mangoldt/Klein/Starck, Art. 20, Rn. 93.
580 Zitiert bei AK-Kittner, 2. A., Art. 20 Abs. 1 - 3 IV, Rn. 9.
581 Zitiert bei AK-Kittner, 2. A., Art. 20 Abs. 1 - 3 IV, Rn. 9.
582 Stein, Soz. Bew., Bd. III, S. 37 – 41.
583 AK-Kittner, 2. A., Art. 20 Abs. 1 - 3 IV, Rn. 8ff.

Klasse sollten durch eine Sozialpolitik absorbiert werden und so ihre Schlagkraft verlieren.[584] Wichtig war für von Stein auch, denjenigen, die bis dahin ohne Besitz waren, Kapitalerwerb zu ermöglichen. Insofern geht das Konzept Lorenz von Steins zum einen in Richtung Chancengleichheit, beinhaltet zum anderen aber auch Umverteilungskomponenten.

(b) Weimarer Republik

Das Sozialstaatsprinzip war in der Form, in der es heute existiert, auch nicht in der Weimarer Reichsverfassung verankert. Jedoch fanden sich die beiden Elemente des Sozialstaates – staatliche Intervention und soziale Selbstbestimmung – in der Weimarer Reichsverfassung wieder.[585] Im Abschnitt „Das Wirtschaftsleben" gab es verschiedene sozialstaatliche Regelungen.[586] Art. 151 Abs. 1 S. 1 WRV bestimmte: „Die Ordnung des Wirtschaftslebens muß den Grundsätzen der Gerechtigkeit mit dem Ziele der Gewährleistung eines menschenwürdigen Daseins für alle entsprechen." Diesen Gedanken nahm später auch das Bundesverfassungsgericht auf und forderte eine „im Sinne der von der Weimarer Verfassung, Art. 151 geforderten Entwicklung zum sozialen Rechtsstaat, die den Ausgleich der durch die moderne gesellschaftliche Entwicklung entstehenden Belastungen anstrebt." Auch die WRV hatte staatliche Intervention zur Verwirklichung einer Sozialstaatlichkeit zugelassen. Die WRV war in Fragen sozialstaatlicher Regelungen sogar detailreicher als die sehr abstrakte Formulierung in Art. 20 Abs. 1 und Art. 28 Abs. 1 S. 1 GG.

(c) Ergebnis

Mit dem Sozialstaatsprinzip wird der liberale Rechtsstaat des 19. Jahrhunderts überwunden, indem Einzelregelungen der WRV gebündelt und weitergeführt werden. Der Verfassungsgeber wollte jedoch keine so konkrete Regelung wie in der WRV, weil sich der Weg über Einzelbestimmungen seiner Ansicht nach nicht bewährt hatte.[587] Abstrakt ist die Formulierung auch, weil sich das Grundgesetz einen sozialen Staat zum Ziel setzt, den es selbst noch nicht verwirklicht und noch nicht durch konkrete Konstruktionspläne im Einzelnen entworfen hat.[588] In der deutschen Verfassungsgeschichte ist das Sozialstaatsgebot in dieser

---

[584] Von Stein, Soz. Bew., Bd. III, S. 206f.

[585] AK-Kittner, 2. A., Art. 20 Abs. 1 - 3 IV, Rn. 13.

[586] Insbesondere Schutz der Arbeitskraft, soziale Fürsorge, Arbeitspflicht und Recht auf Arbeit, Artt. 157, 161 – 163 WRV, Mitbestimmung, Art. 165 WRV.

[587] Vgl. dazu auch Suhr, S. 151, 158.

[588] Suhr, S. 151, 158.

Form ein Novum und kann aus ihr nicht konkreter bestimmt werden. Auch aus der Entstehungsgeschichte des Grundgesetzes lassen sich keine Rückschlüsse ziehen, was das Sozialstaatsgebot beinhaltet, da es in den Beratungen keine Diskussionen um den Begriff des „Sozialen" in Art. 20 GG gab.

(3) Sozialstaatsprinzip und sonstiges Verfassungsrecht

Das Sozialstaatsprinzip ist nicht isoliert zu betrachten, sondern als Teil des Grundgesetzes in dessen Werteordnung eingebunden.[589] Bei der Frage nach dem Inhalt und den Grenzen des Sozialstaatsprinzips ist daher nicht nur der Begriff des „Sozialen" relevant, sondern die systematische Stellung des Sozialstaatsprinzips im Verhältnis insbesondere zu den anderen verfassungsrechtlichen Strukturprinzipien zu untersuchen.

(a) Sozialstaatsprinzip und Rechtsstaatsprinzip

Dem Rechtsstaatsprinzip kommt bei der Frage nach dem Verhältnis von Sozialstaatsprinzip und anderen Verfassungsprinzipien eine besondere Rolle zu.[590] Versteht man die Rechtsstaatlichkeit des Grundgesetzes als die Vorgabe gesetzmäßigen Handelns, so steht sie in keinem Spannungsverhältnis zur Sozialstaatlichkeit, sondern neben ihr. Sieht man hingegen einen rechtsstaatlichen Eigentumsschutz im Vordergrund, kann Zurückhaltung bei staatlichem Handeln geboten sein.

Ebenso wie der Inhalt des Sozialstaatsprinzips ist die Position des Sozialstaatsprinzips im Verhältnis zum Rechtstaatsprinzip umstritten. In den Fünfziger Jahren sah man Rechtsstaat und Sozialstaat zum Teil nicht nur in einem Spannungsverhältnis, sondern als miteinander unvereinbar an.[591] Forsthoff vertrat noch 1968 die Auffassung, eine wie das Grundgesetz auf Freiheitsgewährleistung angelegte rechtsstaatliche Verfassung verhalte sich aufgrund ihrer Struktur abweisend gegen soziale Gehalte.[592] Die Rolle des Sozialstaatsprinzips im Grundgesetz wird von ihm nach ihrem Verhältnis zum Rechtsstaatsprinzip bestimmt. Der Rechtsstaat wird seiner Ansicht nach primär durch Freiheit und Eigentum charakterisiert. Forsthoff knüpft an die verfassungsrechtlichen Positionen Carl Schmitts an.[593] Rechtsstaat (für den Status Quo) und Sozialstaat (für

---

[589] So auch Bieback, Jura 1987, S. 229, 231.
[590] Zum Rechtsstaatsprinzip s. oben unter D I 3.
[591] Forsthoff, VVDStRL (12) 1954, S. 8, 14f.
[592] Forsthoff in Kempen, S. 184, 186.
[593] Kempen, S. 23, Fn. 19.

Veränderungen) stehen sich nach seiner Auffassung derart unversöhnlich gegenüber, dass eine Lösung nur durch Aberkennung der Rechtsqualität des Sozialstaatsprinzips möglich ist.[594] Die Interpretation der Rechtsstaatlichkeit in diesem Sinne lässt sich historisch zwar aus dem liberalen Rechtsstaatsverständnis des 19. Jahrhunderts erklären. Forsthoff konnte sich mit dieser radikalen Position in der Bundesrepublik allerdings nicht mehr durchsetzen.[595]

Bestehen blieb die Deutung des Rechtstaatsprinzips als dem Prinzip, welches zur Wahrung der bestehenden Verhältnisse und zum Schutz individueller Freiheit vom Staat die Legitimation seiner Eingriffe verlangt. Die unterschiedlichen Vorstellungen von Rechtsstaatlichkeit können sich auf die beiden Komponenten dieser Beschreibung stützen:
Für die Einen steht im Mittelpunkt, dass den Rechtsstaat gerade das gesetzmäßige Handeln ausmacht. Hier liegt die Betonung auf der Notwendigkeit staatlicher Legitimation, der Bindung an Recht und Gesetz. Der Schutz von Freiheit und Eigentum spielt keine eigenständige Rolle.
Für die Anderen wird die Sicherung von Freiheit und Eigentum als zentral angesehen. Die Rechtfertigung staatlicher Eingriffe ist dabei ein Mittel zur Sicherung, steht aber nicht im Zentrum dieses Rechtsstaatsverständnisses; im Zentrum stehen Freiheit und Eigentum. Damit wird die Konfliktlinie zur Sozialstaatlichkeit deutlich. Bei dieser freiheits- und besitzstandswahrenden Sichtweise des Rechtsstaatsprinzip blieb auch die Frage nach einem – daraus resultierenden – Spannungsverhältnis von Rechtsstaats- und Sozialstaatsprinzip bestehen, auch wenn später nicht mehr offen auf bürgerlich-liberale Rechtsstaatsvorstellungen Bezug genommen wurde.

Das Rechtsstaatsprinzip des Grundgesetzes ist aber nicht mehr auf diese, aus der bürgerlich-liberalen Tradition kommenden, Rechtsstaatsvorstellungen gegründet. Das Rechtsstaatsprinzip des Grundgesetzes ist eine zusammenfassende strukturelle Festlegung, deren materieller Gehalt sich an der Bindung von Gesetzgebung, vollziehender Gewalt und Rechtsprechung an die dem Art. 1 Abs. 3 GG nachfolgenden Grundrechte, und an der Bindung der Gesetzgebung an die verfassungsmäßige Ordnung, Art. 20 Abs. 3 GG, zeigt. Der Schutz von Freiheit und Eigentum ist, wie andere grundrechtlich gewährten Rechte, über die Bindung des Art. 20 Abs. 3 GG gewährleistet.

Daher ist auch die Auffassung nicht überzeugend, Art und Umfang des Zusammenbestehens von Rechtsstaat und Sozialstaat hingen wesentlich davon ab, inwieweit der Rechtsstaat den abschöpfenden Zugriff auf das Sozialprodukt durch

[594] Forsthoff, VVDStRL (12) 1954, S. 8ff.
[595] Bereits 1954 Bachof, VVDStRL (12) 1954, S. 39ff.

die Auferlegung öffentlicher Geldleistungen offen hält,[596] denn dies geht schon über die Vorgaben des Rechtsstaatsprinzips hinaus: Grundsätzlich hält der Rechtsstaat den Zugriff offen. Es ist in erster Linie das Verfahren, also der Weg, auf dem der Zugriff erfolgt, der rechtsstaatlichen Vorgaben genügen muss. Der materielle Gehalt der Regelung ist nur insoweit von Bedeutung, als Rechtsstaatlichkeit die Bindung an die verfassungsmäßige Ordnung, insbesondere an die Grundrechte, verlangt. Eigentumsschutz und Besitzstandswahrung können also eine Rolle spielen, allerdings nur in dem Maße, wie Art. 14 als betroffenes Grundrecht beachtet werden muss. Dabei kommt Art. 14 GG keine Sonderstellung zu. Der Eigentumsschutz aus Art. 14 GG ist ein Grundrecht neben anderen. Durch die Sozialbindung des Abs. 2 ist der Eigentumsschutz des Grundgesetzes zudem kein absoluter; Eigentum ist nicht isoliert zu sehen, sondern in seiner Einbindung in staatliche und gesellschaftliche Zusammenhänge.[597]

Das Rechtsstaatsprinzip des Grundgesetzes beinhaltet in erster Linie die Vorgabe gesetzmäßigen Handelns. Sie steht in keinem Spannungsverhältnis zur Sozialstaatlichkeit, sondern neben ihr. Die Rolle von Engagement im Sozialstaat kann deshalb auch nicht mit Hilfe des Rechtsstaatsprinzips genauer erfasst werden. Entgegen anderen Auffassungen beschränkt das Rechtsstaatsprinzip das Sozialstaatsprinzip jedenfalls nicht in dem Sinne, dass ein rechtsstaatlicher Eigentumsschutz Zurückhaltung bei staatlichem Handeln und im Gegenzug private Initiative gebietet. Staatliches Handeln – unter Berücksichtigung des Art. 14 GG als einem Grundrecht unter anderen – zur Verwirklichung sozialstaatlicher Ziele auf rechtsstaatliche Art und Weise ist möglich. Privatem Engagement zur Verwirklichung sozialstaatlicher Zielsetzungen steht die Rechtsstaatlichkeit als strukturelle Festlegung nicht entgegen, sie verlangt diese aber auch nicht.

Allerdings würde der Sozialstaat in Widerspruch zum Rechtsstaat treten, wenn soziale Aufgaben bei ihm monopolisiert wären.[598] Die Trägerschaft und Wahrnehmung sozialer Aufgaben durch freie Einrichtungen sind in den Grundrechten und im Staatskirchenrecht verbürgt.[599] Das Sozialstaatsprinzip des Grundgesetzes begründet kein Sozialmonopol des Staates.[600] Bei der Umsetzung des Sozialstaatsprinzips hat der Gesetzgeber einen weiten Spielraum.[601] Das Ziel des Ausgleichs sozialer Gegensätze und der Herstellung einer gerechten Sozialordnung ist in erster Linie auf dem Weg der Gesetzgebung zu erreichen.[602]

---

596 Böckenförde, HBStR II, § 24, Rn. 102.
597 Ipsen, Staatsrecht II, Rn. 703.
598 Neumann, S. 31.
599 Neumann, S. 31.
600 BVerfGE 22, 180, 204.
601 BVerwGE 23, 304, 306; BVerfGE 29, 221, 235; 59, 231, 262.
602 BVerfGE 22, 180, 204.

(b) Sozialstaatsprinzip und Demokratieprinzip

Das Demokratieprinzip bezeichnet eine Herrschaftsform und steht als solche zunächst neben dem Sozialstaatsprinzip. Bürgerinnen und Bürger können auf unterschiedlichen Ebenen der Staatsorganisation auf verschiedene Art und Weise ihre Anliegen artikulieren und auf Entscheidungen Einfluss nehmen.[603] Dies kann direkt, insbesondere auf kommunaler Ebene durch Mitwirkungsrechte, geschehen oder indirekt in Wahlen und Abstimmungen. Insoweit wie diese Einflussnahme sich auch auf sozialstaatliches Handeln bezieht, sind das Demokratieprinzip und das Sozialstaatsprinzip miteinander verknüpft. Diese Verknüpfung hilft für eine konkretere Bestimmung des Sozialstaatsprinzips aber nicht weiter. Im Gegenteil: Sie macht deutlich, dass das Sozialstaatsprinzip nicht statisch ist. Das Sozialstaatsgebot wird nicht zuletzt daher als ein der konkreten Ausgestaltung in hohem Maße fähiges und bedürftiges Prinzip angesehen, dessen Inhalt „in ständiger Auseinandersetzung aller an der Gestaltung des sozialen Lebens beteiligten Menschen und Gruppen ermittelt wird".[604] So mag es sein, dass der Sozialstaat zur Demokratie in Widerspruch treten würde, „wenn der politischen Willensbildung eine so und nicht anders einzulösende verfassungsrechtliche Verpflichtung vorgegeben wäre."[605] Andererseits ist noch nicht gesagt, dass das Sozialstaatsprinzip vollständig entwicklungsoffen ist; mit Blick auf die Grundrechte lassen sich Mindestanforderungen herausarbeiten.

(c) Sozialstaatlichkeit und individuelle Freiheit

Nicht nur Verfassungsprinzipien, auch andere Verfassungsnormen haben auf die Ausformung des Sozialstaatsprinzip Einfluss. Zum Teil werden aus dem Verhältnis des Sozialstaatsprinzips zur grundgesetzlichen Garantie individueller Freiheit Beschränkungen des Sozialstaatsprinzips abgeleitet.

(i) „Anthropozentrisch-freiheitliche Struktur" des Grundgesetzes

Der Inhalt des Sozialstaatsprinzips wird auch mit Blick auf eine „anthropozentrisch-freiheitliche Struktur" des Grundgesetzes bestimmt. Demnach steht die grundsätzliche Entscheidung des Verfassungsgebers für die Freiheit des Individuums, insbesondere geschützt durch die an den Anfang gestellten Art. 1 und Art. 2 GG, im Zentrum der Verfassung. Daher soll „Selbstbestimmung und

---

603 S. oben unter D I 1.
604 BVerfGE 5, 85, 198 (KPD-Entscheidung).
605 BVerfGE 59, 231, 262.

-veranwortung in Freiheit" Vorrang eingeräumt werden.[606] Die prinzipielle Entscheidung des Grundgesetzes für die Freiheit und Würde der Einzelperson soll ein sozialstaatliches Konzept unzulässig machen, das „zu einem zentral gesteuerten Versorgungsstaat führt, in dem selbstverantwortliche Freiheit erstickt".[607] Sozialstaatliche Maßnahmen müssten vorrangig Freiheitsförderung zum Ziel haben. Diese bildeten zugleich den Maßstab für den Grad gerechtfertigter Umverteilung und Intervention.[608] Hier ist der Maßstab für den Gehalt des Sozialstaatsprinzip und die Grundlage seiner Beschränkung die grundgesetzlich garantierte individuelle Freiheit.
Das Konzept des sozialen Rechtsstaates, welches die aktive Freiheitsförderung ins Zentrum des Sozialstaatlichkeit stellt, kann sich auf die oben dargestellten, weit in das 19. Jahrhundert zurückreichenden, Traditionslinien deutschen Rechtsstaatsverständnisses stützen.[609]

(ii) Freiheitsgewährleistung und Chancengleichheit

Bei der Frage nach dem Einfluss der Freiheitsrechtsgewährleistungen des Grundgesetzes auf das Sozialstaatsprinzip ist allerdings zwischen zwei verschiedenen Aspekten zu trennen: Zwar spricht einiges dafür, dass es dem Verfassungsgesetzgeber ein Anliegen war, die Rechte des und der Einzelnen auch angesichts der Erfahrungen im Faschismus zu stärken. Der Freiheit des und der Einzelnen kommt daher eine hohe Bedeutung zu.

Zusammen mit den Freiheitsrechten ergibt sich aus dem Sozialstaatsprinzip aber andererseits auch das Ziel der Chancengleichheit.[610] Es soll die schädlichen Auswirkungen schrankenloser Freiheit verhindern und die Gleichheit bis zu dem vernünftigerweise zu fordernden Maß verwirklichen.[611] Zwischen Freiheit und sozialstaatlichen Maßnahmen besteht ein Verhältnis wechselseitiger Abhängigkeit.[612] Anders als bei einer Gleichbehandlung gemäß Art. 3 GG geht es um das Schaffen von Voraussetzungen zur Beschaffung von materiellen und immateriellen Gütern, ohne welche die Nutzung von Freiheitsrechten erschwert wird.[613]

---

[606] BVerfGE 4, 7, 15f; 24, 110, 144; 30, 173, 193; Hufen, VVDStRL 47 (1989), S. 142, 156; ablehnend dagegen Rendtorff, Der Staat 1962, S. 419ff., Zuck, S. 82.
[607] So jedenfalls Jarass/Pieroth, Art. 20, Rn. 107 und MD-Herzog, Art. 20, Rn. 46f.
[608] Sommermann in von Mangoldt/Klein/Starck, Art. 20, Rn. 106, Fn. 318.
[609] Sommermann in von Mangoldt/Klein/Starck, Art. 20, Rn. 107.
[610] MD-Herzog, Art. 20, Rn. 40.
[611] BVerfGE 5, 85, 206.
[612] Vgl. auch AK-Schiek, 3. A., Art. 20 Abs. 1-3, Rn. 53.
[613] Jarass/Pieroth, Art. 20, Rn. 107a.

Von liberalen Freiheitsrechten kann nur Gebrauch machen, also sich menschenwürdig im Sinne des Grundgesetzes behaupten und entfalten, wem auch die tatsächlichen, insbesondere materiellen Voraussetzungen zur Verfügung stehen, die für seine soziale Existenz und soziale Chancengleichheit unerlässlich sind.[614] Die Gestaltungskompetenz zur Realisierung und Absicherung personaler Freiheiten in der Gesellschaft kann nur umgesetzt werden, wenn gesellschaftliche Macht und Ungleichheit so weit wie möglich abgebaut und die Freiheiten jener Personen und die Entfaltung jener Institutionen eingeschränkt und neu strukturiert werden, die einer optimalen Verwirklichung der Freiheit und Gleichheit aller entgegenstehen.[615]

Dies hat auch in der Sozialgesetzgebung der Bundesrepublik Niederschlag gefunden. So beschreibt § 1 SGB I als eine Aufgabe des Sozialgesetzbuches, es solle gleiche Voraussetzungen für die freie Entfaltung der Persönlichkeit fördern. Nutznießer sozialer Leistungen sollen durch diese in die Lage versetzt werden, am gesellschaftlichen Leben teilzuhaben, etwa durch die Unterstützung Hilfsbedürftiger durch Leistungen der Sozialhilfe. § 1 Abs. 2 BSHG bestimmt, dass es Aufgabe der Sozialhilfe ist, dem Empfänger der Hilfe die Führung eines Lebens zu ermöglichen, das der Würde des Menschen entspricht. Sozialstaatliche Maßnahmen können also der Chancengleichheit dienen und ermöglichen so für andere überhaupt erst Freiheit. So stellt das Einfordern von Steuern zur Finanzierung sozialstaatlicher Maßnahmen zwar einerseits einen Eingriff in die individuelle Freiheit des (steuerzahlenden) Individuums dar, über sein Einkommen frei verfügen zu können. Die so finanzierten sozialstaatlichen Maßnahmen können aber andererseits anderen Freiheit und Teilhabe ermöglichen.

Mit dem Bewahren der Freiheit allein ist es daher nicht getan. Es muss vielmehr eine Balance zwischen Freiheitsbewahrung und Freiheitsermöglichung gefunden werden. Menschenwürde und Freiheit bilden die Grundlage für einen Sozialstaat, der als „planender, verteilender, gestaltender, individuelles wie soziales Leben erst ermöglichender Staat" charakterisiert wird.[616] Der Sozialstaat ist ein Ergebnis des Strebens gesellschaftlicher Kräfte, den Staat für die Deckung des Sozialbedarfs und die Befriedung sozialer Spannungen in die Pflicht zu nehmen. Schon darum trägt die Freiheit im Sozialstaat stets ein Moment der Hinwendung zum und der Teilhabe am Staat in sich.[617] Das Grundgesetz gibt dem Gesetzgeber unter Bezugnahme auf das Sozialstaatsprinzip auf, für einen Ausgleich der

---

[614] Rohwer-Kahlmann/Ströer, Vorbemerkung, Rn. 20.
[615] Bieback, Jura 1987, S. 229, 233.
[616] Hesse in FS Smend, S. 77, 78; ähnlich Badura, DÖV 1989, S. 491, 492.
[617] Erichsen, HBStR VI, § 152, Rn. 7.

sozialen Gegensätze und damit für eine gerechtere Sozialordnung zu sorgen:[618] Oberste Ziele des Sozialstaatsprinzips sind soziale Gerechtigkeit und Gleichheit. Dem Gesetzgeber sind bei der Verfolgung dieser Ziele in der Wahl des Mittels und der Wege ein weiter Spielraum eingeräumt,[619] der nur bei Missbrauch an seine Grenzen stößt.[620]
Grundrechtliche Freiheit hat auch einen staatspolitischen Zweck: Es geht darum, dem Einzelnen die Möglichkeit zu eröffnen, durch Ausübung von Freiheit im gesellschaftlichen Bereich die Erscheinung des durch das Grundgesetz verfassten Gemeinwesens durch Einwirkung auf staatliche Entscheidungen mitzubestimmen.[621] Insofern treffen sich hier grundrechtliche Gewährleistungen, Sozialstaat und Demokratieprinzip.

(iii) Ergebnis

Es kann die „anthropozentrisch-freiheitliche Struktur des Grundgesetzes" Auslegungsgrundlage und Gestaltungsdirektive auch für das Sozialstaatsprinzip sein.[622] Freiheits*bewahrenden* Optionen grundsätzlich den Vorzug vor freiheitsbeschränkenden Optionen zu geben,[623] greift jedoch, wie oben gesehen, zu kurz. Zusammen mit den Freiheitsrechten ergibt sich aus dem Sozialstaatsprinzip auch das Ziel der Chancengleichheit.[624] Es ist daher zu beachten, dass das Ziel im freiheitlichen Sozialstaat auch ist, die tatsächlichen Voraussetzung der Freiheit zu schaffen und auszubauen – damit sind freiheitsschaffende Optionen ebenfalls zu berücksichtigen.[625]

(d) Grundrechte, insbesondere Art. 14 GG

Die zahlreichen Gesetzesvorbehalte der einzelnen Grundrechte konkretisieren die Gestaltungsbefugnis des Staates und damit das Sozialstaatsprinzip.[626] Ein Vergleich der Gesetzesvorbehalte der Grundrechte zeigt, dass insbesondere die

---

618 BVerfGE 22, 180, 204; 69, 272, 314; 94, 241, 263; BSGE 55, 224, 231; AK-Kittner, 2. A., Art. 20 Abs. 1 - 3 IV, Rn. 51ff.
619 BVerfGE 48, 227, 234; Geis, Selbsthilfe, S. 84.
620 BVerfGE 8, 274, 329; 10, 354, 371f.; 65, 182, 193.
621 Erichsen, HBStR VI, § 152, Rn. 7.
622 Zacher in HBStR II, § 28, Rn. 26; Geis, Kulturstaat, S. 166ff.
623 Geis, Selbsthilfe, S. 85.
624 Jarass/Pieroth, Art. 20, Rn. 107a; MD-Herzog, Art. 20, Rn. 40.
625 Ähnlich Welti, S. 19, der insbesondere auf die Bedeutung von institutionalisiertere sozialer Sicherung als Voraussetzung dafür verweist, dass Bürgerinnen und Bürger Grund- und Freiheitsrecht verwirklichen können.
626 Bieback, Jura 1987, S. 229, 231.

wirtschaftlich relevanten Grundrechte (Art. 2, 11, 12, 14 , 15) weitgehende Regelungs- und Ausgestaltungsvorbehalte kennen, hier also die Notwendigkeit eines umfangreichen staatlichen Regelungsbedarfs anerkannt ist.[627]

Wenn bei der Frage nach den Grenzen des sozialstaatlichen Handelns auf das grundrechtlich geschützte Eigentum verwiesen wird, muss dabei der Wortlaut des Art. 14 GG beachtet werden. Das Grundgesetz kennt keinen uneingeschränkten Eigentumsbegriff. In Art. 14 Abs. 2 GG ist die Sozialbindung des Eigentums explizit festgelegt. Als „Eigentum“ sind die vom Gesetzgeber geschaffenen oder anerkannten und von ihm wieder veränderbaren Rechtsinstitute anzusehen.[628] Das Eigentum als Garant der Menschenwürde ist dort besonders schutzwürdig, wo es der Entfaltung personaler Freiheit dient und sie schützt, während der Gesetzgeber dort besonders weite Gestaltungsfreiheit hat, wo der „soziale Bezug“ des Eigentums verstärkt deutlich wird.[629]

Damit greift es zu kurz festzustellen, die rechtsstaatliche Eigentumsgewährleistung bestimme in ihrem Inhalt und ihren Grenzen zugleich die Möglichkeiten und Grenzen sozialstaatlichen, auf sozialen Ausgleich und soziale Umverteilung in der Gesellschaft gerichteten Handelns.[630] Das Sozialstaatsprinzip wirkt gleichzeitig über die Sozialbindung des Eigentums gemäß Art. 14 Abs. 2 GG auf den Eigentumsschutz des Art. 14 GG und bestimmt Grenzen und Möglichkeiten des Eigentums. Damit stehen Sozialstaatsprinzip und Eigentum in einem Verhältnis wechselseitiger Einflussnahme.

(e) Ergebnis

Das Rechtsstaatsprinzip beeinflusst das Sozialstaatsprinzip nicht. Das Demokratieprinzip im hier verstandenen Sinne gewährleistet Strukturen, in denen in eine Auseinandersetzung über politische Themen eingetreten werden und daher auch das Sozialstaatsprinzip weiter ausgeformt werden kann. Mit Blick auf die „anthropozentrisch-freiheitliche“ Struktur des Grundgesetzes ist aber nicht davon auszugehen, dass das Sozialstaatsprinzip ganz und gar entwicklungsoffen ist. Das Sozialstaatsprinzip verwirklicht nicht nur Freiheitsbewahrung, sondern auch Freiheitsermöglichung. Sozialstaat und der Eigentumsschutz aus Art. 14 GG stehen nicht zuletzt daher in einem Verhältnis wechselseitiger Abhängigkeit.

---

[627] Bieback, Jura 1987, S. 229, 231.

[628] Bieback, Jura 1987, S. 229, 231.

[629] BVerfGE 50, 290, 340f.; Bieback, Jura 1987, S. 229, 232; nicht ganz so deutlich von Brünneck, S. 427ff.

[630] So aber Böckenförde HBStR II, § 24, Rn. 101.

(4) Mindeststandardsicherung und Legitimation weitergehender Maßnahmen

Aus den herausgearbeiteten Zielsetzungen von Sozialstaatlichkeit, wie der Freiheitssicherung und der Chancengleichheit, ergeben sich auch die Inhalte des Sozialstaatsprinzips:

Das Sozialstaatsprinzip garantiert einen Mindeststandard an sozialer Sicherheit.[631] Zum Mindeststandard des Sozialstaatsprinzips gehört Hilfe gegen Not und Armut und ein menschenwürdiges Existenzminimum für jedermann.[632] Auch die Leistungs- und Daseinsvorsorge gehört zum klassischen Aufgabenbereich sozialstaatlicher Tätigkeit.[633]
Das Sozialstaatsprinzip legitimiert aber weitere Bestrebungen nach sozialer Gerechtigkeit. Sozialstaatliches Handeln ist heute mehr als nur die Abwehr sozialer Not und die Absicherung existenzieller und sozialer Risiken, auch wenn diese Aufgaben Kernbereiche sozialstaatlichen Handelns sind.[634] Voraussetzung für Chancengleichheit ist darüber hinaus der Abbau von Wohlstandsdifferenzen und die Kontrolle von Abhängigkeitsverhältnissen, sowie mehr Sicherheit gegenüber den Wechselfällen des Lebens.[635] Ziel ist es, letztlich insgesamt mehr Wohlstand zu erreichen. [636] Der Gesetzgeber hat einen weiten Handlungsspielraum bei Maßnahmen, die über eine Mindestsicherung hinausgehen, den er im Sinne seiner sozialen Verantwortung ausschöpfen kann. Dabei ist zu beachten, dass die staatliche Sozialgestaltung auf der einen Seite Ergänzung, Korrektur und Schranke der liberalen Grundrechte ist,[637] dass aber auf der anderen Seite die staatliche Sozialgestaltung und staatliche Infrastrukturmaßnahmen selbst Bedingung und Medium der Entfaltung der traditionellen liberalen Freiheiten sind, und zwar vor allem im wirtschaftlichen, aber auch im kulturellen und kommunikativen Bereich.[638]

---

[631] Ipsen, Staatsrecht I, Rn. 996: „Der Sozialstaat ist notwendig Verteilungs- und Umverteilungsstaat".
[632] Jarass/Pieroth Art. 20, Rn. 104.
[633] Geis, Selbsthilfe, S. 83.
[634] Böckenförde, HBStR II, § 24, Rn. 99.
[635] BVerfGE 45, 376, 387; 68, 193, 209.
[636] Zacher, Gesundheitspolitik, S. 143, 148f.
[637] Bieback, Jura 1987, S. 229, 231.
[638] Bieback, Jura 1987, S. 229, 231.

b) Folgerungen für das Verhältnis von bürgerschaftlichem Engagement und staatlicher Daseinsvorsorge

Bürgerschaftlichem Engagement kommt in diesem „kooperativen Sozialstaat“[639] eine wichtige Rolle zu.[640] Dieses soll von den Beteiligten als Möglichkeit staatsfreien Handelns und individueller Freiheit verstanden und genutzt werden. Die staatliche Verantwortung für eine bestimmte Aufgabe ist mit der Inanspruchnahme ihrer Erledigung durch den Staat nicht identisch.[641] Besonders im Sozialrecht gibt es neben staatlichen Akteuren auch eine große Zahl privater und freier Anbieter von Leistungen, deren Verhältnis zueinander geregelt werden muss. Bürgerschaftliches Engagement findet hier häufig bei den privaten und freien Anbietern von Leistungen statt. Insbesondere die bürgerschaftlich engagierte Mitarbeit in Verbänden der freien Wohlfahrtspflege spielt hier eine herausragende Rolle.[642] Daneben sind aber auch zunehmend neue Organisationsformen wie Initiativen und Selbsthilfegruppen, die auch Hilfe für andere bereitstellen, wichtige Betätigungsfelder für bürgerschaftlich Engagierte.[643]

Das Verhältnis freier und öffentlicher Träger im Sozialrecht stand immer wieder zur Diskussion, besonders im Zusammenhang mit dem Subsidiaritätsprinzip.[644] Tatsächlich geht es verfassungsrechtlich, da im Grundgesetz ein allgemeines Subsidiaritätsprinzip nicht verankert ist, um das Verhältnis von öffentlichem und privatem Handeln vor dem Hintergrund des Sozialstaatsprinzips. Die wichtigsten Bereiche, in denen das Verhältnis von bürgerschaftlichem Engagement und staatlichem Handeln hier eine Rolle spielt, sind die Kinder- und Jugendhilfe, das Sozialhilferecht und die soziale Pflegeversicherung.

---

[639] Begriff bei Neumann, Freiheitsgefährdung im kooperativen Sozialstaat.

[640] Zum Thema Sozialstaat und Selbsthilfe insgesamt Geis, Die öffentliche Förderung sozialer Selbsthilfe.

[641] Steiner, DÖV 1970, 526, 528f.

[642] S. oben unter B II 3 a.

[643] S. auch die Aufzählung zur Jugendhilfe bei Wiesner u.a., § 4, Rn. 35.

[644] BVerfGE 22, 180ff.

(1) Das Verhältnis von öffentlicher und privater Trägerschaft im Lichte des Sozialstaatsprinzips

(a) Das Verhältnis von öffentlicher und privater Trägerschaft in der Kinder- und Jugendwohlfahrt, SGB VIII

Zum Teil wird das Handeln privater bzw. freier Träger als dem staatlichen Handeln gegenüber vorrangig angesehen. Ein Beispiel dafür ist die Kinder- und Jugendhilfe. Entsprechend dem Nachrang öffentlicher gegenüber privater sozialpolitischer Verantwortung soll öffentliche Jugendhilfe die Arbeit freier Träger fördern und von eigenen Leistungen absehen, soweit diese bereits von freien Trägern erbracht, unterhalten oder ergriffen werden, § 4 SGB VIII. Die Vorrangregelungen des Sozialhilfe- und Jugendwohlfahrtsrechts wurden in den 1960er Jahren im Zusammenhang mit der Frage nach einem verfassungsrechtlichen Subsidiaritätsprinzip diskutiert.[645]

Das Bundesverfassungsgericht hatte 1967 die gesetzliche Festlegung des Verhältnisses von freien Trägern und staatlichen Stellen im Bundessozialhilfegesetz und in der Kinder- und Jugendhilfe (damals das JWG) gebilligt. Unter Bezugnahme auf die vorhergehenden Regelungen des Reichsjugendwohlfahrtsgesetzes und die Verordnung über die Fürsorgepflicht legte es dar, was es zur ausreichenden Versorgung der gemeinsamen Bemühung von Staat und freien Jugend- und Wohlfahrtsorganisationen bedürfe. Die hergebrachte und über Jahrzehnte bewährte Zusammenarbeit von Staat und freien Verbänden solle durch die Vorschriften des JWG gefördert und gefestigt werden.[646] Das Bundesverfassungsgericht charakterisiert die Regelung des JWG als „lediglich (...) vernünftige Aufgabenteilung zwischen Gemeinden und freien Trägern, um eine möglichst wirtschaftliche Verwendung der zur Verfügung stehenden öffentlichen und privaten Mittel sicher(zu)stellen."[647]
Zum Teil wird angenommen, das Bundesverfassungsgericht habe es so vermieden, auf die Probleme der Subsidiarität einzugehen.[648] Aus Formulierungen wie: „Auch diese Bestimmungen (...) verfolgen nicht den Zweck, der freien Wohlfahrtspflege schlechthin einen Vorrang vor der öffentlichen Sozialhilfe einzuräumen, sondern sie wollen die längst auch im Fürsorgewesen übliche und bewährte Zusammenarbeit zwischen den öffentlichen Trägern der Sozialhilfe und den freien Wohlfahrtsverbänden gewährleisten, um mit dem koordinierten Ein-

[645] Neumann, S. 46.
[646] BVerfGE 22, 180, 200.
[647] BVerfGE 22, 180, 206.
[648] FK-SGB VIII, § 4, Rn. 11.

satz öffentlicher und privater Mittel den größtmöglichen Erfolg zu erzielen."[649] lässt sich jedoch eher entnehmen, dass das Bundesverfassungsgericht gerade nicht einen grundsätzlichen Vorrang privaten bzw. wohlfahrtsverbandlichen Handelns gegenüber dem Handeln öffentlicher Träger angenommen hat. Das Bundesverfassungsgericht hat diese Regelungen also dergestalt ausgelegt, dass der begrenzte Vorrang der freien vor den öffentlichen Trägern mit einem wie auch immer zu verstehenden Subsidiaritätsprinzip kaum mehr etwas gemein hat. Vielmehr hat das Gericht die Regelung des § 5 Abs. 3 S. 2 JWG, der den Vorrang festlegt, verfassungskonform mit Blick auf die Verantwortung des Staates aufgrund des Sozialstaatsprinzips ausgelegt.[650] Auch das Bundesverwaltungsgericht argumentiert im Anschluss an die Rechtsprechung des Bundesverfassungsgerichts mit der Gleichordnung und nicht mit dem Vorrang der freien Wohlfahrtspflege.[651]

Bis in die 1970er Jahre gab es dieses korporatistisch geordnete Beziehungssystem, d. h. ein planvolles, aufeinander abgestimmtes Ineinandergreifen von gesellschaftlichen Gruppen, nämlich der öffentlichen und der privat-gemeinnützigen Träger, zur Erreichung eines gemeinsamen Zieles.[652] Durch eine steigende Anzahl privat-gewerblicher Anbieter lockern sich inzwischen die zunächst exklusiven Kooperationsbeziehungen zwischen Staat und den tragenden Säulen der Wohlfahrts- und Jugendverbände.[653] Darüber hinaus gibt es alternativ zur herkömmlichen Aufgabenwahrnehmung traditioneller Träger selbstorganisierte Projekte, Initiativen und Selbsthilfegruppen.[654] Auch die Anforderungen an die Träger sozialer Arbeit haben sich geändert.[655] Daraus wird geschlossen, dass Fragen der Subsidiarität spätestens jetzt keine besondere Rolle mehr spielen, da sich die Auseinandersetzungen um das Verhältnis der Großorganisationen der öffentlichen Träger einerseits und der Wohlfahrtsverbände/Kirchen andererseits „in Marktbeziehungen" auflösten.[656] Tatsächlich ist davon auszugehen, dass ein Subsidiaritätsverhältnis schon vorher nur sehr eingeschränkt bestanden hat.

Auch das Verhältnis von freier Wohlfahrtspflege und Jugendverbänden zu staatlichen Trägern ist keines genereller Subsidiarität. Im übrigen verändert sich durch das zunehmende Greifen von Marktmechanismen das Verhältnis freier

---

[649] BVerfGE 22, 180, 202.
[650] BVerfGE 22, 180, 200 – 203 und 205 – 209.
[651] BVerwGE 35, 287ff., unter Bezugnahme auf BVerfGE 22, 180, 202.
[652] FK-SGB VIII, § 4, Rn. 12.
[653] Zum Teil als „Wohlfahrtsmix" bezeichnet, FK-SGB VIII, § 4, Rn. 13.
[654] FK-SGB VIII, § 4, Rn. 13.
[655] FK-SGB VIII, § 4, Rn. 13.
[656] FK-SGB VIII, § 4, Rn. 13.

und öffentlicher Träger zueinander, ohne dass dies durch ein verfassungsrechtliches Subsidiaritätsprinzip verhindert würde. In den Neuregelungen des SGB VIII, das 1991 das JWG ablöste, hat sich die Rechtsprechung des Bundesverfassungsgerichts niedergeschlagen. In §§ 3, 4 SGB VIII wird ein Verhältnis partnerschaftlicher Zusammenarbeit zwischen öffentlicher und freier Jugendhilfe festgelegt. Soweit geeignete Einrichtungen, Dienste und Veranstaltungen von anerkannten Trägern der freien Jugendhilfe betrieben werden oder rechtzeitig geschaffen werden können, soll die öffentliche Jugendhilfe von eigenen Maßnahmen absehen, § 4 Abs. 2 SGB VIII. Die öffentliche Jugendhilfe soll die freie Jugendhilfe nach Maßgabe des SGB VIII fördern und dabei die verschiedenen Formen der Selbsthilfe stärken, § 4 Abs. 3 SGB VIII. Die Förderung kann sowohl in finanzieller als auch in ideeller Form erfolgen.[657] Konkrete Regelungen, die vornehmlich auf die finanzielle Förderung abstellen, sind in § 74 SGB VIII vorgenommen, wobei eine auf Dauer angelegte Förderung in der Regelung nur den nach § 75 SGB VIII anerkannten Trägern der freien Jugendhilfe zukommen soll, § 74 Abs. 1 S. 2 SGB VIII.
Mit der Formulierung in § 3 Abs. 1 SGB VIII, die Jugendhilfe sei gekennzeichnet durch die Vielfalt von Trägern unterschiedlicher Wertorientierungen und die Vielfalt von Inhalten, Methoden und Arbeitsformen wird der Wille des Gesetzgebers unterstrichen, in der Jugendhilfe ein plurales Angebot von Aktivitäten unterschiedlicher Träger zu unterbreiten.[658]
Wichtig ist bei der Frage nach der Subsidiarität von staatlichem gegenüber privatem Handeln, dass sich die Leistungsverpflichtungen in der Jugendhilfe allein an die öffentlichen Träger richten, § 3 Abs. 2 SGB VIII. Aufgrund der Gesamtverantwortung für die Erfüllung der Aufgaben, § 79 Abs. 1 SGB VIII, ergibt sich eine Gewährleistungsverpflichtung der Träger der öffentlichen Jugendhilfe.[659]

(b) Das Verhältnis von öffentlicher und privater Trägerschaft in der Pflegeversicherung, SGB XI

Ähnlich wie in der Kinder- und Jugendhilfe gestaltet sich auch in der sozialen Pflegeversicherung das Verhältnis von öffentlicher und privater Trägerschaft. Gemäß § 11 Abs. 2 SGB XI ist bei der Durchführung der sozialen Pflegeversicherung die Vielfalt der Träger von Pflegeeinrichtungen zu wahren, sowie deren Selbständigkeit, Selbstverständnis und Unabhängigkeit zu achten und dem Auftrag kirchlicher und sonstiger Träger der freien Wohlfahrtspflege, kranke,

---

[657] Bialluch/Gunkel/Wersterhelweg, S. 482.
[658] Bialluch/Gunkel/Wersterhelweg, S. 480.
[659] Bialluch/Gunkel/Wersterhelweg, S. 481.

gebrechliche und pflegebedürftige Menschen zu pflegen, zu betreuen, zu trösten und sie im Sterben zu begleiten, Rechnung zu tragen. Freigemeinnützige und private Träger haben dabei Vorrang gegenüber öffentlichen Trägern, § 11 Abs. 2 S. 3 SGB XI. Bei diesen Trägern sind viele bürgerschaftlich Engagierte tätig. Ziel der Regelung ist es, die traditionell gewachsene Vielfalt der Träger von Pflegeeinrichtungen zu erhalten. Es soll bei einem Nebeneinander von freigemeinnützigen, kirchlichen, privaten und öffentlichen Trägern bleiben.[660] § 11 Abs. 2 S. 3 GG begründet einen Vorrang der freigemeinnützigen und privaten gegenüber den öffentlichen Trägern, der über die Regelungen des BSHG insofern hinausgeht, als der Nachrang der öffentlichen Träger sich dort nicht auf das Verhältnis zu den privaten Trägern bezieht.[661] Es bestehen aber Zweifel daran, dass diesem Vorrang in der Praxis erhebliche Bedeutung zukommen wird. Unklar ist das Verhältnis zu § 72 Abs. 3 S. 2 SGB XI, in dem der Vorrang der freigemeinnützigen und privaten Träger nur als Sollbestimmung vorgesehen ist.[662] Dies steht im Widerspruch zu § 72 Abs. 3 S. 1 SGB XI, der beim Vorliegen der gesetzlichen Voraussetzungen einen Anspruch auf Abschluss eines Versorgungsvertrages gewährt und insofern nicht mit der „notwendigen Auswahl" des S. 2 in Übereinstimmung zu bringen ist. Dies ist insgesamt umstritten.[663] Auch im Hinblick auf die durch Art. 28 GG geschützte kommunale Daseinsvorsorge bestehen Bedenken an der Verfassungsmäßigkeit der Regelung des § 72 Abs. 3 S. 2 SGB XI.[664]

Ein Vorrang-Nachrang-Verhältnis zwischen privaten und öffentlichen Trägern kann nicht auf ein verfassungsrechtliches Subsidiaritätsprinzip gestützt werden,[665] sondern ergibt sich aus dem Zusammenspiel von Sozialstaatlichkeit und den Grundrechten als Freiheitsrechten gegenüber dem Staat. Daher hält die Gesetzesbegründung nicht, sofern die Regelung in ihr als „Konkretisierung des Subsidiaritätsprinzip" bezeichnet wird.[666] Fest steht, dass mit Blick auf das Sozialstaatsprinzip und die Verantwortung des Staates für die Daseinsvorsorge privaten Trägern nur Vorrang gegenüber öffentlichen Trägern eingeräumt werden kann, solange und soweit die Aufgaben durch die öffentlichen Träger ohne Lücke für den Fall übernommen werden können, dass die private Trägerschaft die Aufgaben nicht oder nicht ausreichend erfüllt.

---

660 Udsching, SGB XI, § 11, Rn. 5.
661 Igl, Pflegeversicherung, S. 96; Udsching, SGB XI, § 11, Rn. 6.
662 Vgl. Schulin, NZS 1994, S. 433, 438.
663 Vgl. dazu auch BVerwGE 94, 202.
664 So Udsching, SGB XI, § 72, Rn. 14; Igl, Pflegeversicherung, S. 96; vgl. auch die – von Igl zurecht als wenig hilfreich bezeichnete – Begründung in BT-Drs. 12/5952, S. 46: „Konkretisierungen des Subsidiaritätsprinzips".
665 S. oben unter D I 2.
666 BT-Drs. 12/5952, S. 46.

(c) Ergebnis

SGB VIII und SGB XI legen den grundsätzlichen Vorrang des Handelns freigemeinnütziger Träger vor öffentlichen Stellen fest. Das Bundesverfassungsgericht billigte die gesetzlichen Regelungen, spricht aber nicht von Vorrang und Nachrang, sondern von partnerschaftlicher Zusammenarbeit. Das Verhältnis freigemeinnütziger, privater und öffentlicher Träger in der Pflegeversicherung ist noch nicht endgültig geklärt, gestaltet sich jedoch ähnlich.

In der Diskussion um das Verhältnis von staatlicher und nichtstaatlicher Leistungserbringung können anhand der Diskussion um die Kinder- und Jugendhilfe zwei Positionen gegenüber gestellt werden. Zum einen wird von einem klaren Nachrang staatlicher Leistung ausgegangen, zum Anderen wird angenommen, die Leistungen würden in partnerschaftlicher Zusammenarbeit erbracht. Hier erkennt man die beiden Positionen zur Bedeutung der Subsidiarität in der katholischen Soziallehre wieder, wobei die klare Nachrangigkeit eher dem deutschen Text der Enzyklika entspricht, die Zusammenarbeit eher dem lateinischen Text.

Das Verhältnis von öffentlicher und privater Aufgabenübernahme basiert in erster Linie auf den Grundrechten als Abwehrrechten gegen den Staat, die so einen Raum eröffnen, in dem sich Bürgerinnen und Bürger betätigen können. Diese Betätigungsfreiheit geht nicht einher mit einer spiegelbildlichen Betätigungsverpflichtung. Sie ist verbunden mit dem Sozialstaatsprinzip, das eine Versorgung der Bürgerinnen und Bürger auch dann gewährleistet, wenn diese Leistungen nicht durch gesellschaftliche Selbstorganisation erbracht werden bzw. werden können. Die Grundlagen für den Vorrang des privaten vor staatlichem Handeln ergeben sich also in der Bundesrepublik nicht aus der katholischen Soziallehre, sondern aus der Geschichte der bürgerlichen Freiheiten.

Zwar wäre es problematisch, wenn der Staat sozialstaatliche Aufgaben monopolisierte, da jede Monopolisierung ein Eingriff in die Grundrechte der Rechtssubjekte ist, die diese Aufgaben als eigene wahrnehmen wollen,[667] andererseits bedeutet das noch nicht, dass dem Staat bei der Übernahme sozialstaatlicher Aufgaben die Hände gebunden sind. Das Sozialstaatsprinzip bestimme nur das Ziel einer gerechten Sozialordnung, also die Aufgabe des Staates, lasse aber für die Erreichung des Ziels, also die Aufgabenerfüllung, alle Wege offen.[668] Die staatliche Verantwortung für eine bestimmte Aufgabe ist mit der Inanspruchnahme ihrer Erledigung durch den Staat nicht identisch.[669] Dies ist auch sinnvoll. Gerade im Bereich der Kinder- und Jugendhilfe und in der Pflege wird an-

---

[667] Neumann, S. 32.
[668] BVerfGE 22, 180, 204ff.
[669] Steiner, DÖV 1970, 526, 528f.

genommen, dass gemeinnützige und private Träger die Bedürfnisse der betroffenen Personen schneller erkennen und besser auf sie eingehen können.

(2) Förderung von bürgerschaftlichem Engagement um jeden Preis? – Beispiel gesetzliche Krankenversicherung, SGB V

Die Übernahme bürgerschaftlichen Engagements ist Ausdruck der Inanspruchnahme von Freiheitsrechten und, wie anhand der Kinder- und Jugendhilfe und der sozialen Pflegeversicherung gezeigt worden ist, auch sozialpolitisch sinnvoll. Eine unbedingte Förderung bürgerschaftlichen Engagements kann jedoch auch – insbesondere im Hinblick auf das Sozialstaatsprinzip – Probleme aufwerfen. So werden die Schwierigkeiten, die sich aus der Förderung von bürgerschaftlichem Engagement für die gesetzliche Krankenversicherung ergeben können, bisher unterschätzt.

Das Sozialstaatsprinzip gebietet die Absicherung existenzieller Risiken. Die gesetzliche Krankenversicherung, wie sie im SGB V geregelt ist, ist daher durch das Sozialstaatsprinzip gerechtfertigt. Bisher ist der weit überwiegende Teil der Bevölkerung in der gesetzlichen Krankenversicherung abgesichert; dies gilt auch für bürgerschaftlich Engagierte. Diese sind, wenn sie nicht selbst erwerbstätig sind, im Regelfall familienversichert. Insofern trifft es zu, wenn festgestellt wird, dass die gesetzliche Krankenversicherung im Hinblick auf das bürgerschaftliche Engagement nur von untergeordneter Bedeutung sei, da bürgerschaftlich Engagierte in der Regel krankenversichert seien.[670] Dies ist sicherlich aus der Perspektive der Bürgerinnen und Bürger als Mitgliedern der gesetzlichen Krankenversicherung richtig. Damit wird jedoch nur ein Aspekt des Verhältnisses von bürgerschaftlichem Engagement zur gesetzlichen Krankenversicherung berücksichtigt.

Nicht vergessen werden darf nämlich, dass die gesetzliche Krankenversicherung für ihre Funktionsfähigkeit eine ausreichende Anzahl von Beitragszahlerinnen und Beitragszahlern voraussetzt.[671] Gerade wenn bürgerschaftliches Engagement zu Lasten von Erwerbsarbeitsverhältnissen jedoch – gewollt oder ungewollt – zunimmt, zeigt sich ein Problem: Die Finanzierung der gesetzlichen Krankenversicherung wird, ebenso wie die Finanzierung anderer beitragsfinanzierter Sozialversicherungszweige, schwieriger. Das liegt nicht nur an den gestiegenen Ausgaben,[672] sondern vor allem daran, dass die Anzahl der beitragszahlenden

---

[670] Vgl. Igl/Jachmann/Eichenhofer, S. 361.
[671] AK-Schiek, 3. A., Art. 20 Abs. 1-3, Rn. 87.
[672] Vgl. dazu Schulin/Igl, Rn. 157.

Krankenversicherten sinkt. Das hat zur Folge, dass eine sinkende Zahl von Beitragszahlerinnen und Beitragszahlern für die Kosten des Gesundheitssystems aufkommen muss. Dabei hat das Fehlen der Beitragszahlung in der gesetzlichen Krankenversicherung nicht notwendigerweise zur Folge, dass ein Anspruch auf Leistung entfällt. Zu denjenigen, die versichert sind, ohne Beiträge zu zahlen, gehören insbesondere Familienangehörige, § 3 S. 3 SGB V, d. h. Ehegatten und Lebenspartner, sowie Kinder von Mitgliedern. Für sie werden unter den Voraussetzungen des § 10 SGB V Beiträge nicht erhoben. Das gilt insbesondere für nicht selbst versicherungspflichtig beschäftigte Familienangehörige, § 10 Abs. 1 Nr. 2 SGB V. Mit anderen Worten: Auch ohne dass der Ehegatte oder Lebenspartner selbst Versicherungsbeiträge entrichtet, sei es als Pflichtversicherter, § 5 SGB V oder im Rahmen einer freiwilligen Versicherung, § 9 SGB V, erhält er Leistungen der gesetzlichen Krankenversicherung.

Insbesondere im Bereich der sozialen und pflegerischen Tätigkeiten sollen nach einem Professionalisierungsschub vor allem in den 1970er Jahren wieder mehr Aufgaben auf unentgeltlich tätige Engagierte übertragen werden.[673] Gerade hier sind aber in erster Linie Frauen tätig, deren Absicherung häufig nicht eigenständig durch die Sozialversicherungsbeiträge im Rahmen eines abhängigen Beschäftigungsverhältnisses oder durch eine andere eigenständige Absicherung, etwa eine private Krankenversicherung, geschieht, sondern die über ihren Ehemann im oben beschriebenen Sinne familienversichert sind. Sie haben also Ansprüche auf Leistungen der gesetzlichen Krankenversicherung, obwohl für sie kein Beitrag bezahlt wird.

Soweit in einer Umwandlung von Erwerbsarbeitsverhältnissen in bürgerschaftliches Engagement ein gangbarer Weg zur Aufrechterhaltung eines bestimmten Versorgungsniveaus insbesondere in der sozialen und pflegerischen Arbeit sowie auf kommunaler Ebene gesehen wird, ist dabei zu bedenken, dass dies die Sozialversicherungssysteme, insbesondere das Krankenversicherungssystem, empfindlich schwächt. Diese Tendenz zeigt sich bereits, seitdem die geringfügigen Beschäftigungsverhältnisse, die eine vollständige Sozialversicherungspflicht nicht begründen, zunehmen. Soll das bestehende System der gesetzlichen Krankenversicherung mit seinem Leistungskatalog aufrecht erhalten werden, ist auch im Hinblick auf das Ausweichen von Frauen auf bürgerschaftliches Engagement anstelle einer Erwerbstätigkeit eine Gegensteuerung notwendig. Diese könnte darin bestehen, die Familienversicherung des Ehepartners bzw. – und das ist der Regelfall – der Ehepartnerin abzuschaffen und einen eigenen Versicherungsbeitrag für diese zu erheben. Dies wäre eine nicht zu unterschätzende zusätzliche finanzielle Belastung, die im Übrigen anders als die paritätisch finan-

---

[673] Klages, Engagement, S. 151.

zierten Krankenversicherungsbeiträge bei abhängiger Beschäftigung durch die Familien vollständig selbst aufgebracht werden müsste.

Ansonsten sind die Möglichkeiten der freiwilligen Versicherung in der gesetzlichen Krankenversicherung begrenzt. Eine Versicherungsberechtigung ist nur für zwei Fälle vorgesehen – wenn Arbeitnehmerinnen und Arbeitnehmer erstmals eine Beschäftigung aufnehmen und nach § 6 Abs. 1 Nr. 1 SGB V aufgrund ihrer Einkommenshöhe versicherungsfrei sind, können sie der Versicherung erstmalig beitreten, da sie von ihrer Erwerbstätigkeit her grundsätzlich zur Solidargemeinschaft der Pflichtversicherten gehören, § 9 Abs. 1 Nr. 3 SGB V.[674] In der gesetzlichen Krankenversicherung darf überdies bleiben, wer eine gewisse Vorversicherungszeit aufzuweisen hat, denn, wer gezwungen wird, der gesetzlichen Krankenversicherung beizutreten, den darf der Gesetzgeber nicht im Stich lassen, wenn die Tatbestandsvoraussetzungen für die Versicherungspflicht eines Tages nicht mehr erfüllt sind.[675] Der Grund liegt in der Notwendigkeit, die Krankenkassen davor zu schützen, dass Versicherte in der Zeit, in der sie „gute" Risiken darstellen, die dann in der Beitragshöhe meist günstigeren Privatversicherungen wählen, während sie später im fortgeschrittenen Alter oder bei Vorerkrankungen dann den im Vergleich wieder günstigeren Schutz in der gesetzlichen Krankenversicherung wünschen, ohne dass sie vorher zur Solidargemeinschaft der Krankenversicherung beigetragen hätten.[676] Solange eine Systemänderung nicht geschieht, bleibt die eigenständige Absicherung von Frauen auch für die Stabilität des Systems der gesetzlichen Krankenversicherung wichtig. Eine Politik zur Förderung von bürgerschaftlichem Engagement anstelle von Erwerbsarbeit sollte diesen Aspekt nicht außer Acht lassen.

Eine vergleichbare Situation besteht auch für die soziale Pflegeversicherung, da gemäß § 20 SGB XI die Versicherungspflicht in der Pflegeversicherung der Versicherung in der gesetzlichen Krankenversicherung folgt. Allerdings sind hier darüber hinaus auch freiwillige Mitglieder in der gesetzlichen Krankenversicherung versicherungspflichtig, § 20 Abs. 3 SGB XI, sowie bestimmte Gruppen von Sozialleistungsbeziehern, § 21 SGB XI. Wie in der gesetzlichen Krankenversicherung besteht für Familienmitglieder die Familienversicherung, § 25 SGB XI. Die Problematik ist daher mit der in der gesetzlichen Krankenversicherung vergleichbar. Die anderen Sozialversicherungszweige sind aufgrund ihrer anderen Struktur nicht so direkt betroffen. Für die grundsätzlich umlagefinanzierte gesetzliche Rentenversicherung und die Arbeitslosenversicherung stellt sich das Problem der Finanzierbarkeit jedoch ebenfalls für den Fall, dass eine

674 Schulin/Igl, Rn. 186.
675 Schulin/Igl, Rn. 186.
676 Schulin/Igl, Rn. 185.

Förderung von bürgerschaftlichem Engagement letztlich zur Umwandlung von sozialversicherungspflichtigen Beschäftigungsverhältnissen in bürgerschaftliches Engagement ohne Sozialversicherungspflicht führt und sich damit die Beitragszahlerbasis weiter verkleinert.

c) Ergebnis

Das Sozialstaatsprinzip gehört zu den Strukturprinzipien des Grundgesetzes. Welchen Einfluss dieses Prinzip – allein oder im Zusammenspiel mit dem Rechtsstaats- und Demokratieprinzip – auf das gesetzgeberische Handeln hat, ist umstritten.

Demjenigen, der die Einbeziehung gesellschaftlicher Kräfte fördern möchte, steht das Sozialstaatsprinzip jedenfalls nicht entgegen. Das Konzept eines „kooperativen Sozialstaats", in dem eine Verlagerung von Aufgaben in die gesellschaftliche Sphäre nicht aus Gründen der Kostenersparnis, sondern mit Blick auf das anthropozentrische Grundgesetzeskonzept befürwortet wird, überzeugt jedenfalls dann, wenn die Übernahme von Aufgaben freiwillig erfolgt. Das Sozialstaatsprinzip bietet Raum für bürgerschaftliches Engagement anstelle oder neben staatlichem Handeln. Zurückziehen darf sich der Staat, nur soweit die Versorgung durch privater Träger und die bei ihnen tätigen bürgerschaftlich Engagierten sichergestellt ist. Zudem muss staatliches Handeln sofort einsetzen, wenn private Initiative die notwendigen Leistungen nicht mehr erbringt. Keinesfalls dürfen aufgrund eines staatlichen Rückzuges Versorgungslücken entstehen. Das Sozialstaatsprinzip gebietet die Letztverantwortlichkeit des Staates.

5. Ergebnis

Demokratie im verfassungsrechtlichen Sinne ist sehr viel enger zu verstehen als dies im sozialwissenschaftlichen Bereich der Fall ist. Daher werden Engagementformen vom Demokratieprinzip des Grundgesetzes nicht weiter behandelt. Demokratie im grundgesetzlichen Sinne bezeichnet nur die Herrschaftsform, nicht die Selbstorganisation von Bürgerinnen und Bürgern.

Wichtiger Anknüpfungspunkt für die Frage nach der verfassungsrechtlichen Einordnung von bürgerschaftlichem Engagement sind das Sozialstaatsprinzip und die Freiheitsverbürgungen der Art. 1 und 2 GG mit ihrer „anthropozentrisch-freiheitlichen" Struktur. Das Rechtsstaatsprinzip, dem die Stoßrichtung des bürgerlich-liberalen Rechtsstaates mit seiner Freiheits- und Eigentumsbewahrung inzwischen fehlt, kann das Sozialstaatsprinzip nicht einschränken oder gar aufheben.

Ein sozialwissenschaftlich regelmäßig vorausgesetztes und rechtswissenschaftlich immer wiederentdecktes Subsidiaritätsprinzip für das Verhältnis Staat – Bürgerin und Bürger ist im Grundgesetz weder explizit niedergelegt, noch kann es aus dem Geist des Grundgesetzes hergeleitet werden. Die in den Rechtswissenschaften über das Subsidiaritätsprinzip gelösten Problem können zudem mit dem Sozialstaatsprinzip und den Grundrechten, insbesondere Art. 1 und 2 GG hinreichend behandelt werden. Für die Annahme eines solchen Prinzips besteht aus diesem Grund kein Raum.

II. Grundrechte

Im Rahmen dieser Arbeit werden die Grundrechte überwiegend als Individualgrundrechte engagierter Personen behandelt. Es wird nur in Einzelfällen auch auf den grundrechtlichen Schutz von Organisationen eingegangen.[677]

Das traditionelle, liberale Verständnis der Grundrechte, das auch der Konzipierung des Grundgesetzes zugrunde lag, sieht in den Grundrechten individuell-subjektive Abwehrrechte gegen staatliche Eingriffe in bürgerliche Freiheit(en).[678] Will man aus den Grundrechten auch Leistungsansprüche gegen den Staat ableiten, so kann dieses neue, allgemeine Verständnis der Grundrechte auch allgemeiner durch den Rückgriff auf das Sozialstaatsprinzip abgesichert werden.[679] Umgekehrt stellt sich bei jedem Abbau wesentlicher staatlicher Leistungen die Frage, ob dadurch nicht auch solche grundrechtlichen Leistungsansprüche verletzt und dem Staat insoweit Schranken gesetzt werden.[680] Die Freiräume, die der grundrechtliche Schutz im status negativus gewährt, spielen für den Einzelnen eine Rolle, wenn es um die Möglichkeiten eigenen Engagements geht. Soweit jedoch staatliches Handeln betroffen ist, geht es um Fragen von Leistungsgewährung und Steuerungsmöglichkeiten.

---

677 Instruktiv hierzu: Neumann, Freiheitsgefährdung im kooperativen Sozialstaat.
678 Bieback, Jura 1987, S. 229, 232.
679 Bieback, Jura 1987, S. 229, 232.
680 Bieback, Jura 1987, S. 229, 232f.

1. Religions- und Weltanschauungsfreiheit, Art. 4 GG und Art. 140 GG, Art. 136, 137, 138, 139, 141 WRV

Die Religions- und Weltanschauungsfreiheit des Art. 4 GG kann Einfluss auf das bürgerschaftliche Engagement haben. Ist individuelles bürgerschaftliches Engagement von religiösen Motiven getragen, so kommt Art. 4 GG zum Tragen. Art. 4 Abs. 1 GG garantiert: „Die Freiheit des Glaubens, des Gewissens und die Freiheit des religiösen und weltanschaulichen Bekenntnisses sind unverletzlich". Art. 4 Abs. 2 GG gewährleistet die ungestörte Religionsausübung. Dem Bundesverfassungsgericht zufolge bilden die religiös-weltanschaulichen Inhalte des Art.4 Abs. 1 und Abs. 2 GG ein einheitliches Grundrecht, welches die individuelle und kollektive Selbstbestimmung in religiös-weltanschaulicher Hinsicht im Denken, Reden und Handeln umfasst.[681] Auch in der Literatur werden die Art. 4 Abs. 1 und Abs. 2 GG überwiegend als einheitliches Grundrecht angesehen.[682] Art. 4 GG geht als lex specialis nicht nur Art. 2 Abs. 1 GG, sondern auch Art. 5 GG vor, soweit es um durch religiöse Überzeugung gebotene Auffassungen geht.[683]

Für die Beurteilung des Schutzes von bürgerschaftlichem Engagement durch die Religions- und Weltanschauungsfreiheit reicht es jedoch nicht, sich die Regelungen zu Art. 4 Abs. 1 und Abs. 2 GG anzusehen. Ebenfalls von Bedeutung sind die durch Art. 140 GG inkorporierten Art. 136, 137, 138, 139 und 141 WRV. Diese Normen des Grundgesetzes bilden eine historisch und funktionell mehrschichtige, strukturierte Einheit innerhalb der Einheit der Verfassung im Ganzen,[684] denn es handelt sich bei ihnen um einen Kompromiss, der bei den Beratungen zum Grundgesetz gefunden wurde.[685] Daher müssen die verschiedenen Regelungen im Zusammenhang gesehen werden.[686] In diesem Gefüge legt die Normentrias Art. 4 Abs. 1 und Abs. 2 GG, Art. 137 Abs. 1 WRV und Art. 137 Abs. 3 WRV das Fundament und fixiert das grundlegende Koordinatensystem: Sie garantiert individuelle und korporative, positive und negative Religions- und Weltanschauungsfreiheit sowie ein freies Religions- bzw. Kirchenwesen im weltanschaulich, religiös und konfessionell neutralen und paritätischen Staat, der zwar als moderner säkularer Staat in der Wurzel von Religion und Kirche getrennt ist, der diese aber als schutzwürdig und für sich selbst bedeutsame Faktoren anerkennt, schützt und die Zusammenarbeit mit ihnen er-

---

681 Von Münch/Kunig-Mager, Art.4, Rn. 9.
682 Vgl. die Nachweise bei von Münch/Kunig-Mager, Art. 4, Rn. 9.
683 Jarass/Pieroth, Art. 4, Rn. 6.
684 Hollerbach, HBStR VI, § 138, Rn. 86.
685 Nachweise bei Hollerbach, HBStR VI, § 138, Rn. 19ff.
686 Hollerbach, HBStR VI, § 138, Rn. 87.

möglicht.[687] Die Artikel der Weimarer Reichsverfassung sind im Zusammenhang mit bürgerschaftlichem Engagement in erster Linie von Bedeutung, wenn es um die Organisation von Einrichtungen von Religions- oder Weltanschauungsgemeinschaften, insbesondere Kirchen, und ihren Schutz geht.

a) Personeller Schutzbereich

Art. 4 GG schützt die individuelle Glaubensfreiheit. Als Menschenrecht schützt Art. 4 GG auch Ausländerinnen und Ausländer. Ob auch juristische Personen des Privatrechts durch Art. 4 GG geschützt sein können, richtet sich nach Art. 19 Abs. 3 GG: Dies ist der Fall, wenn das Grundrecht dem Wesen nach auch auf die juristische Person anwendbar ist. Ob die Glaubens- und Weltanschauungsfreiheit dem Wesen nach auf juristische Personen des Privatrechts anwendbar ist, wird zum Teil bezweifelt,[688] die Anwendbarkeit der Bekenntnisfreiheit und der Freiheit der Religionsausübung ist jedoch unproblematisch.[689] Zum Teil wird auch angenommen, dass juristische Personen insgesamt geschützt seien.[690] Sind Religions- bzw. Weltanschauungsgemeinschaften also als juristische Personen des Privatrechts organisiert, kann ihnen Grundrechtsschutz zukommen. Ob dies auch für Kirchen gilt, ist damit allerdings noch nicht geklärt. Dem Wesen nach – also auch über Art. 19 Abs. 3 GG – könnte die Glaubensfreiheit zwar auch auf Kirchen anwendbar sein. Kirchen sind aber nach Art. 140 GG i. V. m. Art. 137 Abs. 5 GG WRV im Allgemeinen Körperschaften öffentlichen Rechts und damit grundsätzlich nicht grundrechtsfähig. Die Grundrechtsfähigkeit einer Körperschaft des öffentlichen Rechts kann aber beim Nachweis besonderer Umstände bejaht werden.[691] Für die als Körperschaften des öffentlichen Rechts organisierten Kirchen spricht, dass die Organisationsform ursprünglich gewählt wurde, um die betroffenen Einrichtungen zu privilegieren. Keinesfalls wollte man auf diese Weise den verfassungsrechtlichen Grundrechtsschutz verkürzen.[692] Art. 140 GG i. V. m. Art. 137 Abs. 3 S. 1 WRV bringt vielmehr zum Ausdruck, dass die Ausübung des Art. 4 GG zu den eigenen Angelegenheiten der Kirchen gehöre und dass Art. 4 GG deshalb dem Wesen nach auf sie anzuwenden ist.[693]

Das bedeutet, dass Art. 4 GG als kollektive Glaubensfreiheit nicht nur religiösen und weltanschaulichen Gemeinschaften bzw. Vereinigungen zugute kommt,

---

[687] Hollerbach, HBStR VI, § 138, Rn. 88.
[688] MD-Herzog, Art. 4, Rn. 35.
[689] Sachs, Grundrechte, B 4, Rn. 12f.
[690] Neumann, S. 14.
[691] MD-Herzog, Art. 4, Rn. 38.
[692] MD-Herzog, Art. 4, Rn. 40 m.w.N.
[693] MD-Herzog, Art. 4, Rn. 40.

sondern auch den Kirchen, die als Körperschaften des öffentlichen Rechts organisiert sind.[694] Darüber hinaus hat das Bundesverfassungsgericht den Grundrechtsschutz neben Kirchen, Religions- und Weltanschauungsgemeinschaften, auch solchen Vereinigungen zugestanden, die sich nicht der allseitigen, sondern nur der partiellen Pflege des religiösen und weltanschaulichen Lebens ihrer Mitglieder widmen.[695]

b) Sachlicher Schutzbereich

Die Freiheit des Glaubens schützt die religiöse und die weltanschauliche Überzeugung.[696] Glaubensfreiheit ist daher Religions- und Weltanschauungsfreiheit.[697] Religion und Weltanschauung geht es um die Stellung des Menschen in der Welt, seine Herkunft, sein Ziel und seine Beziehung zu höheren Mächten oder tieferen Seinsschichten.[698] Ihnen zugrunde liegt eine Gewissensentscheidung. Aus dem Glauben ergeben sich für die Gläubigen bindende Verpflichtungen, von denen sie ohne ernste Gewissensnot nicht abweichen können.[699]

Art. 4 GG schützt die positive und die negative Glaubensfreiheit.[700] Auch das Gründen von religiösen und weltanschaulichen Vereinigungen ist geschützt.[701] Zum Teil wird angenommen, dass über diese glaubensbezogenen Handlungen im engeren Sinne hinaus durch Art. 4 Abs. 1 und Abs. 2 GG auch das „Recht des einzelnen, sein gesamtes Verhalten an den Lehren seiner religiösen oder weltanschaulichen Überzeugung auszurichten und dieser Überzeugung gemäß zu handeln“ geschützt ist.[702]

c) Schutz des bürgerschaftlichen Engagements

Kirchenbindung ist trotz der Veränderung von Engagementstrukturen immer noch ein wichtiges und prägendes Element bürgerschaftlichen Engagements.

---

694 Sachs, Grundrechte, B 4, Rn. 14.
695 BVerfGE 24, 236, 246f.
696 BVerfGE 12, 1, 3f.; 32, 98, 106; MD-Herzog, Art. 4, Rn. 80f.
697 Jarass/Pieroth, Art. 4, Rn. 7.
698 BVerfGE 90, 1, 14; Campenhausen, HBStR VI, § 136, Rn. 41f.
699 Jarass/Pieroth, Art. 4, Rn. 13.
700 BVerfGE 41, 29, 49; 52, 223, 241: Negative Glaubensfreiheit beinhaltet die Freiheit, eine religiöse oder weltanschauliche Überzeugung abzulehnen, sofern dies auf einer Gewissensentscheidung beruht, und das Recht, seine eigene Überzeugung zu verschweigen, BVerfGE 46, 266, 267; Jarass/Pieroth, Art. 4, Rn.11.
701 Jarass/Pieroth, Art. 4, Rn. 10.
702 BVerfGE 33, 23, 28; 41, 19, 49.

Personen ohne aktive Beteiligung[703] geben nur zu 8% an, sie hätten eine starke Bindung an die Kirche. Der Anteil steigt, je stärker das Engagement ist. 28% der Personen, die in unterschiedliche Arten von Engagement eingebunden sind, gaben beim Freiwilligensurvey an, sie hätten eine starke Bindung an die Kirche.[704] Zwar bedeutet dies, dass die Mehrzahl der Engagierten nur eine geringe oder keine Kirchenbindung haben; der Zusammenhang zwischen Kirchenbindung und Engagement ist aber deutlich.[705]

Für den Schutz durch Art. 4 Abs. 1 und Abs. 2 GG kommen vor allem zwei Formen bürgerschaftlichen Engagements in Betracht: Zum einen bürgerschaftliches Engagement, das innerhalb der Strukturen der Glaubens- oder Weltanschauungsgemeinschaft übernommen wird. Hierzu zählt insbesondere die Übernahme von Ehrenämtern innerhalb der jeweiligen Organisation, wie z. B. als Presbyterinnen und Presbyter oder Messdienerinnen und Messdiener. Zum anderen Engagement, das als „tätige Nächstenliebe" im Sinne karitativer Tätigkeit – im engeren oder weiteren Zusammenhang mit Kirche oder kirchlichen Einrichtungen – ausgeübt wird. Insbesondere das karitative Engagement ist für die Kirchen von großer Bedeutung. Soweit es innerhalb der christlichen Kirchen statt findet, hat soziales Engagement im Sinne von Nächstenliebe als Teil der Karitas und der Diakonie, d. h. Dienst an Armen und Hilfsbedürftigen (Krankenpflege, Gemeindedienst) eine exponierte Stellung.

Tätige Nächstenliebe findet in verschiedenen Bereichen und auf unterschiedliche Art und Weise statt: als direkte Gemeindearbeit, z. B. als Besuchsdienste für ältere Gemeindemitglieder oder durch die Organisation von Veranstaltungen. Sie kann aber auch in eigenen Einrichtungen erbracht werden, so in kirchlichen Kindergärten oder Krankenhäusern, oder in kirchlich betriebenen Sozialstationen. Dabei wird nicht jede Hilfstätigkeit innerhalb der Kirche oder einer der Kirche zuzuordnenden Einrichtung durch bürgerschaftlich Engagierte bzw. als bürgerschaftliches Engagement erbracht. Insbesondere in kirchlichen Einrichtungen wie Kindergärten oder Krankenhäusern arbeiten in erster Linie professionelle Kräfte. Daneben findet sich aber auch bürgerschaftliches Engagement. Gerade die konfessionellen Wohlfahrtsverbände, der Caritasverband und das Diakonische Werk, greifen immer noch auf eine große Zahl ehrenamtlicher Mitarbeiterinnen und Mitarbeiter zurück. Auch diese kirchlichen bzw. der Kirche angegliederten Tätigkeiten könnten durch die Glaubensfreiheit des Art. 4 Abs. 1 und Abs. 2 GG und die durch Art. 140 GG inkorporierten Regelungen der WRV

---

[703] „Aktive Beteiligung" meint hier das „Mitmachen" in einer Gruppe und kann gegenüber bürgerschaftlichem Engagement ein Minus sein.
[704] Freiwilligensurvey, Gesamtbericht, S. 62.
[705] Freiwilligensurvey, Gesamtbericht, S. 62.

geschützt sein. Ob dies der Fall ist, hängt von der Weite der Religions- bzw. Weltanschauungsfreiheit ab. Hier gehen, wie oben bereits gesehen, die Meinungen auseinander.

(1) Schutz des individuellen bürgerschaftlichen Engagements

Wie viel Schutz gewähren Art. 4 Abs. 1 und Abs. 2 GG dem individuellen bürgerschaftlichen Engagement? Das Bundesverfassungsgericht legt den sachlichen Schutzbereich des Art. 4 Abs. 1 und Abs. 2 GG weit aus und nimmt an, dass die Glaubensfreiheit dem Einzelnen das Recht gebe, sein gesamtes Verhalten an den Lehren seines Glaubens auszurichten und seiner inneren Glaubensüberzeugung entsprechend zu leben.[706] Grundsätzlich soll gelten: Bei der Frage, was als Ausübung der Religion zu betrachten sei, dürfe das Selbstverständnis der Vereinigung nicht außer Betracht bleiben.[707] Auch äußerlich religionsneutrales – auch ohne religiöse Motivation denkbares – Handeln kann vom Schutzbereich des Art. 4 Abs. 1 GG umfasst sein, wenn die religiöse Motivation tragendes Identifikationsmerkmal ist.[708]

Das Bundesverfassungsgericht sieht daher die tätige Nächstenliebe nach dem Neuen Testament, so wie sie auch von der Katholischen und von der Evangelischen Kirche verstanden wird,[709] als eine für Christen wesentliche Aufgabe.[710] Zumindest die christliche Religionsausübung umfasse aus diesem Grund nicht nur den Bereich des Glaubens und des Gottesdienstes, sondern auch die Freiheit zur Entfaltung und Wirksamkeit in der Welt, wie es ihrer religiösen und diakonischen Aufgabe entspreche.[711] Das würde bedeuten, karitative Betätigung im Allgemeinen, also auch karitatives Engagement in der Kirche, würde als Teil des christlichen Glaubens das kirchliche Selbstverständnis mit ausmachen. Deshalb würde es als Teil der Religionsausübung durch Art. 4 GG geschützt und nicht, wie andere Formen des sozialen Engagements, in der Regel nur durch Art. 2 Abs. 1 GG. Als Schlussfolgerung daraus wird angenommen, dass der und die Einzelne in Bezug auf das eigene karitativ-diakonische Wirken Grundrechtsschutz für sich in Anspruch nehmen kann.[712]

---

[706] BVerfGE 24, 236, 247f.; 32, 98, 106; st. Rspr.
[707] Neumann, S. 14.
[708] Geis, Selbsthilfe, S. 99.
[709] Art. 15 Abs. 1 der Grundordnung der EKD, Text bei Brunotte, S. 181.
[710] BVerfGE 24, 236, 248.
[711] BVerfGE 24, 236, 248.
[712] Hollerbach, HBStR VI, § 140, Rn. 20.

Gegen die weite Auslegung des Bundesverfassungsgerichts gibt es allerdings auch Widerspruch. So wird kritisiert, eine so umfassende Deutung der Religions- und Weltanschauungsfreiheit sei nicht geboten; sie verlöre so ihre Konturen.[713] Sachgerecht sei eine stärkere Orientierung am Wortlaut und eine Deutung der Glaubensfreiheit als Grundrecht, welches das Bilden und Haben eines Glaubens umfasse, die Bekenntnisfreiheit das öffentliche Äußern der religiösen und weltanschaulichen Überzeugung schütze und die Religionsausübungsfreiheit die Kultusfreiheit meine.[714] Unter Kultusfreiheit wird dabei die Freiheit verstanden, Glaubens- und Weltanschauungsinhalte durch Riten, Symbole und Repräsentationsvorgänge wie Gebete, Gottesdienste, etc. zu manifestieren.[715] Legt man diese Deutung zugrunde, so schließt sich die Frage an, in welchen Teilbereich des Grundrechts die karitative Betätigung fallen könnte. In Betracht kommt das soziale Engagement als Nach-Außen-Treten einer religiösen Überzeugung im Sinne der Bekenntnisfreiheit bzw. als eine Manifestation als Teil der Kultusfreiheit. Da es sich jedoch um eine Tätigkeit handelt, die weniger als Repräsentationsvorgang zu verstehen ist, als vielmehr Ausdruck des Glaubens im Alltag, gehört es in seiner Struktur eher zur Bekenntnis- als zur Kultusfreiheit. Als Element der Bekenntnisfreiheit wird daher auch nach der engeren Auslegung zumindest die christliche Karitas, und damit auch das soziale Engagement innerhalb der Kirchen von Art. 4 GG geschützt.

Individuelles bürgerschaftliches Engagement, dessen christliche Motivation tragendes Identifikationsmerkmal ist, wird damit sowohl nach Ansicht der Bundesverfassungsgerichts als Teil des religiösen Selbstverständnisses, als auch bei engerer Auslegung als Teil der Bekenntnisfreiheit geschützt. Für andere Formen des Engagement, insbesondere die Übernahme von Ehrenämtern innerhalb von Kirchen, anderen Religions- oder Weltanschauungsgemeinschaften gilt ebenfalls der Schutz über Art. 4 GG. Für andere Glaubens- oder Weltanschauungsgemeinschaften gilt der Schutz des Art. 4 GG in Bezug auf karitatives Engagement dann, wenn dieses ebenso wie in der Evangelischen und der Katholischen Kirche Teil ihres Selbstverständnisses ist; das Grundrecht der karitativen Betätigung außerhalb dieser engen Grenzen ist Art. 2 Abs. 1 GG.[716]

(2) Schutz kirchlicher Einrichtungen

Dass Kirchen als Körperschaften des öffentlichen Rechts und privatrechtlich organisierte Glaubens- oder Weltanschauungsgemeinschaften grundsätzlich in

713 Von Münch/Kunig-Mager, Art. 4, Rn.17.

714 BVerfGE 69, 1, 33f.; von Münch/Kunig-Mager, Art. 4, Rn. 9.

715 AK-Preuß, 2. A., Art. 4, Rn. 24.

716 So auch das Bundesverfassungsgericht, s. oben unter D II 7 .

den Schutzbereich des Art. 4 GG einbezogen werden können, ist oben bereits dargestellt worden. Neben den Kirchengemeinden selbst gibt es aber auch eine Vielzahl kirchlicher Einrichtungen, die in unterschiedlicher Rechtsform betrieben werden. Zum Teil sind die Einrichtungen, in denen soziale Dienste geleistet werden, als eigene Vereinigungen organisiert. Eine grundsätzliche Einbeziehung karitativer Tätigkeit der Kirchen in den Schutzbereich der Religionsfreiheit muss aber nicht unbedingt bedeuten, dass der Schutz des Art. 4 GG auch für alle kirchliche Einrichtungen gilt, in denen soziale Dienste – und damit häufig auch bürgerschaftliches Engagement – geleistet werden, die aber nicht direkt zur Amtskirche oder der verfassten Kirche gehören. Ihre Einbeziehung in den Schutzbereich der Religionsfreiheit versteht sich nicht von selbst. Es müssen vielmehr Kriterien gefunden werden, die es erlauben zu beurteilen, ob eine kirchliche Einrichtung selbständig ist oder durch ihre Verbundenheit mit der Kirche im Grundgesetz besonders geschützt wird.

(a) Unterscheidung nach der Rechtsform?

Die karitative Tätigkeit der Kirche wird in drei Rechtsformen ausgeübt: Die verfasste Kirche kann selbst Einrichtungen betreiben, die dann rechtlich unselbständige Teile einer Kirchengemeinde als Körperschaft des öffentlichen Rechts sind. Daneben gibt es die selbständigen kirchlichen Stiftungen des öffentlichen Rechts. Die dritte und häufigste Rechtsform ist die juristische Person des Privatrechts, insbesondere der Verein, mitunter auch die Gesellschaft mit beschränkter Haftung.[717] Bei der Frage nach der Einbeziehung solcher Einrichtungen in den Schutzbereich von Art. 4 GG oder Art. 137 Abs. 1 WRV geht es um den Zusammenhang zwischen organisatorisch oder rechtlich verselbständigten kirchlichen Einrichtungen mit der verfassten Kirche.

Zunächst scheint es sich anzubieten, den Schutz anhand der Rechtsform der jeweiligen Vereinigung zu bestimmen. Tatsächlich aber ist dies problematisch. Zwar war bis zum Anfang des 20. Jahrhunderts eine Unterscheidung zwischen kirchenamtlicher und freier Diakonie anhand der Rechtsform möglich. Eine Tendenz zur „Verkirchlichung der Diakonie“ begann aber schon mit der Abschaffung des Staatskirchentums 1919 und war insbesondere in der Zeit des Nationalsozialismus zu erkennen. Die Eingliederung von Einrichtungen geschah – wie das Beispiel der Inneren Mission zeigt – zu ihrem Schutz, da die Freiräume innerhalb der Kirchen größer waren als außerhalb.[718] Darüber hinaus ist die Entscheidung für die Rechtsform heute in der Regel eine Pragmatische: Es wird die

[717] Neumann, S. 16.
[718] Neumann, S. 17f.

jeweils zweckmäßigste Rechtsform gewählt.[719] Dies ist häufig deswegen die Privatrechtsform, weil Kirchenvorstände z. B. mit der Leitung und Verwaltung von Altenheimen und Krankenhäusern fachlich überfordert wären.[720] Aus der Rechtsform der Einrichtung lässt sich also ein Maßstab für die Beurteilung regelmäßig nicht entnehmen.

(b) Das kirchliche Selbstbestimmungsrecht und Selbstverständnis

Statt aus der Rechtsform der Einrichtung auf das Verhältnis zur Kirche zu schließen, wird inzwischen in den meisten Fällen mit dem Selbstverständnis und dem Selbstbestimmungsrecht der Kirchen argumentiert:
Zum einen wird das Selbstverständnis der Kirchen als Maßstab für eine Einbeziehung in den Schutzbereich grundsätzlich akzeptiert. Es wird angenommen, als kirchliche Grundfunktion oder „Wesens- und Lebensäußerung"[721] unterliege dieses Wirken auch dem kirchlichen Selbstbestimmungsrecht, das seinerseits einschließe, die organisatorischen Formen zu bestimmen, in denen sich dieses Engagement vollziehe.[722] Es handelt sich demnach bei kirchlichen Einrichtungen um Objekte, bei deren Ordnung und Verwaltung die Kirche grundsätzlich frei ist, wenn sie nach kirchlichem Selbstverständnis ihrem Zweck oder ihrer Aufgabe entsprechend berufen sind, ein Stück Auftrag der Kirche in dieser Welt wahrzunehmen und zu erfüllen.[723]
Das bedeutet, dass nicht nur die organisierte Kirche und ihre rechtlich selbständigen Teile, sondern alle der Kirche in bestimmter Weise zugeordneten Einrichtungen ohne Rücksicht auf ihre Rechtsform unter bestimmten Umständen in den Schutzbereich des Art. 4 GG fallen können. Es ist deshalb nur konsequent, wenn Karitas und Diakonie nicht nur dann den besonderen staatskirchenrechtlichen Gewährleistungen unterliegen, wenn sie unmittelbar von der Amtskirche oder der verfassten Kirche geübt werden, sondern wenn sie Gegenstand der Aktivitäten von religiösen Gruppen und Verbänden sind, soweit diese in einer bestimmt gearteten Verbindung mit der betreffenden Kirche stehen.[724] Daraus ergibt sich, dass neben den Einzelnen und der Kirche selbst in der Regel auch die religiöse Gruppe für karitativ-diakonisches Wirken Grundrechtsschutz für sich in Anspruch nehmen kann.[725]

---

[719] Neumann, S. 18.
[720] Neumann, S. 18.
[721] Formulierung in Art. 15 Abs. 1 der Grundordnung der EKD, bei Brunotte, S. 181.
[722] Hollerbach, HBStR VI, § 140, Rn. 20.
[723] BVerfGE 46, 73, 1. Leitsatz.
[724] Hollerbach, HBStR VI, § 140, Rn. 20.
[725] Hollerbach, HBStR VI, § 140, Rn. 20.

(c) Ergebnis

Kirchliche Einrichtungen sind über die Glaubensfreiheit des Art. 4 und Art. 19 Abs. 3 GG dann geschützt, wenn sie nach kirchlichem Selbstverständnis ihrem Zweck oder ihrer Aufgabe entsprechend berufen sind, ein Stück Auftrag der Kirche in dieser Welt wahrzunehmen und zu erfüllen.

(3) Stellung anderer Glaubens- und Weltanschauungsgemeinschaften und ihrer Einrichtungen

Die wichtigste nichtchristliche Religion in Deutschland ist der Islam. Dieser Religionsgemeinschaft gehören in der Bundesrepublik vor allem ausländische Staatsbürgerinnen und Staatsbürger an. Für eine Beurteilung von bürgerschaftlichem Engagement von Ausländerinnen und Ausländern fehlt es an verlässlichen Zahlen. Beim Freiwilligensurvey ist die wichtigste systematische Unterrepräsentation die von Personen mit ausländischer Staatsangehörigkeit. Sie ist in der Stichprobe, die dem Freiwilligensurvey zugrunde liegt, mit 3% vertreten, während ihr Anteil an der Gesamtbevölkerung rund 8% beträgt.[726] Es ist davon auszugehen, dass zu den unterrepräsentierten Personen insbesondere Menschen islamischen Glaubens gehören. Auch über andere Glaubens- und Weltanschauungsgemeinschaften fehlt es an verlässlichen Informationen.

Es spricht einiges dafür, dass insbesondere in Gemeinschaften mit nicht so verfestigten Strukturen viele Aufgaben von bürgerschaftlich engagierten Personen übernommen werden. Hier ist ein Schutz durch Art 4 Abs. 2 GG für individuelles Engagement davon abhängig, inwieweit die Voraussetzungen erfüllt sind, die an die weltanschauliche oder religiöse Motivation der Engagierten gestellt werden. In den meisten Fällen kann von einem Schutz ausgegangen werden. Für Einrichtungen, die durch Religions- oder Weltanschauungsgemeinschaften betrieben werden, ist der jeweilige Einzelfall zu betrachten. Hinsichtlich der Einbeziehung karitativer Tätigkeit gilt, dass diese – wie im Christentum – aus dem Selbstverständnis der Glaubens- oder Weltanschauungsfreiheit begründbar sein muss.

(4) Ergebnis

Art. 4 Abs. 1, 2 GG schützt bürgerschaftliches Engagement als Teil der Religionsfreiheit unter verschiedenen Aspekten. Nicht nur die Übernahme von Aufgaben innerhalb der Organisationsstruktur der jeweiligen Glaubensgemeinschaft

[726] Hinweis darauf leider nur im Anhang in der Fußnote, Freiwilligensurvey, Gesamtbericht, S. 212, Fn. 42.

wird durch Art. 4 Abs. 1 und 2 GG geschützt, wie etwa die Übernahme von Ehrenämtern. Auch soziales bürgerschaftliches Engagement innerhalb der Glaubens- oder Religionsgemeinschaft kann geschützt sein, wenn es, wie in den christlichen Kirchen die tätige Nächstenliebe, Teil des eigenen Selbstverständnisses ist. Grundsätzlich ist es möglich, dass auch juristische Personen in den Schutz des Art. 4 Abs. 1 und 2 GG einbezogen werden. Eine Einbeziehung von Institutionen in den Schutzbereich orientiert sich nicht an der Rechtsform der Vereinigung, sondern aus dem Selbstverständnis der Religions- oder Glaubensgemeinschaft. Daher können auch Vereine, in denen bürgerschaftliches Engagement als Teil des religiösen Selbstverständnisses ausgeübt wird, in den Schutzbereich des Art. 4 Abs. 1 und 2 GG fallen.

d) Folgen für die Behandlung von bürgerschaftlichem Engagement

Es ist festgestellt worden, dass karitative Tätigkeiten, die in kirchlichen Einrichtungen erbracht werden, vom Recht auf ungestörte Religionsausübung umfasst sind. Dies hat auch Folgen für Eingriffe in den Schutzbereich und ihre Rechtfertigung. Welche Konsequenzen sich daraus für das bürgerschaftliche Engagement ergeben, lässt sich an der sogenannten „Lumpensammler-Entscheidung“ des Bundesverfassungsgerichts verdeutlichen:
In dieser Entscheidung ging es um die Frage, ob bei der Feststellung der Sittenwidrigkeit einer Wettbewerbshandlung durch ein Gericht das Grundrecht auf ungestörte Religionsausübung des Art. 4 Abs. 2 GG hinreichend berücksichtigt worden war.[727] Eine Vereinigung katholischer ländlicher Jugend Deutschlands, als nichtrechtsfähiger Verein organisiert, hatte in einer „Aktion Rumpelkammer“ u.a. gebrauchte Kleider verkauft und mit dem Erlös die „Landjugend in unterentwickelten Ländern“ unterstützt. Für diese Aktion war durch Kanzelabkündigungen geworben worden. In Frage stand, ob die Kanzelabkündigungen als sittenwidrige Wettbewerbshandlungen im Sinne des § 1 UWG anzusehen waren. Das Bundesverfassungsgericht stellte fest, es handele sich bei der Sammlungsaktion um einen Teil der durch Art. 4 Abs. 2 GG geschützten Religionsausübung. Die Sammlung genieße gerade wegen ihres religiös-karitativen Charakters und Zwecks besonderen Schutz.[728] Bei der Auslegung des Begriffs der Sittenwidrigkeit der Wettbewerbshandlung nach dem UWG hätte die besondere Art des Wettbewerbs zwischen einem Gewerbetreibenden und einem innerhalb der Religionsausübung handelnden „Wettbewerber“ von dem höherwertigen Rechtsgut ungestörter Religionsausübung beurteilt werden müssen und nach dem festgestellten Sachverhalt nicht als sittenwidrig eingestuft werden dür-

---

[727] BVerfGE 24, 236ff.
[728] BVerfGE 24, 236, 251.

fen.[729] Der Eingriff, der in der Untersagung der Abkündigungen durch die vorhergehende Instanz bestand, wurde hier also aufgrund des Schutzes der ungestörten Religionsausübung des Art. 4 Abs. 2 GG als nicht gerechtfertigt angesehen.[730]

2. Meinungsfreiheit, Art. 5 Abs. 1 S. 1 1.HS. GG

Bürgerschaftliches Engagement ist fast immer auch Kommunikation. Kommunikation untereinander, wenn das Engagement in einem organisatorischen Rahmen statt findet; Kommunikation mit anderen, wenn Engagierte sich für andere engagieren oder für ihre Sache werben. Konstitutiv für eine erfolgreiche Arbeit im Bereich des bürgerschaftlichen Engagements ist die Möglichkeit, Position zu beziehen und andere zu überzeugen. Das gilt für die Mitgliederwerbung der Sportvereine – die Überzeugung, dass die angebotene Sportart in einem bestimmten Verein genau die passende ist – oder für das Einwerben von Unterstützung und Spenden für einen sozialen Zweck genauso wie für die Durchsetzung der angestrebten Ziele einer Bürgerinitiative, z. B. die Einrichtung einer Verkehrsberuhigung im eigenen Wohnviertel. Alle diese Tätigkeiten im Rahmen von bürgerschaftlichem Engagement können in den Schutzbereich der Meinungsfreiheit, Art. 5 Abs. 1 S. 1 1.HS. GG fallen.

a) Bürgerschaftliches Engagement und der Schutzbereich der Meinungsfreiheit, Art. 5 Abs. 1 S. 1 1.HS. GG

Art. 5 Abs. 1 S. 1 1.HS. GG schützt Freiheit der Meinungsäußerung und der Meinungsverbreitung.[731] In erster Linie wird durch Art. 5 Abs. 1 S. 1 1.HS. GG ein subjektives Abwehrrecht gewährleistet.[732] In der Lüth-Entscheidung bezeichnete das Bundesverfassungsgericht das Grundrecht auf freie Meinungsäußerung als unmittelbarster Ausdruck der menschlichen Persönlichkeit in der Gesellschaft als eines der vornehmsten Menschenrechte überhaupt.[733] Meinungsäußerungen sind in erster Linie Werturteile, gleichgültig, auf welchen Gegenstand sie sich beziehen und welchen Inhalt sie haben.[734] Grundsätzlich gibt

---

[729] BVerfGE 24, 236, 251f.
[730] Die Frage danach, ob sich aus dem Schutz bürgerschaftlichen Engagements durch Art. 4 GG auch ein Anspruch auf staatliche Leistungen ergeben kann, wird bei Art. 3 GG am Beispiel der gesetzlichen Unfallversicherung näher beleuchtet, s. unten D II 8.
[731] Ipsen, Staatsrecht II, Rn. 385.
[732] Schmidt-Jortzig, HBStR VI, § 141, Rn. 2.
[733] BVerfGE 7, 198, 208.
[734] Pieroth/Schlink, Rn. 550.

es keinen Vorrang politischer oder öffentlichkeitsbezogener Meinungsäußerungen gegenüber privaten Äußerungen.[735]
Umstritten ist, ob auch Tatsachenbehauptungen unter die Meinungsäußerungsfreiheit fallen. Der Unterschied zwischen Tatsachenbehauptungen und Meinungsäußerungen wird darin gesehen, dass Tatsachenbehauptungen wahr oder falsch seien, Meinungsäußerungen hingegen weder wahr noch falsch. Dagegen wird zu Recht eingewandt, dass eine Tatsachenbehauptung regelmäßig auch ein Werturteil enthalte,[736] denn schon die Entscheidung, wann, wo und wie eine Tatsache behauptet wird, hat wertende Qualität.[737] Außerdem ist die Tatsacheninformation unabdingbare Voraussetzung für die Meinungsbildung.[738] Das Bundesverfassungsgericht legt den Begriff der Meinungsäußerung weit aus. Demnach sollen Äußerungen durch Art. 5 Abs. 1 S. 1 1.HS. GG geschützt sein, die durch die Elemente der Stellungnahme, des Dafürhaltens, geprägt sind, auch wenn sie sich mit Elementen einer Tatsachenmitteilung oder -behauptung verbinden oder mischen.[739] Mit der Meinungsäußerungs- ist auch die Meinungsverbreitungsfreiheit geschützt. Dabei ist die in Art. 5 Abs. 1 S. 1 1.HS. GG aufgeführte Kommunikation über Wort, Schrift und Bild beispielhaft zu verstehen; umfasst werden auch andere Kommunikationsformen.[740] Auch die negative Meinungsfreiheit, d. h. das Recht, seine Meinung nicht zu äußern und zu verbreiten, wird von Art. 5 Abs. 1 S. 1 1.HS. GG geschützt.[741]

Zwar hat die Meinungsfreiheit grundlegende Bedeutung für die politischen Abläufe im Staat und für die demokratische Willensbildung. Eine inhaltliche Einschränkung ergibt sich daraus für das Grundrecht der Meinungsfreiheit jedoch nicht. Worüber man eine Meinung hat und sie verbreiten will, über rein fachliche, wirtschaftliche, politische, kulturelle oder personale Zusammenhänge, ist ebenso unerheblich wie der Befund, ob jene Meinung richtig oder falsch, überzeugend oder töricht, grundsätzlich oder belanglos sei.[742]

Grundrechtsträger ist jeder Mensch. Auf das Grundrecht der Meinungsfreiheit können sich auch inländische juristische Personen oder Personenvereinigungen berufen.[743] Dabei kommt es nicht auf die Rechtsfähigkeit an, sondern nur auf die tatsächliche Eignung, für die betreffende Gruppierung eine eigenständige Mei-

[735] Von Münch/Kunig-Wendt, Art. 5, Rn. 2 m.w.N.
[736] Ipsen, Staatsrecht II, Rn. 388.
[737] So auch Pieroth/Schlink, Rn. 553.
[738] AK-Hoffmann-Riem, 2. A., Art. 5, Abs. 1, 2, Rn. 21.
[739] BVerfGE 61, 1, 9.
[740] BVerfGE 85, 1, 11.
[741] BVerfGE 65, 1, 40; Pieroth/Schlink, Rn. 559.
[742] Schmidt-Jortzig, HBStR VI, § 141, Rn. 22.
[743] Jarass/Pieroth, Art. 5, Rn. 8.

nung zum Ausdruck zu bringen. Auch nichtrechtsfähige Vereine können daher das Grundrecht für sich reklamieren.[744] Zusammenschlüsse bürgerschaftlich Engagierter können also in den Schutzbereich der Meinungsäußerungsfreiheit auch dann fallen, wenn sie nicht als Verein eingetragen sind.

Die negative Meinungsfreiheit ist für bürgerschaftliches Engagement nicht von besonderer Bedeutung. Das Handeln bürgerschaftlich engagierter Einzelpersonen und Organisationen fällt jedoch häufig in den Schutzbereich der positiven Meinungsäußerungsfreiheit des Art 5 Abs. 1 S. 1 1.HS.: Wenn Engagierte andere von ihrer Sache überzeugen wollen, so ist ihre Überzeugungsarbeit auch dann von Art. 5 Abs. 1 S. 1 1.HS. GG geschützt, wenn sich diese auf Tatsachen stützt und nicht nur, wenn es um gesellschaftspolitisches Engagement, z. B. in einer Bürgerinitiative, oder um politisches Engagement, z. B. in der Lokalpolitik geht. Für bürgerschaftliches Engagement kommen insbesondere die Fälle in Betracht, in denen Überzeugungsarbeit auf der Straße geleistet wird, etwa als Mitgliederwerbung oder Unterschriftensammlung. Diese kann stattfinden durch Gespräche und Verteilen von Informationsmaterial auf der Straße, zum Teil auch an Informationsständen, mit Plakatständern oder mit Hilfe von Lautsprecheranlagen.

b) Typische Eingriffe in die Meinungsfreiheit bürgerschaftlich Engagierter

Eingegriffen wird in die positive Meinungsäußerungsfreiheit durch jede Anordnung der öffentlichen Gewalt, welche die Meinungsäußerung oder -verbreitung verbietet oder behindert.[745] Für Information und Überzeugungsarbeit auf der Straße durch bürgerschaftlich Engagierte spielen Vorschriften aus dem Straßen- und Wegerecht eine Rolle, welche die Nutzung von Straßen regeln. Hier kann es problematisch sein, ob die infragestehende Nutzung noch als Gemeingebrauch, d. h. als unentgeltlicher Jedermann-Gebrauch ohne besondere Zulassung für Zwecke des Verkehrs[746] zu qualifizieren ist, oder ob darin bereits eine Sondernutzung[747] besteht. Handelt es sich um eine Sondernutzung, ist sie regelmäßig erlaubnispflichtig.

---

[744] Schmidt-Jortzig, HBStR VI, § 141, Rn. 15.
[745] Schulze-Fielitz in Dreier, Art. 5, Rn. 96; Jarass/Pieroth, Art. 5, Rn. 9.
[746] Steiner, BesVwR, Teil V, Rn. 110.
[747] Steiner, BesVwR, Teil V, Rn. 115.

c) Rechtfertigung von typischen Eingriffen in die Meinungsfreiheit bürgerschaftlich Engagierter

Gerechtfertigt sind Eingriffe in die Meinungsfreiheit dann, wenn sie in den Schranken des Art. 5 Abs. 2 GG statt finden, also durch allgemeine Gesetze oder in gesetzlichen Bestimmungen zum Schutze der Jugend geregelt sind oder durch das Recht der persönlichen Ehre eingeschränkt werden. Die mit Abstand wichtigste Schranke des Art. 5 Abs. 2 GG ist die der „allgemeinen Gesetze".[748] Diese sind solche Gesetze, „die sich weder gegen die Meinungsfreiheit an sich noch gegen bestimmte Meinungen richten, sondern dem Schutz eines schlechthin, ohne Rücksicht auf eine bestimmte Meinung zu schützenden Rechtsgutes dienen."[749] Es muss meinungsneutral sein und als Ziel die Regelung einer anderen Materie bezwecken.
Für die Anwendung der allgemeinen Gesetze hat das Bundsverfassungsgericht die sogenannte „Wechselwirkungslehre" begründet: „Die allgemeinen Gesetze müssen in ihrer das Grundrecht beschränkenden Wirkung ihrerseits im Lichte der Bedeutung dieses Grundrechts gesehen und so interpretiert werden, daß der besondere Wertgehalt dieses Rechts, der in der freiheitlichen Demokratie zu einer grundsätzlichen Vermutung für die Freiheit der Rede in allen Bereichen, namentlich aber im öffentlichen Leben, führen muß, auf jeden Fall gewahrt bleibt. Die gegenseitige Beziehung zwischen Grundrecht und allgemeinem Gesetz ist also nicht als einseitige Beschränkung der Geltungskraft des Grundrechts durch die „allgemeinen Gesetze" aufzufassen; es findet vielmehr eine Wechselwirkung in dem Sinne statt, dass die „allgemeinen Gesetze" zwar dem Wortlaut nach dem Grundrecht Schranken setzen, ihrerseits aber aus der Erkenntnis der wertsetzenden Bedeutung dieses Grundrechts im freiheitlichen demokratischen Staat ausgelegt und so in ihrer das Grundrecht begrenzenden Wirkung selbst wieder eingeschränkt werden müssen."[750]
Im Fall der Nutzung des Straßenraums für Meinungsäußerungen ohne technische Hilfen, wie zum Beispiel der Verbreitung von Schriften oder Handzetteln, bilden die Vorschriften über die Abgrenzung von Gemeingebrauch und Sondernutzung zwar Schranken der Meinungsäußerungsfreiheit in der Form der allgemeinen Gesetze.[751] Allerdings müssen die einschlägigen Regelungen im Sinne der Wechselwirkungslehre „im Lichte des Grundrechts der Meinungsfreiheit" beurteilt werden.[752] Derartige Nutzungen sind nach verfassungskonfor-

---

[748] Jarass/Pieroth, Art. 5, Rn. 55.
[749] BVerfG 97, 125, 146; 71, 162, 175; BVerwGE 93, 323, 325.
[750] Von Münch/Kunig-Wendt, Art. 5, Rn. 75; BVerfGE 7, 198, 208 (Lüth); seitdem ständige Rspr., z. B. BVerfGE 12, 113, 124f.; 20, 162, 176f. (SPIEGEL); 60, 234, 240.
[751] Steiner, BesVwR, Teil V, Rn. 132.
[752] Vgl. auch Steiner, BesVwR, Teil V, Rn. 132.

mer Auslegung der Gemeingebrauchsvorschrift Fälle des Gemeingebrauch als „Verkehr im weiteren, kommunikativen Sinne“.[753]
Anders stellt sich die Situation dann dar, wenn Hilfsvorrichtungen wie die obengenannten Informationsstände oder Plakatständer genutzt werden. Dann geht die Nutzung der Straße auch über einen „kommunikativen“ Gemeingebrauch hinaus. In diesem Fall ändert auch die Wechselwirkungslehre nichts an der Beurteilung. Es handelt sich um eine Sondernutzung, für die eine Erlaubnis einzuholen ist.[754]

d) Ergebnis

Art. 5 Abs. 1 S. 1 1.HS. GG schützt die Meinungsfreiheit. Diese spielt für bürgerschaftlich engagierte Personen und Vereinigungen eine wichtige Rolle, da bürgerschaftliches Engagement häufig Überzeugungsarbeit ist. Soweit diese ohne weitere technische Hilfsmittel auf der Straße statt findet, ist sie als kommunikativer Gemeingebrauch aufgrund von Art. 5 Abs. 1 S. 1 1.HS. GG erlaubnisfrei. Werden jedoch Hilfsmittel wie Informationsstände benutzt, handelt es sich um eine erlaubnispflichtige Sondernutzung, deren Regelung als allgemeines Gesetz im Sinne von Art. 5 Abs. 2 GG trotz der Einschränkung der Meinungsfreiheit verfassungsgemäß ist.

3. Andere Grundrechte des Art. 5 GG

Bürgerschaftliches Engagement ist, je nach Ausprägung, auch durch andere Grundrechte geschützt. So schützt die Pressefreiheit des Art. 5 Abs. 1 S. 2 GG sowohl die Information durch Flugblätter im Rahmen des Engagements als auch journalistische Tätigkeiten, die bürgerschaftliches Engagement darstellen, wie zum Beispiel die Mitarbeit in einem unabhängigen Radio- oder Fernsehsender, da dieses als kulturelle Betätigung, und somit als gemeinwohlorientiertes Handeln einzuordnen ist. Die Informationsfreiheit im Sinne des Art. 5 Abs. 1 S. 1 2.HS. GG kommt auch Personen zugute, die sich im Rahmen ihres bürgerschaftlichen Engagements informieren wollen. Laienspielgruppen sind gemeinwohlorientiert, soweit sie ihre Aufführungen öffentlich zugänglich machen und werden dann auch durch die Kunstfreiheit des Art. 5 Abs. 3 GG geschützt. Diese

---

[753] OLG Stuttgart, NJW 1976, 201, 202, und BayVGH, NVwZ-RR 1997, 258. Laut Steiner ist diese Auffassung einer Rechtsprechung vorzuziehen, in der dies als erlaubnisfreie Sondernutzung verstanden wird. Das geht seiner Ansicht nach zu weit, weil es einen solchen Sondernutzungstatbestand nicht gibt. So aber OLG Celle NJW 1975, 1894; OLG Hamm NJW 1976, 2172f.
[754] Steiner, BesVwR, Teil V, Rn. 133.

Aufzählung könnte weiter fortgesetzt werden. In diesen Bereichen ergibt sich aber daraus, dass die Tätigkeit bürgerschaftliches Engagement darstellt, keine Besonderheit im Verhältnis zum Grundrechtsschutz. Daher werden sie nicht im Einzelnen behandelt.

4. Versammlungsfreiheit, Art. 8 GG

Die Versammlungsfreiheit des Art. 8 GG schützt das Recht aller Deutschen, sich ohne Anmeldung oder Erlaubnis friedlich und ohne Waffen zu versammeln. Art. 8 GG schützt sowohl Versammlungen unter freiem Himmel als auch Versammlungen in geschlossenen Räumen. Die Versammlungsfreiheit schließt die Demonstrationsfreiheit mit ein.[755]

Die Freiheit, sich in geschlossenen Räumen zu versammeln, ist vorbehaltlos gewährleistet. Hier ergeben sich nur verfassungsimmanente Schranken. Für Versammlungen unter freiem Himmel kann dieses Recht durch Gesetz oder auf Grund eines Gesetzes beschränkt werden, Art. 8 Abs. 2 GG. Der Gesetzesvorbehalt für Versammlungen unter freiem Himmel resultiert aus ihrem im Vergleich zu den Versammlungen in geschlossenen Räumen größeren Gefahrenpotenzial. Das Versammlungsgesetz konkretisiert die Schranke des Art. 8 Abs. 2 GG.

Bürgerschaftliches Engagement in Vereinigungen beinhaltet zum einen Treffen der Engagierten, in denen es in erster Linie um die interne Organisation geht, sei es, dass koordiniert wird, wie die anfallende Arbeit in einem bestimmten Zeitraum aufgeteilt werden soll, sei es, dass inhaltliche Beschlüsse gefasst werden. Es erscheint zwar plausibel anzunehmen, die Anzahl der Treffen insbesondere in überregionalen Gruppen habe sich mit den Möglichkeiten moderner Kommunikation, vor allem Email, verringert. Aber selbst in diesen Gruppen sind regelmäßige Treffen zur Koordination des Engagements unabdingbar. Auch spielt bei den bürgerschaftlich Engagierten das gesellige Beisammensein eine wichtige Rolle.

Bürgerschaftliches Engagement ist aber häufig nicht auf das Zusammensein mit anderen Engagierten beschränkt; es ist nicht zuletzt Interaktion mit anderen. So wie Art. 5 Abs. 1 GG die Meinungsfreiheit der Engagierten schützt, wenn sie im Sinne ihrer Organisation nach außen Überzeugungsarbeit leisten, so kann ein Schutz über Art. 8 GG in Betracht kommen, wenn politische, gesellschaftspolitische oder soziale Ziele durch Veranstaltungen nach außen getragen werden. In

[755] Kniesel, NJW 2000, S. 2857.

den Schutzbereich der Versammlungsfreiheit könnte es auch fallen, wenn Engagierte ihre Tätigkeit einem Publikum zugänglich machen oder präsentieren, hierzu zählt zum Beispiel die Theateraufführung einer Laienspielgruppe.

Besonders von Bedeutung ist bei der Frage nach dem Verhältnis von bürgerschaftlichem Engagement und Versammlungsfreiheit, wann dieses bürgerschaftliche Engagement, das sich an die Öffentlichkeit wendet, vom Schutzbereich umfasst ist. Insbesondere bei Demonstrationen ist die Diskussion um die Reichweite der Versammlungsfreiheit von Bedeutung. Hier spielen etwa Demonstrationen eine Rolle, die von Bürgerinitiativen oder Gruppen übernommen werden, die auf Missstände aufmerksam machen wollen oder die für ihr Anliegen werben. Zu denken ist hier an Gruppen, die sich für verkehrsberuhigte Zonen in ihrem Stadtviertel einsetzen oder solche, die für den Tierschutz auf die Straße gehen. Auch ergibt sich die Frage, ob Aufzüge, die der Heimatpflege und dem Brauchtum dienen, genauso wie die bereits genannten, dem öffentlichen Meinungsbildungsprozess dienenden Veranstaltungen vom Schutzbereich der Versammlungsfreiheit des Art. 8 GG erfasst werden.

Diese beispielhaft aufgeführten Handlungsformen stellen alle bürgerschaftliches Engagement im Sinne der Dachdefinition dar. Sie alle beinhalten eine Komponente gemeinschaftlichen Handelns. Das bedeutet allerdings noch nicht, dass sie auch vom Schutzbereich des Art. 8 GG erfasst werden. Die Frage nach dem Schutzbereich der Versammlungsfreiheit ist gerade in den vergangenen Jahren mit den Entscheidungen des Bundesverfassungsgerichts zur Love-Parade und zu den Chaos-Tagen wieder stärker ins Blickfeld geraten.

a) Schutzbereich

Geschützt wird durch Art. 8 GG das Recht, sich zu versammeln. Bei aller Uneinigkeit bei der Frage danach, welche Formen der Versammlung von Art. 8 GG umfasst sind, ist man sich doch darüber einig, dass nicht jedes Zusammenkommen mehrerer Personen unter den Versammlungsbegriff des Art. 8 GG fällt.

(1) Persönlicher Schutzbereich

Träger des Grundrechts sind alle Deutschen, auch juristische Personen des Privatrechts. Sie können sich zwar nicht versammeln, weil dies die physische Anwesenheit natürlicher Personen voraussetzt; juristische Personen sind aber typischerweise Veranstalter von Versammlungen, das Grundrecht der Versammlungsfreiheit ist insofern seinem Wesen nach auf sie anwendbar, Art. 19 Abs. 3

GG.[756] Auf die Rechtsform kommt es dabei nicht an, so dass auch die Organisationsform des nichtrechtsfähigen Vereins die Grundrechtsträgerschaft nicht ausschließt. Es ist ausreichend, wenn die Vereinigung einen gewissen Organisationsgrad aufweist und von gewisser Dauer ist.[757] Damit sind bürgerschaftlich engagierte Deutsche vom persönlichen Schutzbereich ebenso umfasst, wie diejenigen bürgerschaftlichen Vereinigungen, die den entsprechenden Organisationsgrad haben und auf gewisse Dauer gerichtet sind. Dies gilt für den weitaus größten Teil von organisiertem bürgerschaftlichen Engagement.

(2) Sachlicher Schutzbereich

(a) Mindestpersonenzahl

Voraussetzung für die Einbeziehung in den Schutzbereich ist, dass es sich um eine Versammlung im Sinne des Art. 8 GG handelt. Wie viele Personen für eine Versammlung notwendig sind, wird unterschiedlich gesehen; zum Teil werden zwei als ausreichend angesehen, zum Teil drei. Mit Blick auf §§ 56, 73 BGB wird auch eine Mindestteilnehmerzahl von sieben verlangt. Nach dem Wortlaut – „mehrere" – wird jedoch auch eine niedrigere Teilnehmerzahl gedeckt, drei ebenso wie zwei Personen. Mehr spricht dafür, zwei Personen ausreichen zu lassen, wenn ein sinnvoller und effektiver Schutz gewährleistet werden soll.[758]

(b) Kein Schutz bloßer Ansammlungen

Welche Maßstäbe über die Mindestanzahl der Personen hinaus anzulegen sind, ist umstritten. Notwendig ist in jedem Fall eine innere Verbindung zwischen der Personen durch die Verfolgung eines gemeinsamen Zwecks.[759] Bei unterhaltenden und kommerziellen Veranstaltungen fehlt es in der Regel an dieser inneren Verbindung. Hier verläuft der Austausch von Informationen, soweit es ihn überhaupt gibt, fast ausnahmslos von einem Kommunikator zu der Gruppe von Rezipienten. Diese bloßen Ansammlungen, die ggf. Schutz über Art. 2 Abs. 1 GG genießen, unterscheiden sich von Versammlungen dadurch, dass hier zwar häufig der *gleiche* Zweck verfolgt wird – sich etwa beim Besuch eines Volks-

---

[756] Ipsen, Staatsrecht II, Rn. 527.
[757] Ipsen, Staatsrecht II, Rn. 527f., BayVGH, NJW 1984, 2116.
[758] Herzog begründet dies damit, dass eine systematische Isolierung auch vor dem letzten Freund nicht halt mache, MD-Herzog, Art. 8, Rn. 48.
[759] Pieroth/Schlink, Rn. 689.

festes zu amüsieren – aber gerade kein *gemeinsamer* Zweck.[760] Damit fallen regelmäßig Theater- oder Kinovorstellungen aus dem Schutzbereich heraus, da es hier an einem Informationsaustausch fehlt.[761] Daher fällt der Besuch der Theateraufführung einer Laienspielgruppe, soweit diese als klassische Theateraufführung die Zuschauer und Zuschauerinnen nur unterhält, nicht in den Schutzbereich des Art. 8 GG.

Anders kann sich die Situation dann darstellen, wenn z. B. bei einem politischen Vortrag das demonstrative Zuhören als Solidaritätsbekundung zu verstehen ist.[762] Es ist auch denkbar, dass Theateraufführungen, welche das Publikum einbeziehen oder als gemeinsames Ereignis konzipiert sind, vom Schutz des Art. 8 GG umfasst sein können. Sie fallen jedenfalls nicht bereits deshalb aus dem Schutzbereich heraus, weil es schon an einer gemeinsamen Zweckverfolgung fehlt.

(c) Voraussetzung der Meinungsbildung und Meinungsäußerung?

Damit ist aber noch nicht viel gewonnen. Welche Anforderungen an den gemeinsamen Zweck zu stellen sind, ist lebhaft umstritten. So wird einerseits vertreten, der gemeinsame Zweck müsse in gemeinsamer Meinungsbildung und Meinungsäußerung liegen, zum Teil sogar verlangt, dass diese Meinung öffentliche Angelegenheiten betreffen muss, wobei hier wiederum Streit über die Frage besteht, was als öffentliche Angelegenheit anzusehen ist. Andererseits wird angenommen, weitgehend jeder gemeinsame Zweck sei für die Eröffnung des Schutzbereichs ausreichend. Die entscheidende Frage ist, ob es für die Einbeziehung in den Schutzbereich der Versammlungsfreiheit notwendige Voraussetzung ist, dass die infragestehende Veranstaltung einen Beitrag zur öffentlichen Meinungsbildung leistet.

(i) Entwicklung in der Rechtsprechung – Brokdorf-Entscheidung und Love Parade

Allgemein wird angenommen, das Bundesverfassungsgericht habe in seiner Brokdorf-Entscheidung zu einem weiten Versammlungsbegriff tendiert. So hatte es angenommen, Versammlungen und Aufzüge seien als Ausdruck gemeinschaftlicher, auf Kommunikation angelegter Entfaltung geschützt.[763] Der Schutz

---

[760] Pieroth/Schlink, Rn. 689.
[761] Kloepfer, HBStR VI, § 143, Rn. 23.
[762] Kloepfer, HBStR VI, § 143, Rn. 23.
[763] BVerfGE 69, 315, 343.

des Art. 8 GG beschränke sich nicht auf Veranstaltungen, in denen argumentiert und gestritten werde, sondern umfasse vielfältige Formen gemeinsamen Verhaltens bis hin zu nichtverbalen Ausdrucksformen.[764]
Bei genauer Betrachtung ist hier allerdings noch nichts zu der Frage gesagt, ob die Teilnahme an einem Meinungsbildungsprozess konstitutiv für die Annahme einer Versammlung ist. Es wird vielmehr festgestellt, dass die Art und Weise, in der sich die Teilnehmerinnen und Teilnehmer einer Versammlung artikulieren, nicht allein auf verbale Kommunikationsformen beschränkt ist. Dies ist aber qualitativ etwas anderes als die Frage danach, über welches Thema oder zu welchem Anliegen eine Veranstaltung durchgeführt werden muss, damit sie vom Schutzbereich des Art. 8 Abs. 1 GG erfasst wird.

Das Bundesverfassungsgericht bezieht sich schon in der Brokdorf-Entscheidung auf den politischen und demokratiefördernden Aspekt der Versammlungsfreiheit und damit auch der Meinungsäußerung und Kundgabe, wenn es diese mit der Meinungsfreiheit des Art. 5 GG in Bezug setzt und ausführt, in ihrer idealtypischen Ausformung seien Demonstrationen die gemeinsame körperliche Sichtbarmachung von Überzeugungen, wobei die Teilnehmer (...) im eigentlichen Sinn des Wortes Stellung nehmen und ihren Standpunkt bezeugten.[765] Auch im Folgenden geht es ausschließlich um die Rolle von Demonstrationen als Teil politischer Meinungsäußerung: In einer Gesellschaft, in welcher der direkte Zugang zu den Medien und die Chance, sich durch sie zu äußern, auf wenige beschränkt sei, verbleibe dem Einzelnen neben seiner organisierten Mitwirkung in Parteien und Verbänden im Allgemeinen nur die kollektive Einflussnahme durch Inanspruchnahme der Versammlungsfreiheit für Demonstrationen.[766] Dabei macht sich das Bundesverfassungsgericht auch die Position zu eigen, Versammlungen böten die Möglichkeit zur öffentlichen Einflussnahme auf den politischen Prozess, zur Entwicklung pluralistischer Initiativen und Alternativen oder auch zu Kritik und Protest. Sie enthielten ein Stück ursprünglich-ungebändigter unmittelbarer Demokratie, das geeignet ist, den politischen Betrieb vor Erstarrung in geschäftiger Routine zu bewahren.[767] Tatsächlich bezieht sich das Bundesverfassungsgericht also bereits in der Brokdorf-Entscheidung immer wieder auf die Bedeutung zurück, welche die Versammlungsfreiheit für die Demokratie hat. Die verwendeten Begriffe wie „Stellung nehmen“, „Einflussnahme“ und „Äußern“ haben alle eine Zielrichtung – es geht um Kommunikation nicht nur untereinander, sondern nach außen und es geht darum, die eigene Position nach außen zu tragen.

---

[764] BVerfGE 69, 315, 343.
[765] BVerfGE 69, 315, 345.
[766] BVerfGE 69, 315, 345.
[767] BVerfGE 69, 315, 345.

In neueren Entscheidungen, insbesondere in der Entscheidung zur Love Parade fasst das Bundesverfassungsgericht den Versammlungsbegriff explizit sehr eng, dies aber nicht, wie zum Teil angenommen wird, im Widerspruch zu seiner Brokdorf-Entscheidung, sondern jedenfalls zunächst in Weiterführung der bereits dort angelegten Argumentationslinien. So sieht es nur solche Veranstaltungen als von der Versammlungsfreiheit geschützt an, die auf Kommunikation angelegt sind und darüber hinaus als Ziel die Teilhabe an der öffentlichen Meinungsbildung haben.[768] Der Schutzbereich des Art. 8 GG werde nicht schon dadurch eröffnet, dass sich Menschen zu irgendeinem Zweck versammelten. Dies entspricht der oben dargestellten Auffassung aus der Brokdorf-Entscheidung.

Zwar vertritt das Bundesverfassungsgericht die Ansicht, eine Musikparade falle selbst dann aus dem Schutz der Versammlungsfreiheit heraus, wenn die Musik das Lebensgefühl einer Subkultur ausdrücke und die Parade unter anderem zur Meinungskundgabe gedacht sei,[769] jedoch betont das Gericht gleichzeitig, dass Versammlungen selbstverständlich auch dann in den Schutzbereich fallen, wenn sie ihren kommunikativen Zweck unter Einsatz von Musik und Tanz verwirklichen, etwa, wenn diese Mittel zur kommunikativen Entfaltung mit dem Ziel eingesetzt werden, auf die öffentliche Meinungsbildung einzuwirken.[770] Insofern kann nicht in den Chor derjenigen eingestimmt werden, welche eine Beschränkung auf hergebrachte Demonstrationsformen befürchten, die nicht ohne negativen Tonfall als solche „vergangener Studentengenerationen“ oder typische „aufopferungszentrierte Protestform der 68er Generation“[771] bezeichnet werden. Soweit Musik und Tanz als besondere Ausdruckformen zur Unterstützung der Meinungsäußerung eingesetzt werden, hindern sie danach die Qualifizierung als Versammlung nicht.[772] Hält man das Bundesverfassungsgericht an dieser Aussage fest, so besteht auch nicht die Gefahr, dass ausgerechnet für nichtkommerzielle Veranstaltungen, bei denen eine politische Botschaft sich des Mediums „Musik“ bedient, ohne daraus gleichzeitig geldwerten Vorteil zu ziehen, aus der Entscheidung des Bundesverfassungsgerichts eine wirkliche Hürde resultieren wird,[773] vorausgesetzt, die Veranstaltung hat zum Ziel, am Meinungsbildungsprozess mitzuwirken.

Daraus folgt, dass zwar die Demonstration einer Bürgerinitiative geschützt wäre, deren Anliegen es ist, für ihre politische Position zu werben, sei es, um auf kommunaler Ebene Einfluss etwa auf verkehrspolitische Entscheidungen zu

---

[768] BVerfG NJW 2001, 2359, 2460.
[769] BVerfG NJW 2001, 2359, 2460.
[770] Hoffmann-Riem, NVwZ 2002, S. 257, 259; BVerfG NJW 2001, S. 2459, 2461.
[771] Tschentscher, NVwZ 2001, S. 1243, 1245.
[772] Tschentscher, NVwZ 2001, S. 1243, 1245.
[773] Tschentscher, NVwZ 2001, S. 1243, 1245.

nehmen oder auf die Ziele der Initiative aufmerksam zu machen, nicht aber Umzüge eines Vereins zur Brauchtumspflege, auch wenn diese gemeinsames Ziel der Beteiligten ist, sich aber auch darin erschöpft. Bei einem Musikfestival, das unter einem bestimmten – auch politischen – Motto steht und dessen Erlöse einem bestimmten wohltätigen Zweck zugute kommen sollen, kommt es letztlich darauf an, wie man das Verhältnis von Meinungskundgabe und Unterhaltung zueinander gewichtet. Eine Einbeziehung in den Schutzbereich ist jedenfalls nicht ausgeschlossen.

Insofern geht die Kritik an der Auffassung des Bundesverfassungsgerichtes fehl, soweit eine Einengung des Schutzbereichs auch bei Meinungskundgabe befürchtet wird. Zwar ist es richtig, dass für den Ausschluss eines überwiegenden Unterhaltungscharakters, das so genannte „Gesamtgepräge", jedenfalls nicht auf den Anteil der Redebeiträge abgestellt werden kann, weil sonst eine Reihe allgemein als Versammlung anerkannte traditionsreiche politische Ausdrucksformen (Schweigemärsche, Mahnwachen, Menschenketten) neuerdings vom Schutzbereich ausgeschlossen wären.[774] Es stimmt auch, dass eine solche Einengung nicht dem Sinn und Zweck des Versammlungsschutzes entspräche. Es ist lange anerkannt, dass gerade Schweigemärsche, Mahnwachen und Menschenketten Mittel gemeinschaftlicher politischer Meinungskundgabe sind. Schließt man diese aus dem Schutzbereich der Versammlungsfreiheit aus, so verhindert man wirksame Mittel der Meinungskundgabe. So ist die Entscheidung des Bundesverfassungsgerichts jedoch nicht zu lesen. Dass ein Schweigemarsch keinen überwiegenden Unterhaltungscharakter hat, ergibt sich aus der Natur der Sache. Das Gesamtgepräge ergibt sich auch nicht aus der Anzahl von Redebeiträgen, sondern aus der Gesamtschau auf die Veranstaltung.

Neben der Auffassung des Bundesverfassungsgerichts gibt es noch eine weitere von der Rechtsprechung vorgenommene Abgrenzung, die auf den Beitrag zur öffentlichen Meinungsbildung ebenfalls nicht verzichtet, aber es genügen lässt, dass unabhängig vom Unterhaltungswert für den Versammlungscharakter das Element der Meinungskundgabe nicht völlig in den Hintergrund tritt, sondern als gemeinsamer Zweck nach außen erkennbar bleibt.[775] Hier wird also ebenfalls eine Kundgabe von Meinungen, also eine Kommunikation zwischen der Versammlung und anderen als Teil der Öffentlichkeit verlangt, jedoch ein weniger strenger Maßstab angelegt als durch das Bundesverfassungsgericht. Auch diese Position führt zu dem Ergebnis, dass eine Veranstaltung wie die Love Parade keine Versammlung im Sinne des Art. 8 GG darstellt, da hier die Themen „be-

[774] Tschentscher, NVwZ 2001, 1243, 1245.
[775] Tschentscher, NVwZ 2001, S. 1243, 1245; VG Berlin, Beschluss vom 28.6.2001 – 1 A 166/01.

liebig austauschbar" sind und sich bei näherem Hinsehen als Leerformeln entpuppen.[776]

Es stellt eine unrealistische Überhöhung einer Veranstaltung wie der Love Parade dar, anzunehmen, es handele sich deshalb um eine Meinungskundgabe, weil die „Raver ihre positive und insbesondere friedliche Lebenseinstellung kundtun".[777] Insofern tut jede Gruppe von Sonntagsspaziergängern, die vergnügt gemeinsam ihrem Sonntagsbraten entgegenschlendert, ihre positive und friedliche Lebenseinstellung kund. Mit anderen Worten: Der Charakter einer Veranstaltung entscheidet über ihre Versammlungsqualität.[778] Besteht dieser allein in einem kollektiven Lebensgefühl, nicht in einer kollektiven Meinungskundgabe, so ist dies der Rechtsprechung und auch Teilen der Literatur zufolge durch die Art. 2, 4, 5, 9 GG bereits ausreichend geschützt,[779] und fällt nicht in den Schutzbereich des Art. 8 GG.

(ii) Versammlung als Persönlichkeitsentfaltung in Gruppenform

In der Literatur wird hingegen ein Versammlungsbegriff vertreten, der von dem Erfordernis der politischen Willensbildung weitgehend abgekoppelt ist. Zwar wird auch hier als ein Schutzzweck des Art. 8 GG angesehen, dass eine Teilnahme am politischen Meinungsbildungsprozess möglich ist. Das Recht der freien Versammlung diene aber zunächst der „ungehinderten Persönlichkeitsentfaltung".[780] Art. 8 Abs. 1 GG garantiere die Persönlichkeitsentfaltung gemeinsam mit anderen, ihre Voraussetzung sei nur eine innere Verbindung durch die gemeinsame Zweckverfolgung.[781] Das Grundrecht der Versammlungsfreiheit soll die drohende Isolierung des Einzelnen verhindern und (gemeinsam mit Art. 9 GG) die Persönlichkeitsentfaltung in Gruppenform gewährleisten.[782] Der gemeinsam verfolgte Zweck sei beliebig.[783] Gemeinsamkeit mit anderen ist ein Grundbedürfnis des Menschen und als solches schützenswert, da es dem Menschen den zu seiner Entfaltung notwendigen Freiraum verschafft.[784] Wenn dieser vorhanden ist, kann der Mensch sich auch frei entscheiden, ob er in der Gemein-

---

[776] Tschentscher, NVwZ 2001, S. 1243, 1245, Fn. 31; etwa „Friede, Freude, Eierkuchen" (1989) oder „Join the Love Parade" (2001).
[777] So aber Deutelmoser, NVwZ 1999, S. 240, 242.
[778] Deger, NJW 1997, S. 925, 926.
[779] Deger, NJW 1997, S. 925, 926.
[780] Jarass/Pieroth, Art. 8, Rn. 1.
[781] Kniesel, NJW 2000, S. 2857, 2858.
[782] Pieroth/Schlink, Rn. 693.
[783] Kniesel, NJW 2000, S. 2857.
[784] Kloepfer, HBStR VI, § 143, Rn. 22.

schaft mit anderen die Versammlungsfreiheit als Teilhabemöglichkeit insbesondere an der politischen Meinungsbildung in Anspruch nehmen will.[785] Auch von Autoren, die eher dem Bundesverfassungsgericht zuneigen, wird angenommen, dass im Zweifel auch eine Musikveranstaltung, die um politische Inhalte angereichert ist, als Versammlung anzusehen ist.[786]

(iii) Stellungnahme

Für die Ansicht der Literatur sprechen gewichtige Argumente. Partizipation in Form von Versammlungen mit einem Element politischer Meinungskundgabe setzen immer voraus, dass sich Menschen vorher zusammen gefunden haben, um eine solche Kundgabe zu organisieren. Gemeinsame politische Arbeit ist also darauf angewiesen, dass eine Solidarisierung überhaupt möglich ist. Dies erfordert ein Miteinander mit anderen. Werden Versammlungen untersagt, in denen Menschen miteinander ihre Zeit gestalten, ohne dabei auf Kommunikation nach außen bedacht zu sein, so erschwert dies letztlich auch einen Meinungsbildungsprozess, der zur Inanspruchnahme des Art. 8 GG führen würde, wie ihn die Rechtsprechung versteht.

Dafür spricht auch, dass auch die Grundrechte, die in ihrer Zielrichtung dem Art. 8 GG nahe stehen, wie die Meinungsfreiheit des Art. 5 GG und die Vereinigungsfreiheit, Art. 9 GG, den Inhalt der geschützten Tätigkeit oder Organisationsform nicht bewerten. Das Grundgesetz bezieht grundsätzlich nicht Stellung zu Wert oder Unwert einer Meinungsäußerung und lässt die Bildung von Vereinigungen in den Grenzen des Art. 9 Abs. 2 GG grundsätzlich unabhängig von ihrem Zweck zu.
Die Beschränkung auf die gemeinsame Meinungsbildung überzeugt daher nicht. Den Schutz speziell meinungsbildender und äußernder Versammlungen gewährleistet Art. 8 i. V. m. Art. 5 GG, wie es das Bundesverfassungsgericht auch in der Brokdorf-Entscheidung dargestellt hat.[787] Die innere Verbindung zwischen den Teilnehmenden ist unverzichtbar, eine Beschränkung des Zweck auf die Arbeit am öffentlichen Meinungsbildungsprozess jedoch nicht. Das Grundrecht der Versammlungsfreiheit soll die drohende Isolierung des Einzelnen verhindern und (gemeinsam mit Art. 9 GG) die Persönlichkeitsentfaltung in Gruppenform gewährleisten.[788] Dass sich der Kampf um die Versammlungsfreiheit historisch gesehen vorwiegend an politischen Zusammenkünften entzündet hat, schließt nicht aus, andere Treffen ebenfalls als schützenswert anzusehen.

---

[785] Kloepfer, HBStR VI, § 143, Rn. 22.
[786] Kniesel/Poscher, NJW 2004, S. 422, 423.
[787] Pieroth/Schlink, Rn. 693.
[788] BVerfGE 69, 315, 343.

Eine Begriffsbestimmung, welche auf die Komponente der Meinungskundgabe verzichtet, schützt das Recht sich zu versammeln als Teil der Entfaltung der Persönlichkeit. Gegenüber einer Teilhabe an der öffentlichen Meinungsbildung steht hier gemeinschaftliches Handeln, als das kommunikative Miteinander, nicht die Kommunikation mit anderen, mit der Öffentlichkeit im Vordergrund. Dies schließt nicht aus, dass zwischen kommunikativen Versammlungen, die von besonderer Bedeutung für die Demokratie sind, und solchen, bei denen es in erster Linie um Unterhaltung geht, differenziert wird. Sicherlich ist es auch richtig, dass Versammlungen, die öffentliche Angelegenheiten erörtern, in höherem Maße durch staatliche Eingriffe bedroht sind und deshalb besonders eines grundrechtlichen Schutzes bedürfen.[789] Daraus kann aber kein Ausschluss des Grundrechtsschutzes für weniger gefährdete Veranstaltungen folgen.[790] Auf einen bestimmten Inhalt des Versammlungszwecks neben der inneren Verbindung kann verzichtet werden.[791] Veranstaltungen bürgerschaftlich Engagierter, mit denen politische, gesellschaftspolitische oder soziale Ziele verfolgt werden, fallen in den Schutzbereich des Art. 8 GG. Aber auch Treffen zur vereinigungsinternen Koordination sind einbezogen.

Für bürgerschaftliches Engagement ist insbesondere von Bedeutung, dass dies eine Eröffnung des Schutzbereichs für karitative bzw. nichtkommerzielle Unterhaltungsveranstaltungen zur Folge hat, wie zum Beispiel für Benefiz-Konzerte. Daher ist nur daran festzuhalten, dass das entscheidende Kennzeichen einer Versammlung der gemeinsame Zweck ist. Welcher das ist, ist für eine Einbeziehung in den Schutzbereich nicht von Bedeutung. Ausreichend ist es, wenn er in dem Umstand liegt, dass die Versammlung Ausdruck gemeinschaftlicher, auf Kommunikation angelegter Entfaltung ist.[792] Sie setzt also eine innere Verbindung der Personen zum gemeinsamen Handeln voraus.[793] Diese Veranstaltungen können spontan oder organisiert, privat oder öffentlich, stehend oder sich fortbewegend sein, in geschlossenen Räumen oder unter freiem Himmel statt finden.[794] Aus diesem Grund fallen nicht nur politische Diskussionsveranstaltungen oder Demonstrationen in den Schutzbereich des Art. 8 GG; auch wissenschaftliche Kongresse, Betriebs- oder Gesellschafterversammlungen, selbst rein gesellige Zusammenkünfte sind vom Schutz des Art. 8 umfasst, da für eine Versammlung die Art des verfolgten Zwecks keine Rolle spielt.[795] Dies führt dazu, dass bür-

[789] Kloepfer, HBStR VI, § 143, Rn. 18.
[790] Kloepfer, HBStR VI, § 143, Rn. 18.
[791] Deutelmoser, NVwZ 1999, S. 240.
[792] BVerfGE 69, 315, 342f.
[793] BVerwGE 82, 34, 38.
[794] Von Münch/Kunig-Gusy, Art. 8, Rn. 21; für Versammlungen unter freiem Himmel gilt Art. 8 Abs. 2 GG.
[795] Jarass/Pieroth, Art. 8, Rn. 2; MD-Herzog, Art. 8, Rn. 50.

gerschaftliches Engagement in vielen seiner Ausprägungen in den Schutzbereich der Versammlungsfreiheit einbezogen ist.

Das gleiche gilt für gemeinschaftliche Unternehmungen und geselliges Beisammensein im Rahmen von bürgerschaftlichem Engagement. Soweit die Mindesteilnehmerzahl von zwei Personen erfüllt ist, eine verbindende Organisationsstruktur vorhanden ist und gemeinschaftliche Kommunikation ein zentrales Anliegen ist, fallen die verschiedensten Formen gemeinsamen bürgerschaftlichen Engagements in den Schutzbereich des Art. 8 GG. Anders kann sich die Situation darstellen, wenn eine Gruppe engagierter Personen z. B. eine Laienspielgruppe ihre Arbeit vor Publikum präsentiert. Während die Einstudierung des Stückes als gemeinsames Projekt in den Schutzbereich des Art. 8 GG fällt, fehlt es bei der Aufführung in der Regel an Kommunikation und einem Austausch. Auch hier ist aber immer der Einzelfall zu betrachten.

Daraus folgt, dass ein Großteil des bürgerschaftlichen Engagements, das gemeinschaftlich geschieht, in den Schutzbereich des Art. 8 GG fällt. Dies gilt bei den Vereinen, deren Vereinszweck schon gemeinwohlorientiert im Sinne der oben entwickelten Dachdefinition ist,[796] für Vereinsversammlungen und Vereinsabende. Bei dem Besuch kultureller und sportlicher Veranstaltungen kommt es darauf an, ob eine innere Verbindung mit anderen vorliegt.[797] So gibt es Kinovorführungen, Konzerte und Sportfeste, bei denen gerade das Zusammenkommen mit anderen von besonderer Bedeutung ist, zum Beispiel bei Kultfilmen. Sind die Teilnehmerinnen und Teilnehmer bloß Konsumenten, bilden sie jedoch keine Versammlung.[798]

(d) Keine selbsthilfeähnliche Durchsetzung von Forderungen

Weil die Versammlungsfreiheit die Kommunikation – miteinander und mit anderen – grundsätzlich als geistige Auseinandersetzung schützt, ergibt sich nach Auffassung des Bundesverfassungsgericht eine Verengung des Schutzbereichs im Hinblick auf die unmittelbare und zwangsweise Durchsetzung von Forderungen im Wege der Selbsthilfe.[799] Auch dies begegnet in der Literatur Bedenken. So sei die historische Bedeutung der Versammlungsfreiheit als politischem Kampfrecht mit in die Bewertung einzubeziehen. Der Druck von der Straße sei der Hebel für politische Veränderung. Würden beim Ausüben von Druck auf politische Entscheidungsträger physische Mittel, etwa in Form von Blockaden

[796] S. oben unter B I 2 c.
[797] Pieroth/Schlink, Rn. 694.
[798] Pieroth/Schlink, Rn. 694.
[799] BVerfGE 104, 92, 105.

eingesetzt, so böten die verfassungsunmittelbaren Gewährleistungsschranken der Friedlichkeit und Waffenlosigkeit und Maßnahmen nach §§ 15 Abs. 1 und Abs. 2 VersG ausreichende Möglichkeiten der Grundrechtseinschränkung.[800] Jedoch bedarf es auch hier einer differenzierten Betrachtungsweise. Auch wenn man der Rechtsprechung des Bundesverfassungsgerichts in diesem Bereich zustimmt, folgt daraus noch nicht, dass Blockadeaktionen keine durch das Versammlungsrecht geschützte Form politischen Protests mehr darstellen. Blockadeaktionen müssen vielmehr als ein Kommunikationsmittel zur Durchsetzung einer Forderung angewandt werden[801], durch sie darf nicht schon die Durchsetzung des Zieles vorweggenommen werden. In diesem Fall handelt es sich nicht um eine Kommunikationsform, sondern um Selbsthilfe. Diese ist aber durch Art. 8 GG nicht geschützt.

(e) Friedlich und ohne Waffen

Der sachliche Schutzbereich ist sowohl bei Versammlungen in geschlossenen Räumen als auch bei Versammlungen unter freiem Himmel auf friedliche Versammlungen ohne Waffen begrenzt. Waffen sind neben den Waffen i. S. d. § 1 WaffG auch gefährliche Werkzeuge, wenn sie zum Zweck des Einsatzes mitgeführt werden. Reine Schutzgegenstände sind hingegen keine Waffen.[802] Die Unfriedlichkeit wird in der Verfassung auf einer gleichen Stufe wie das Mitführen von Waffen behandelt. Unfriedlich ist eine Versammlung daher erst, wenn Handlungen von einiger Gefährlichkeit wie etwa aggressive Ausschreitungen gegen Personen oder Sachen oder sonstige Gewalttätigkeiten statt finden, nicht schon, wenn es zu Behinderungen Dritter kommt, seine diese auch gewollt und nicht nur in Kauf genommen.[803] Unfriedlichkeit ist daher nicht mit Strafrechtswidrigkeit gleichzusetzen. Eine solche Bewertung würde zu einer unzulässigen Verkürzung des Grundrechtsschutzes führen, da dies einen einfachen Gesetzesvorbehalt in Art. 8 Abs. 1 GG bedeuten würde, der aber erst in Art. 8 Abs. 2 GG vorgesehen ist.[804] Auch Blockaden durch physisch wirkende Barrieren, die von Bürgerinitiativen[805] und anderen bürgerschaftlich Engagierten zum Teil eingesetzt werden, sind daher nicht per se unfriedlich.[806]

---

[800] Kniesel/Poscher, NJW 2004, S. 422, 423.
[801] So auch BVerfGE 104, S. 92, 105.
[802] Pieroth/Schlink, Rn. 696.
[803] BVerfGE 104, 92, 106, mit Verweis auf BVerfGE 73, 206, 248 und 87, 399, 406.
[804] AK-Hoffmann-Riem, 2. A., Art. 8, Rn. 23.
[805] Vgl. etwa die Bürgerinitiative Umweltschutz in der Brokdorf-Entscheidung, BVerfGE 69, 315ff.
[806] BVerfGE 104, 92, 105f.

(f) Geschütztes Verhalten

Ist eine Versammlung grundsätzlich durch Art. 8 GG geschützt, so erstreckt sich dieser Schutz auch auf die Entscheidung über Ort, Zeit, Art und Inhalt der Versammlung, sowie die vorbereitenden Maßnahmen.[807] Ob auch besondere Modalitäten der Versammlung geschützt sind, ist umstritten.[808]
Im Verhältnis zu anderen Grundrechten ist zu beachten, dass Abs. 1 nur versammlungsspezifische Tätigkeiten schützt, insbesondere die Veranstaltung und ihre Organisation. Darüber hinausgehende Tätigkeiten der versammelten Personen werden (allein) durch die dafür einschlägigen Grundrechte geschützt. Für gemeinsame Meinungsäußerungen gilt daher Art. 5 Abs. 1 und 2 GG.[809] Art. 5 GG ist die maßgebliche Norm zur Beurteilung des Inhalts der Meinungsäußerungen, die auf Versammlungen erfolgen. Demgegenüber ist Art. 8 GG Maßstab zur Beurteilung der Art und Weise der kollektiven Meinungskundgabe in Form einer Versammlung.[810] Soweit Versammeln und Meinungsäußerung gleichzeitig betroffen sind, kommen Art. 5 Abs. 1 GG und Art. 8 GG parallel zur Anwendung,[811] z. B. bei einem Redeverbot für einen Versammlungsteilnehmer.[812]

(g) Ergebnis

Art. 8 GG schützt alle Deutschen, auch juristische Personen des Privatrechts. Ausreichend für eine Versammlung ist die Teilnahme von zwei Personen. Geschützt wird die Entscheidung über Ort, Zeit, Art und Inhalt der Veranstaltung. Entgegen der Ansicht des Bundesverfassungsgerichts ist es für die Eröffnung des Schutzbereichs der Versammlungsfreiheit nicht notwendig, dass die Versammlung der Meinungsbildung und Meinungskundgabe dient. Vielmehr schützt die Versammlungsfreiheit des Art. 8 GG die Persönlichkeitsentfaltung in Gruppenform. Es soll verhindert werden, dass der oder die Einzelne von seinen Mitmenschen isoliert wird. Notwendige Voraussetzung für eine Einbeziehung in den Schutzbereich ist die innere Verbindung der Teilnehmerinnen und Teilnehmer.
Die von Art. 8 GG geforderte Friedlichkeit der Versammlung liegt dann nicht vor, wenn ein gewalttätiger, aufrührerischer Verlauf einzutreten droht. Eine Ori-

---

807 Jarass/Pieroth, Art. 8, Rn. 4; MD-Herzog, Art. 8, Rn. 58.
808 BVerfGE 57, 29, 35f. verneint; Schulze-Fielitz in Dreier, Art. 8, Rn. 20; Höfling in Sachs, Art.8, Rn. 21, bejahen.
809 BVerfGE 90, 241, 246.
810 Hoffmann-Riem, NVwZ 2002, S. 257, 260.
811 BVerfGE 82, 236, 258.
812 Hoffmann-Riem, NVwZ 2002, S. 257, 260.

entierung an strafrechtlichen Wertungen hingegen ist unzulässig. Das Verbot von Waffen umfasst auch gefährliche Werkzeuge.

b) Eingriffe in die Versammlungsfreiheit

Art. 8 GG wird insbesondere beeinträchtigt durch Maßnahmen, die das geschützte Verhalten regeln, wie Anmelde- und Erlaubnispflichten, Auflösungen und Verbote von Versammlungen.[813] Dies gilt insbesondere für Versammlungen unter freiem Himmel. Das Versammlungsrecht regelt in §§ 14-16 VersG jedoch auch die Behandlung von Versammlungen in geschlossenen Räumen. Einschränkungen der Versammlungsfreiheit enthalten neben dem VersG auch andere Gesetze, insbesondere Straßen- und Wegegesetze. Als Teil des Gemeingebrauchs tritt die Versammlungsfreiheit nicht hinter dem Straßenverkehr zurück.[814] Auch Polizei- und Ordnungsgesetze, Straßenverkehrsrecht sowie Sonn- und Feiertagsgesetze sind vom Gesetzesvorbehalt gedeckt, wobei die Sperrwirkung des VersG zu beachten ist, das als Spezialgesetz dem allgemeinen Polizei- und Ordnungsrecht und dem Straßenverkehrsrecht vorgeht.[815] In § 14 VersG ist die Anmeldepflicht einer Versammlung geregelt, § 15 Abs. 1 und Abs. 2 VersG stellen das Instrumentarium für das Verbot einer Versammlung im Vorfeld oder ihre Auflösung zur Verfügung. Die Anwendung von Polizei- und Ordnungsrecht ist regelmäßig nur zulässig, wenn die Voraussetzungen des § 15 VersG gegeben sind, nach der eine Versammlung aufgelöst oder verboten werden kann, und das Polizei- und Ordnungsrecht demgegenüber genauso wirksame aber mildere Mittel zur Verfügung stellt (sogenannte Minusmaßnahmen)[816].
Auch die innere Entschlussfreiheit, an einer Versammlung teilzunehmen, ist geschützt. Daher liegt ein Eingriff vor, wenn die Angst vor staatlicher Überwachung dazu führen würde, dass man auf die Ausübung seines Grundrechts verzichtet.[817] Ein Eingriff liegt auch in der Verweigerung von Leistung und Schutz, die Durchführung von Veranstaltungen und Aufzügen zu ermöglichen. Staatliche Behörden sind verpflichtet, Versammlungen im Rahmen ihrer Aufgaben freundlich zu behandeln. Beim Vermieten von gemeindlichen Einrichtungen ist das Ermessen in „grundrechtsfreundlicher Art und Weise" auszuüben.[818]

---

813 Jarass/Pieroth, Art. 8, Rn. 10.
814 VGH Kassel, NJW 1988, 2125, 2126.
815 BVerwGE 82, 34, 38.
816 Hoffmann-Hoeppel, DÖV 1992, 867, 875.
817 AK-Hoffmann-Riem, 2. A., Art. 8, Rn. 33; ebenso BVerfGE 65, 1, 43.
818 Jarass/Pieroth, Art. 8, Rn. 12.

c) Rechtfertigung von Eingriffen in die Versammlungsfreiheit

Maßstab für eine Rechtfertigung der Eingriffe ist der einfache Gesetzesvorbehalt des Art. 8 Abs. 2 GG für Versammlungen unter freiem Himmel. Dieser Gesetzesvorbehalt gilt nur für versammlungsspezifische Eingriffe. Werden Versammlungen verboten oder aufgelöst oder werden Auflagen erteilt, weil die Kundgabe bestimmter Meinungen im Verlauf der Versammlung verhindert werden soll, ist also der Zweck des Eingriffs in die Versammlungsfreiheit die Unterbindung von Meinungsäußerungen, so muss sich der Eingriff sogleich und sogar in erster Linie an der Meinungsfreiheit messen lassen.[819] Für meinungsspezifische Eingriffe in Versammlungen, die durch Art. 8 GG i. V. m. Art. 5 GG geschützt sind, bestimmt sich die verfassungsrechtliche Rechtfertigung daher nach Art. 5 Abs. 2 GG.[820]

Die Anmeldepflicht des § 14 VersG ist verfassungskonform auszulegen. Bei Spontanversammlungen, die sich aus aktuellem Anlass augenblicklich bilden, ohne von einem Veranstalter geplant zu sein, verbietet sich, jedenfalls wenn der Gefährdung der öffentlichen Sicherheit und Ordnung auch durch § 15 Abs. 2 i. V. m. Abs. 1 VersG begegnet werden kann, an das Unterbleiben der Anmeldung rechtliche Folgen, insbesondere eine Auflösung, an das Fehlen einer Anmeldung zu knüpfen.[821]

d) Ergebnis für das bürgerschaftliche Engagement

Art. 8 GG gewährleistet für die Versammlung besonderen Schutz. So folgt daraus, dass die Benutzung öffentlicher Straßen für Demonstrationen grundsätzlich erlaubnisfrei ist. Anders als bei nicht geschützten Veranstaltungen bedarf es keiner Sondernutzungsgenehmigungen nach den jeweils geltenden Straßen- und Wegegesetzen. Bei von Art. 8 GG geschützten Veranstaltungen sperrt das Versammlungsgesetz grundsätzlich die Anwendung des Polizei- und Ordnungsrecht. Allein zulässig sind aus diesem Bereich sogenannte „Minus-Maßnahmen“, d. h. solche Maßnahmen, die sich gegenüber dem Instrumentarium des VersG bei einer Verhältnismäßigkeitsprüfung als milder, aber ebenso wirksam herausstellen. Nicht geschützte Veranstaltungen sind hingegen am Polizeirecht zu messen und können verboten werden, wenn nach der polizei- und ordnungsrechtlichen Generalklausel eine Gefahr für die öffentliche Sicherheit droht.[822]

---

[819] Hierzu ausführlich Enders, Jura 2003, S. 103, 105f.
[820] Pieroth/Schlink, Rn. 708.
[821] Enders, Jura 2003, S. 103.
[822] Deger, NJW 1997, S. 923, 925.

Die Versammlungsfreiheit schützt das Zusammenkommen von mindestens zwei Personen, soweit diese einen gemeinsamen Zweck verfolgen und sich friedlich und ohne Waffen versammeln. An den gemeinsamen Zweck sind dabei keine hohen Anforderungen zu stellen. Insbesondere bedarf es keiner aktiven Teilhabe am Prozess der öffentlichen Meinungsbildung.

Damit ist ein Großteil des bürgerschaftlichen Engagements, das gemeinschaftlich statt findet und von einem gemeinsamen Zweck getragen ist, von Art. 8 GG umfasst. Dazu gehören neben Aktivitäten von Bürgerinitiativen im öffentlichen Raum, die auf die Überzeugung anderer gerichtet sind, auch solche gemeinschaftlichen Veranstaltungen, in denen die Kommunikation und das Miteinander im Vordergrund stehen. Hierzu gehören insbesondere gemeinschaftliche Aktivitäten in der jeweiligen Gruppe, wie Koordinationstreffen und Planungen, aber auch Vereinsabende und die öffentliche Darstellung von Vereinaktivitäten, zum Beispiel durch Umzüge oder die Organisation von Festen und Basaren. Anders als die Durchführung ist der Besuch dieser Veranstaltungen durch Gäste ist jedoch regelmäßig von der Versammlungsfreiheit nicht mehr umfasst, da es den Besucherinnen und Besuchern im Gegensatz zu den Veranstalterinnen und Veranstaltern an einer Verbindung untereinander durch einen gemeinsamen Zweck fehlt.

5. Vereinigungsfreiheit, Art. 9 GG

Nach Art. 9 Abs. 1 GG haben alle Deutschen das Recht, Vereine und Gesellschaften zu bilden. Art. 9 Abs. 2 GG beschränkt dieses Recht, indem er Vereinigungen, deren Zweck oder deren Tätigkeit den Strafgesetzen zuwiderlaufen oder die sich gegen die verfassungsmäßige Ordnung oder gegen den Gedanken der Völkerverständigung richten, verbietet. Der Schutzbereich des Art. 9 Abs. 1 GG umfasst als elementare Form menschlicher Entfaltungsfreiheit das Recht „sich zu beliebigen Zwecken mit anderen in Vereinen, Verbänden und Assoziationen aller Art zusammenzuschließen“.[823]

Art. 9 GG ist eine zentrale Regelung für die verfassungsrechtliche Stellung von bürgerschaftlich Engagierten. Wer bürgerschaftlich engagiert ist, kann dies organisiert oder individuell sein. Die Einbindung in eine Organisationsform ist für die Annahme von bürgerschaftlichem Engagement nicht konstitutiv. Abgesehen vom öffentlichen Ehrenamt in Form vorgeprägter Ämter oder von Engagement in Form von Kapitaltransferformen (Spenden, Stiftung, Mäzenatentum) ist die Mitgliedschaft in einer Vereinigung jedoch die Regel, individuelles Engagement

[823] BVerfGE 38, 281, 303; Ipsen, Staatsrecht II, Rn. 549.

die Ausnahme. Unter allen Vereinigungen bietet der Verein als häufigste Organisationsform mehr als vierzig Prozent der bürgerschaftlichen Engagierten einen Anknüpfungspunkt.[824] Daneben sind vor allem Selbsthilfegruppen und losere Zusammenschlüsse wie Initiativen zahlenmäßig von Bedeutung; ihr Anteil beläuft sich auf 13%.[825]
Für alle Engagierten in Vereinigungen, ob sie in stärker formalisierten Vereinen oder in weniger festen Gruppen beteiligt sind, spielt der Grundrechtsschutz aus Art. 9 Abs. 1 GG eine zentrale Rolle. Er bestimmt den Umfang des Schutzes, der Mitgliedern von Vereinigungen und den Vereinigungen selbst im Verfassungsrecht gewährt wird.

a) Personaler Schutzbereich

(1) Schutz des Individuums

Art. 9 Abs. 1 GG schützt die Vereinigungsfreiheit aller Deutschen. EU-Bürgerinnen und Bürgern gewährt Art. 9 Abs. 1 GG Schutz, soweit EG-rechtlich geboten; anderen Nichtdeutschen bietet Art. 9 Abs. 1 GG keinen Schutz, da er in der Verfassung als Bürger-, nicht als Menschenrecht niedergelegt ist. Nicht-EU-Ausländerinnen und Ausländern gewährt – geringeren – Schutz der Art. 2 Abs. 1 GG.[826]

(2) Schutz der Vereinigung

Art. 9 Abs. 1 GG schützt die Vereinigungsfreiheit des (deutschen) Individuums und damit auch einen Großteil der Organisationsformen des bürgerschaftlichen Engagements. Ob er darüber hinaus auch die Vereinigung schützt, in der sich der und die Einzelne organisiert, ist umstritten. Zum Teil wird angenommen, Art. 9 GG gewährleiste über die Sicherung der Freiheit des Individuums, Vereine und Gesellschaften zu gründen, hinaus auch das Entstehen, den Bestand und die Betätigung der Vereinigung selbst.[827]

---

824 43%, vgl. Freiwilligensurvey, Gesamtbericht, S. 71.
825 Freiwilligensurvey, Gesamtbericht, S. 71. Auch Kirchen und religiöse Vereinigungen spielen mit 14% eine wichtige Rolle; ihre Position wird bei der Untersuchung von Art. 4 GG näher beleuchtet. Parteien und Gewerkschaften folgen mit einem weit geringeren Anteil von 4% bzw. 2%.
826 Zu sogenannten „Mischvereinen“, d. h. Vereinen mit deutschen und ausländischen Mitgliedern, vgl. etwa von Münch/Kunig-Löwer, Art. 9, Rn. 7.
827 Merten, HBStR VI, § 144, S. 786.

Hier ist zweierlei umstritten: Erstens, in welchem Umfang der Schutz gewährleistet ist, und zweitens, ob der Schutz des Art. 9 Abs. 1 GG über die Mitglieder hinaus auch die Vereinigungen als solche schützt. Die erste Frage, nämlich die, ob Art. 9 Abs. 1 GG Entstehen, Bestand und Betätigung in der Vereinigung oder ggf. der Vereinigung selbst schützt, wird im Rahmen des sachlichen Schutzbereichs untersucht. Ob nicht nur Individuen, sondern auch Vereinigungen als Ganzes von Art. 9 Abs. 1 GG geschützt sind, ist eine Frage des personalen Schutzbereichs und hier zu klären.

(a) Ausreichender Schutz über Art. 19 Abs. 3 GG?

Gegen eine direkte Einbeziehung der Vereinigung in den Schutzbereich des Art. 9 Abs. 1 GG wird eingewandt, eine solche Konstruktion sei wegen Art. 19 Abs. 3 GG unnötig.[828] Art. 19 Abs. 3 GG bestimmt, dass der durch die Grundrechte gewährte Schutz auch für juristische Personen des Privatrechts gilt, soweit sie ihrem Wesen nach auf sie anwendbar sind. Da die Vereinigungsfreiheit auf juristische Personen des Privatrechts ihrem Wesen nach anwendbar sei, bedürfe es keiner Konstruktion eines Doppelgrundrechts[829]; auch sie seien Träger der Vereinigungsfreiheit.[830]

Die Frage nach der Rolle von Art. 9 Abs. 1 GG als Doppelgrundrecht ist aber nur dann hinfällig, wenn Art. 19 Abs. 3 GG tatsächlich im gleichen Umfang Schutz gewährt wie ein direkter Schutz aus Art. 9 Abs. 1 GG. Nach dem Wortlaut des Art. 19 Abs. 3 GG sind jedoch nur juristische Personen des Privatrechts miteinbezogen. Der Schutz des Art. 9 Abs. 1 GG umfasst demgegenüber eine größere Bandbreite von Vereinigungen. Art. 9 Abs. 1 GG stellt keine strengen Anforderungen an die Struktur der Vereinigung und schützt auch die Mitglieder loser Verbünde, solange sie die Voraussetzungen hinsichtlich Zweck, Dauer und Größe erfüllen. Die Rechtsfähigkeit einer Vereinigung ist für den Schutz eines Bürgers oder einer Bürgerin aus Art. 9 Abs. 1 GG nicht notwendig.

Zu den juristischen Personen des Privatrechts, für die Art. 19 Abs. 3 GG gilt, gehören neben Gesellschaften mit beschränkter Haftung, Aktiengesellschaften und Stiftungen des bürgerlichen Rechts auch die für das bürgerschaftliche Engagement so wichtigen rechtsfähigen Vereine. In Rechtsprechung und Literatur ist inzwischen darüber hinaus anerkannt, dass auch teilrechtsfähigen Organisationseinheiten Grundrechtsfähigkeit zukommen kann[831]. Die Grenze wird jetzt zwi-

[828] Pieroth/ Schlink, Rn. 731.
[829] Ipsen, Staatsrecht II, Rn. 547; auch Pieroth/Schlink, Rn. 731.
[830] Ipsen, Staatsrecht II, Rn. 547.
[831] Von Münch/Kunig-Krebs, Art. 19, Rn. 31.

schen teilrechtsfähigen und nicht rechtsfähigen Organisationseinheiten gezogen. Die Begründung stützt sich dabei nicht nur auf den Wortlaut des Art. 19 Abs. 3 GG, sondern auch auf ein systematisches Argument: Bei einem Vergleich der Formulierung des Art. 19 Abs. 3 GG und Art. 9 Abs. 1 GG zeigt sich, dass die Formulierungen in beiden Normen deutlich voneinander abweichen. In Art. 9 Abs. 1 GG ist die Rechtsfähigkeit der Vereine und Gesellschaften ausdrücklich nicht gefordert. Dies lässt aber umgekehrt darauf schließen, dass Art. 19 Abs. 3 GG mit seiner strengeren Formulierung auch strengere Voraussetzungen haben sollte, und eine Einbeziehung von gar nicht rechtsfähigen Einheiten nicht gewollt ist.[832]

Bei einer Herleitung des Schutzes von Vereinigungen allein über Art. 19 Abs. 3 GG würden also insbesondere rechtsfähige Vereine auch durch Art. 9 Abs. 1 GG geschützt, soweit dieser dem Wesen nach auf sie anwendbar ist. Für den großen Bereich bürgerschaftlichen Engagements, der im Verein stattfindet, ist also ein Schutz über Art. 19 Abs. 3 GG gewährleistet. Viele andere, insbesondere losere Vereinigungen, wie etwa Bürgerinitiativen, wären dann hingegen nicht einbezogen, da ihnen die Rechtsfähigkeit fehlt, obwohl ihre Mitglieder individuellen Schutz genießen. Dies ist insbesondere für neue Formen bürgerschaftlichen Engagements von Bedeutung, bei dem statt der Vereinsform immer öfter andere, weniger stark reglementierte Zusammenschlüsse gewählt werden.

Festgestellt werden kann also, dass bestimmte Organisationsformen, deren Mitglieder über Art. 9 Abs. 1 GG grundrechtlichen Schutz genießen, als Vereinigung an sich jedenfalls nicht über Art. 19 Abs. 3 GG am Schutz des Art. 9 Abs. 1 GG teilhaben. Damit ist zumindest die Begründung für eine Ablehnung von Art. 9 Abs. 1 GG als Doppelgrundrecht nicht haltbar, die sich darauf gründet, dass Art. 19 Abs. 3 GG bereits den Schutzbereich des Art. 9 Abs. 1 GG für Vereinigungen eröffnet und ein Doppelgrundrecht deshalb nicht nötig sei.

(b) Art. 9 Abs. 1 GG als Doppelgrundrecht für Mitglied und Vereinigung?

Diejenigen, die Art. 9 Abs. 1 GG einen doppelten Schutz beimessen, sehen das Bilden, den Bestand und bei der Annahme eines Betätigungsschutzes für die Mitglieder folgerichtig auch die Betätigung der Vereinigung selbst als geschützt an, auch wenn es sich bei der Vereinigung nicht um eine mindestens teilrechtsfähige juristische Person handelt.

[832] S. auch von Münch/Kunig-Krebs, Art. 19, Rn. 31.

Das Bundesverfassungsgericht versteht Art. 9 Abs. 1 GG als Doppelgrundrecht von Individuum und Vereinigung. Das Gericht sieht wegen des engen Zusammenhangs von individueller und kollektiver Vereinigungsfreiheit die Vereinigung selbst durch Art. 9 Abs. 1 GG geschützt.[833] Im Mitbestimmungsurteil war das Bundesverfassungsgericht daher der Auffassung, dass der Schutz des Grundrechts sowohl für die Mitglieder, als auch für die Vereinigungen die Selbstbestimmung über die eigene Organisation, das Verfahren ihrer Willensbildung und die Führung ihrer Geschäfte umfasse.[834]

Vereinigungen sind zwar in erster Linie auf ihre Mitglieder gegründet, sie sind aber mehr als nur die Summe ihrer Mitglieder; sie haben nicht nur Mitglieder, die handeln, sondern sie können auch als Vereinigungen handeln: Vereine etwa durch ihre Organe. Das Handeln einer Vereinigung ist damit qualitativ etwas anderes als das individuelle Handeln eines Vereinigungsmitglieds. Dies zeigt sich z. B. im Willensbildungsprozess einer Vereinigung, in dem die Mehrheit ein Ergebnis als Vereinsposition unterstützen kann, Mitglieder jedoch individuell abweichende Ansichten vertreten können. Gerichtlicher Schutz einer Vereinigung – insbesondere gegen ein Verbot gemäß Art. 9 Abs. 2 GG – ist nur dann möglich, wenn Vereinigungen auch parteifähig sind.[835] Dies wäre dann nicht gewährleistet, wenn Art. 9 Abs. 1 GG nur individuelles Handeln schützte und nicht die Vereinigung selbst. Eine weite Auslegung, die auch den Schutz von Vereinigungen selbst mit umfasst, vermeidet Schutzbereichslücken und trägt dem Unterschied zwischen dem Handeln Einzelner in einer Vereinigung und dem Handeln der Vereinigung selbst durch Teile ihrer Organisation Rechnung.

(c) Ergebnis

Art. 9 Abs. 1 GG umfasst damit als Doppelgrundrecht sowohl individuelles Handeln als auch Handeln der Vereinigung selbst, soweit es durch den sachlichen Schutzbereich des Art. 9 Abs. 1 GG gewährleistet ist. An die Vereinigung sind bei Art 9 Abs. 1 GG keine hohen Anforderungen zu stellen. Insbesondere einer Rechtsfähigkeit der Vereinigung bedarf es nicht. Art. 19 Abs. 3 GG spielt nur für juristische Personen des Privatrechts eine Rolle und eröffnet für diese den Schutzbereich des Art. 9 Abs. 1 GG, soweit dieser dem Wesen nach auf sie anwendbar ist.[836]

---

[833] BVerfGE 50, 290, 354 mit Hinweis auf 13, 174, 175; 30, 227, 241.

[834] BVerfGE 50, 290, 354.

[835] Vgl. dazu BVerfGE 13, 174, 175.

[836] Zu den unterschiedlichen Schutzrichtungen des Vereinigungsschutzes aus Art. 19 Abs. 3 GG und Art. 9 Abs. 1 GG s. im Folgenden.

b) Sachlicher Schutzbereich

(1) Anforderungen an die Vereinigung

Vereinigungen und Gesellschaften im Sinne des Art. 9 Abs. 1 GG sind freiwillige Zusammenschlüsse von Personen, die einen gemeinsamen Zweck verfolgen, auf eine bestimmte Dauer angelegt sind und ein Mindestmaß an Organisation aufweisen.[837] Notwendig ist der Zusammenschluss von mindestens zwei Personen.[838]
Für die Maßgabe der gemeinsamen Zweckverfolgung reicht es aus, dass ein bestimmter Zweck verfolgt wird. Welcher Zweck das ist, spielt grundsätzlich keine Rolle,[839] solange er nur mit Art. 2 Abs. 1 GG in Einklang steht,[840] da nur solche kollektiven Zwecke als zulässig anzusehen sind, die auch individuell ausgeübt werden dürfen. Auf diese Art und Weise soll verhindert werden, dass kollektive gegenüber individuellen Zwecken systemwidrig privilegiert werden.[841]
Die Vereinigung muss auf Dauer angelegt sein. Dies verlangt keinen langfristigen Zweck, aber eine organisierte Willensbildung, die zu einer gewissen Stabilität der Vereinigungsstruktur führt.[842] Insgesamt sind diese Merkmale weit auszulegen.[843] Bürgerinitiativen sind deshalb regelmäßig Vereinigungen, auch wenn sie sich in einem begrenzten Zweck erschöpfen und sich hinterher auflösen.[844]

Die Rechtsform ist grundsätzlich für den Grundrechtsschutz gemäß Art. 9 Abs. 1 GG nicht von Bedeutung.[845] Rechtsfähigkeit oder eine bestimmte Rechtsform ist nicht notwendig; auch die Wahl der Organisationsform, die Form der Willensbildung und die Führung der Geschäfte ist grundsätzlich den Mitgliedern der jeweiligen Organisation überlassen.[846] Vereinigungen können aber im Interesse ihrer internen Funktionsfähigkeit und zur Sicherung der schutzwürdigen Be-

---

837 Ipsen, Staatsrecht II, Rn. 550 m.w.N.
838 Jarass/Pieroth, Art. 9, Rn. 3; jetzt auch von Münch/Kunig-Löwer, Art. 9, Rn. 28.
839 Es sei denn, es liegt ein Fall des Art. 9 Abs. 2 GG vor.
840 Aus dem Gedanken der BVerfGE 30, 227, 243 und 80, 137ff. (zu Art. 2 Abs. 1 GG, Verein „Reiten im Walde"), i. E. auch von Münch/Kunig-Löwer, Art. 9, Rn. 17.
841 Nolte/ Planker, Jura 1993, 635, 637f.
842 Jarass/ Pieroth, Art. 9, Rn. 3.
843 Geis, Selbsthilfe, S. 98; Merten, HBStR VI, § 144, Rn. 36.
844 Ipsen, Staatsrecht II, Rn. 550.
845 Von Münch in von Mangoldt/Klein/Starck, Art. 9, Rn. 27; MD-Scholz, Art. 9, Rn. 58; Merten, HBStR VI, § 144, Rn. 35 und 46; ähnlich schon BVerfGE 13, 174, 175. Vgl. dazu auch § 2 Abs. 2 VereinsG; allerdings kann das VereinsG nicht auf die grundgesetzliche Normierung wirken.
846 BVerfGE 50, 290, 354; 80, 244, 253; von Münch/Kunig-Löwer Rn. 16, 34 mit Beispiel; Merten, HBStR VI, § 144, Rn. 42.

lange ihrer Mitglieder einem Mindestmaß an Organisationsregelungen unterworfen werden und sind zur Einhaltung der allgemeinen Vorschriften über das Auftreten im Rechtsverkehr verpflichtet.[847] Diese Vorschriften sind Inhaltsbestimmungen des Grundrechts und müssen sich am Schutzgut der freien Assoziation und Selbstbestimmung orientieren und die Verhältnismäßigkeit wahren.[848] Es reicht aus, wenn die Organisationsform einer Rechtsform des bürgerlichen Rechts zugeordnet werden kann.[849]

Die rechtliche Behandlung der immer noch häufigsten Organisationsform, des Vereins, bestimmen das Vereinsgesetz, das seinen Schutz auch auf Nichtdeutsche ausdehnt, und zivilrechtliche Regelungen. Allerdings hat in den letzten Jahren ein Veränderungsprozess begonnen. Immer öfter ersetzen Initiativen und Zusammenschlüsse klassische Vereinsstrukturen.[850] Diese sind nur grundrechtlich durch Art. 9 Abs. 1 GG geschützt. Das Vereinsgesetz gilt für sie nicht.

(2) Kein Schutz öffentlich-rechtlicher Zwangsmitgliedschaften

Für öffentlich-rechtliche Vereinigungen ist Art. 9 Abs. 1 GG nicht einschlägig. Dem Einzelnen ist in Art. 9 Abs. 1 GG nur die grundsätzliche Freiheit garantiert, sich aus privater Initiative mit anderen zu Vereinigungen zusammenzufinden.[851] Öffentlich-rechtliche Zwangskörperschaften wie Industrie- und Handelskammern, die gesetzliche Krankenversicherung oder Studierendenschaft fallen deshalb nicht in den Schutzbereich des Art. 9 Abs. 1 GG, sondern nur Art. 2 Abs. 1 GG.[852]

(3) Status negativus: Schutz des Bestandes und der Betätigung?

Wie weit aber reicht der gewährte Schutz? Die Ansichten darüber gehen weit auseinander und reichen von der Ablehnung eines Schutzes der allgemeinen ebenso wie der besonderen Betätigungsfreiheit[853] bis zur Annahme, dass Entste-

---

[847] Geis, Selbsthilfe, S. 98.
[848] BVerfGE 50, 290, 354; Jarass/ Pieroth, Art. 9, Rn. 21.
[849] Geis, Selbsthilfe, S. 98.
[850] Beher/Liebig/Rauschenbach, S. 14.
[851] BVerwGE 107, 169, 172 (IHK).
[852] Industrie- und Handelskammern: BVerwGE 107, 169, 172 und BVerfG NVwZ 2002, 335, 336; Gesetzliche Krankenkasse: BVerfGE 78, 320, 329; Studierendenschaft: BVerwGE 109, 97, 99.
[853] Kemper in von Mangoldt/Klein/Starck, Art. 9, Rn. 32.

hen, Bestand *und* Betätigung der Vereinigung selbst geschützt seien.[854] Andere nehmen eine Aufteilung in zweckverfolgende und zweckneutrale Tätigkeiten vor, bei der die zweckneutrale Tätigkeit in den Schutzbereich des Art. 9 Abs. 1 GG fallen, die zweckverfolgende Tätigkeit aber vom Schutz durch die Vereinigungsfreiheit ausgenommen sein soll.[855] Diejenigen, die den Schutz der Betätigungsfreiheit nicht durch Art. 9 Abs. 1 GG geschützt sehen, halten deshalb jedoch die Betätigung innerhalb einer Vereinigung nicht für einen ungeschützten Bereich – sie begründen den Schutz dieser Betätigung aus den Individualgrundrechten, insbesondere den Freiheitsrechten der Mitglieder.[856]

Das Bundesverfassungsgericht sieht in Art. 9 Abs. 1 GG die Selbstbestimmung über die eigene Organisation, das Verfahren ihrer Willensbildung und die Führung der Geschäfte als geschützt an.[857] Es soll das Entstehen und das Bestehen einer Vereinigung durch Art. 9 Abs. 1 GG umfasst sein.[858] Art. 9 Abs. 1 GG schütze vor einem Eingriff in den Kernbereich des Vereinsbestandes.[859] In einem neueren Urteil weist das Bundesverfassungsgericht darauf hin, dass auch der Kernbereich der Vereinstätigkeit geschützt sei, weil dies für einen effektiven Grundrechtsschutz notwendig sei und verweist auf ein Urteil von 1971.[860] Was von dieser Vereinstätigkeit umfasst sein soll, bleibt dabei in beiden Urteilen unklar. Im zeitlich zwischen den beiden anderen Urteilen liegenden Mitbestimmungsurteil war die Formulierung vorsichtiger gewesen: Das Bundesverfassungsgericht sah von Art. 9 Abs. 1 GG für Mitglieder und Vereinigungen die Selbstbestimmung über die eigene Organisation, das Verfahren der Willensbildung und die Führung der Geschäfte als geschützt an.[861] Von einem Schutz der Vereinstätigkeit ist in diesem Urteil nicht die Rede.
Staatliche Regelungen der Organisation und Willensbildung sind nach Auffassung des Bundesverfassungsgerichts nicht ausgeschlossen. Ziel der Regelungen soll es sein, die freien Zusammenschlüsse in die allgemeine Rechtsordnung einzufügen, die Sicherheit des Rechtsverkehrs zu gewährleisten, Rechte der Mitglieder zu sichern und den schutzwürdigen Belangen Dritter oder dem öffentlichen Interesse Rechnung zu tragen.[862]

---

[854] Merten, HBStR VI, § 144, Rn.49.
[855] Nolte/Planker, Jura 1993, S. 635ff.
[856] Kemper in von Mangoldt/Klein/Starck, Art. 9, Rn. 32.
[857] BVerfGE 50, 290, 354.
[858] BVerfGE 80, 244, 253.
[859] BVerfGE 30, 227, 241 und 80, 244.
[860] BVerfGE 80, 244, 253.
[861] BVerfGE 50, 290, 354.
[862] BVerfGE 50, 290, 354.

Zunächst wird untersucht, welcher Schutz den Mitgliedern einer solchen Vereinigung gewährt wird; ob und wieweit die Vereinigung selbst vom Schutz der Art. 9 Abs. 1 GG erfasst ist, wird in einem zweiten Schritt geklärt.

(a) Reichweite individueller Vereinigungsfreiheit

Die verschiedenen Einteilungen helfen aufgrund ihrer Unbestimmtheit (allgemein/besonders; Kernbereich) nicht viel bei der konkreten Bestimmung.[863] Am überzeugendsten gelingt eine Abgrenzung unterschiedlicher Tätigkeiten noch mit der Aufteilung in zweckverfolgende und zweckneutrale Tätigkeiten.
Zweckverfolgende Tätigkeiten sollen bei allen Handlungen der Vereinigungsmitglieder in Verfolgung oder Verwirklichung ihres – von dem gemeinsamen Willen der Mitglieder getragenen – Zwecks vorliegen.[864] Dies ist bei einem Reitverein das Reiten, bei einem Tierschutzverein der Schutz der Tiere, bei einem Rollenspielverein das Rollenspiel usf. Diese Handlungen bilden die eigentliche Betätigung innerhalb des Vereines; sie wären geschützt, wenn Art. 9 Abs. 1 GG neben Gründung und Bestand auch die Betätigung der Vereinsmitglieder schützte. Im Folgenden werden sie mit dem Begriff *Betätigung* charakterisiert.
Zweckneutrale Tätigkeiten hingegen sind die, bei denen das Handeln nur ein Mittel zur Zweckverfolgung, nicht Zweckverfolgung selbst – also eben nicht Reiten, Tierschutz, Rollenspiel – ist.[865] Die zweckneutralen Tätigkeiten sind die Mitarbeit in den Vereinsorganen, Teilnahme an Verfahren der vereinsinternen Willensbildung und die Führung der Vereinsgeschäfte. Sie können auch als Arbeit am *Bestand* der individuellen Vereinigungsfreiheit bezeichnet werden, da sie für das Bestehen einer Vereinigung konstitutiv sind.

Bei einer näheren Bestimmung kann man also wieder an die Begriffe Bestand und Betätigung anknüpfen. Diese bezeichnen zusammen mit dem Entstehen der Vereinigung die möglicherweise geschützten Komponenten der Vereinigungsfreiheit. Welche Komponenten geschützt sein können, ist damit klar: Entstehen, Bestand, Betätigung. Welche tatsächlich von Art. 9 Abs. 1 GG geschützt sind, ist jetzt zu klären.

(i) Wortlaut

Dem Wortlaut des Art. 9 Abs. 1 GG zufolge haben alle Deutschen das Recht, Vereine und Gesellschaften zu *bilden*. Etwas zu bilden bedeutet, etwas zu schaf-

[863] Nolte/Planker, Jura 1993, S. 635, 636.
[864] Nolte/Planker, Jura 1993, S. 635, 636.
[865] Nolte/Planker, Jura 1993, S. 635, 636.

fen, etwas zu formen. Etwas, das geschaffen wird, entsteht zu diesem Zeitpunkt. Bilden im Sinne von Schaffen bezeichnet also die Anfangsphase einer Sache oder einer Angelegenheit. Im Zusammenhang mit Art. 9 Abs. 1 GG beschreibt „Bilden“ im Sinne von „Schaffen“ den Zusammenschluss, die Gründung einer Vereinigung. Art. 9 Abs. 1 GG schützt also dem Wortlaut nach das Zusammenschließen von deutschen Bürgerinnen und Bürgern in Vereinen und Gesellschaften. Bilden hat aber noch eine zweite Bedeutung. Bilden kann auch einen Zustand beschreiben, es kann auch bedeuten, Teil von etwas zu sein. Häufig wird „Bilden“ in diesem Sinne passiv benutzt: Wie setzt sich der Vorstand zusammen? Der Vorstand *wird gebildet* von drei Frauen und drei Männern. Es kann aber auch aktiv wie in Art 9 Abs. 1 GG verwendet werden. Für dieses Beispiel heißt das: Drei Frauen und drei Männer *bilden* den Vorstand. Dies bedeutet nicht nur, dass sich diese drei Personen zur Vorstandsarbeit zusammen finden und damit aktiv handeln – was natürlich ebenfalls der Fall ist – sondern auch, dass diese Personen den Vorstand in diesem Augenblick ausmachen; sie *sind* der Vorstand. Bilden bezeichnet damit nicht nur ein Handeln, sondern auch die Fortdauer eines Zustandes. Der Wortlaut des Art. 9 Abs. 1 GG lässt also auch eine Deutung zu, nach der nicht nur die Gründung einer Vereinigung geschützt ist, sondern die Vereinigung an sich, in dem Zustand, den sie durch ihre Mitglieder erhält.

Eine Verengung der Wortlautinterpretation auf die erste Komponente der Reihe Entstehen – Bestand – Betätigung, den Entstehungszeitpunkt, greift also wegen der doppelten Bedeutung von „Bilden“ als Beschreibung einer Aktion und eines Zustandes zu kurz.[866] Der Wortlaut umfasst auch die Mitarbeit in der Vereinigung in ihrem aktuellen Zustand, in dem sie sich befindet und aus dem heraus ihre Mitglieder dann, in einem nächsten Schritt, handeln können. Dieser Zustand ist nichts anderes als der Bestand der Vereinigung. Der Wortlaut umfasst also auch den Bestand der Vereinigung. Die Einbeziehung der zweckverfolgenden Vereinsbetätigung lässt sich dem Wortlaut hingegen nicht entnehmen.

Art. 9 Abs. 1 GG kann also die Arbeit an dem Bestand einer Vereinigung schützen und so den Freiraum für die Betätigung in der Vereinigung schaffen, ohne dass der Schutz der Betätigung selbst mit umfasst wird.
Die Wortlautinterpretation des Art. 9 Abs. 1 GG gibt keinen Hinweis darauf, dass die eigentliche Vereinsbetätigung als Verfolgung eines gemeinsamen Zwecks vom Schutzbereich der Vereinigungsfreiheit umfasst ist.

---

[866] So aber Nolte/Planker, Jura 1993, S. 635, 636.

(ii) Geschichte

In § 162 der Paulskirchenverfassung vom 28.3.1849 sowie in Art. 124 WRV wurde allen Deutschen das Recht gewährleistet, Vereine „zu bilden“[867]. Vom Schutzbereich umfasst war nach damals einhelliger Meinung nur die Freiheit der Gründung und des Beitritts zu Vereinen, nicht aber eine umfassende Betätigungsgarantie.[868] Da aber das Grundgesetz auch gegenüber der WRV zum Teil neue Wege gegangen ist, ist der Blick auf die Geschichte allein noch nicht ausreichend.
Aber auch den Verhandlungen des Parlamentarischen Rates ist zu dieser Thematik nichts zu entnehmen.[869] Damit kann aus der historischen Entwicklung nur wenig für die heutige Regelung entnommen werden. Sollte eine Betätigungsgarantie in Art. 9 Abs. 1 GG umfasst sein, so würde es sich jedenfalls um ein gegenüber früheren deutschen Verfassungen neues Verständnis handeln, das sich aber in der Entstehungsgeschichte des Grundgesetzes so nicht nachweisen lässt.

(iii) Systematik

Anders als bei einfachgesetzlichen Regelungen ist im Verfassungsrecht der Wortlaut der Norm nicht unbedingt als Grenze jeglicher Gesetzesinterpretation anzusehen.[870] Es bedarf wegen der Besonderheiten des Verfassungsrechts, insbesondere der weniger strengen Durchbildung und der abstrakteren Fassung der Grundordnung eines Blickes auf die Verfassungsordnung insgesamt.[871] Damit ist der Weg für eine systematische Auslegung trotz der engen Wortlautfassung offen.

Bei der systematischen Auslegung ist vor allem die Schranke des Art. 9 Abs. 2 GG zu beachten. Art. 9 Abs. 2 GG verbietet Vereinigungen, deren Zweck oder deren Tätigkeit den Strafgesetzen zuwiderläuft oder die sich gegen die verfassungsmäßige Ordnung oder gegen den Gedanken der Völkerverständigung richten. Statt also die genannten Tätigkeit bzw. den genannten Zweck zu verbieten, verbietet Art. 9 Abs. 2 GG die Vereinigung an sich. Die Einschränkung der Vereinigungsfreiheit richtet sich gegen den Bestand der Vereinigung und damit nur indirekt gegen die Betätigung.[872] Art. 9 Abs. 2 GG ist neben kollidierendem Verfassungsrecht die einzige Schranke für die ansonsten vorbehaltlos gewähr-

[867] Zitat der Regelungen im Wortlaut bei von Münch/Kunig-Löwer, Art. 9 GG.
[868] Nolte/ Planker, Jura 1993, S. 636, 638; Schmidt, S. 37.
[869] Ausführlich dazu Schmidt, S. 64ff.
[870] Depenheuer, Thesen, S. 59.
[871] Nolte/Planker, Jura 1993, S. 635.
[872] So auch Nolte/Planker, Jura 1993, S. 635, 637.

leistete Vereinigungsfreiheit. Was auch immer Art. 9 Abs. 1 GG schützt, abgesehen von der Einschränkung des Art. 9 Abs. 2 GG wird dieser Schutz vorbehaltlos gewährt. Andere vorbehaltlos gewährte Rechte sind die Religionsfreiheit, Art. 4 Abs. 1 GG, und die Freiheit von Kunst und Wissenschaft, Art. 5 Abs. 3 GG.[873] Grundsätzlich kennt das Grundgesetz also die vorbehaltlose Gewährung von Rechten. Allerdings ist die Frage, ob diese vorbehaltlos gewährten Freiheitsrechte auch systematisch zu einer vorbehaltlos gewährten Vereinigungsbetätigungsfreiheit passen.

Die Betätigungen zur Verfolgung des Vereinszwecks, also Reiten, Spielen usw., sind Tätigkeiten, die bei individueller Ausübung als Teil der allgemeinen Persönlichkeitsfreiheit durch Art. 2 Abs. 1 GG geschützt sind. Sie unterliegen damit der Schrankenregelung des Art. 2 Abs. 1 GG. Das individuelle Handeln ist also grundgesetzlich nicht vorbehaltlos gewährt, sondern durch die Schrankentrias des Art. 2 Abs. 1 GG begrenzt.

Diese Beschränkung ist deutlich strenger als die des Art. 9 Abs. 1 GG durch die Schranke des Art. 9 Abs. 2 GG. So hat es das Bundesverfassungsgericht etwa bei seiner „Reiten im Walde“ – Entscheidung für gerechtfertigt angesehen, dass ein Reiter bei der Ausübung seines Hobbys nicht jeden Waldweg benutzen darf, sondern auf speziell gekennzeichnete Reitwege verwiesen werden kann.[874] Wenn Art. 9 Abs. 1 GG neben der Gründung und dem Bestand eines Vereins zusätzlich die Betätigung innerhalb der Vereinigung schützte, wären bestimmte Handlungsformen, die dem Individuum im Grundgesetz unter Vorbehalt gewährt worden sind, im Rahmen kollektiven Handelns abgesehen von Art. 9 Abs. 2 GG und kollidierendem Verfassungsrecht vorbehaltlos geschützt. Das hätte zur Folge, dass sich jemand durch die Mitgliedschaft in einer Vereinigung unter den Schutz des Grundgesetzes begeben könnte, das ihm oder ihr einen solchen Schutz individuell nicht gewährt. In ihrem Handeln könnte diese Person nur noch durch Art. 9 Abs. 2 GG und kollidierendes Verfassungsrecht beschränkt werden. Der Reiter aus der obengenannten Entscheidung könnte dann Mitglied in einem Reitverein werden und seine Ausritte auf anderen als den vorgesehenen Reitwegen mit anderen Vereinsmitgliedern zusammen als Teil der Vereinsbetätigung fortsetzen, ohne dass dies durch die Schrankenregelung des Art. 2 Abs. 1 GG erfasst würde. Es bliebe nur der nicht einschlägige Art. 9 Abs. 2 GG oder kollidierendes Verfassungsrecht, um diese Betätigung zu verhindern, obwohl die daraus resultierende Störung stärker ist als diejenige, welche der Reiter individuell verursacht hat.

---

873 Nolte/Planker, Jura 1993, S. 635, 637 verweisen zudem auf das – 1993 noch – vorbehaltlos gewährte Asylrecht, das aber deutlich eingeschränkt worden ist, vgl. Art. 16a GG.

874 BVerfGE 80, 137ff.

An diesem Beispiel ist zu sehen, dass kollektives Handeln stärker wirken kann als individuelles Handeln, aber gegenüber individuellem Handeln deutlich privilegiert wäre. Der vorbehaltlose Schutz einer Vereinigungsbetätigungsfreiheit würde die grundgesetzlich aufgestellte Werteordnung auf den Kopf stellen. Die differenzierte Grundrechtssystematik liefe leer, da die grundgesetzlich vorgesehenen Beschränkungsmöglichkeiten der allgemeinen Persönlichkeitsfreiheit durch eine entsprechende Betätigung innerhalb eines Vereins umgangen werden könnten.[875] Das kann auch das Bundesverfassungsgericht nicht gemeint haben, als es für einen effektiven Grundrechtsschutz aus Art. 9 Abs. 1 GG auch die Vereinstätigkeit geschützt sah. Mehr spricht dafür, dass das Bundesverfassungsgericht einen Schutz der Vereinstätigkeit gewährleistet sehen will, wie er im Mitbestimmungsurteil beschrieben wird: als Schutz von Selbstbestimmung, Willensbildung und Führung der eigenen Geschäfte, und nur die Formulierung missverständlich gewählt ist.

Befürworter eines Schutzes der Betätigung durch Art. 9 Abs. 1 GG helfen sich zur Re-Justierung der Werteordnung des Grundgesetzes mit der Übertragung der Schranken aus den Individualgrundrechten.[876] Dies verkompliziert die Handhabung des Art. 9 Abs. 1 GG aber unnötig.[877]
Schlüssiger und systematisch überzeugend ist es, von vornherein den Schutz auf die Gründung und den Bestand der Vereinigung beschränkt zu sehen, zumal hierfür auch der Wortlaut der Regelung spricht. Damit ergibt sich auch nicht das von Stein konstruierte Problem, mit diesem Verständnis des Schutzbereiches von Art. 9 Abs. 1 GG dürfe man zwar einen Kegelverein gründen, aber nicht kegeln.[878] Der Schutz des vereinsinternen Kegelns ist zwar nicht über Art. 9 Abs. 1 GG gewährleistet. Die Betätigung der einzelnen Mitglieder der Vereinigung ist und bleibt aber durch deren individuelle Rechte geschützt – das Kegeln genau wie das Reiten über Art. 2 Abs. 1 GG. Dass dieser Schutz nicht vorbehaltlos gewährt wird, stellt auch sicher, dass durch die vom Grundgesetzgeber vorgegebenen Schranken auch die Rechte anderer ausreichend berücksichtigt werden.

(iv) Sinn und Zweck

Auch nach dem Sinn und Zweck der Regelung ergibt sich nichts anderes. Ziel der Vereinigungsfreiheit ist das Schaffen und Erhalten von Freiräumen für kollektive Betätigung. Eine Privilegierung von kollektiver gegenüber individueller

---

[875] Ausführlich zum Ganzen Nolte/Planker, Jura 1993, S. 635, 637.
[876] Nachweise bei Nolte/Planker, Jura 1993, S. 635, 637, Fn. 31 – 33, von Mutius, Jura 1984, 193, 201 („Gemeinschaftsvorbehalt").
[877] AK-Rinken, 2. A., Art. 9, Rn. 54.
[878] Stein/Frank, § 40, II 2 b.

Betätigung ist aber durch das Grundgesetz nicht gewollt. Der Mensch steht in einem Spannungsfeld seiner Ich- und Gemeinschaftsbezogenheit.[879] Sinn der grundrechtlichen Regelungen ist es, einen Ausgleich zwischen kollektiver und individueller Freiheit zu gewährleisten. Genau diesen Ausgleich schafft eine Vereinigungsfreiheit, die Gründung und Bestehen schützt, Handeln innerhalb der Vereinigung jedoch an den Gewährungen individueller Freiheitsrechte misst.

(v) Ergebnis

Art. 9 Abs. 1 GG schützt das „Bilden" von Vereinen und Gesellschaften. Dies umfasst sowohl das Gründen als auch das zweckneutrale Handeln zur Sicherung des Bestandes von Vereinigungen, wie etwa Verfahren der Willensbildung und die Führung der Geschäfte.[880] Ein besonderer Schutz zweckgerichteter Betätigung ergibt sich aus Art. 9 Abs. 1 GG nicht, da dies eine systemwidrige Bevorzugung kollektiver gegenüber individueller Betätigung zur Folge hätte, die dem Wertesystem des Grundgesetzes widerspräche.

(b) Reichweite kollektiver Vereinigungsfreiheit

Auf welche Art und Weise sind nun Vereinigungen im Rahmen des Art. 9 Abs. 1 GG geschützt? Zum einen ergibt sich ein Schutz für diejenigen Vereinigungen, die mindestens teilrechtsfähig sind, aus Art. 9 Abs. 1 GG i. V. m. Art. 19 Abs. 3 GG. Gemäß Art. 19 Abs. 3 GG können privatrechtliche juristische Personen, sowie andere Personenvereinungen Grundrechtsträgerinnen sein, wenn das betreffende Grundrecht auf sie anwendbar ist. Entscheidend ist dabei, ob die von dem Grundrecht geschützten Tätigkeiten auch von juristischen Personen (selbst) ausgeübt werden können.[881]

Wie bei anderen Grundrechten erweitert Art. 19 Abs. 3 GG den grundrechtlich gewährleisteten Schutz für mindestens teilrechtsfähige juristische Personen, soweit diese Rechte dem Wesen nach auf sie anwendbar sind. Da eine Anwendung auf juristische Personen möglich ist, werden auch sie über Art. 9 Abs. 1 GG geschützt. Dabei kann der Schutz, der Art. 9 Abs. 1 i. V. m. Art. 19 Abs. 3 GG gewährt, nicht weiter gehen als die individuelle Vereinigungsfreiheit des Art. 9 Abs. 1 GG.
Hier muss der Wortlaut des Art. 9 Abs. 1 GG genau beachtet werden. Zwar schützt Art. 9 Abs. 1 GG die Vereinigungsfreiheit. Aber er schützt diese, indem

[879] Nolte/Planker, Jura 1993, S. 635, 638.
[880] So auch Neumann, S. 10.
[881] BVerfGE 42, 212, 219; Jarass/Pieroth, Art. 19 Abs. 3, Rn. 13.

er das Recht aller Deutschen schützt, Vereinigungen zu bilden. Über Art. 19 Abs. 3 GG ergibt sich also kein Schutz für die Existenz der Vereinigung selbst. Geschützt ist vielmehr das Recht einer Vereinigung im Sinne des Art. 19 Abs. 3 GG, Vereinigungen zu bilden. Geschützt ist also das Gründen und Aufrechterhalten von Vereinigungen durch Vereinigungen, d. h. das Recht dieser Vereinigungen, sich ihrerseits zu organisieren, also etwa Dachorganisationen zu bilden[882] und diese durch bestimmte organisatorische Maßnahmen aufrechtzuerhalten. Ein Schutz der Vereinigung als solcher in ihrer Gründung und ihrem Bestand ergibt sich aus Art. 19 Abs. 3 GG i. V. m. Art. 9 Abs. 1 GG nicht.

Der Umfang des Schutzes entspricht ebenfalls dem Schutz, den das Bürgerrecht individuell gewährt: Da sich ein Schutz der zweckverfolgenden Betätigung nicht aus Art. 9 Abs. 1 GG ergibt, ist auch bei einer Übertragung auf die Vereinigung nur das Bilden – also das Gründen – einer Vereinigung, sowie die Arbeit am Bestand der neu gegründeten Vereinigung geschützt. Eine Betätigungsfreiheit der Vereinigungen selbst ist – genauso wie für die Vereinigungsmitglieder – nicht über Art. 9 GG gewährleistet. Daher muss hier entsprechend der Herleitung für die Mitglieder für die Vereinigungen auf die einzelnen Freiheitsrechte verwiesen werden. Diese sind für die Vereinigung nur nach Maßgabe des Art. 19 Abs. 3 GG anwendbar. Vereinigungen, welche die Voraussetzungen des Art. 9 Abs. 1 GG erfüllen, sind aber soweit geschützt, wie auch der individuelle Schutz aus Art. 9 Abs. 1 GG geht: Sie sind in ihrem Entstehen und in ihrem Bestehen durch das Grundrecht der Vereinigungsfreiheit geschützt.

Der grundrechtliche Schutz der Betätigungsfreiheit einer Vereinigung ist daher nur für diejenigen Vereinigungen gegeben, die als mindestens teilrechtsfähige Organisationen dem Art. 19 Abs. 3 GG unterfallen und nur soweit die infragestehenden Freiheitsrechte ihrem Wesen nach auf sie anwendbar sind.

(c) Schutz einer „negativen Vereinigungsfreiheit"?

Umstritten ist, ob auch die negative Variante des Freiheitsgebrauchs (negative Vereinigungsfreiheit) geschützt ist, d. h. ob Art. 9 Abs. 1 GG auch die Entscheidung schützt, einer Vereinigung fernzubleiben oder eine Vereinigung nach Beitritt wieder zu verlassen.[883]

---

[882] Vgl. etwa Herzog, Der Staat 1962, S. 399, 411.

[883] Von Münch/Kunig-Löwer, Art. 9, Rn. 19; s. dort auch zu den seltenen Ausnahmen.

(i) Wortlaut, Geschichte, Systematik

Dem Wortlaut des Art. 9 Abs. 1 GG ist über eine negative Vereinigungsfreiheit nichts zu entnehmen. Bei den Herrenchiemsee-Verhandlungen wurde darüber diskutiert, ob eine negative Vereinigungsfreiheit in den Verfassungstext aufzunehmen sei. Letztlich wurde aber von der Formulierung Abstand genommen, dass niemand gezwungen werden dürfe, sich einer Vereinigung anzuschließen. Dies geschah mit Blick auf die traditionellen berufsständischen Organisationen. Es wurde als möglich angesehen, dass es notwendig werden könnte, Angehörige bestimmter Berufsgruppen in öffentlich-rechtlichen Organisationen verpflichtend zusammenzufassen.[884] Der Parlamentarische Rat verzichtete – wohl im Bewusstsein dieser Problematik – letztlich auf die Erwähnung einer negativen Vereinigungsfreiheit in Art. 9 Abs. 1 GG. Der Verzicht auf eine schriftliche Fixierung der negativen Vereinigungsfreiheit sollte dazu dienen, die Schaffung öffentlich-rechtlicher Zwangskörperschaften zu ermöglichen. Sie zielte nicht auf eine Verkürzung des Schutzes derjenigen, die sich freiwillig privatrechtlich organisieren. Mitglieder öffentlich-rechtlicher Zwangsverbände sind nach der ständigen Rechtsprechung von Bundesverfassungsgericht und Bundesverwaltungsgericht über Art. 2 Abs. 1 GG geschützt.
Systematisch ergibt sich nichts anderes. Der Schutz einer negativen Koalitionsfreiheit aus Art. 9 Abs. 3 GG lässt aufgrund seiner Besonderheiten keine Rückschlüsse auf die Formulierung des Art. 9 Abs. 1 GG zu.

(ii) Sinn und Zweck

Entgegen der herrschenden Meinung[885] enthält Art. 9 Abs. 1 GG laut Ipsen kein eigenständiges Grundrecht der sogenannten „negativen Vereinigungsfreiheit". Ipsen ist der Ansicht, dass es nicht Sinn der Regelung sein kann, beides – positive und negative Vereinigungsfreiheit – zu schützen. Die seit dem „Erftverband-Urteil" stets wiederholte Formel, Art. 9 Abs. 1 GG garantiere „die Freiheit, privatrechtliche Vereinigungen zu gründen, ihnen beizutreten oder fernzubleiben"[886], erweise sich bei näherem Hinsehen als dogmatisch nicht überzeugend. Zutreffend werde mit dieser Formel die (natürliche) Freiheit bezeichnet, Assoziationen zu gründen oder ihnen fernzubleiben. Soweit natürliche Handlungsmöglichkeiten jedoch grundrechtlich gewährleistet werden, sei es ausgeschlossen,

---

[884] BVerfG, NVwZ 2002, 335, 336.
[885] BVerfGE 10, 89, 102; 38, 281, 297f.; 50, 290, 354; Jarass/Pieroth, Art. 9, Rn. 6; von Münch/Kunig-Löwer, Art. 9, Rn. 19; Merten, HBStR VI, § 144, Rn. 55ff.
[886] BVerfGE 10, 89, 102.

dass ein und dasselbe Grundrecht eine Handlungsmöglichkeit und ihr Gegenteil schütze.[887]

Ipsen verweist hier auf die seiner Ansicht nach ähnlich problematischen Annahmen einer negativen Religionsfreiheit, Art. 4 GG bzw. einer negativen Komponente des Art. 6 Abs. 1 GG (Schutz der Ehe). Ihm ist darin zuzustimmen, dass es nicht überzeugend ist, aus dem besonderen Schutz der Ehe einen Schutz, sich nicht zu verheiraten zu entnehmen, da dadurch die Verstärkung des Schutzes („besonders") leer liefe. Der Schutz der Ehe ist zwar ein Grundrecht, aber kein Freiheitsrecht. Es ist in erster Linie eine Institutsgarantie und eine wertentscheidende Grundrechtsnorm.[888] Wenn aufgrund einer Wertentscheidung eine Möglichkeit einer anderen vorgezogen wird, so ist dieser Entscheidung immanent, dass die zweite Möglichkeit nicht genauso stark geschützt ist. Dem liegt aber eine andere Struktur zugrunde als den Freiheitsrechten von Art. 4 GG und dem hier wichtigen Art. 9 Abs. 1 GG. Dieses Grundrecht lässt daher nicht allgemein darauf schließen, dass ein Schutzgut nur die positive, aber nicht die negative Seite der Grundrechtsausübung umfasst.

In Art. 9 Abs. 1 GG geht es um die Vereinigungsfreiheit. Zur Freiheit gehört die Möglichkeit der Wahl zwischen Handlungsalternativen: Freiheit bedeutet, zwischen mehreren Möglichkeiten wählen zu können. Wenn nur eine Handlungsmöglichkeit besteht, ist der Mensch in seiner Entscheidung nicht frei. In Art. 4 GG als Freiheitsrecht ist daher neben der positiven auch die negative Glaubens- und Bekenntnisfreiheit geschützt. Sie beinhaltet die Freiheit, eine religiöse oder weltanschauliche Überzeugung abzulehnen, sofern dies auf einer Gewissensentscheidung beruht.[889] Ebenso sind durch ein anderes Freiheitsrecht, das dem Art. 9 Abs. 1 GG noch näher steht, sowohl positive wie negative Variante des Rechts geschützt: Art. 9 Abs. 3 GG umfasst nicht nur die individuelle (positive) Koalitionsfreiheit, sondern auch eine negative Koalitionsfreiheit, die Freiheit nämlich, einer Koalition nicht beizutreten oder sie wieder zu verlassen.[890] Ähnlich wie diese negative Koalitionsfreiheit des Art. 9 Abs. 3 GG, die sowohl systematisch als auch inhaltlich der Vereinigungsfreiheit des Art. 9 Abs. 1 GG näher steht, ist auch der verfassungsrechtliche Schutz einer negativen Vereinigungsfreiheit denkbar.

Negative Vereinigungsfreiheit als Freiheit, Organisationen fernzubleiben bzw. sie wieder zu verlassen, ist daher der Freiheit des Art. 9 Abs. 1 GG immanent. Vereinigungsfreiheit ohne diese Komponente wäre unvollständig. Wenn es nicht

[887] Ipsen, Staatsrecht II, Rn. 557.
[888] BVerfGE 6, 55, 72f.; 62, 323, 330; 80, 81, 92f.
[889] Jarass/Pieroth, Art. 4, Rn. 8.
[890] BVerfGE 50, 330, 367.

die Option gibt, einer Vereinigung beizutreten oder ihr fernzubleiben, fehlt es an der Freiheit zur Entscheidung. Das „negative“ Gegengewicht zur „positiven“ Vereinigungsfreiheit ist also für diese bereits konstitutiv. Vereinigungsfreiheit im Sinne des Art. 9 Abs. 1 GG bedeutet das Recht (nicht die Pflicht) sich zu organisieren – und lässt so Raum dafür, dies gerade nicht zu tun.

Dies muss allerdings nicht bedeuten, dass der Grundgesetzgeber beide Komponenten gleichermaßen schützen wollte. Es ist grundsätzlich möglich, dass die eine Handlungsalternative anders behandelt wird als die andere.[891] Dies ist hier jedoch nicht ersichtlich. Auf eine Einschränkung der negativen Vereinigungsfreiheit für in privater Initiative gegründete Vereinigungen gibt es keinen Hinweis. Im Zweifel sind die Grundrechte so auszulegen, dass sie einen möglichst umfassenden Schutz bieten. Für eine umfassende Freiheitsgewährleistung aber braucht es beide Komponenten. Auch nach dem Sinn und Zweck spricht deshalb mehr dafür, dass die jedem Freiheitsrecht immanente negative Komponente für die privatrechtliche Vereinigung auch in Art. 9 Abs. 1 GG verortet werden kann.

(iii) Ergebnis

Art. 9 Abs. 1 GG schützt die Vereinigungsfreiheit als positive und negative Freiheit. Wenn das Bundesverfassungsgericht den Schutzbereich des Art. 9 Abs. 1 GG in ständiger Rechtsprechung auf das Recht ausdehnt, Vereinigungen fernzubleiben, so reicht der Schutz der negativen Vereinigungsfreiheit so weit wie der Schutz der positiven Vereinigungsfreiheit und nicht weiter. Bürgerinnen und Bürgern ist die Freiheit garantiert, sich auf freiwilliger Basis zusammenzuschließen, und der Staat darf nicht andere Bürgerinnen und Bürger zwingen, sich diesen freiwilligen Zusammenschlüssen anzuschließen.[892] Für nicht privatrechtliche, nicht freiwillige Vereinigungen, also die öffentlich-rechtlichen Zwangszusammenschlüsse ist nicht Art. 9 Abs. 1 GG, sondern Art. 2 Abs. 1 GG maßgeblich.[893] Art. 9 Abs. 1 GG schützt daher nicht vor einer gesetzlich angeordneten Eingliederung in eine öffentlich-rechtliche Körperschaft.[894]

Der Schutz der negativen Vereinigungsfreiheit privatrechtlicher Vereine wird aus Art. 9 Abs. 1 GG direkt als Kehrseite der positiven Vereinigungsfreiheit hergeleitet. Der Schutz der negativen Freiheit öffentlich-rechtlicher Vereinigungen ergibt sich aus Art. 2 Abs. 1 GG, da für sie insgesamt der Schutzbereich des Art. 9 Abs. 1 GG nicht eröffnet ist.

---

[891] So auch Etzrodt, S. 95.
[892] BVerfG, NVwZ 2002, 335, 336.
[893] BVerfG, NVwZ 2002, 335, 336.
[894] So schon BVerfGE 10, 89, 102; st. Rspr, bestätigt in BVerfG, NVwZ 2002, 335, 336.

Für die Frage nach bürgerschaftlichem Engagement spielen in erster Linie privatrechtliche Vereine eine Rolle.

(4) Status positivus: Anspruch auf Leistung?

Hinsichtlich eines status positivus soll sich aus Art. 9 Abs. 1 GG nur ergeben, der Staat dürfe nicht hindern, müsse aber auch nicht fördern; er müsse Vereine akzeptieren, aber nicht alimentieren.[895] Andererseits steht einer staatlichen Förderung von Vereinen auch nichts entgegen.[896] Wenn aber gefördert wird, so ergeben sich hier möglicherweise aus vorausgegangenem Tun derivative Teilhabeansprüche.[897] Diese können insbesondere aus Art. 3 Abs. 1 GG abgeleitet werden.

(5) Ergebnis

Gemäß Art. 9 Abs. 1 GG haben alle Deutschen das Recht, Vereine und Gesellschaften zu bilden. Dieses Recht umfasst das Entstehen und den Bestand der Vereinigung. Die Betätigung innerhalb der Vereinigung ist durch die individuellen Freiheitsrechte der Mitglieder ausreichend geschützt. Einer Ausweitung der Vereinigungsfreiheit über den Wortlaut des Art. 9 Abs. 1 GG hinaus ist daher eine Absage zu erteilen. Als Doppelgrundrecht schützt Art. 9 Abs. 1 GG auch die Rechte der Vereinigung selbst in dem Umfang, in dem sie auch individuell gewährt werden. Der freiheitsrechtliche Betätigungsschutz der Vereinigung kann nur über Art. 19 Abs. 3 GG hergeleitet werden und gilt entsprechend nur für mindestens teilrechtsfähige Organisationen und nur, soweit die einzelnen Grundrechte dem Wesen nach auf die Vereinigungen anwendbar sind.

Art. 9 Abs. 1 GG schützt die Vereinigungsfreiheit als positive und negative Freiheit; Bürgerinnen und Bürger können sich zusammenschließen, sie können davon jedoch auch Abstand nehmen. Die Mitgliedschaft in einer privatrechtlichen Vereinigung darf nicht erzwungen werden.

Ein Anspruch auf Leistung gegenüber dem Staat ergibt sich aus Art. 9 Abs. 1 GG grundsätzlich nicht. Wenn allerdings Leistungen gewährt werden, können sich aus Art. 3 Abs. 1 GG derivative Teilhabeansprüche ergeben.

---

[895] Merten, HBStR VI, § 144, Rn. 12.
[896] Merten, HBStR VI, § 144, Rn. 15.
[897] Martens, VVDStRL (30) 1972, S. 7, 21f., auf Martens bezugnehmend BVerwGE 52, 339, 348ff.

c) Schranken der Vereinigungsfreiheit

Art. 9 Abs. 2 GG ist nach überwiegender Ansicht eine Schrankenbestimmung. Als problematisch hat sich der Wortlaut des Art. 9 Abs. 2 GG erwiesen. Die in Art. 9 Abs. 2 GG genannten Vereinigungen sind dem Wortlaut nach von vornherein verboten. Es handelt sich dabei um Vereinigungen, deren Zweck gegen Strafgesetze verstößt oder die sich gegen die verfassungsmäßige Ordnung bzw. den Gedanken der Völkerverständigung richten. Trotz des eindeutigen Wortlauts tritt das Verbot der Vereinigung nicht ipso iure ein, da dies zu einer bedenklichen Rechtsunsicherheit führen würde.[898]

Es bedarf zunächst der Überprüfung, ob die Voraussetzungen für das Verboten-Sein im Sinne des Art. 9 Abs. 2 GG überhaupt erfüllt sind, also eines Verbotsverfahrens. Eine Ausnahme bilden hier nur diejenigen Vereinigungen, deren Verfassungswidrigkeit gemäß Art. 9 Abs. 2 GG offensichtlich ist.[899] § 3 Abs. 1 S. 1 VereinsG bestimmt daher, dass Vereine jedenfalls erst dann als verboten behandelt werden dürfen, wenn die Verbotsbehörde die Erfüllung der Voraussetzungen des Art. 9 Abs. 2 GG tatsächlich durch Verfügung festgestellt hat. Über die Regelung des Art. 9 Abs. 2 GG hinaus wird Art. 9 Abs. 1 GG nur durch kollidierendes Verfassungsrecht beschränkt.

d) Ergebnis und Perspektive

Bürgerschaftlich Engagierte, die sich zusammenschließen, sind durch Art. 9 Abs. 1 GG geschützt, soweit sie dessen Voraussetzungen erfüllen. Für die Einzelnen schützt Art. 9 Abs. 1 GG Beitritt und Verlassen der Vereinigung, sowie das Handeln innerhalb der Organisation zur Aufrechterhaltung der Vereinigung, soweit dieses Handeln in Zusammenhang mit der Vereinigung steht. Für EU-Bürgerinnen und Bürger ist Art. 9 Abs. 1 GG anwendbar, soweit EG-rechtlich geboten; andere Nicht-Deutsche, die sich bürgerschaftlich engagieren, sind nicht durch Art. 9 Abs. 1 GG, sondern nur durch Art. 2 Abs. 1 GG geschützt. Art. 9 Abs. 1 GG gibt bürgerschaftlich Engagierten, die innerhalb einer geschützten Vereinigung tätig sind, grundsätzlich kein Recht auf bestimmte staatliche Leistungen. Wenn allerdings staatliche Förderung gewährt wird, gibt es einen Anspruch auf gleiche Berücksichtigung.[900]

Bürgerschaftlich Engagierte sind in ihrem Handeln überwiegend in einen Organisationszusammenhang eingebunden. Ein großer Teil des bürgerschaftlichen

---

[898] von Münch/Kunig-Löwer, Art. 9, Rn. 48; von Mutius, Jura 1984, S. 193, 200.
[899] Ipsen, Staatsrecht II, Rn. 567, verweist auf §§ 129, 129a StGB.
[900] Merten, HBStR VI, § 144, Rn. 15.

Engagements findet innerhalb eines Vereins für den Verein bzw. durch Vereinsmitglieder für andere statt.[901] Aus diesem Grund ist Art. 9 Abs. 1 GG für bürgerschaftlich Engagierte von großer Bedeutung. Indem Art. 9 Abs. 1 GG seinen Schutz nicht auf Vereine beschränkt, sondern Vereinigungen insgesamt schützt, ist er auch für neuere Organisationsformen – Bürgerinitiativen, Selbsthilfegruppen – außerhalb der traditionellen Vereinsstrukturen wichtig. Mit Blick auf die bereits signifikante und wachsende Zahl von bürgerschaftlich Engagierten in den Bereichen von Selbsthilfegruppen und Initiativen würde es sich anbieten, bei der Entwicklung neuer Regelungen darüber nachzudenken, ob in Zukunft nicht nur der Verein, sondern auch solche Vereinigungen als Anknüpfungspunkt dienen können. Dabei ist allerdings zu berücksichtigen, dass eine rechtliche Regelung schwieriger wird, je loser sich der Zusammenschluss darstellt.

6. Berufsfreiheit, Art. 12 Abs. 1 GG

Art. 12 Abs. 1 GG schützt die Berufsfreiheit. Er bestimmt: „Alle Deutschen haben das Recht, Beruf, Arbeitsplatz und Ausbildungsstätte frei zu wählen. Die Berufsausübung kann durch Gesetz geregelt werden.“ Nach ständiger Rechtsprechung ist Art. 12 Abs. 1 GG ein einheitliches Grundrecht, da Berufswahl und Berufsausübung untrennbar miteinander verknüpft sind; der Regelungsvorbehalt des Art. 12 Abs. 1 S. 2 GG wird daher auf Berufswahl und Berufsausübung bezogen. Der zentrale Begriff des Art. 12 Abs. 1 GG ist der „Beruf“. Beruf im Sinne des Art. 12 Abs. 1 GG ist nach herrschender Meinung jede „auf die Dauer berechnete und nicht nur vorübergehende, der Schaffung und Erhaltung einer Lebensgrundlage dienende Betätigung“.[902] Der Berufsbegriff des Art. 12 Abs. 1 GG umfasst selbständige und unselbständige Berufe.[903]

Der Schutz des Art. 12 Abs. 1 GG erschöpft sich nicht im Schutz der Erwerbstätigkeit als Erwerbsquelle. Das Bundesverfassungsgericht hat bereits im sogenannten Apothekenurteil festgestellt: „Wohl zielt das Grundrecht auf den Schutz der – wirtschaftlich sinnvollen – Arbeit, aber es sieht sie als „Beruf“, d. h. in ihrer Beziehung zur Persönlichkeit des Menschen im ganzen, die sich erst darin voll ausformt und vollendet, dass der Einzelne sich einer Tätigkeit widmet, die für ihn Lebensaufgabe und Lebensgrundlage ist und durch die er zugleich seinen Beitrag zur gesellschaftlichen Gesamtleistung erbringt.“[904] Die Berufsfreiheit,

---

901 Freiwilligensurvey, Gesamtbericht, S. 41
902 BVerwGE 1, 54, 54; 2, 89, 92 st. Rspr.; BVerfGE 7, 377, 397, st. Rspr.
903 BVerfGE 7, 377, 398; 54, 301, 322.
904 BVerfGE 7, 377ff.

wie sie in Art. 12 Abs. 1 GG geschützt ist, schützt den Beruf auch als Aspekt der Persönlichkeitsentfaltung und der Eingebundenheit in die Gesellschaft.
Es ist allerdings festzustellen, dass – jedenfalls im Augenblick bei konstant hohen Arbeitslosenzahlen und der Überführung auch kommunaler Aufgabenbereiche[905] in Arbeitsfelder bürgerschaftlichen Engagements – das Verhältnis von beruflicher und freiwilliger Tätigkeit im Fluss ist.

In Zeiten hoher Arbeitslosigkeit ist die Schaffung des Lebensunterhalts durch einen selbstgewählten, zur Bildung der eigenen Persönlichkeit beitragenden Beruf noch schwieriger zu erreichen als ohnehin; es gibt eine Entwicklung dazu, einen oder mehrere „Jobs" mit dem Hauptziel der materiellen Absicherung übernehmen.[906] Immer seltener werden die gewählten Ausbildungsberufe ein ganzes Arbeitsleben ununterbrochen ausgeübt. Diskontinuierliche Erwerbsbiographien, deren Bruch bisher typischerweise nur in den Lebensläufen von Frauen zu finden waren, nehmen auch bei erwerbstätigen Männern zu. Dabei wechseln nicht nur Zeiten von abhängiger Beschäftigung, Selbständigkeit, (bei Männern seltener) Familienarbeit und oft auch Arbeitslosigkeit. Zunehmend werden Zeiten der Erwerbslosigkeit durch Tätigkeiten ausgefüllt, die eine Weiterqualifikation der Betroffenen bezwecken oder bei verschlossenem Arbeitsmarkt eine dauerhafte Alternative zur Erwerbstätigkeit darstellen sollen. Hier kommt das bürgerschaftliche Engagement ins Spiel, in dessen Rahmen diese Tätigkeiten häufig stattfinden.

Im sozialen Bereich hat es insbesondere in den 1960er und 1970er Jahren einen starken Trend zur Professionalisierung gegeben.[907] Bis dahin ehrenamtlich übernommene Aufgaben wurden zunehmend von Personen mit entsprechenden beruflichen Qualifikationen ersetzt. So stieg zum Beispiel die Anzahl der hauptamtlich Beschäftigten in der Wohlfahrtspflege stark an.[908] Inzwischen wird jedoch versucht, wieder mehr Aufgaben durch ehrenamtliche Kräfte übernehmen zu lassen.[909] Dies wird zum einen damit begründet, dass professionelle Kräfte durch ihre Beruflichkeit anders mit Betreuten umgehen als Ehrenamtliche und das besonders enge Verhältnis ehrenamtlicher Kräfte zu betreuten Personen fehlt;[910] zum anderen spielen auch finanzielle Erwägungen eine Rolle.[911] So wird

---

905 So wird z.T. der Betrieb von Schwimmbädern und Büchereien an Vereine übertragen, s. auch Klages, Engagement, S. 151, 152.
906 Vgl. schon Name des „Job-Aqtiv-Gesetzes".
907 Wohlfahrt, TuP 2001, S. 323, 324.
908 Beher/Liebig, WSI-Mitt. 2001, S. 188.
909 Klages, Engagement, S. 151; kritisch Gillich, TuP 2001, S. 455ff.
910 Vgl. dazu Keupp/Kraus/Strauß, S. 217, 250; in diesem Sinne auch Klages, Engagement, S. 151, 152: „große Maschinerie des Wohlfahrtsstaats".
911 Am Beispiel der Hilfe für Wohnungslose Gillich, TuP 2001, S. 455ff, insb. S. 457.

angenommen, bürgerschaftliches Engagement sei unverzichtbar, da sich die Leistungsgrenze sozialstaatlicher Daseinsfürsorge offenbart habe.[912]

Zudem führt die zumindest partielle Umgestaltung insbesondere des Dienstleistungsbereichs teilweise zu einer Umwandlung von Erwerbsarbeit in unentgeltlich ausgeübte, freiwillige Tätigkeiten – Engagement kann bestimmte berufliche Tätigkeiten substituieren, für deren Entlohnung kein Geld mehr zur Verfügung gestellt wird. Hier sind insbesondere Aufgaben im kommunalen Bereich zu nennen, die von den Kommunen angesichts der angespannten Haushaltssituation aufgegeben und häufig an Vereine übertragen oder auf andere Art und Weise von bürgerschaftlichen Engagierten übernommen werden. Auch im sozialen Bereich (soziale Arbeit, Jugendarbeit, Gesundheit) finden sich diese Tendenzen. Engagement tritt an die Stelle von Tätigkeiten, die unter den Berufsbegriff des Art. 12 Abs. 1 GG gefallen sind, als sie noch marktmäßig entgolten wurden.

Diese Neuordnung von beruflicher und freiwilliger Tätigkeit zueinander stellt die klassische Interpretation des Art. 12 Abs. 1 GG infrage, denn die Interpretation des Art. 12 Abs. 1 GG muss sich der wirtschaftlichen und sozialen Funktionen der Berufsfreiheit bewusst sein.[913] Nur durch eine Realanalyse werden die wirtschaftlichen und sozialen Problemlagen sichtbar, denen sich die Verfassungsinterpretation zu stellen hat.[914] Wenn die Interpretation des Art. 12 Abs. 1 GG nicht mehr den Schutzumfang gewährleistete, der ursprünglich intendiert war, weil weniger Tätigkeiten als früher vom Schutzbereich des Art. 12 Abs. 1 GG umfasst sind, während sich gleichzeitig neue Tätigkeiten außerhalb des Schutzbereichs etablierten, deren Schutz von Art. 12 Abs. 1 GG grundsätzlich gewollt ist, müsste das Verständnis von Art. 12 Abs. 1 GG überdacht werden.
Dies gilt allerdings für einen eng umgrenzten Bereich von Engagement, der den durch Art. 12 Abs. 1 GG geschützten Bereichen vergleichbar ist, sei es bei der Berufsfreiheit i. e. S. als strukturell an die Erwerbstätigkeit angenähertes Engagement, sei es als Engagement zur (Weiter)Qualifizierung bei der Berufsausbildungsfreiheit. Es ist zu fragen, ob, und wenn ja, inwieweit die Einbeziehung dieser Tätigkeiten in den Schutzbereich des Art. 12 Abs. 1 GG möglich und sinnvoll ist.
Dafür werden beide Bereiche der Berufsfreiheit des Art. 12 Abs. 1 GG, die Berufsfreiheit im engeren Sinne und die Berufsausbildungsfreiheit untersucht. Dabei spielen die ehrenamtlichen Tätigkeiten, die (auch) zur Qualifizierung oder Weiterqualifizierung übernommen werden, insbesondere im Rahmen der Berufsausbildungsfreiheit eine Rolle; die Tätigkeiten, die strukturell an Erwerbstä-

---

912 Klages, Engagement, S. 151, 152.
913 Breuer, HBStR VI, § 147, Rn. 26.
914 Breuer, HBStR VI, § 147, Rn. 26.

tigkeitsverhältnisse angenähert sind, besonders im Rahmen der Berufsfreiheit i. e. S.
Engagement, Berufstätigkeit und Zwischenformen (Praktika, Zivildienst, Freiwilliges Soziales Jahr u.ä.) sind im Bereich der sozialen Arbeit besonders eng miteinander verwoben. Das soziale Ehrenamt eignet sich aus diesem Grund gut, um Veränderungen im Verhältnis von Berufstätigkeit und Engagement aufzuzeigen, die inzwischen auch in anderen Bereichen beobachtet werden.

a) Annäherung von Engagement und Erwerbstätigkeit

(1) Beispiel soziale Arbeit

Freiwillige, unentgeltliche und gemeinwohlorientierte Mitarbeit in der sozialen Arbeit wird häufig als „Laienarbeit" bezeichnet und gilt als unverzichtbar. Die bürgerschaftlich engagierten „Laien" sollen als Gegenüber der professionellen Hilfe die Zuwendung geben können, die in der professionellen Hilfe, insbesondere in der Pflege, als fehlend empfunden wird.[915] In der Definition von bürgerschaftlichem Engagement ist Laienarbeit bzw. Arbeit von Personen, welche tätig werden „ohne dafür ausgebildet zu sein."[916] allerdings kein Begriffsmerkmal. Bürgerschaftliches Engagement kann auch stattfinden, wenn der oder die Handelnde im eigenen Berufsfeld engagiert ist – nur ist diese Tätigkeit freiwillig, gemeinwohlorientiert und unentgeltlich und unterscheidet sich so von der Erwerbstätigkeit.
Tatsächlich ist es heute nicht mehr so, dass unbezahlte soziale Arbeit – bürgerschaftliches soziales Engagement – in der Regel Laienarbeit ist. Heute ist unbezahlte soziale Arbeit, die in der Regel von Frauen verrichtet wird[917], sehr häufig die Arbeit von beruflich Qualifizierten.[918] Das Berufsfeld der sozialen Arbeit ist dabei, sich neu zu strukturieren: Das traditionelle Ehrenamt in der sozialen Arbeit als Ort des bürgerschaftlichen Engagements von Laien verwandelt sich zu einem Angebot für qualifizierte Fachkräfte, die diese Form der ehrenamtlichen und unbezahlten Arbeit – mangels Alternativen – letztlich auch als eine (vorläufige) berufliche Ersatzkarriere akzeptieren.[919] Insbesondere in den Bereichen der sozialen Arbeit, Jugend- und Bildungsarbeit und Gesundheit liegen die berufliche Qualifikation der Engagierten und ihre ehrenamtliche Tätigkeit nah beiein-

---

915 Müller-Kohlenberg, S. 185, 193.
916 Bock, S. 223.
917 Vgl. Notz, Arbeit, S. 39f.
918 Karsten, S. 103, 111.
919 Rabe-Kleberg, S. 87.

ander.[920] Ein Viertel der Befragten des Freiwilligensurveys ist der Ansicht, die von ihnen ausgeübte ehrenamtliche Tätigkeit würde in ähnlicher Form von anderen Personen haupt- oder nebenberuflich gegen Bezahlung ausgeübt, für die obengenannten Bereiche sozialen Ehrenamts (Gesundheitsbereich, Jugendarbeit, Soziale Arbeit) sind sogar 51%, 40% bzw. 35% dieser Auffassung.[921]

Diese Entwicklung betrifft insbesondere eine bestimmte Gruppe beruflich Qualifizierter: den Nachwuchs, die auf den Arbeitsmarkt drängenden Absolventinnen und Absolventen sozialer und pädagogischer Studiengänge.[922] Diese „potentiell Erwerbtätige(n)" haben mit ihren Überlebensstrategien Teil an den Prozessen der sogenannten „Flexibilisierung" der Arbeitsverhältnisse.[923] Bisher bedeutet Berufstätigkeit in der Regel Erwerbssicherung und beruflich qualifizierte Tätigkeit durch Lohnarbeit oder selbständiger Arbeit. Es muss aber im Bereich der sozialen Arbeit von dem Verlust einer Berufsform ausgegangen werden, in der diese Einheit fest verankert ist – oder zumindest war.[924] Die neuen Strategien der qualifizierten Engagierten basieren auf der Aufsplittung der Einheit dieser drei Elemente des Normalarbeitsverhältnisses und ihrer Neuordnung in wechselnden Arrangements: So werden vielfältige Formen der materiellen Existenzsicherung z. B. durch Leistungen der Sozial- und Arbeitsämter kombiniert mit Tätigkeiten im Berufsfeld – wobei die letzteren dann unbezahlt erbracht werden. So werden – ein anderes Beispiel – Lohnarbeitsverhältnisse eingegangen, die unsicher, kurzfristig und schlecht bezahlt sind, aber eine materielle Basis bieten und Zeit lassen für vielfältige Aktivitäten im erlernten Beruf oder in seiner Nähe. Zu nennen sind hier etwa Arbeitsbeschaffungsmaßnahmen und Honorarzahlungen, bei denen Existenzsicherung und berufliche Tätigkeit enger zusammenliegen. Grundsätzlich ist festzuhalten, dass die Neigung, im erlernten Beruf unentgeltlich zu arbeiten, sei es aus Gründen des Erhalts der Qualifikationen, sei es zum Aufbau von Kontakten in dem im Studium erworbenen Qualifikationsbereich, sei es aber auch aus sozialem Engagement, bei den Absolventinnen und Absolventen zunimmt.[925]

Dies hat insbesondere zwei Gründe: Zum einen ist der Arbeitsmarkt für Berufsanfängerinnen und Berufsanfänger im Bereich der sozialen Arbeit weitgehend

---

[920] Freiwilligensurvey, Gesamtbericht, S. 107.
[921] Freiwilligensurvey, Gesamtbericht, S. 108.
[922] Rabe-Kleberg, S. 87.
[923] Rabe-Kleberg, S. 87, 88.
[924] Rabe-Kleberg, S. 87, 88.
[925] Die verschiedenen Varianten bei Rabe-Kleberg, S. 87, 88.

verschlossen.[926] Zum anderen ist bürgerschaftliches Engagement in der sozialen Arbeit traditionell weit verbreitet.[927] Dieses Engagement ist aber ebenso traditionell Laienarbeit und soll einen Gegenpol zur zunehmend professionalisierten Betreuung z. B. im Bereich der Pflege darstellen. Dies ist häufig nicht mehr der Fall. Es gibt Anhaltspunkte dafür, dass sich auch diejenigen umorientieren, die bisher die Hauptgruppe traditioneller ehrenamtlicher Arbeit im Bereich der praktischen Arbeit übernommen haben: Frauen in der zweiten Lebenshälfte. Diese begreifen bürgerschaftliches soziales Engagement zunehmend als weniger geliebte Alternative zum Wiedereinstieg ins Berufsleben oder zur Erwerbstätigkeit überhaupt oder als ersten Schritt auf dem Weg zurück zur Erwerbstätigkeit[928]

Mit dem Eindringen sozialpädagogisch qualifizierter, unbezahlter Arbeit verändert sich das Berufsfeld sozialer Dienstleistungen in seinen grundlegenden Strukturen.[929] Zudem führt die Übertragung von sozialer Arbeit auf beruflich Qualifizierte, die eine solche Aufgabe unentgeltlich übernehmen, nicht in erster Linie zu einer Verbesserung von Betreuung und Pflege von Betroffenen im Sinne der Laienarbeit, denn hier arbeiten wieder Professionelle, nicht Laien. Es führt vor allem zu einer Umwandlung von Arbeitsverhältnissen in Ehrenamt oder Formen schlecht bezahlter und ungesicherter Erwerbsarbeit (z. B. Honorarkräfte, Arbeitsbeschaffung).[930] Auch wenn in Bereiche von bürgerschaftlichem Engagement ausgewichen wird, ist dies nicht als ein Ausweichen in ein Hobby zu verstehen. In diesen Lebensentwürfen wird getrennt zwischen Erwerb bzw. Existenzsicherung und solcher Arbeit, durch die „Selbstverwirklichung" angestrebt bzw. gewährleistet wird.[931] Als Arbeit wird beides angesehen, eine berufliche Qualifikation geht häufig gerade der ehrenamtlich ausgeübten Tätigkeit voraus. Fast ein Fünftel der im Freiwilligensurvey befragten bürgerschaftlich Engagierten gab an, für ihre ehrenamtliche Tätigkeit sei berufliche Erfahrung sogar eine Voraussetzung.[932]

Es kann daher weder davon ausgegangen werden, dass sich diese berufsqualifizierte Gruppe, die unbezahlte soziale Arbeit leistet, an den traditionellen Hand-

---

926 Dieser Befund Rabe-Klebergs stammt aus dem Jahr 1992, trifft aber heute immer noch zu. Die Arbeitsmarktsituation hat sich im Vergleich zum Beginn der 1990er Jahre eher noch verschärft.
927 Vgl. etwa Freiwilligensurvey, Gesamtbericht, S. 82, Übersicht 13 und S. 94.
928 Rabe-Kleberg, S. 87, 97.
929 Rabe-Kleberg, S. 87, 98.
930 Da diese jedoch aufgrund ihrer Entgeltlichkeit in den Schutzbereich des Art. 12 Abs. 1 GG fallen, spielen sie für die weitere Untersuchung keine Rolle.
931 Rabe-Kleberg, S. 87, 101.
932 Freiwilligensurvey, Gesamtbericht, S. 107.

lungsmustern sozialer Arbeit orientiert, noch an jener Gruppierung, die mit einem spezifischen politischen Laienbewusstsein unbezahlte soziale Arbeit betreiben, diese als notwendige Ergänzung professioneller Arbeit verstehen und sich in der Wahl der Methoden und ihrem Selbstverständnis und Selbstbewusstsein von den Professionellen absetzen.[933] Die Mitglieder dieser Gruppe handeln wie Berufstätige, nur erhalten sie kein entsprechendes Entgelt.

(2) Ähnlich strukturierte Ehrenämter

Ähnliche Entwicklungen finden sich inzwischen auch in anderen Bereichen, in denen die Arbeitsmarktsituation für Berufsanfängerinnen und -anfänger schwierig ist: Auch junge Juristinnen und Juristen sind zunehmend darauf angewiesen, fachfremde Tätigkeiten anzunehmen, um Arbeitslosigkeit zu vermeiden, und den Bezug zum Berufsfeld durch ehrenamtliche Mitarbeit etwa in Nichtregierungsorganisationen wie amnesty international oder in gemeinnützigen Organisationen (Mieterschutzvereine u.ä.) aufrechtzuerhalten. Das bedeutet, dass in diesen Konstellationen im Arbeitsfeld, in dem die berufliche Qualifikation erlangt wurde, ehrenamtlich gearbeitet wird, während die Erwerbsarbeit häufig fachfremd geschieht.

Die Übernahme kommunalpolitischer Aufgaben ist traditionell in vielen Fällen als ehrenamtliche Tätigkeit ausgestaltet.[934] Hier zeigen sich zwar keine parallelen Entwicklungen zu den sozialen Ehrenämtern. Darin, dass bestimmte Qualifikationen für die erfolgreiche Wahrnehmung der freiwilligen Tätigkeiten notwendig sind, stimmen sie jedoch überein. So werden etwas bei der Gemeinderatsarbeit häufig juristische, kaufmännische oder administrative Kompetenzen nicht nur erarbeitet; sie können für die erfolgreiche Übernahme bestimmter Arbeitsbereiche auch bereits Voraussetzung sein.[935]

(3) Systematisierung von Engagementformen mit Erwerbstätigkeitsstrukturen

Für das soziale Ehrenamt entwickelt[936], kann folgende Typisierung für das bürgerschaftliche Engagement insgesamt Hinweise geben. Unterscheiden lassen sich sieben Typen von ehrenamtlich in der sozialen Arbeit tätigen Personen.[937]

---

[933] Rabe-Kleberg, S. 87, 101.
[934] Zu den Gemeinderatsmitgliedern: Schmidt-Aßmann, BesVerwR, 1. Abschn., Rn. 59, zu ehrenamtlichen Bürgermeistern Rn. 71.
[935] So etwa im Bereich kommunaler Haushalte oder in Aufsichtsgremien kommunaler Gesellschaften.
[936] Entwicklung dieser Typen bei Notz, Arbeit, S. 142ff.

Erstens: Frauen mit kleinen Kindern oder zu versorgenden Familienangehörigen, also an familiale Versorgungsaufgaben gebundene Frauen, für die es schwierig ist, ihre familiären Verpflichtungen mit Erwerbsarbeit zu vereinbaren. Sie wählen als Alternative Engagement, um neben der Familienarbeit gesellschaftlich nützliche Arbeit zu leisten; es handelt sich um Engagement als außerhäusliches Betätigungsfeld, als Kontakt zur Öffentlichkeit.
Zweitens: Frauen im mittleren Lebensalter, mit gesichertem finanziellen Hintergrund in der Regel durch den Ehemann, bei denen die Familienphase vorbei ist oder die Arbeitsbelastung in der Familie jedenfalls reduziert ist, z. B. weil die Kinder aus dem Haus sind (sogenannte „empty-nest-Phase"). Sie suchen außerhalb der Erwerbsarbeit ein neues sinnstiftendes Betätigungsfeld, eine nützliche Aufgabe.
Drittens: ältere Frauen und Männer, die nicht mehr erwerbstätig sind, materiell abgesichert sind und die in der ehrenamtlichen Arbeit „eine gesellschaftlich sinnvolle, anerkannte und befriedigende Beschäftigung" suchen, eine soziale Relevanzerfahrung im Alter.
Viertens: erwerbstätige Frauen und Männer, die in der ehrenamtlichen Tätigkeit eine Kompensation für die sie nicht befriedigende Erwerbstätigkeit suchen.
Fünftens: Frauen und Männer in der Berufsausbildung bzw. im Studium. Sie arbeiten ehrenamtlich, um berufsrelevante Erfahrungen zu sammeln, hier ist Engagement berufsbezogenes Übungs- und Orientierungsfeld.
Sechstens: Frauen und Männer, die ihren Arbeitsplatz verloren bzw. nach der Ausbildung noch keine Stelle gefunden haben. Engagement soll hier als berufliche Einstiegshilfe dienen.
Siebtens: Frauen und Männer, die ihr Ehrenamt altruistisch als Freizeitbeschäftigung und Hobby betreiben und sich auf diese Weise selbst verwirklichen.[938]

Auf diejenigen Typen, die in ihrer Struktur an die Erwerbsarbeit angenähert sind, wird im Folgenden näher eingegangen. Sie gelten für die verschiedenen Arbeitsbereiche des bürgerschaftlichen Engagements, sind also nicht auf das soziale Ehrenamt beschränkt, auch wenn es insbesondere dort viele der ersten sechs Engagementformen gibt; die Siebte findet sich in jedem Bereich bürgerschaftlichen Engagements und nimmt dort häufig sogar den größten Raum ein.[939]

---

[937] Vgl. auch Rauschenbach/Müller/Otto, S. 223, 237.
[938] Dieser Typus fehlt allerdings bei Notz, Arbeit, S. 142ff.
[939] Dies gilt insbesondere für bürgerschaftliches Engagement in Sport- und Freizeitvereinen.

(a) Engagement zur (Weiter-)Qualifikation

Bürgerschaftliches Engagement wird vermehrt von jungen Menschen, vor allem Akademikern und Akademikerinnen genutzt, um sich über eine Mitarbeit an Projekten weiterzubilden, weiterzuqualifizieren und Erfahrungen für das Berufsleben zu sammeln.[940] Für sie, aber auch für Arbeitslose, die nach längerer Beschäftigung ihren Arbeitsplatz verlieren, kann bürgerschaftliches Engagement Zeiten der unfreiwilligen Arbeitslosigkeit ausfüllen[941] und den (Wieder)Einstieg in das Berufsleben erleichtern, indem Erfahrungen gesammelt, Zusammenarbeit mit anderen geübt, Qualifikationen erworben und Netzwerke geknüpft werden.[942]

Motivation für die Übernahme dieser Aufgaben ist nicht in erster Linie Altruismus, sondern die Hoffnung, durch diese Tätigkeit bessere Chancen für den (Wieder-)Einstieg in das Berufsleben zu haben.[943] Erwerbstätigkeit, Aus- und Weiterbildung und gewisse Formen von Engagement nähern sich einander an. Engagement kann als Weiterqualifizierungsmaßnahme ein Schritt auf dem Weg (zurück) ins Erwerbsleben darstellen. Qualifikation oder Weiterqualifikation durch Engagement geschieht statt Erwerbstätigkeit und ohne Arbeitslosmeldung insbesondere dann, wenn kein Anspruch auf Arbeitslosengeld besteht. Es kann auch durch eine eigene, berufsferne Tätigkeit ergänzt werden, welche die finanzielle Sicherheit für das Engagement erst schafft.

(b) Engagement statt Erwerbstätigkeit

Nicht immer übernimmt das bürgerschaftliche Engagement diese Brückenfunktion. Insbesondere Frauen, denen nach einer Phase der Familienarbeit der Wiedereinstieg ins Berufsleben aufgrund der angespannten Arbeitsmarktsituation nicht gelingt, weichen zum Teil dauerhaft auf unentgeltliche Tätigkeiten im Bereich des bürgerschaftlichen Engagements aus.[944]

Außerdem gibt es die wenigen, aber wichtigen Personen an der Spitze von Verbänden, die ihre Aufgaben „ehrenamtlich", d. h. nicht gegen Zahlung eines Gehaltes, sondern einer Aufwandsentschädigung wahrnehmen.[945] Diese Tätigkeit

---

[940] Vgl. Bendele, S. 71, 78.

[941] Bendele, S. 71, 78.

[942] Dem trägt auch der neugefasste § 118a SGB III Rechnung.

[943] Insb. im Gesundheitsbereich und bei Jugend- und sozialer Arbeit spielt die Weiterqualifizierung für den Beruf eine Rolle (Zwischen 38% und 20% finden dies wichtig). Im Gesundheitsbereich möchten 18%, im Bereich Jugend- und soziale Arbeit immerhin noch 9% bzw. 8% ihre Tätigkeit gegen Bezahlung ausüben.

[944] Notz, Arbeit, S. 143.

[945] S. unten D II 6 b (4) (c).

wird jedoch auch in den anderen Fällen häufig anstelle eines Hauptberufes ausgeübt.

(c) Gemeinsamkeiten dieser Engagementformen

Diese Typen bürgerschaftlichen Engagements haben eine zentrale Gemeinsamkeit. Sie sind nicht wie ein Hobby strukturiert, sondern wie eine Erwerbstätigkeit. Sie treten an die Stelle mindestens einer Teilzeit-, meist sogar einer Vollzeitbeschäftigung und sind mit dieser auch strukturell vergleichbar. Engagement kann sich auch an Berufsausbildung oder berufliche Weiterbildung annähern. Für diese Formen von bürgerschaftlichem Engagement ist zu untersuchen, inwieweit die Berufsfreiheit des Art. 12 Abs. 1 GG Schutz gewähren kann.

(4) Ergebnis

Engagement findet in unterschiedlichen Formen statt. Für die Frage nach der Einbeziehung in den Schutzbereich des Art. 12 Abs. 1 GG spielt insbesondere das Engagement eine Rolle, das strukturell mit Berufstätigkeit vergleichbar ist. Ehrenamtliche Arbeit im sozialen Bereich ist ein Beispiel für eine solche Ausgestaltung bürgerschaftlichen Engagements.

b) Berufsfreiheit i. e. S.

Art. 12 Abs. 1 GG ist nach allgemeiner Ansicht ein einheitliches Grundrecht. Allerdings lassen sich zwei Teilbereiche unterscheiden: Die Berufsfreiheit i. e. S. betrifft die Wahl des Berufs ebenso wie dessen Ausübung.[946] Zusätzlich wird die berufliche Ausbildung geschützt.[947] Zunächst ist zu untersuchen, ob die Formen des Engagements, die sich in die Erwerbsbiographien in der obengenannten Art und Weise einfügen, durch die Berufsfreiheit i. e. S., Art. 12 Abs. 1 GG, geschützt sind.

(1) Personeller Schutzbereich der Berufsfreiheit i. e. S.

Art. 12 Abs. 1 GG schützt die Freiheit des Berufs für alle Deutschen. Ob Art. 12 Abs. 1 GG auch EU-Ausländerinnen und EU-Ausländer schützt, ist umstritten. Eine im Vordringen befindliche Ansicht sieht EU-Bürgerinnen und EU-Bürger

---

[946] Jarass/Pieroth, Art. 12, Rn. 1

[947] Jarass/Pieroth, Art. 12, Rn. 1.

mit Blick auf Art. 12 EGV als den Deutschen gleichgestellt.[948] Andere sehen einen ausreichenden Schutz über Art. 2 Abs. 1 GG für alle – also auch EU – Ausländerinnen und Ausländer gewährt.[949] Für EU-Bürgerinnen und Bürger soll dieser Schutz ebenso weit reichen wie derjenige, der Deutschen über Art. 12 Abs. 1 GG gewährt wird.[950] Im Ergebnis soll Bürgerinnen und Bürgern aus EU-Staaten der gleiche Schutz wie Deutschen zuteil werden. Andere Ausländer werden über Art. 2 Abs. 1 GG geschützt.[951] Auf juristische Personen des Privatrechts, Art. 19 Abs. 3 GG, ist Art. 12 Abs. 1 GG anwendbar, soweit ihnen ein Recht zustehen kann.[952]

(2) Sachlicher Schutzbereich der Berufsfreiheit i. e. S.

Art 12 Abs. 1 GG soll einen einheitlichen sachlichen Schutzbereich haben, da die Berufsausübung mit der Berufswahl beginne, und die Berufsausübung die Berufswahl immer wieder neu bestätige.[953] Zentraler Begriff des Art. 12 Abs. 1 GG ist der des Berufs, dessen Auslegung den Schutzbereich des Art. 12 Abs. 1 GG bestimmt.

(a) Wortsinn

Art. 12 Abs. 1 GG lautet: „Alle Deutschen haben das Recht, Beruf, Arbeitsplatz und Ausbildungsstätte frei zu wählen. Die Berufsausübung kann durch Gesetz oder aufgrund eines Gesetzes geregelt werden.“ Art. 12 Abs. 1 GG setzt den Beruf voraus; er gibt keine eigene Definition des Berufs.
Der Beruf ist der Kreis von Tätigkeiten mit zugehörigen Pflichten und Rechten, den der Mensch im Rahmen der Sozialordnung als dauernde Aufgabe ausfüllt und der ihm zumeist zum Erwerb des Lebensunterhaltes dient.[954] Die Berufsarbeit begründet die Stellung des Menschen in der sozialen Ordnung.[955]

---

948 Damals noch zu Art. 7 EGV a. F.: EuGH, NJW 1988, S. 2165, 2166f.; Breuer, HBStR VI, § 147, Rn. 21; Jarass/Pieroth, Art. 12, Rn. 10.
949 Wieland in Dreier, Art. 12, Rn. 66.
950 Wieland in Dreier, Art. 12, Rn. 66 m.w.N.
951 BVerfGE 35, 382, 399; Tettinger in Sachs, Art. 12, Rn. 18.
952 BVerwG JZ 1995, S. 94, 95 m.w.N.
953 Schon BVerfGE 7, 377, 401; etwas vorsichtiger formuliert in E 95, 193, 214.
954 Brockhaus Enzyklopädie Band 2.
955 Brockhaus Enzyklopädie Band 2.

(b) Entwicklung der Berufsfreiheit und Einbeziehung ins Grundgesetz

Beruf oder Ruf bedeutete ursprünglich „Berufung" im geistlichen Sinne.[956] Luther gebrauchte seit 1522 den Ausdruck im weltlichen Sinne für Amt, Stand.[957] In der Geschichte bis zum Grundgesetz hatte Berufs- bzw. Gewerbefreiheit immer die Intention, die materielle Sicherung der Menschen zu gewährleisten. Adam Smith hatte in „The Wealth of Nations" schon 1776 darauf hingewiesen, dass Lohnarbeit gegenüber Zwangsarbeit vorzugswürdig und ökonomisches Wachstum und die Verbesserung der prekären Lage unterer Bevölkerungsschichten nicht zuletzt vom individuellen Erwerbsstreben abhängig sei.[958] Der Schwerpunkt der Regelungen zur Berufs- und Gewerbefreiheit lag ausdrücklich auf der Sicherung gegen Armut zur Schaffung des Lebensunterhaltes: Dies lässt sich zum einen aus der Wiedereinführung von Restriktionen angesichts der Verelendung von Bevölkerungsgruppen nach der vollständigen Aufgabe gewerberechtlicher Vorschriften[959], zum anderen schon aus der Formulierung des Art. 111 der Weimarer Reichsverfassung entnehmen, jeder *Nahrungszweig* solle betrieben werden dürfen. Hier ging es vor allem um eine Absicherung der Erwerbspersonen und ihrer Angehörigen gegen Armut und Verelendung. Fragen der Selbstverwirklichung spielten für den größeren Teil der Bevölkerung keine Rolle.

Die maßgeblichen gesetzlichen Regelungen betrafen zunächst nicht die Lohnarbeit, sondern das Gewerberecht.[960] Die Entwicklung der Berufsfreiheit war lange Zeit stark mit der Entwicklung der Gewerbefreiheit verwoben. Dies soll heute überwunden sein.[961] Im Parlamentarischen Rat wurde Art. 12 GG als umfassend angesehen: Art. 12 GG umfasse jede Betätigung, unabhängig davon, ob sie in abhängiger Beschäftigung oder selbständig geschehe.[962]

Eine Einbeziehung von klassischer Ehrenamtlichkeit in die Berufs- und Gewerbefreiheit war damals jedoch ebenso wenig wie der Schutz ehrenamtlich arbeitender Personen im sozialen Bereich vorgesehen. An eine Einbeziehung von Tätigkeiten jenseits des Marktes wurde auch bei der Beratung des Parlamentarischen Rates nicht gedacht.

---

956 Brockhaus Enzyklopädie Band 2.

957 Brockhaus Enzyklopädie Band 2.

958 Adam Smith, Wealth of Nations.

959 Bereits in der Gewerbeordnung des Norddeutschen Bundes von 1869 wurden einige Ausnahmen von der Gewerbefreiheit eingeführt, den Abschluss fanden diese Einschränkungen in der Einführung der Meisterprüfung 1935, vgl. AK-Rittstieg, 2. A., Art. 12, Rn. 5.

960 Einführung der Gewerbefreiheit in Preußen durch das Gewerbesteueredikt vom 2. November 1810.

961 Breuer, HBStR VI, § 147, Rn. 9.

962 BVerfGE 7, 377, 377. s. auch Hoffmann, S. 65.

Als Grundrecht ist Art. 12 Abs. 1 GG im ersten Abschnitt des Grundgesetzes platziert. Seine Position zwischen Freizügigkeit und Unverletzlichkeit der Wohnung lässt keine weitergehenden Schlüsse für seine Interpretation zu.

(c) Sinn und Zweck

Das Bundesverfassungsgericht sieht in Art. 12 Abs. 1 GG die Freiheit des Bürgers gesichert, jede Tätigkeit, für die er sich geeignet glaubt, als Beruf zu ergreifen, d. h. zur Grundlage seiner Lebensführung zu machen.[963] Die Schaffung und Erhaltung des Lebensunterhaltes sei durch die Tätigkeit geschützt.[964] Das Grundrecht konkretisiere das Grundrecht auf freie Entfaltung der Persönlichkeit im Bereich der individuellen Leistung und Existenzerhaltung und der Menschenwürde.[965] Damit sei es lex specialis zu Art. 2 Abs. 1 GG. Es sei daher in engem Zusammenhang mit Art. 1 Abs. 1 und Art. 2 Abs. 1 GG, aber auch mit dem Sozialstaatsprinzip, insbesondere der Forderung nach sozialer Gleichheit und Gerechtigkeit zu sehen.[966] Den in Art. 12 GG gewährleisteten Tätigkeiten sei im Rahmen der individuellen Lebensgestaltung und Existenzerhaltung ein besonders hoher Rang zuzuerkennen; sie schützten die Freiheit des Bürgers in einem für die moderne arbeitsteilige Gesellschaft besonders wichtigen Bereich (Grundlage für den persönlichen, wirtschaftlichen und sozialen Status).[967]

Der Schutz der Berufsfreiheit hat demnach zwei Ziele: Zum einen soll Art. 12 Abs. 1 GG die Freiheit der Bürgerinnen und Bürger in einem für die moderne arbeitsteilige Gesellschaft besonders wichtigen Bereich gewährleisten: die Integration der Erwerbstätigen in die Gesellschaft. Zum anderen soll Art. 12 Abs. 1 GG den Beruf als Basis für die Sicherung des Lebensunterhalts und als wirtschaftliche Lebensgrundlage schützen.

(i) Schaffung und Erhaltung des Lebensunterhalts

Ihr Beruf soll den Menschen die Möglichkeit geben, sich eine wirtschaftliche Grundlage ihrer Existenz zu schaffen.[968] Dies ist deshalb von großer Bedeutung, weil die weit überwiegende Mehrheit der Bürgerinnen und Bürger ihre wirtschaftliche Lebensgrundlage nicht mehr in Eigentum und Vermögen, sondern im

---

[963] BVerfGE 7, 377, 397; 30, 292, 334.
[964] BVerfGE 7, 377, 397.
[965] BVerfGE 54, 301, 313; 75, 284, 292; 97, 12, 25.
[966] Katz, Rn. 787.
[967] Hesse, AöR 95 (1970), S. 449, 453; Katz, Rn. 787.
[968] Etwas deutlicher noch Rohr, Rn. 435; BVerfGE 81, 242, 254.

Beruf und im beruflichen Einkommen sowie den hierdurch vermittelten Leistungen der Sozialversicherung findet.[969] Der Beruf verschafft Bürgerinnen und Bürgern den Lebensunterhalt und die Versorgung.[970] Die Sicherung und Erhaltung des Lebensunterhalts im Sinne des Berufs bei der Berufsfreiheit i. e. S. zielt auf eine finanzielle Absicherung des oder der Erwerbstätigen. Sinn und Zweck des Berufsschutzes ist die Gewährleistung der Möglichkeit, sich seinen Lebensunterhalt zu schaffen, finanziell auf eigenen Beinen zu stehen und häufig auch Unterhaltspflichten gegenüber Familienangehörigen gerecht zu werden. Einige sehen den Schwerpunkt der Berufsfreiheit hier, nicht in der individuellen Selbstverwirklichung.[971]

Geschützt werden so auch Erwerbstätigkeiten außerhalb der eigentlichen Qualifikation und Tätigkeiten, die allein zur finanziellen Sicherung aufgenommen werden. Dies geht zum Teil über den Wortsinn hinaus, entspricht jedoch der historischen Entwicklung. Dafür spricht auch, dass die vielen Tätigkeiten mit umfasst sind, in die angesichts zum Teil verschlossener Arbeitsmärkte aus finanziellen Erwägungen zunehmend ausgewichen wird, obwohl sie mit dem gewählten Beruf zum Teil nur noch lose bzw. gar nicht verbunden sind.

Ein großer Teil entgeltlicher Arbeit entspricht heute – übrigens ebenso wie meist in der Vergangenheit – nicht idealtypischer Beruflichkeit.[972] Die stärkere Gewichtung der eigenständigen Sicherung des Lebensunterhaltes gegenüber der Persönlichkeitsentfaltung spiegelt sich z. B. im Sozialversicherungsrecht wider: Gemäß § 121 SGB III ist die Zumutbarkeit einer Erwerbstätigkeit für Arbeitslose nur noch davon abhängig, wie hoch das Einkommen im Vergleich zu dem Entgelt ist, das der Berechnung des Arbeitslosengelds zugrunde gelegt wurde. Dabei ist vom ersten Tag an eine Minderung von bis zu 20% und nach drei Monaten Arbeitslosigkeit sogar eine Minderung um bis zu 30% zumutbar.[973] Ob die Tätigkeit im gleichen Berufsfeld liegt oder – wie in der früheren Regelung – auf der gleichen Qualifikationsstufe, spielt keine Rolle,[974] sie muss nur der Arbeitsfähigkeit der Betroffenen entsprechen. Damit kann für Arbeitslose, die in den Arbeitsmarkt (re-)integriert werden sollen, von einer solchen Verknüpfung von Berufswahl und Berufsausübung nicht generell ausgegangen werden. Diesen

---

969 Breuer, HBStR VI, § 147, Rn. 27.
970 Hesse, AöR 95 (1970), S. 449, 453.
971 Ipsen, Staatsrecht II, Rn. 592.
972 Vgl. zu den Motiven für die Entscheidung für einen bestimmten Beruf insb. Pitschas, Berufsfreiheit und Berufslenkung, und Hoffmann, Berufsfreiheit als Grundrecht der Arbeit.
973 Vom siebten Monat an darf das Nettoeinkommen unter Berücksichtigung der mit der Beschäftigung zusammenhängenden Aufwendungen nicht niedriger sein als das Arbeitslosengeld, § 121 Abs. 3 SGB III.
974 Vgl. Schulin/Igl, Rn. 798.

den Schutz des Art. 12 Abs. 1 GG zu verwehren, weil sie sich in der übernommenen Tätigkeit nicht selbst verwirklichen können, ist jedoch abwegig. Ihnen gewährt Art. 12 Abs. 1 GG Schutz, weil ihre Tätigkeit zur Schaffung und Erhaltung der Lebensgrundlage beiträgt.
Die objektive Eignung der Tätigkeit zur Schaffung bzw. Erhaltung der Lebensgrundlage wird für den Schutzbereich als ausreichend angesehen.[975] Nicht relevant soll es sein, ob der oder die Beschäftigte tatsächlich von ihr leben kann oder wie lange sie von ihm oder ihr ausgeübt wird.[976]

Beruf ist daher nicht nur die aufgrund einer persönlichen „Berufung" ausgewählte und aufgenommene Tätigkeit, sondern jede auf Erwerb gerichtete Beschäftigung, die sich nicht in einem einmaligen Erwerbsakt erschöpft.[977] Berufliche Tätigkeit, für die Art. 12 Abs. 1 GG den erforderlichen Freiraum gewährleistet, dient nicht nur der personalen Entfaltung des arbeitenden Menschen in der Gesellschaft, den meisten Menschen gewährleistet sie vor allem die Möglichkeit, sich eine wirtschaftliche Grundlage ihrer Existenz zu schaffen.[978]

Das entspricht auch der gesellschaftlichen Realität: Zwar ist die Entscheidung für die Aufnahme einer beruflichen Tätigkeit in der Regel durch ein Bündel von Motiven beeinflusst, neben der Neigung und Befähigung spielen aber insbesondere ökonomische Komponenten eine Rolle bei der Berufswahl.[979] So wird die Entscheidung für oder gegen die Aufnahme einer Tätigkeit als Beruf häufig abhängig gemacht von dem zu erwartenden Einkommen und den beruflichen Chancen.[980] Insbesondere in Zeiten von großer Arbeitslosigkeit ist die finanzielle Absicherung die stärkste Motivation für die Aufnahme einer bestimmten Tätigkeit.[981] Dies gilt sowohl für die Berufswahlentscheidung als auch für die Aufnahme einer Tätigkeit, die nicht der vorher durchlaufenen Ausbildung entspricht.
Zwar erscheint es sinnvoll, dass Freiheitsentfaltung und Selbstverwirklichung gegenüber Art. 2 Abs. 1 GG besonders geschützt werden, wenn sie im Rahmen der Berufsfreiheit die Voraussetzung für die Integration des Einzelnen in die Gesellschaft bilden. Es ist jedoch zu beachten, dass Tätigkeiten gegen Entgelt und Tätigkeiten zur Selbstverwirklichung häufig auseinanderfallen und die

---

975 Von Münch/Kunig-Gubelt, Art. 12, Rn. 10.
976 Von Münch/Kunig-Gubelt, Art. 12, Rn.10.
977 BVerfGE 97, 228, 253.
978 BVerfGE 81, 242, 254.
979 Vgl. etwa die ausführliche Darstellung bei Pitschas, S. 107ff., und Hoffmann, S. 30ff.
980 vgl. Hoffmann, S. 30ff.
981 Pitschas, S. 118, er beruft sich auf die Arbeitsmarkt- und Berufsforschung, Nachweise in Fn. 50. Im Ergebnis wohl ähnlich Hoffmann.

Möglichkeit der Selbstverwirklichung daher nicht als Voraussetzung für die Eröffnung des Schutzbereichs verlangt werden darf.
Allerdings ist nicht jede Arbeit an Menschen und Sachen Beruf,[982] denn nicht alle ausgeübten Tätigkeiten garantieren einen Beitrag zur Schaffung dieses Lebensunterhaltes. Um in den Schutzbereich von Art. 12 Abs. 1 GG zu fallen, muss eine Tätigkeit überhaupt zur Schaffung des Lebensunterhaltes geeignet sein. Dabei kommt es sowohl auf eine objektive als auch auf eine subjektive Geeignetheit an.

(a) Objektive Komponente: Eignung zur Schaffung und Erhaltung des Lebensunterhalts

Zur Beurteilung, ob eine Tätigkeit der Schaffung und Erhaltung der Lebensgrundlage dient, ist zunächst ein objektiver Maßstab anzulegen: Die Tätigkeit muss – unabhängig von den subjektiven Zielsetzungen des Grundrechtsträgers – ihrer Art nach dazu geeignet sein, zur Existenzsicherung mindestens beizutragen.[983] Eine objektive Eignung fehlt dann, wenn es grundsätzlich unmöglich ist, den Lebensunterhalt mit der gewählten Tätigkeit zu bestreiten. Das kann z. B. der Fall sein bei traditionell unentgeltlicher Familien- und Hausarbeit[984] und in der Regel bei der Ausübung eines Hobbys.[985] Liegt eine solche Tätigkeit vor, so ist sie nicht vom Schutzbereich des Art. 12 Abs. 1 GG umfasst.

Es geht allerdings zu weit, wenn verlangt wird, es müsse nach den objektiven Umständen erwartet werden können, dass sich der Grundrechtsträger mit der Tätigkeit ein Auskommen verschafft.[986] Zur Schaffung und Erhaltung der Lebensgrundlage kann auch eine wenig einträgliche Beschäftigung beitragen, die für sich genommen keine Auskommen sichert.[987] Sonst würden z. B. geringfügige Beschäftigungen oder Teilzeitbeschäftigungen aus dem Schutzbereich des Art. 12 Abs. 1 GG herausfallen, die zur Sicherung des Lebensunterhaltes zwar beitragen, ihn aber nicht vollständig abdecken und daher durch andere Mittel, z. B. eine weitere Erwerbstätigkeit, ergänzende Sozialhilfe oder familiäre Unterstützung ergänzt werden müssen. Dies würde zu einer ungerechtfertigten Verengung des Schutzbereiches führen. Ausreichend für eine objektive Eignung ist, dass eine finanzielle Absicherung grundsätzlich möglich ist. Daher ist es auch

[982] AK-Rittstieg, 2. A., Art. 12, Rn. 62.
[983] Enger Tettinger in Sachs, Art.12, Rn. 32.
[984] Vgl. AK-Rittstieg, 2. A., Art. 12, Rn. 62; für die Regelungen zur häuslichen Pflege ist dies nicht so klar, vgl. die Regelungen des SGB XI.
[985] Manssen in von Mangoldt/Klein/Starck, Art. 12 Abs. 1, Rn. 34.
[986] Manssen in von Mangoldt/Klein/Starck, Art. 12 Abs. 1, Rn. 34.
[987] Wieland in Dreier, Art. 12, Rn. 50.

für die Eröffnung des Schutzbereiches nicht relevant, wenn im Einzelfall keine vollständige Sicherung gelingt. Eine berufliche Tätigkeit ist auch dann gegeben, wenn sie die ganze Arbeitskraft in Anspruch nimmt, gleichwohl eine vollständige Bestreitung des Lebensunterhalts nicht erlaubt.[988] Dies gilt häufig in den Fällen, in denen die gewählte Tätigkeit „Berufung" ist: z. B. für einen Kunstmaler, dessen Werke sich nicht verkaufen.[989]

(b) Subjektive Komponente: Zielrichtung

Die objektive Eignung zur Schaffung des Lebensunterhaltes ist notwendig, aber nicht ausreichend. Die Tätigkeit muss darüber hinaus subjektiv auf die Erzielung eines Entgelts und auf die Schaffung des Lebensunterhaltes gerichtet sein, auch wenn sich der beabsichtigte Erwerb unter Umständen nicht tatsächlich realisiert.[990] Das gilt umso mehr, je weniger die Tätigkeit objektiv zur Schaffung und Erhaltung des Lebensunterhaltes beiträgt. Art. 12 Abs. 1 GG schützt nicht allgemein die wirtschaftliche Betätigungsfreiheit, sondern setzt eine Erwerbszwecken *dienende* Tätigkeit voraus.[991] Das Bundesverfassungsgericht verlangt zu Recht eine *auf Erwerb gerichtete* Beschäftigung. Wenn sich der obengenannte Kunstmaler also nicht von seinen Werken trennen möchte und daher keine Bilder verkauft, ist seine Tätigkeit trotz der objektiven Geeignetheit und der Auffassung des Künstlers, er betreibe Malerei aus Berufung, nicht als Beruf im Sinne des Art. 12 Abs. 1 GG zu qualifizieren. Das gleiche gilt für die Tätigkeit eines Familienmitglieds, das die häusliche Arbeit übernimmt.

(c) Einbeziehung von Nebenberufen bzw. Nebentätigkeiten

Auch Nebentätigkeiten, bei welchen der Verdienst zur Sicherung des Lebensunterhaltes zwar beiträgt, aber nicht ausschlaggebend ist, können den Anforderungen des Berufsbegriffs genügen. Die Berufsfreiheit umfasst grundsätzlich auch das Recht, mehrere Berufe zu wählen und gleichzeitig nebeneinander auszuüben.[992] Damit können auch Doppel- und Nebenberufe in den Schutzbereich des Art. 12 Abs. 1 GG fallen.[993] Auch bei ihnen kommt es letztlich darauf an, dass sie die oben dargestellten Voraussetzungen erfüllen, also insbesondere von gewisser Dauer sind, dass sie zum Lebensunterhalt beitragen und dass sie zur Schaffung des Lebensunterhalts aufgenommen bzw. ausgeübt werden. Eine Dif-

[988] Manssen in von Mangoldt/Klein/Starck, Art. 12 Abs. 1, Rn. 34.
[989] Vgl. MD-Scholz, Art. 12, Rn. 21.
[990] MD-Scholz, Art.12, Rn. 21.
[991] So Manssen in von Mangoldt/Klein/Starck, Art. 12 Abs. 1, Rn. 34.
[992] Schmidt-Bleibtreu in Schmidt-Bleibtreu/Klein, Art. 12, Rn. 5b.
[993] Wieland in Dreier, Art. 12, Rn. 50.

ferenzierung zwischen Nebenberufen oder Nebentätigkeiten ist deshalb ebenfalls nicht notwendig.

(d) Einbeziehung von Weiterbildungsmaßnahmen

Wer sich in eng begrenzten Zeiträumen gemäß den gesetzlichen Regelungen weiterbildet, unterfällt während dieser Zeit weiterhin dem Berufsschutz seiner Tätigkeit. Dies gilt z. B. für Weiterbildungsmaßnahmen nach den Bildungsfreistellungsgesetzen der Länder, für betriebliche Weiterbildung sowie für Betriebsratsschulungen. Hier ergibt sich der Schutz aus der Verbindung zur ausgeübten Erwerbstätigkeit.

(ii) Unterstützung von Integration und Selbstverwirklichung

Das Grundrecht garantiert primär die freie berufliche Entfaltung.[994] Art. 12 GG konkretisiert das Recht auf freie Entfaltung der Persönlichkeit im Bereich der individuellen Leistung und Existenzerhaltung.[995] Ein wichtiger Aspekt bei der Untersuchung der Berufsfreiheit ist die Bedeutung, die der Beruf für die Erwerbsperson hat, zum einen in Bezug auf die Persönlichkeitsentwicklung und die individuelle Selbstverwirklichung, zum anderen auch im Hinblick darauf, dass die ausgeübte Berufstätigkeit die individuelle Position in der Gesellschaft in den meisten Fällen maßgeblich mitbestimmt.

Art. 12 GG soll als Abwehrrecht dem Einzelnen die Möglichkeit geben, sich in der Gesellschaft entfalten zu können.[996] Die Auffassung, im Beruf forme sich die Persönlichkeit des Menschen im Ganzen voll aus, der Beruf sei Lebensaufgabe und Lebensgrundlage zugleich[997] wird zum Teil zwar für ein wenig zu idealistisch, aber im Kern doch für zutreffend gehalten.[998] Das Bundesverfassungsgericht verweise auf eine „das bloße Element wirtschaftlicher Tätigkeit weit transzendierende Bedeutung des Berufs für Identität und Status.“[999] Diese setze sich zusammen aus den durch Ausbildung und Arbeit erworbenen Fähigkeiten, der durch die Tätigkeit vermittelten wirtschaftlichen Stellung, aber auch den mit dem Beruf verbundenen Einstellungen, Verhaltensweisen und Verhaltenserwartungen der Umwelt.[1000] Der und die Einzelne könne über die Institution des

---

[994] Manssen, in von Mangoldt/Klein/Starck, Art. 12 Abs. 1, Rn. 4.
[995] BVerfGE 1, 264, 274; 19, 330, 336f.; 30, 292, 334; 54, 301, 313.
[996] Rohr, Rn. 435.
[997] BVerfGE 7, 377, 397.
[998] Bryde, NJW 1984, 2177, 2181.
[999] Bryde, NJW 1984, 2177, 2181.
[1000] Bryde, NJW 1984, 2177, 2181f.

Berufs am Arbeits- und Wirtschaftsleben teilnehmen. Darüber hinaus könne die Erwerbsperson sich häufig im Beruf selbst verwirklichen.[1001] Beruf, Arbeit und Ausbildung fungierten als Kristallisationspunkte der individuellen Freiheitsentfaltung und Selbstverwirklichung, aber auch der wirtschaftlichen und sozialen Eingliederung des Bürgers in die „moderne, hochgradig arbeitsteilige und komplexe Gegenwartsgesellschaft."[1002] Selbst- und Fremdeinschätzung, Selbstdarstellung, sozialer Führungs- und Gestaltungswille, gesellschaftliche Rolle und gesellschaftlicher Einfluss werden auch im außerberuflichen Lebensbereich durch die berufliche Stellung geprägt.[1003] Daher wird zum Teil davon ausgegangen, die Integration des Individuums in die Gesellschaft erfolge hauptsächlich über den Beruf.[1004]

Hier werden aber zwei unterschiedliche Bereiche zu stark miteinander verknüpft: zum einen die Frage der freien Wahl des Berufs und auch des Arbeitsplatzes; zum anderen die Situation, die sich aus der tatsächlichen beruflichen Position des und der Einzelnen ergibt, also die Folgen seiner Entscheidung. Während es zutrifft, dass die Position des und der Einzelnen auch in anderen gesellschaftlichen Bereichen stark durch die berufliche Tätigkeit geprägt wird, ist es zweifelhaft, ob die berufliche Position selbst Folge einer freien Entscheidung und die berufliche Tätigkeit tatsächlich regelmäßig Ausdruck der freien Entfaltung der Persönlichkeit ist. Insbesondere kann diese Sicht auf den Beruf in Zeiten hoher Arbeitslosigkeit für viele Arbeitsverhältnisse keine Geltung beanspruchen.[1005] Aber auch sonst ist die Ausbildungs- und Berufswahl in hohem Maße abhängig von allgemeinen kulturellen und sozialen Bedingungen, von der jeweiligen Wirtschaftslage und nicht zuletzt von den familiären Verhältnissen.[1006] Zwar wird davon ausgegangen, dass die Neigung für die Berufswahl eine größere Rolle spielt als die Eignung; beide treten aber hinter dem Zusammenwirken von ökonomischen und sozialen Determinanten der Ausbildungs- und Berufswahlfreiheit zurück.[1007]

Darüber hinaus wird die Rolle des und der Einzelnen in der Gesellschaft nicht ausschließlich über die klassische Berufstätigkeit definiert. Auch Herkunft, Vermögen und Bildung prägen Status und Habitus.[1008] Außerdem beeinflusst neben der Berufstätigkeit z. B. auch eine Tätigkeit wie die Mitarbeit in der

---

[1001] Pitschas, S. 118.
[1002] Breuer, HBStR VI, § 147, Rn. 26.
[1003] Breuer, HBStR VI, § 147, Rn. 27.
[1004] Breuer, HBStR VI, § 147, Rn. 27f.
[1005] AK-Rittstieg, 2. A., Art. 12, Rn. 15ff.
[1006] Pitschas, S. 106.
[1007] Pitschas, S. 107.
[1008] Vgl. zu diesem Bereich insgesamt Bourdieu, Lecon.

kommunalen Selbstverwaltung als Gemeinderatsmitglied oder als sachkundiger Bürger oder sachkundige Bürgerin die gesellschaftliche Position ebenso, wie die Übernahme von zentralen Funktionen im Vereinsleben. Soweit daher behauptet wird, Freiheitsentfaltung und Selbstverwirklichung durch Arbeit führten in der arbeitsteiligen und komplexen Gesellschaft *ausschließlich* über das institutionelle Medium des Berufs, der als Tätigkeit gegen Entgelt verstanden wird,[1009] ist dem nicht zuzustimmen. Hier werden nicht nur die anderen Statusaspekte übersehen, auch werden große Bereiche von Tätigkeiten, wie etwa das bürgerschaftliche Engagement in den oben dargestellten Formen ausgeklammert, selbst wenn es strukturell an eine Erwerbstätigkeit angenähert ist und entsprechend integrierend wirkt.

Zum Teil wird dementsprechend vertreten, die positive gesellschaftliche Wertung einer ausschließlichen Orientierung auf den Beruf und den beruflichen Erfolg habe sich inzwischen als falsch erwiesen, weil andere individuelle und gesellschaftliche Entfaltungsmöglichkeiten dadurch verdrängt worden seien, und das Versprechen beruflicher Selbstbestätigung für jedermann nicht einzulösen sei.[1010] Die berufliche Orientierung verdränge zudem allzu oft andere Persönlichkeitsdimensionen, seien sie mitmenschlicher, familiärer, künstlerischer, sportlicher oder religiöser Art oder schlicht auf Lebensgenuss bezogen.[1011] Zu diesen anderen Möglichkeiten gesellschaftlicher Selbstentfaltung gehört ein großer Bereich des bürgerschaftlichen Engagements, das insbesondere in Sport- oder Freizeitvereinen in der Regel mit geringer Stundenzahl häufig neben einem Hauptberuf statt findet.

Außerdem gibt es eine große Zahl von Erwerbstätigkeiten, bei denen es allein um die wirtschaftliche Absicherung geht und nicht um Persönlichkeitsentfaltung. Gelingt eine persönliche Selbstverwirklichung und Integration in die Gesellschaft dennoch, dann auf anderen Wegen, etwa über bürgerschaftliches Engagement. Es gibt Tendenzen dahin gehend, dass diejenigen, denen es nicht gelingt, in dem von ihnen angestrebten Bereich erwerbstätig zu sein, in Erwerbstätigkeiten ausweichen, die nicht der Selbstverwirklichung dienen, ihnen aber die Freiräume schaffen, in ihrer Freizeit, insbesondere in Form von bürgerschaftlichem Engagement, diese Integrationseffekte und Selbstverwirklichung zu erreichen. Daraus ergibt sich, dass, anders als es das Bundesverfassungsgericht immer wieder formuliert hat, die beiden Komponenten, derentwegen der Berufsschutz entwickelt worden ist, auseinanderfallen: Berufstätigkeit ist hier nicht Schaffung des Lebensunterhalts bei gleichzeitiger Selbstverwirklichung oder

[1009] Breuer, HBStR VI, § 147, Rn. 27.
[1010] AK-Rittstieg, 2. A., Art.12, Rn. 15.
[1011] AK-Rittstieg, 2. A., Art. 12, Rn. 15.

Integration in die Gesellschaft, sondern nur Gewährleistung für die Schaffung des Lebensunterhalts. Der Aspekt der Persönlichkeitsentfaltung verschiebt sich gleichzeitig zum Teil auch in Bereiche des bürgerschaftlichen Engagements. Die Bedeutung des Berufs ist daher für die individuelle Verwirklichung, das Selbstbewusstsein und die Positionierung in der Gesellschaft wichtig als Motiv für die Entwicklung des Berufsschutzes, aber nicht Voraussetzung für die Einbeziehung in den Schutzbereich. Es soll nicht zum Nachteil der Betroffenen sein, wenn sie sich aufgrund äußerer Umstände im Beruf nicht selbst verwirklichen können, sondern mit ihm allein ihren Lebensunterhalt sichern. Integration und Selbstverwirklichung sind nicht Voraussetzung für den Schutzbereich, sondern Motiv für den Schutz der Berufsfreiheit im Grundgesetz. An den Folgen für diese beiden Komponenten soll ein Eingriff gemessen werden.

(iii) Dauerhaftigkeit

Wenn jede wirtschaftlich sinnvolle Tätigkeit erfasst wird, die der Einzelne sich als Lebensaufgabe und Lebensgrundlage wählt, so folgt daraus allerdings, dass eine solche Berufstätigkeit auf eine gewisse Dauer berechnet sein muss.[1012] Eine objektive Prognose mit Blick auf die Absicht des Grundrechtsträgers ist hier entscheidend.[1013] Ohne Kontinuität kann eine Tätigkeit nicht die Effekte entwickeln, derentwegen sie als Beruf über Art. 12 Abs. 1 GG geschützt sein soll, denn Integration und Selbstverwirklichung sind Prozesse. Zur Schaffung und Erhaltung des Lebensunterhaltes genügt daher nicht eine einmalige Tätigkeit, auch hier bedarf es einer gewissen Kontinuität. Allerdings dürfen die Anforderungen auch nicht zu hoch sein. Mit der herrschenden Meinung ist davon auszugehen, dass eine Tätigkeit schon dann auf Dauer angelegt ist, wenn sie nicht nur vorübergehend oder gelegentlich ausgeübt wird. Nicht notwendig ist, dass sie ständig ausgeübt wird.[1014]

(iv) Nicht: Erlaubtsein bzw. fehlende sozialethische Missbilligung

Früher wurde auch durch das Bundesverwaltungsgericht zusätzlich verlangt, dass die Tätigkeit erlaubt, d. h. nicht generell verboten ist.[1015] Ein solches Verbot ist häufig keine berufsspezifische Regelung und beeinträchtigt aus diesem Grund nicht den Schutzbereich des Abs. 1. Andernfalls handelt es sich durch-

---

[1012] BVerwGE 21, 195f.
[1013] Manssen in von Mangoldt/Klein/Starck, Art. 12 Abs. 1, Rn. 38.
[1014] Jarass/Pieroth, Art. 12, Rn. 4.
[1015] BVerwGE 87, 37, 40; inzwischen jedoch anders: BVerwGE 96, 293, 296f.

gängig um eine Beschränkung der Berufsfreiheit.[1016] Sofern dabei dieses Erfordernis (des Erlaubtseins) allein anhand der Skala der Verbotsgesetzes bemessen wird, ist dagegen zu Recht der Vorwurf einer einfachgesetzlichen Aushöhlung der Berufsfreiheit erhoben worden.[1017] Dem Grundrecht des Art. 12 GG kommt gerade die Funktion zu, darüber zu entscheiden, ob eine Tätigkeit durch den Gesetzgeber verboten werden darf; dafür lässt Art. 12 Abs. 1 S. 2 GG ausreichend Raum.[1018] Sein Schutzbereich kann mithin nicht bereits durch das Kriterium des Erlaubtseins begrenzt sein.[1019] Die Auffassung würde dazu führen, dass bereits der Schutzbereich durch allgemeine Gesetze beschränkt wird. Mit einer solchen Definition wäre die Gefahr verbunden, dass der Gesetzgeber verbindlich über den Grundrechtsschutz entscheiden würde.[1020] „Erlaubtsein" ist daher kein Merkmal der Berufsdefinition im Sinne des Art. 12 Abs. 1 GG. Diese Position hat sich inzwischen sowohl das Bundesverfassungsgericht,[1021] als auch das Bundesverwaltungsgericht[1022] zu eigen gemacht.

Abzulehnen ist auch die Auffassung, dass ein Beruf im Sinne des Abs. 1 bei sozial- und gemeinschaftsschädlichem Verhalten nicht vorliegt.[1023] Diese Voraussetzung ist viel zu vage.[1024] Mit Rücksicht auf den umfassenden individualorientierten Schutzzweck des Grundrechts und die Gefahr definitorischer Missbräuche ist in einer pluralistischen Ordnung auf einem neutralen Verständnis hinsichtlich der Sozialwertigkeit menschlicher Beziehungen zu bestehen.[1025]

(d) Ergebnis

Der sachliche Schutzbereich des Art. 12 Abs. 1 GG schützt die Freiheit der Bürgerinnen und Bürger, eine Tätigkeit, für die sie sich geeignet glauben, zur Grundlage ihrer Lebensführung zu machen. Die objektive Eignung zur Schaffung des Lebensunterhaltes ist notwendig, aber nicht ausreichend. Die Tätigkeit muss darüber hinaus subjektiv auf die Erzielung eines Entgelts und auf die Schaffung des Lebensunterhaltes gerichtet und auf eine gewisse Dauer angelegt

---

[1016] AK- Rittstieg, 2. A., Art. 12, Rn. 67, BVerfGE 32, 311, 317ff, missverständlich BVerfGE 32, 311, 316.
[1017] Breuer, HBStR VI, § 147, Rn. 44.
[1018] Schneider, VVDStRL 43 (1985), S. 7, 17.
[1019] Tettinger in Sachs, Art. 12, Rn. 36; Wieland in Dreier, Art. 12, Rn. 51.
[1020] Manssen in von Mangoldt/Klein/Starck, Art. 12 Abs. 1, Rn. 39.
[1021] BVerfGE 97, 228, 252f.
[1022] Manssen in von Mangoldt/Klein/Starck, Art. 12 Abs. 1, Rn. 39; BVerwG NVwZ 1995, S. 475ff.
[1023] So BVerwGE 22, 286, 289, offen gelassen in BVerwGE 96, 293, 297.
[1024] Jarass/Pieroth, Art. 12, Rn. 7.
[1025] Tettinger in Sachs, Art. 12, Rn. 37.

sein. „Erlaubtsein" ist kein Merkmal der Berufsdefinition im Sinne des Art. 12 Abs. 1 GG.

(3) Ergebnis und Definition des Berufs

Der Beruf im Sinne des Art. 12 Abs. 1 GG dient in erster Linie der Schaffung und Erhaltung des Lebensunterhalts. Er umfasst jede auf eine gewisse Dauer angelegte Tätigkeit, die auf die Erzielung von Einkünften gerichtet und dazu grundsätzlich geeignet ist, also jede Tätigkeit, die der Schaffung der Lebensgrundlage dient[1026] bzw. dazu beiträgt.[1027] Selbstverwirklichung und Integration sind keine notwendigen Voraussetzungen für die Einbeziehung in den Schutzbereich, denn Beruf ist nicht nur die aufgrund einer persönlichen Berufung ausgewählte und aufgenommene Tätigkeit, sondern jede auf Erwerb gerichtete Beschäftigung, die auf Dauer angelegt ist.[1028] Dass eine Tätigkeit erlaubt ist bzw. nicht sozialethisch missbilligt wird, ist keine Voraussetzung für das Vorliegen eines Berufs i. S. d. Art. 12 Abs. 1 GG.
Nebenberufe und Nebentätigkeiten unterfallen dem Berufsschutz des Art. 12 Abs. 1 GG, wenn sie diese Voraussetzungen erfüllen. Weiterbildungsmaßnahmen in einem Arbeitsverhältnis sind über die Tätigkeit, in deren Rahmen sie statt findet, ebenfalls einbezogen.

(4) Bürgerschaftlichem Engagement als Beruf im Sinne des Art. 12 Abs. 1 GG?

Nachdem die notwendigen Voraussetzungen für eine Einbeziehung von Tätigkeiten in den Schutzbereich des Art. 12 Abs. 1 GG i. e. S. geklärt sind, ist nun zu prüfen, ob bestimmte Formen bürgerschaftlichen Engagements von der Berufsfreiheit umfasst sind.

(a) Dauerhaftigkeit

Mit der herrschenden Meinung ist davon auszugehen, dass eine Tätigkeit schon dann auf Dauer angelegt ist, wenn sie nicht nur vorübergehend oder gelegentlich ausgeübt, nicht notwendig ist, dass sie ständig ausgeübt wird.[1029] Wenn diese Voraussetzung erfüllt ist, ist auch Engagement dauerhaft im Sinne der Berufsdefinition des Art. 12 Abs. 1 GG. Es gibt Engagement, das in sehr geringer Stun-

[1026] BVerfGE 54, 301, 313; 97, 228, 252.
[1027] BVerfGE 97, 228, 253.
[1028] Tettinger in Sachs, Art. 12, Rn. 30; Schneider, VVDStRL 43 (1985), S. 7, 16f.
[1029] Jarass/Pieroth, Art. 12, Rn. 4.

denzahl und mit großen Abständen ausgeführt wird.[1030] Dass zwischen den Tätigkeiten Abstände liegen, schließt die Annahme einer Einbeziehung in den Schutzbereich nicht von vornherein aus. Für die überwiegenden Engagementformen ist das Merkmal der Dauerhaftigkeit unproblematisch; dieses ist regelmäßig gegeben. Insbesondere bei der oben dargestellten Tätigkeit im Bereich der sozialen Arbeit liegt die Dauerhaftigkeit vor.

(b) Objektive Eignung zur Schaffung des Lebensunterhalts trotz grundsätzlicher Unentgeltlichkeit?

Vor allem Männern engagieren sich in der Regel neben beruflicher Vollzeitbeschäftigung. So sind unter den bürgerschaftlich engagierten Männern mehr Beschäftige über 40 Stunden in der Woche beruflich tätig als im Bundesdurchschnitt.[1031] Ihr bürgerschaftliches Engagement bedeutet in erster Linie die häufig fachfremde Mitarbeit in Vereinen, insbesondere Sportvereinen[1032] nach Feierabend oder am Wochenende oder die Übernahme kommunaler Ehrenämter, mit beschränkter Stundenzahl, nicht immer langfristigen Verpflichtungen und hohem Freizeitwert bzw. hohem Prestige bei der Übernahme von Ämtern, und hier wird auch in Zukunft der größte Teil des bürgerschaftlichen Engagements stattfinden. Bürgerschaftliches Engagement wird in diesen Fällen in der Regel nicht als Teil der Berufstätigkeit gesehen, sondern als Ausgleich zu ihr – Engagement ist hier Hobby.

Dass neben der ehrenamtlichen Arbeit eine weitere Tätigkeit ausgeübt wird, und beide Tätigkeiten nebeneinander stehen, ist, wie oben bereits gezeigt, für die Annahme eines Berufsschutzes unschädlich; nicht nur Nebenberufe, auch Nebentätigkeiten können in den Schutzbereich des Art. 12 Abs. 1 GG fallen.
Die gewählte Tätigkeit muss auch kein vollständiges Auskommen sichern. Sie muss allerdings zur Schaffung und Erhaltung des Lebensunterhaltes beitragen. Die gleiche Tätigkeit kann also einmal von Art. 12 Abs. 1 GG umfasst sein, ein anderes Mal aber nicht. Eine Liebhaberei kann, auch wenn sie als alleinige Lebensgrundlage nicht geeignet ist, zum Anwendungsbereich des Art. 12 Abs. 1 GG gehören, wenn sie hinreichend nachhaltig betrieben wird, und die Absicht besteht, Einkünfte zu erziehen.[1033] Das gilt allerdings nur, soweit die Erzielung von Einkünften tatsächlich möglich ist, und diese Liebhaberei zumindest zur Schaffung des Lebensunterhaltes beiträgt. Fehlt die Absicht, Einkommen zu er-

---

[1030] Immerhin 13% der Engagierten sind seltener als einmal im Monat engagiert, Freiwilligensurvey, Gesamtbericht, S. 92f., Übersicht 14.
[1031] Vgl. Abbildung 10 bei Zierau sowie S. 60.
[1032] Beher/Liebig/Rauschenbach, S. 171.
[1033] AK-Rittstieg, 2. A., Art. 12, Rn. 62.

zielen oder ist dies nicht möglich, so kommt ein Schutz durch Art. 12 Abs. 1 GG nicht in Betracht. Andererseits unterfällt das Engagement dem Schutzbereich des Art. 12 Abs. 1 GG auch dann – eine subjektive Eignung ebenfalls vorausgesetzt – wenn es zur Sicherung des Lebensunterhaltes zumindest mit beiträgt, also über einen reinen Ersatz von Aufwendungen hinausgeht, auch wenn sich der größere Teil ihrer finanziellen Absicherung regelmäßig aus einer anderen Tätigkeit oder aus der Absicherung durch andere, z. B. den Ehegatten ergibt.

Es kommt darauf an, ob durch die gewählte Tätigkeit ein Beitrag zum Lebensunterhalt erwirtschaftet wird. Das kann auch bei Hobbys der Fall sein. Selbst für bürgerschaftliches Engagement, dessen Grundvoraussetzung u.a. die Unentgeltlichkeit der Tätigkeit ist, bedeutet es nicht, dass gar keine finanzielle Zuwendung geleistet wird. Tatsächlich gibt es für einen Teil der Engagierten eine finanzielle Anerkennung.[1034] Nach eigenen Angaben bekamen 1999 56% unter 100 DM (ca. € 51); 26% zwischen 100 DM (ca. € 51) und 200 DM (ca. € 102); 7% zwischen 300 DM (ca. € 154) und 700 DM (ca. € 359) und nur 2% erhielten mehr als 700 DM (ca. € 359).[1035] Die Art der Vergütung i. w. S. geht von einer pauschalierten Aufwandsentschädigung über Honorarzahlungen bis hin zu einer Vergütung der Tätigkeit i. e. S.

Während die Aufwandsentschädigung einen Ausgleich vor allem für entstandene Kosten und aufgewendete Zeit leisten soll, gehen Honorarzahlungen und Vergütungen darüber hinaus. Besonders häufig sind diese Formen der Anerkennung beim traditionellen Ehrenamt in hergebrachten Strukturen, wie etwa im Bereich Justiz/Kriminalität,[1036] Politik,[1037] Jugend- und Bildungsarbeit,[1038] berufliche Interessenvertretung[1039] und Rettungsdienst/Feuerwehr.[1040] Seltener erhalten Engagierte eine finanzielle Anerkennung, die im Bereich von Schule und Kindergarten, Kirchen/Religion, Umwelt-, Natur- und Tierschutz und bürger-

---

1034 Jeder siebte Engagierte erhält eine derartige Anerkennung. Freiwilligensurvey, Gesamtbericht, S. 118.

1035 Freiwilligensurvey, Gesamtbericht, S. 119.

1036 Unglücklich formuliert im Freiwilligensurvey, Gesamtbericht, S. 117 (Engagement im Bereich „Kriminalität“); vgl. Übersicht 25: Aufwandsentschädigung 43%; geringfügige Bezahlung 2%, Honorare 1%.

1037 Aufwandsentschädigung 32%, geringfügige Bezahlung 3%, Honorare 1%, vgl. Freiwilligensurvey, Gesamtbericht, S. 117 Übersicht 25.

1038 Aufwandsentschädigung 10%, geringfügige Bezahlung 3%, Honorare 13%, vgl. Freiwilligensurvey, Gesamtbericht, S. 117 Übersicht 25.

1039 Aufwandsentschädigung 15%, geringfügige Bezahlung 6%, Honorare 1%, vgl. Freiwilligensurvey, Gesamtbericht, S. 117 Übersicht 25.

1040 Aufwandsentschädigung 14%, geringfügige Bezahlung 5%, Honorare 1%, vgl. Freiwilligensurvey, Gesamtbericht, S. 117 Übersicht 25.

schaftlichen Aktivitäten tätig sind,[1041] also sowohl im sozialen Bereich (Schule, Kindergarten, Kirche) als auch in neueren Aktivitätsfeldern und -formen (Umweltschutz, bürgerschaftliche Aktivitäten, z. B. Bürgerinitiativen vor Ort). Sachzuwendungen spielen vor allem in der Jugend- und Bildungsarbeit, sowie im Bereich Sport und Bewegung eine Rolle.[1042] Dazu gehören insbesondere die private Nutzung von Räumen oder Ausstattungsmitteln. Insgesamt erhalten aber nur 5% der bürgerschaftlich Engagierten derartige Sachzuwendungen.

Der gewährte Aufwendungsersatz bei bürgerschaftlichem Engagement entspricht regelmäßig nicht der Entlohnung einer solchen Tätigkeit am Markt, sondern fällt im Verhältnis zur Entlohnung einer Beschäftigung niedriger aus. Mehr als 85% der bürgerschaftlich Engagierten erhalten gar kein Geld für ihre Tätigkeit.[1043] Aufwendungsersatz bietet regelmäßig nur, was der Begriff bereits andeutet: den Ersatz getätigter Aufwendungen. Geht die Aufwandsentschädigung darüber hinaus und berücksichtigt neben oder statt der Sachaufwendungen die aufgewendete Zeit, so kann sie sich im Bereich der Entlohnung geringfügiger Beschäftigungsverhältnisse bewegen, selten darüber.[1044] Soweit die Zuwendungen als Aufwandsentschädigungen nur entstandene Kosten der Engagierten ausgleichen, tragen sie nicht zur Schaffung und Erhaltung des Lebensunterhaltes bei. Für die weitaus meisten freiwilligen Tätigkeiten gilt daher, dass sie im Moment ihrer Ausführung keinen Beitrag zur Schaffung und Erhaltung des materiellen Lebensunterhaltes des oder der Engagierten leisten. Daher fallen sie auch nicht in den Schutzbereich der Berufsfreiheit i. e. S. des Art. 12 Abs. 1 GG.

Die Abgrenzung ist allerdings fließend.[1045] Bei der Frage nach der objektiven Eignung zur Schaffung und Erhaltung des Lebensunterhalts ist immer die konkrete Tätigkeit zu betrachten. Der Ansicht, dass eine Einbeziehung in den Schutzbereich der Berufsfreiheit i. e. S. auch für die Betätigung in Vereinen und Gesellschaften und ebenso in der Regel für politische Tätigkeiten grundsätzlich nicht in Betracht kommt, ist daher nicht zuzustimmen.[1046] Es kommt im konkreten Fall darauf an, ob allein die getätigten Ausgaben ersetzt werden, oder eine

---

[1041] Schule und Kindergarten insgesamt 5%, Kirchen/Religion ebenfalls 5%; Umweltschutz 6%; bürgerschaftliche Aktivitäten 8%. Vgl. Freiwilligensurvey, Gesamtbericht, S. 117 Übersicht 25.

[1042] Jugend- und Bildungsarbeit 15%, Sport und Bewegung 11%, vgl. Freiwilligensurvey, Gesamtbericht, S. 117, Übersicht 25.

[1043] Freiwilligensurvey, Gesamtbericht, S. 118.

[1044] Insgesamt erhielten den Zahlen des Freiwilligensurveys zufolge ca. 4% eine „geringfügige Bezahlung“, die sich in der Regel im Rahmen der damaligen 630-DM-Regelung bewegte, Freiwilligensurvey, Gesamtbericht, S. 118.

[1045] AK-Rittstieg, 2. A., Art. 12, Rn. 62.

[1046] So aber AK-Rittstieg, 2. A., Art. 12, Rn. 62.

darüber hinausgehende Entschädigung gewährt wird. Ist dies der Fall, kommt eine Einbeziehung in den Schutzbereich in Betracht.
Die oben genannten ehrenamtlich beschäftigten Sozialpädagoginnen weichen zwar gerade in – häufig ausbildungsfremde – Arbeitsverhältnisse aus, durch die sie ihren Lebensunterhalt sichern, um dann berufsfeldnah engagiert zu sein, sozusagen um sich dieses Engagement leisten zu können. Eine mindestens geringfügige Entlohnung vorausgesetzt, kann es aber auch ihr Ziel sein, die durch das ausbildungsfremde Arbeitsverhältnis oder auf andere Art und Weise geschaffene Finanzierungsgrundlage durch weitere Einkünfte zu ergänzen.

Die andere Zielrichtung, auf längere Sicht über die unentgeltliche Tätigkeit den Einstieg in den ersten Arbeitsmarkt zu schaffen und ausbildungsbezogen arbeiten zu können, ist für die Annahme einer subjektiven Eignung zur Schaffung des Lebensunterhaltes hingegen zu vage. Für diejenigen, für die in ihrer aktuellen Situation die Schaffung des Lebensunterhaltes bei ihrer sozialpädagogischen Arbeit keine Rolle spielt, fehlt es an der notwendigen Zielrichtung zur Schaffung des Lebensunterhalts.
Eine Ausnahme könnte gelten, wenn es sich um (weiter)qualifizierende Tätigkeiten handelt, die im Hinblick auf eine zukünftige berufliche Tätigkeit ausgeübt werden; allerdings ist hier eine Einbeziehung in den Schutz der Berufsausbildungsfreiheit zu prüfen, nicht in den Schutzbereich des Berufsfreiheit i. e. S..[1047] Der Schutzbereich der Berufsfreiheit i. e. S. ist für diese Tätigkeiten jedenfalls schon wegen der fehlenden objektiven Eignung zur Schaffung und Erhaltung der Lebensgrundlage nicht eröffnet.

Auch wenn man sich die Einschätzung zu eigen macht, es sei problematisch, den Beruf allein ins Zentrum von Selbstverwirklichung und Integration zu stellen und für die Selbstverwirklichung auch andere Tätigkeiten, wie zum Beispiel Vereinsmitarbeit oder andere Formen des bürgerschaftlichen Engagements heranzieht[1048], so bedeutet dies noch nicht, dass diese anderen Formen der Persönlichkeitsentfaltung insgesamt oder in bestimmten Fällen in den Schutzbereich des Art. 12 Abs. 1 GG einbezogen werden sollen. Im Gegenteil weist diese Auffassung darauf hin, dass nicht-berufliche Tätigkeiten, die einen Ausgleich zur beruflichen Tätigkeit bilden sollen, gerade qualitativ von ihr zu unterscheiden sind. Soweit sie als Hobby betrieben werden und sich aus ihnen kein Beitrag zum Lebensunterhalt ergibt, gewährt Art. 2 Abs. 1 GG Schutz. Sie sind weder subjektiv zur Schaffung des Lebensunterhalts bestimmt noch objektiv zur Schaffung des Lebensunterhaltes geeignet und werden daher nicht vom Schutzbereich des Berufs im Sinne des Art. 12 Abs. 1 GG umfasst. Sie spielen bei der Aus-

[1047] S. unter D II 6 c.
[1048] AK-Rittstieg, 2. A., Art. 12, Rn. 15.

einandersetzung mit der Frage nach dem Verhältnis von Art. 12 Abs. 1 GG und bürgerschaftlichem Engagement keine Rolle.

Für einen Schutz aus Art. 12 Abs. 1 GG, Berufsfreiheit i. e. S., muss die infragestehende Tätigkeit auf die Schaffung des Lebensunterhalts gerichtet sein. Dies ist der Fall, soweit die Tätigkeiten auch übernommen werden, *um* damit den Lebensunterhalt zumindest teilweise *zu* schaffen. Sie muss darüber hinaus auch zum Lebensunterhalt tatsächlich beitragen.
Eine generelle Einbeziehung von bürgerschaftlichem Engagement in den Schutzbereich scheidet deshalb aus. Es lässt sich vielmehr feststellen, dass davon auszugehen ist, dass der überwiegende Teil bürgerschaftlichen Engagements, da es im Regelfall unentgeltlich erfolgt oder nur eine Aufwandsentschädigung gewährt wird, nicht durch die Berufsfreiheit i. e. S. geschützt ist. Eine Ausnahme gilt für diejenigen Tätigkeiten, in denen diese Voraussetzungen erfüllt sind. Dies kann auch bei Engagement der Fall sein, das nicht so strukturiert ist wie Erwerbsarbeit, also bei Engagement als Hobby. Dies ist aber selten.

(c) Exkurs: Ehrenamtliche Vorstandsvorsitzende

Für einen kleinen Bereich als ehrenamtlich bezeichneter Tätigkeit stellt sich die Situation anders dar: Die Übernahme von Vorstandsämtern, die in den Satzungen der jeweiligen Organisation als Ehrenamt ausgewiesen sind, wird zum Teil mit einem deutlich über anderen Aufwandsentschädigungen liegenden Beträgen entgolten und orientiert sich an einer Vergütung entsprechender Tätigkeiten am Markt. Insbesondere die Sozialgerichte haben sich mit der Frage nach einer Zulässigkeit derartiger Aufwandsentschädigungen und damit auch mit der Abgrenzung von Ehrenamtlichkeit und Beruf befasst. Gestritten wurde vor den Gerichten um die Höhe von Zahlungen an Vorstandsmitglieder verschiedener Organisationen, darunter einer kassenärztlichen Vereinigung.[1049]

Bei der Entscheidung des Bundessozialgerichts zur Höhe von Zahlungen an den Vorsitzenden und den stellvertretenden Vorsitzenden der Kassenärztlichen Vereinigung Nordrhein-Westfalen wehrte sich die Kassenärztliche Vereinigung gegen eine Aufsichtsanordnung des zuständigen Landesministeriums, in der diese Zahlungen an Vorsitzenden und Stellvertreter deutlich niedriger in Anlehnung an die maximal zulässige Höhe der Entschädigung für den Aufwand außerhalb von Sitzungen der in Bund und Ländern geltenden Bewertungs- und Bewirtschaftungsmaßstäben festgelegt wurden.[1050] Diese Anordnung orientierte sich an

---

[1049] BSGE 86, 203ff.
[1050] BSGE 86, 203ff.

den Zahlungen, die in der Empfehlungsvereinbarung der Sozialpartner für die Sozialversicherungsträger für ehrenamtlich übernommene Aufgaben niedergelegt waren.
Das Bundessozialgericht sah das Fehlen einer marktmäßigen Entlohnung als eine grundlegende Voraussetzung für das Vorliegen eines Ehrenamtes an. Es sah ebenso, dass eine solche marktmäßige Entlohnung in diesem Fall vorlag. Diese sollte aber ausnahmsweise zulässig sein, da wegen der zeitlichen Inanspruchnahme des Vorsitzenden von einer – die ehrenamtliche Tätigkeit kennzeichnenden – "Opferung von Freizeit" nicht mehr die Rede sein könne. Sowohl die Notwendigkeit der Erledigung von Verwaltungsaufgaben zu üblichen Arbeitszeiten, wie auch der faktische Vorrang der Dringlichkeit der für die Kassenärztlichen Vereinigung zu erledigenden Aufgaben verliehen der Tätigkeit als Vorsitzender des Vorstands einen nach Ansicht des Bundessozialgerichts für ehrenamtliche Tätigkeiten vollkommen untypischen Zuschnitt.
Während es für ehrenamtliche Tätigkeiten kennzeichnend sei, dass sie neben einer hauptberuflichen Tätigkeit oder neben den Aufgaben in Familie und Haushalt wahrgenommen würden und von der zeitlichen Inanspruchnahme her deutlich hinter diesen Aufgaben zurückblieben, treffe dies für die Tätigkeit des Vorsitzenden des Vorstands und seines Stellvertreters für die Klägerin nach übereinstimmender Beurteilung der Beteiligten gerade nicht zu. Das bedeute auch, dass eine berufliche Tätigkeit neben einem so zeitaufwändigen Amt nicht mehr im üblichen Umfang ausgeübt werden könne.
Wenn das übernommene Amt dennoch als Ehrenamt bezeichnet werde, so habe dies einen pragmatischen Grund: § 20 Abs. 1 Ärzte-ZV verlangt für die Ausübung einer vertragsärztlichen Tätigkeit, dass neben ihr kein Beschäftigungsverhältnis vorliegt. Um es dem Vorsitzenden dennoch zu ermöglichen, seine Praxis während seiner Amtszeit weiterzuführen und u.a. seinen Kundenstamm zu erhalten, bezeichneten laut Bundessozialgericht alle Kassenärztlichen Vereinigungen die Tätigkeit des Vorsitzenden des Vorstandes und seines Stellvertreters als „Ehrenamt".

Die vorhergehende Instanz hatte diese Begründung noch abgelehnt.[1051] Das Landessozialgericht Nordrhein-Westfalen hatte sich auf die Begründung der Kassenärztlichen Vereinigung bezogen, die Positionen könnten schwerlich nur um der Ehre willen mit geeigneten Kräften besetzt werden und die Positionen des Vorsitzenden bzw. seines Vertreters würden "in Wahrheit wegen des Umfangs der Aufgaben" natürlich nicht ehrenamtlich ausgeübt, da das Amt des Vorsitzenden mittlerweile den Umfang einer Vollzeitbeschäftigung eines leitenden Angestellten übersteige. Daraus hatte das Landessozialgericht die Konsequenz gezogen, dass es sich tatsächlich nicht um ein Ehrenamt handelte, sondern um

[1051] LSG NRW, NZS 1999, 262ff.

ein Beschäftigungsverhältnis, und die Vergütungsordnung in Anbetracht der Anforderungen an die Ehrenamtlichkeit einer Tätigkeit nicht zu rechtfertigen sei. Das Gericht hatte daher die Aufsichtsanordnung weitgehend für rechtmäßig angesehen.

An den Ausführungen des Bundessozialgerichtes zeigt sich, dass auch hier deutliche Zweifel an der faktischen Ehrenamtlichkeit der Tätigkeit vorliegen. Das Bundessozialgereicht akzeptiert die Zielsetzung der Kassenärztlichen Vereinigung, es werde nicht auf den üblichen Begriffshorizont ehrenamtlicher Tätigkeit abgestellt, sondern ein Weg gesucht, den Repräsentanten der Vertragsärzteschaft während ihrer Tätigkeit als Vorsitzende einer Kassenärztlichen Vereinigung und für die Zeit danach den Zulassungsstatus und damit die vertragsärztliche Praxis zu erhalten. Anders als das Landessozialgericht hält es diese Praxis auch für rechtlich zulässig. Dies erscheint zweifelhaft, ist aber für die weitere Auseinandersetzung mit der Frage nach dem Verhältnis von Art. 12 Abs. 1 GG und Engagement ohne Belang und kann insofern dahingestellt bleiben.
Relevant für die Frage nach der Unentgeltlichkeit von bürgerschaftlichem Engagement und dem Schutz durch Art. 12 Abs. 1 GG ist vielmehr, dass das Bundessozialgericht zwar an der Bezeichnung „Ehrenamt" festhält, jedoch deutlich macht, dass eine „ehrenamtliche" Tätigkeit dieser Art faktisch einem Beschäftigungsverhältnis entspricht. Das Landessozialgericht lehnt das Vorliegen einer Ehrenamtlichkeit ganz ab und sieht in der Aufgabenerfüllung eine Beschäftigung.
Beide halten grundsätzlich für die Annahme einer ehrenamtlichen Tätigkeit an der Voraussetzung fest, dass Voraussetzung für eine ehrenamtliche Tätigkeit ist, dass sie nicht marktmäßig entlohnt wird. Dieser Bereich kann als Ausnahmefall an der grundsätzlichen Unentgeltlichkeit von bürgerschaftlichem Engagement nichts ändern,[1052] und selbst hier halten sich die Gerichte hinsichtlich eines Schutzes aus Art. 12 Abs. 1 GG eher bedeckt. Bei einer Prüfung der Voraussetzungen des Art. 12 Abs. 1 GG stellt man fest, dass hier sowohl eine auf Dauer angelegte Tätigkeit vorliegt, als auch eine Tätigkeit, die der Schaffung und Erhaltung des Lebensunterhaltes dient. Dies hat auch gerade das Bundessozialgericht festgestellt, wenn es darauf hinweist, dass nur auf diese Weise die Weiterführung der Praxis möglich bleibt.

Ob die Ämter von Vorstandsvorsitzenden und Stellvertretern in den obengenannten Bereichen, für die Zahlungen vorgesehen sind, welche der marktmäßigen Entlohnung der übernommenen Aufgaben entsprechen, Tätigkeiten im Bereich des bürgerschaftlichen Engagements im Sinne der Dachdefinition sind,

[1052] Ähnlich Igl/Jachmann/Eichenhofer, S. 52f.

kann dahingestellt bleiben. Sie sind jedenfalls aufgrund ihrer tatsächlichen Strukturierung unter den klassischen Berufsbegriff des Art. 12 Abs. 1 GG zu fassen.

(5) Schutz gemeinnütziger Organisationen

Tätigkeiten, die unter den Berufsbegriff des Art. 12 GG fallen, können nicht nur von Individuen, sondern auch von Organisationen übernommen werden, die am Markt agieren. Zwar kann eine juristische Person nicht einen Beruf im Sinne einer Lebensaufgabe ausüben, in der sich die menschliche Persönlichkeit ausformt. In der Rechtsprechung des Bundesverfassungsgerichts ist aber geklärt, dass der Begriff des Berufs im Sinne des Art. 12 Abs. 1 GG weit auszulegen ist und Integration und Selbstverwirklichung keine Voraussetzung für die Einbeziehung in den Schutzbereich sind. Eine Einbeziehung von Organisationen ist also grundsätzlich möglich.
Bürgerschaftlich Engagierte betätigen sich in den weitaus meisten Fällen innerhalb einer Organisation. Dies kann ein Verein sein, aber auch – insbesondere im sozialen Bereich – die Mitarbeit innerhalb eines Verbandes der freien Wohlfahrtspflege. Daher ist für die Frage des verfassungsrechtlichen Schutzes von bürgerschaftlichem Engagement auch interessant, inwieweit diese Vereinigungen in den Schutzbereich des Art. 12 Abs. 1 GG einbezogen sind. Zum Teil wird für eine Einbeziehung in den Schutzbereich eine auf Gewinnerzielung gerichtete Tätigkeit verlangt.[1053] Dies könnte gegen eine Einbeziehung gemeinnütziger Vereinigungen sprechen. Zum Teil wird dagegen angenommen, die Absicht der Gewinnerzielung könne schon deshalb kein Merkmal des Berufsbegriffs sein, weil jeder Gewinnverzicht eine vorweggenommene Gewinnverwendung sei und das Kriterium keinen Maßstab anzugeben vermöge, bei welchem Grad des Gewinnverzichts das Grundrecht anzuwenden sei oder nicht.[1054] Demnach ist eine Gewinnerzielungsabsicht für eine Einbeziehung in den Schutzbereich entbehrlich.

(a) „Ökonomischer Grundbezug" oder Eignung zur Schaffung des Lebensunterhalts?

Das Bundesverwaltungsgericht hält es für ausreichend, dass dem geschäftsmäßigen und kostendeckenden Betrieb eines gemeinnützigen Vereins ein „öko-

[1053] BVerwG JZ 1995, S. 94, 95; hier wurde darüber hinaus auch verlangt, die Tätigkeit müsse erlaubt sein.
[1054] Neumann, S. 12.

nomischer Grundbezug“ nicht fehlt.[1055] Es sah mit dieser Begründung einen gemeinnützigen Verein als von Art. 12 Abs. 1 GG, Berufsfreiheit i. e. S., als geschützt an.[1056] Ob dieser „ökonomische Grundbezug“ für die Eröffnung des Schutzbereichs jedoch ausreicht, wird bezweifelt.[1057] Dagegen wird angeführt, der Erwerb werde gerade eigennützig, nicht gemeinnützig verstanden;[1058] Erwerb und Gemeinnützigkeit schlössen einander aus. Das ergebe sich aus § 52 Abs. 1 S. 1 AO, demzufolge gemeinnütziges Handeln selbstlos erfolgen müsse und gemäß § 55 Abs. 1 S. 1 AO gerade nicht in erster Linie eigenwirtschaftlichen, d. h. in erster Linie gewerblichen oder sonstigen Erwerbszwecken dienen sollte. Eine Tätigkeit könne entweder auf Gewinnerzielung gerichtet oder gemeinnützig sein. Wenn sie gemeinnützig sei, so übe der Verein weder ein Gewerbe, noch einen Beruf im Sinne des Art. 12 Abs. 1 GG aus. Ein Grundrechtsschutz ergebe sich daher nur über Art. 2 Abs. 1 GG, der allgemeinen Handlungsfreiheit, nicht aber aus Art. 12 Abs. 1 GG.[1059] Diese Ansicht übersieht jedoch, dass auch bei gemeinnützigen Vereinen das Vereinsleben von einer finanziellen Grundlage abhängig ist.

Die Einführung des neuen Begriffs des „ökonomischen Grundbezugs“ hilft aufgrund seiner Unbestimmtheit bei der Frage der Eröffnung des Schutzbereichs nicht weiter. Sinnvoller ist es, weiterhin von den allgemeinen Merkmalen für das Vorliegen eines Berufs im Sinne des Art. 12 Abs. 1 GG auszugehen. Ob es sich bei einer bestimmten Tätigkeit um einen Beruf handelt, ist dann – wie auch bei Tätigkeiten natürlicher Personen – davon abhängig, ob die entsprechenden Voraussetzungen erfüllt sind: Die Tätigkeit muss auf eine gewisse Dauer angelegt sein, und sie muss subjektiv und objektiv geeignet sein, einen Beitrag zur Schaffung des Lebensunterhaltes zu leisten.

Die Dauerhaftigkeit ist bei einer Vereinstätigkeit unproblematisch gegeben. Die Tätigkeit des Vereins muss zudem objektiv „auf die Schaffung einer Lebensgrundlage“ gerichtet sein. Dafür ist zu klären, wie die „Schaffung der Lebensgrundlage“ einer juristischen Person zu verstehen ist. Zunächst wurde bezweifelt, das gemeinnützige Stellen auch nur sinngemäß der Schaffung und Erhaltung der Lebensgrundlage ihrer Träger dienen.[1060] Notwendig für das Funktionieren einer jeden Organisation ist aber, dass sie in der Lage ist, ihre Kosten zu decken. Das gilt auch für gemeinnützige Organisationen. Auch eine Tätigkeit, die nur auf die Erwirtschaftung der Selbstkosten angelegt ist, muss vorgegebene

---

1055 BVerwG, JZ 1995, 93, 95.
1056 BVerwG, JZ 1995, 93, 95.
1057 ablehnend Wieland, JZ 1995, 96, 97.
1058 Wieland, JZ 1995, 96, 97.
1059 Wieland, JZ 1995, 96, 97.
1060 Für freigemeinnützige Krankenhäuser: Bachof/Scheuing 1971, S. 63.

Aufgaben mit dem geringstmöglichen Einsatz an Mitteln erreichen und ist „wirtschaftlich sinnvoll“.[1061] Wenn die Organisationstätigkeit unter anderem auch zur Erhaltung der Funktionsfähigkeit der Organisation dient, ist sie auf die Schaffung der Lebensgrundlage gerichtet. Der Betrieb sozialer Einrichtungen dient daher neben der Erfüllung des sozialen Zwecks auch der Schaffung und Erhaltung ihrer Lebensgrundlage.[1062] Das Bundesverfassungsgericht geht daher von einer Anwendbarkeit des Art. 12 GG auf gemeinnützige Unternehmen aus.[1063] Dem wurde später auch von anderer Seite zugestimmt, allerdings unter der Einschränkung, das Fehlen der Gewinnerzielungsabsicht könne möglicherweise zu einer Begrenzung der Reichweite des Grundrechts führen.[1064]

Auf die Schaffung und Erhaltung der Lebensgrundlage ist zum Beispiel eine solche gemeinnützige Organisationen gerichtet, deren satzungsmäßiger Zweck es ist, bestimmte Veranstaltungen durchzuführen und in denen für die Teilnahme ein Kostenbeitrag erhoben wird.[1065] Anders stellt sich die Situation dann dar, wenn die eigentliche Tätigkeit des Vereins ohne Inanspruchnahme einer Gegenleistung erfolgt. Ein Beispiel dafür wäre der durch Mitglieds- und Spendenbeiträge getragene Verein, der Obdachlose durch die Ausgabe von kostenlosem Essen unterstützt. Hier fallen die eigentliche Tätigkeit, das Versorgen von Nichtsesshaften, und die Schaffung und Erhaltung der Lebensgrundlage durch das Einwerben von Spenden bzw. durch Mitgliedsbeiträge auseinander.
Die Tätigkeit muss auch subjektiv darauf gerichtet sein, die Funktionsfähigkeit der Organisation zu erhalten. Davon ist in aller Regel bei den Organisationen, deren Tätigkeit objektiv zur Schaffung des Lebensunterhaltes geeignet ist, auszugehen.

(b) Ergebnis

Ob gemeinnützige Organisationen vom Schutzbereich des Art. 12 Abs. 1 GG umfasst sind, ist in der Regel nur bezüglich der Schaffung und Erhaltung der Lebensgrundlage problematisch. Ausreichend ist die Erwirtschaftung der Selbstkosten. Dauerhaftigkeit ist regelmäßig gegeben.

[1061] Neumann, S. 12.
[1062] Neumann, S. 12.
[1063] BVerfG, Beschluss vom 14.12.1983, 2 BvR 1268/81, S. 7 des Umdrucks.
[1064] Neumann, S. 12.
[1065] So lag der Fall auch bei BVerwG JZ 1995, 93ff.; hier ging es um einen Verein, der als „andere Stelle“ i.S.v. §§ 8a 8b StVZO zur Unterweisung in Sofortmaßnahmen sowie zur Ausbildung in Erster Hilfe anerkannt werden und als solcher Schulungen durchführen wollte.

(6) Ergebnis

Der überwiegende Teil des bürgerschaftlichen Engagement ist nicht durch Art. 12 Abs. 1 GG geschützt. In den Schutzbereich der Berufsfreiheit i. e. S. fallen nur solche Tätigkeiten, die auf eine bestimmte Dauer gerichtet sind und geeignet sind, zumindest zur Schaffung und Erhaltung der Lebensgrundlage beizutragen. Dies ist nur bei dem Engagement der Fall, in dem sich die finanzielle Anerkennung nicht auf den Ersatz der getätigten Aufwendungen beschränkt, sondern darüber hinausgeht.

Für den Schutz gemeinnütziger Organisationen durch Art. 12 GG gilt, dass eine Erwirtschaftung der Selbstkosten für einen Schutz ausreichend ist, da der Betrieb sozialer Einrichtungen neben der Erfüllung der sozialen Aufgaben immer auch beinhaltet, die Schaffung und Erhaltung der eigenen Lebensgrundlage zu gewährleisten. Dadurch unterscheiden sich gemeinnützige Organisationen von bürgerschaftlichem Engagement, das gerade deshalb aufgenommen werden kann, weil der Lebensunterhalt auf andere Art und Weise sichergestellt ist.

c) Berufsausbildungsfreiheit

Ein Schutz bestimmter Formen von bürgerschaftlichem Engagement, insbesondere des Engagements zur (Weiter)Qualifikation, könnte sich aus der Berufsausbildungsfreiheit des Art. 12 Abs. 1 GG ergeben. Auch die Wahl der Ausbildungsstätte ist durch Art. 12 Abs. 1 GG geschützt; diese spielt regelmäßig genauso für die abhängige wie für die unabhängige Beschäftigung eine Rolle, denn sind Ausbildungswege durch staatliches Handeln versperrt, so kann dies für Arbeitnehmerinnen und Arbeitnehmer genauso gelten wie für Selbständige. Art. 12 Abs. 1 GG spricht nicht von einer freien Wahl oder von einer freien Durchführung der Ausbildung, sondern nur von der freien Wahl der Ausbildungs*stätte*. Die Berufsausbildungsfreiheit enthält ein Abwehr- aber auch ein Teilhaberecht.[1066]

(1) Einbeziehung in den Schutzbereich?

Bestimmte Formen bürgerschaftlichen Engagements können, ähnlich wie bei der Berufsfreiheit gemäß Art. 12 Abs. 1 GG i. e. S., vom Schutzbereich der Ausbildungsfreiheit umfasst sein. Für die Einbeziehung in den Schutzbereich kommen zwei verschiedene Bereiche des bürgerschaftlichen Engagements in Betracht:

[1066] Jarass/Pieroth, Art. 12, Rn. 70, und BVerfGE 33. 303ff. (Numerus clausus).

Engagement neben einer Hauptbeschäftigung und Engagement zur Weiterqualifizierung.

(a) Engagement neben einer Hauptbeschäftigung

Zum einen ist das Engagement neben einer anderen Hauptbeschäftigung zu nennen – sei es Berufstätigkeit, Studium oder Schule. Engagement kann die Berufsaussichten verbessern. In der Arbeit im Verein können Engagierte sich Kompetenzen erarbeiten, die ihnen sie im Berufsleben voranbringen können.

(b) Engagement zur (Weiter)Qualifizierung

Zum anderen kann Engagement der Weiterqualifizierung dienen. Die Formen von bürgerschaftlichem Engagement, die (auch) dem Erwerb von zusätzlichen Qualifikationen dienen, sind bereits ausführlich dargestellt worden. In den Schutzbereich von Art.12 Abs. 1 GG als der Berufsfreiheit i. e. S. sind sie nur insoweit einbezogen worden, wie ihre Tätigkeit die erforderlichen Voraussetzungen erfüllt – d. h. nur, soweit durch sie zumindest ein Beitrag zur Schaffung und Erhaltung der Lebensgrundlage geleistet wird. Ist dies nicht der Fall, sind sie nicht von der Berufsfreiheit i. e. S. umfasst. Es geht bei der Frage nach der Eröffnung des Schutzbereich der Berufsausbildungsfreiheit um drei Typen von bürgerschaftlichem Engagement:

Erstens um bürgerschaftliches Engagement, das nach Abschluss einer Ausbildung begonnen wird, um die Praxiserfahrung zu erreichen, die für den Einstieg in den Ersten Arbeitsmarkt notwendig oder zumindest nützlich ist. Zweitens um bürgerschaftliches Engagement, das nach der Unterbrechung einer Berufstätigkeit genutzt wird, um im eigenen Berufsfeld wieder Fuß zu fassen und diejenigen Qualifikationen zu erwerben, die inzwischen für die Ausübung des Ausbildungsberufs notwendig geworden sind. Drittens um bürgerschaftliches Engagement, das den Quereinstieg in ein Berufsfeld eröffnen soll, in dem die eigentliche Berufsausbildung nicht stattgefunden hat. Diese Tätigkeiten finden als unentgeltliche Mitarbeit in gemeinwohlorientierten Bereichen statt.

(2) Schutzbereich der Berufsausbildungsstätte

Ob diese Formen von bürgerschaftlichem Engagement in den Schutzbereich der Berufsausbildungsfreiheit im Sinne des Art. 12 Abs. 1 GG fallen, ist davon abhängig, wie „freie Wahl der Berufsausbildungsstätte“ auszulegen ist.

(a) Wortsinn

Art. 12 Abs. 1 GG statuiert keine „Berufsausbildungsfreiheit", sondern legt fest, dass die Berufsausbildungsstätte frei gewählt werden kann. Die Verfassungsgesetzgeber haben also für den Schutz der Ausbildungsfreiheit ursprünglich an einen bestimmten Ausbildungsort angeknüpft.

(b) Entwicklung der Berufsausbildungsfreiheit und Einbeziehung in das Grundgesetz

Bei den Beratungen im Hauptausschuss des Parlamentarischen Rates ging es vor allem darum zu betonen, es müsse unter allen Umständen die Freiheit gesichert werden, zwischen verschiedenen Universitäten wählen und bei besonders hervorragenden Lehrern hören zu können, um sich entsprechend vielseitig auszubilden.[1067] Keinen Hinweis gibt es auf anderen Ausbildungsformen und -ziele.

(c) Systematik

Das Bundesverfassungsgericht hat in seiner Rechtsprechung zu Art. 12 Abs. 1 GG schon mehrfach hervorgehoben, dass nicht nur Berufswahl und spätere Berufsausübung untrennbar seien, sondern dass zur rechtlichen Ordnung der Berufstätigkeit auch die Vorstufe der Berufsausbildung als integrierender Bestandteil eines einheitlichen Lebensvorgangs gehört.[1068]
Schutzgegenstände der Arbeits- und Berufsfreiheit sind gleichermaßen „Beruf", „Arbeit" und „Ausbildung".[1069] Die Berufsausbildungsfreiheit gehört zum Grundrecht der Berufsfreiheit und ist ihr systematisch zugeordnet. Der Schutz der Berufs reicht von der Berufswahl über die Berufsvorbereitung – der Ausbildung –, den Zugang zum Beruf und die Berufsausübung bis hin zur vorübergehenden oder dauernden Berufsbeendigung. Die verschiedenen Berufsstationen stehen zunehmend seltener in kontinuierlicher Abfolge, sondern gehen bei derzeit häufig anzutreffendem Berufswechsel oder Berufsausbau ineinander über oder lösen einander wiederholt ab (Mehrphasigkeit der Berufsfreiheit).[1070] Berufsausbildung steht also nicht immer nur zu Beginn der beruflichen Tätigkeit, sondern kann auch in Fällen von Berufswechseln, zeitweiser Unterbrechung beruflicher Tätigkeit u.a. für die Beschäftigten eine Rolle spielen.

1067 Stenografische Berichte über die 44. Sitzung des Hauptausschusses vom 19. Januar 1949, S. 575ff.

1068 BVerfGE 41, 251, 261; 33, 303, 329f.; 37, 342, 352f.

1069 Schneider, VVDStRL 43 (1985), S. 7, 27.

1070 Schneider, VVDStRL 43, (1985) S. 7, 27.

(d) Sinn und Zweck

Der Schutz der Ausbildungsstätte in Art. 12 Abs. 1 GG gewährt dem Einzelnen ein Abwehrrecht gegen Freiheitsbeschränkungen im Ausbildungswesen.[1071] Einig ist man sich darüber, dass der Sinn und Zweck der Berufsausbildungsfreiheit des Art. 12 Abs. 1 GG ist, die Ausbildung zu schützen, nicht die Bildung im Allgemeinen.[1072] Uneinigkeit herrscht allerdings über die Grenzziehung zwischen den beiden Bereichen. Zum Teil wird die Sekundarstufe II, also die Oberstufe der Gymnasien mit einbezogen,[1073] zum Teil wird hier ein ausreichend konkreter Berufsbezug verneint.[1074]

Das Bundesverwaltungsgericht bleibt bei seiner Interpretation sehr eng am Wortlaut der Norm und handhabt den Schutzumfang restriktiver als etwa das Bundesverfassungsgericht. Dem Bundesverwaltungsgericht zufolge ist der Sinn der Berufausbildungsfreiheit des Art. 12 Abs. 1 GG, diejenigen Ausbildungseinrichtungen zu schützen, die durchlaufen werden müssen, „um nach Ablegung der nur über diese Einrichtung erreichbaren Prüfung Berufe ergreifen oder öffentliche Ämter bekleiden zu können, welche die durch die Prüfung erlangte Qualifikation voraussetzen."[1075] Die Berufsausbildungsfreiheit erfasst nach Ansicht des Bundesverwaltungsgerichts also nur direkt berufsbezogene Ausbildungsstätten. Sowohl staatliche Bereiche (Hochschulen, Vorbereitungsdienst) als auch nicht-staatliche Bereiche (Lehrstellen, betriebliche und überbetriebliche Ausbildungslehrgänge, Sprachschulen) gehören dazu. Allgemeine Bildungsangebote sollen nicht in den Schutzbereich fallen.

Das Bundesverfassungsgericht sieht durch die Berufsausbildungsfreiheit des Art. 12 Abs. 1 GG allgemein ein „Abwehrrecht gegen Freiheitsbeschränkungen im Ausbildungswesen" verbürgt.[1076] Der Begriff der Ausbildungsstätte umfasse alle Einrichtungen, die der Ausbildung für Berufe dienen.[1077] Ebenfalls umfasst sein sollen solche Ausbildungsstätten, bei denen eine bestandene Abschlussprüfung für das Ergreifen des Berufes nicht rechtlich nötig ist, sondern die spätere Aufnahme des Berufes lediglich fördert.[1078] Das Bundesverfassungsgericht hat auch den Ausschluss von einer Einrichtung des sogenannten Zweiten Bildungswegs als Eingriff in Art. 12 Abs. 1 GG gewertet, da der Besuch der Einrichtung

---

1071 BVerfGE 33, 303, 329.
1072 Breuer, HBStR VI, § 147, Rn. 75f.
1073 BVerfGE 58, 257, 273, Ipsen, Staatsrecht II, Rn. 608; Breuer, HBStR VI, § 147, Rn. 75.
1074 BVerwGE 47, 330, 332; 91, 24, 32.
1075 BVerwGE 47, 330, 332; 91, 24, 32.
1076 BVerfGE 33, 303, 329.
1077 BVerfGE 33, 303, 329; 59, 172, 205.
1078 Manssen in von Mangoldt/Klein/Starck, Art. 12 Abs. 1, Rn. 57.

in einem besonders engen Zusammenhang mit dem weiteren Beruf stehe[1079] und in der Regel absolviert werde, um Aufstiegschancen im Bereich eines ausgeübten Berufs zu erhalten.[1080] Auch in der Literatur wird vertreten, die Ausbildungsfreiheit erstrecke sich auf die gesamte, der Erlernung beruflicher Fertigkeiten dienende Vor-, Aus- und Weiterbildung, gleichgültig, ob diese auf Hochschulen, Berufsschulen oder Lehrstellen in Betrieben vermittelt werden.[1081] Schulische Ausbildung soll dann in den Schutzbereich des Art. 12 Abs. 1 GG fallen, wenn der Zusammenhang mit einem bestimmten Beruf greifbar ist.

Wenn auch in Abgrenzung zum Bundesverwaltungsgericht gesagt wird, die Berufsausbildungsfreiheit sei weit auszulegen,[1082] geht es doch auch hier faktisch immer wieder um klassische Ausbildungsstätten wie Hochschulen – für Studierende – und Betriebe – für Auszubildende, oder zumindest um Ausbildungsorte, in denen auf einem vorgegebenen Weg Fähigkeiten erworben werden sollen. Die Betonung liegt nicht mehr auf der Notwendigkeit der Ausbildung für den Beruf, der Nutzen soll ausreichen, konstant bleibt aber ein Bestehen auf einer bestimmten Ausbildungsstätte, sowie in der Regel einer Abschlussprüfung.

(e) Stellungnahme

Mit Blick auf die heutige Berufswirklichkeit wird schon länger erkannt, dass die Regelungsbereiche des Art. 12 Abs. 1 GG gesellschaftlichen Einflüssen und tiefgreifenden Veränderungen unterliegen.[1083] Die verschiedenen Teilbereiche der Berufsfreiheit (Wahl, Ausbildung, Ausübung) sind nicht mehr untrennbar miteinander verbunden. Der rasche soziale Wandel, die ökonomische Entwicklung und der technische Fortschritt bedingen ein hohes Maß an Flexibilität und Mobilität der Beschäftigten.[1084] Eine erfolgreich absolvierte Ausbildung garantiert noch keine lebenslange Beschäftigung im gewählten Arbeitsbereich. Zum einen können Arbeitsplätze wegfallen und eine Umorientierung der Erwerbstätigen notwendig machen, die regelmäßig Weiterbildung und Zusatzqualifikationen erfordert. Zum anderen können sich Arbeitsbereiche weiterentwickeln und so verändern, dass sie von denen, die in ihnen arbeiten, ebenfalls eine Weiterentwicklung verlangen: Die Erwerbstätigen müssen sich weiterqualifizieren und fortbilden, um ihre Arbeitsstelle behalten und ihre Aufgaben erfolgreich

---

[1079] BVerfGE 41, 251, 261.
[1080] Manssen in von Mangoldt/Klein/Starck, Art. 12 Abs. 1, Rn. 58.
[1081] Schneider, VVDStRL 43 (1985), S. 7, 28.
[1082] Vgl. etwa Breuer, HBStR VI, § 147, Rn. 75.
[1083] Hesse, DVBl. 1976, S. 657ff.
[1084] Schneider, VVDStRL 43 (1985), S. 7, 13.

wahrnehmen zu können.[1085] Die Bezugnahme auf Schlagworte wie Konzepte des lebenslangen Lernens, die in den letzten Jahren Konjunktur haben, machen deutlich, dass hier ein Umdenken statt findet.

Dies zeigt, dass ein Festhalten daran, allein diejenigen Ausbildungseinrichtungen zu schützen, die durchlaufen werden müssen, „um nach Ablegung der nur über diese Einrichtung erreichbaren Prüfung Berufe ergreifen oder öffentliche Ämter bekleiden zu können, welche die durch die Prüfung erlangte Qualifikation voraussetzen“[1086] der gesellschaftlichen Realität nicht mehr gerecht wird. Die enge Auslegung des Bundesverwaltungsgerichts ist daher abzulehnen. Eine weitere Auslegung ist angesichts der obengenannten Veränderungen notwendig, wenn der Schutz der Berufsausbildungsfreiheit nicht leer laufen soll. Berufausbildungsfreiheit umfasst auch Tätigkeiten, die nicht direkt an die klassischen Ausbildungsstätten gekoppelt sind.

Diese Veränderungen können allerdings nicht dazu führen, dass alle Formen der Aus- und Weiterbildung in den Schutzbereich der Berufsausbildungsfreiheit einbezogen werden; das Grundrecht würde damit seine Konturen verlieren und beliebig werden. Es ist notwendig, auch im Hinblick auf den Wortlaut der Berufsausbildungsfreiheit und ihrer Position im Grundgesetz als Teil der Berufsfreiheit bestimmte Anforderungen beizubehalten: die Anbindung an einen Ausbildungsort und die enge Anbindung an eine Berufstätigkeit. Ein Hobby, auch wenn es bestimmte Qualifikationen erwerben hilft, bleibt ein Hobby. So hat zum Beispiel im Bereich der Informationstechnologien die rasante technische Entwicklung zwar zu einem Bedarf an Erwerbspersonen mit bestimmten Kenntnissen und Fähigkeiten geführt, als sich ein entsprechender Ausbildungsberuf oder eine Ausbildungsstätte noch nicht entwickelt hatten. Hier entstanden zum Teil neue Arbeitsfelder. Diese Tätigkeiten entwickelten sich aber zumeist aus der Freizeitbeschäftigung der Computerspezialisten. Deren Tätigkeiten waren nicht auf die berufliche Aus- oder Weiterbildung gerichtet; sie waren nicht in eine Organisationsstruktur eingebunden. Für einen Schutz über Art. 12 Abs. 1 GG reicht dies nicht aus.

(f) Voraussetzung einer Einbeziehung in die Berufausbildungsfreiheit

Als Berufsausbildung sind die Tätigkeiten anzuerkennen, die entweder für den Einstieg in eine bestimmte Berufstätigkeit notwendig sind oder zumindest die Chancen für die Aufnahme einer Erwerbstätigkeit signifikant erhöhen. Dabei

---

[1085] Schneider, VVDStRL 43 (1985), S. 7, 13.
[1086] BVerwGE 47, 330, 332; 91, 24, 32.

kann eine Tätigkeit als Weiterbildung im gewählten Beruf genauso in den Schutzbereich der Berufsausbildungsfreiheit fallen wie als Ausbildung in einem neugewählten Bereich. Notwendig ist immer eine Prüfung des konkreten Einzelfalls. Als Maßstab sind folgende Kriterien heranzuziehen:

Voraussetzung für eine Einbeziehung in den Schutzbereich der Berufsausbildungsfreiheit ist, dass die gewählte Tätigkeit überhaupt objektiv geeignet ist, für die beabsichtigte Berufstätigkeit zu qualifizieren. Sie muss zudem in einem bestimmten organisatorischen Rahmen (Berufsausbildungsstätte) statt finden; dieser ist aber nicht auf die klassischen Ausbildungsstätten im Sinne des Bundesverwaltungsgerichts beschränkt. Es ist ausreichend, dass eine Einbindung in die Abläufe gewährleistet ist und ein Mindestmaß an Betreuung statt findet. Diese kann durch eine Lehrerin oder einen Lehrer, Ausbilderin oder Ausbilder oder auch durch den möglichen Rückgriff auf eine Betreuerin oder einen Betreuer gewährleistet werden. Ein Festhalten an einer Abschlussprüfung ist nicht nötig; es sollte allerdings ein Nachweis über die erworbenen Qualifikationen, zum Beispiel in Form eines Zeugnisses, geführt werden können. Die Tätigkeit muss darüber hinaus auch zur Berufsqualifikation ausgeübt werden. Notwendig ist also die subjektive Zielrichtung. Diese ermöglicht die Abgrenzung zu Freizeitbeschäftigungen und Hobbys.

(3) Einbeziehung von Engagement in den Schutzbereich

Für die Einbeziehung von bürgerschaftlichem Engagement in den Schutzbereich der Berufsausbildungsfreiheit des Art. 12 Abs. 1 GG kommt es also darauf an, ob eine organisatorische Einbindung und ein Mindestmaß an Betreuung gewährleistet sind, die erworbene Qualifikation nachgewiesen werden kann und das Engagement zumindest auch ausgeübt wird, um sich für eine bestimmte Berufstätigkeit zu qualifizieren.

Soweit bürgerschaftliches Engagement neben einer Hauptbeschäftigung statt findet, hat es regelmäßig die Qualität eines Hobbys und soll einen Ausgleich zur eigentlichen Berufstätigkeit ermöglichen. Bei den Fähigkeiten, die hier erworben werden, handelt es sich häufig um sogenannte „soft skills“, also weiche Qualifikationen, wie etwa soziale Kompetenz und Teamfähigkeit. Die Bedeutung dieser neben der eigentlichen Ausbildung und Berufstätigkeit erarbeiteten Fähigkeiten bei der Suche nach einer Arbeitsstelle oder bei dem Bemühen um berufliche Weiterentwicklung ist nicht geklärt. Inwieweit sie tatsächlich eine Rolle spielen, wird unterschiedlich bewertet. Sie qualifizieren auch nicht für eine bestimmte Berufstätigkeit, sondern wirken in erster Linie allgemein persönlichkeitsbildend. Für eine Einbeziehung in den Schutzbereich ist der Erwerb von „soft skills“ bei hobbymäßiger Betätigung nicht ausreichend. Darüber hinaus ist die berufliche Qualifizierung in den meisten Fällen kein Motiv bei der Aufnahme der Tätigkeit. Sie sollen vielmehr häufig gerade einen Ausgleich zur Hauptbeschäftigung bilden. Engagement neben einer Hauptbeschäftigung ist also in den meisten Fällen weder objektiv geeignet, die Berufschancen zu verbessern, noch wird es mit dieser Intention ausgeübt. Daher kommt eine Einbeziehung in den Schutzbereich der Berufsausbildungsfreiheit für den überwiegenden Teil dieses Engagements nicht in Betracht.

Es kann allerdings Ausnahmen geben, die sich an den obengenannten Voraussetzungen messen lassen müssen. In Betracht kommt hier etwa die Übernahme von Vorstandsfunktionen im Verein oder die Übernahme eines kommunalen Ehrenamts. Hier können z. B. juristische oder kaufmännische und administrative Kompetenzen für die Ausübung des Amtes notwendig sein, die spätestens mit Übernahme der Aufgaben erworben werden müssen und für den beruflichen Aufstieg eine wichtige Voraussetzung sein können. So wird zum Beispiel für hauptamtliche Bürgermeister nach § 57 III 2 GO SH Eignung, Befähigung, Sachkunde gefordert. Diese kann durch ehrenamtliche Tätigkeit in der Gemeinde erworben werden.

Bürgerschaftliches Engagement anstelle einer Erwerbstätigkeit ist zumindest in den obengenannten Fällen geeignet, (Weiter)Qualifikationen im jeweiligen Arbeitsbereich zu erwerben. Es wird häufig in den Bereichen übernommen, in denen die formale Qualifikation – eine erfolgreich absolvierte Ausbildung oder ein Studium – für den Eintritt in den Ersten Arbeitsmarkt nicht ausreicht, sondern zudem Praxiserfahrung verlangt wird. Dieses Engagement ist in seiner Struktur einem Arbeits- oder auch einem Ausbildungsverhältnis angenähert. Zwar geschieht es grundsätzlich nicht in besonderen Ausbildungseinrichtungen, es ist aber in betriebliche bzw. organisatorische Abläufe eingebunden. Die Möglichkeit der Rücksprache mit einem oder einer Betreuer/in und die Bereitschaft zur Bestätigung der erworbenen Qualifikationen vorausgesetzt, erfüllt dies die objektiven Voraussetzungen für eine Einbeziehung in den Schutzbereich. Es wird im Regelfall gerade übernommen, um sich für eine bestimmte Berufstätigkeit zu qualifizieren und erfüllt daher auch die subjektive Voraussetzung für die Einbeziehung in den Schutzbereich.

(4) Ergebnis

Art. 12 Abs. 1 GG zufolge wird „die freie Wahl der Berufsausbildungsstätte" geschützt. Bürgerschaftliches Engagement kann die Voraussetzungen für die Einbeziehung in den Schutzbereich der Berufsausbildungsfreiheit des Art. 12 Abs. 1 GG erfüllen. Dies gilt in der Regel für solches bürgerschaftliche Engagement, das anstelle einer Berufstätigkeit mit der Intention übernommen wird, durch die freiwillige Tätigkeit einen Zugang zum entsprechenden Berufsfeld zu bekommen. Bürgerschaftliches Engagement im Sinne eines Hobbys wird seltener vom Schutzbereich der Berufsausbildungsfreiheit umfasst; auch hier kann eine Einbeziehung jedoch möglich sein.

d) Ergebnis

Das Verhältnis von beruflicher und freiwilliger Tätigkeit verändert sich. Diskontinuierliche Erwerbsbiographien nehmen zu. Erwerbstätigkeit wechselt sich nicht nur mit Zeiten der Erwerbslosigkeit und Selbständigkeit ab, sondern auch mit Tätigkeiten, durch die eine (Weiter)Qualifikation erreicht werden soll. Diese sind häufig als bürgerschaftliches Engagement ausgestaltet. Vor diesem Hintergrund ist das Verhältnis von Berufsfreiheit und bürgerschaftlichem Engagement zu betrachten.

Für das Gros des bürgerschaftlichen Engagements ist ein Schutz durch Art. 12 Abs. 1 GG abzulehnen. Oft erfüllt Engagement die für eine Einbeziehung in den Schutzbereich der Berufsfreiheit notwendige Voraussetzung der Dauerhaftigkeit nicht. Zudem ist bürgerschaftliches Engagement nicht zur Schaffung und Erhaltung der Lebensgrundlage geeignet, soweit die finanzielle Anerkennung auf den Ersatz getätigter Aufwendung beschränkt ist. Selbst wenn diese Voraussetzungen erfüllt sind, fehlt es weit überwiegend daran, dass die Tätigkeit auch mit der Intention ausgeübt wird, durch sie den Lebensunterhalt zu schaffen oder zu erhalten. Gerade dies ist aber eine notwendige Voraussetzung für die Einbeziehung in den Schutzbereich der Berufsfreiheit gemäß Art. 12 Abs. 1 GG.
Eine Einbeziehung in den Schutzbereich der Berufsausbildungsfreiheit kommt für eine Tätigkeit, die neben einer Hauptbeschäftigung übernommen wird, regelmäßig nicht in Betracht, da sie die Qualität eines Hobbys hat. Bürgerschaftliches Engagement zur Weiterqualifikation anstelle einer Erwerbstätigkeit kann in bestimmten Fällen durch die Berufsausbildungsfreiheit des Art. 12 Abs. 1 GG geschützt sein.

7. Art. 2 GG, Allgemeine Handlungsfreiheit

a) Schutz bürgerschaftlichen Engagements durch Art. 2 Abs. 1 GG

Engagement, soweit es nicht bereits von einem spezielleren Grundrecht umfasst ist, fällt in den Schutzbereich des Art. 2 Abs. 1 GG. Art. 2 Abs. 1 GG bestimmt:

„Jeder hat das Recht auf die freie Entfaltung seiner Persönlichkeit, soweit er nicht die Rechte anderer verletzt und nicht gegen die verfassungsmäßige Ordnung oder das Sittengesetz verstößt." Aus der systematischen Stellung des Grundrechts direkt nach der Menschenwürde ergibt sich, dass es sich um eine grundlegende Wertentscheidung des Verfassungsrechts handelt.[1087] Art. 2 Abs. 1 GG ist ein Menschenrecht und schützt ohne Ansehen der Staatsangehörigkeit.

(1) Art. 2 Abs. 1 GG als Auffanggrundrecht

Im Anschluss an das Elfes-Urteil des Bundesverfassungsgerichts[1088] wird Art. 2 Abs. 1 GG zurecht überwiegend im Sinne einer umfassenden Gewährleistung der Handlungsfreiheit interpretiert[1089] und als Auffanggrundrecht verstanden, das wegen seines allumfassenden Charakters für neue Formen der Entfaltung offen ist.[1090]

Die Persönlichkeitskerntheorie, der zufolge nur diejenigen Handlungen in den Schutz des Art. 2 Abs. 1 GG gehören, die der „Entfaltung der menschlichen Wesensanlage als geistig sittliche Person" dienen und in der die Entfaltung allein im Sinne der christlich-abendländischen Kulturauffassung[1091] bzw. in sittlich-ethischer Hinsicht[1092] verstanden werden sollte, hat sich genauso wenig durchgesetzt wie die Position, die Handlungsfreiheit solle nur bis zum Schutzniveau der speziellen Grundrechte und bei vergleichbarer Relevanz durch Art. 2 Abs. 1 GG geschützt sein.[1093]

Für eine weite Auslegung des Art. 2 Abs. 1 GG spricht die hohe verfassungsgerichtliche Kontrolldichte und die Entstehungsgeschichte. Es waren nicht rechtliche, sondern sprachliche Gründe, die den Gesetzgeber bewogen haben, die ursprüngliche Fassung „Jeder kann tun und lassen, was er will" durch die jetzige Fassung zu ersetzen.[1094] Art. 2 Abs. 2 des Herrenchiemsee-Entwurfes lautete: „Jedermann hat die Freiheit, innerhalb der Schranken der Rechtsordnung und

---

1087 Erichsen, HBStR VI, § 152, Rn. 9.
1088 BVerfGE 6, 32, 36.
1089 Erichsen, HBStR VI, § 152, Rn. 13 m.w.N. in Fn.46.
1090 Erichsen, HBStR VI, § 152, Rn. 13.
1091 Peters, S. 49.
1092 Klein in von Mangoldt/Klein (Hrsg.) 1957, Art. 2 Anm. III 6c; zitiert nach Erichsen Jura 1987, S. 367, 369.
1093 Abw. Meinung Richter Grimm, BVerfGE 80, 137, 164 ff.
1094 BVerGE 6, 32, 36f. mit Hinweis auf von Mangoldt, Parlamentarischer Rat, 42. Sitzung des Hauptausschusses S. 533.

der guten Sitten alles zu tun, was anderen nicht schadet.[1095] Eine inhaltliche Festlegung, wie sie die Persönlichkeitskerntheorie beinhaltete, lässt sich weder aus der Entstehungsgeschichte, noch aus Systematik, Wortlaut oder Sinn und Zweck entnehmen.[1096] Aber auch eine Beschränkung auf ein Tun, das eine gesteigerte Relevanz für die Persönlichkeitsentfaltung aufweist,[1097] lässt sich nicht in Art. 2 Abs. 1 GG wiederfinden. Diese wird auch bei anderen, spezielleren Grundrechten nicht verlangt.[1098] Eine Ausgrenzung des „Banalen“ setzt zudem positive Vorstellungen darüber voraus, was die Inhalte einer angemessenen Persönlichkeitsentfaltung sind, und würde so wieder zur Persönlichkeitskerntheorie zurück führen.[1099]

Das in Art. 2 Abs. 1 GG geschützte Recht umfasst demnach jegliches menschliche Handeln. Dies wird auch als „allgemeine Handlungsfreiheit“ oder als „allgemeines Freiheitsrecht“ bezeichnet.[1100] Die allgemeine Handlungsfreiheit des Art. 2 Abs. 1 GG ist gegenüber anderen Freiheitsrechten subsidiär.[1101]

(2) Art. 2 Abs. 1 GG als „Grundrecht der freien karitativen Betätigung“

Die in Art. 2 Abs. 1 GG geschützte Handlungsfreiheit schließt daher den Tatbestand des Helfens ein und wurde vom Bundesverfassungsgericht sogar als „Grundrecht der freien karitativen Betätigung bezeichnet.[1102] Dieses Grundrecht der freien karitativen Betätigung ist zunächst einmal individualschützend. Unentgeltliches, gemeinwohlorientiertes und freiwilliges Handeln ist durch die allgemeine Handlungsfreiheit des Art. 2 Abs. 1 GG geschützt, soweit keine speziellere Regelung diesem Grundrecht vorgeht. Der größte Teil bürgerschaftlichen Engagements ist daher von Art. 2 Abs. 1 GG umfasst.
Eine wichtige Ausnahme bilden demgegenüber die Engagementformen, denen Art. 12 Abs. 1 GG oder Art. 9 GG Schutz gewähren. Allerdings gilt für die Tätigkeit in den Vereinen, dass sie regelmäßig nicht über Art. 9 GG, sondern über Art. 2 Abs. 1 GG geschützt sind. Der Schutz des Art. 9 GG umfasst nicht den eigentlichen Vereinszweck, sondern die Art und Weise der Organisation. Art. 19 Abs. 3 GG erweitert die Garantie um die Freiheit zur verbandlichen Ausübung

---

[1095] Vgl. Kube, JuS 2003, S. 111.
[1096] Kube, JuS 2003, S. 111.
[1097] Abw. Meinung Richter Grimm, BVerfGE 80, 137, 164 ff.
[1098] Vgl. etwa BVerfGE 101, 361, 389; hier hing ein Schutz nicht von der Eigenart oder dem Niveau des Presseerzeugnisses ab.
[1099] So richtig Kube, JuS 2003, S. 111, 112.
[1100] BVerfGE 6, 32, 37 (Elfes).
[1101] BVerfGE 67, 157, 171; 83, 182, 194; 89, 1, 13.
[1102] BVerfGE 20, 150, 159.

der Wohlfahrtspflege.[1103] Der Träger des Grundrechts kann die Aufgaben, die er erfüllen will, autonom bestimmen; er verfügt über die Aufgabendefinitionskompetenz.[1104] Das Grundrecht der allgemeinen Handlungsfreiheit schützt auch die Teilnahme eines Unternehmens am wirtschaftlichen Verkehr und Wettbewerb,[1105] und auf die Wettbewerbsfreiheit können sich grundsätzlich auch freie soziale Einrichtungen berufen. Allerdings ist die Bedeutung von Art. 2 Abs. 1 GG für den Schutz der wirtschaftlichen Betätigungsfreiheit gering, da Art. 12 Abs. 1 GG regelmäßig das speziellere Grundrecht ist.[1106] Sollte eine Organisation allerdings aufgrund ihrer Struktur nicht in den Schutzbereich des Art. 12 Abs. 1 GG fallen, kommt subsidiär die Anwendung von Art. 2 Abs. 1 GG in Betracht.

(3) Begrenzung durch die Schrankentrias des Art. 2 Abs. 1 GG, insbesondere die verfassungsmäßige Ordnung

Eingriffe in den Schutzbereich der allgemeinen Handlungsfreiheit sind häufig gerechtfertigt, denn diese reicht nur so weit, als durch sie nicht die Rechte anderer verletzt werden und nicht gegen die verfassungsmäßige Ordnung oder das Sittengesetz verstoßen wird (Schrankentrias des Art. 2 Abs. 1 GG).

Dabei ist die „verfassungsmäßigen Ordnung“ die wichtigste Schranke. Dieser Begriff wird, anders als in anderen Regelungen des Grundgesetzes (etwa Art. 9 Abs. 2, Art. 18 S. 2, Art. 20 Abs. 3, Art. 21 Abs. 2 GG) entsprechend der Entstehungsgeschichte als verfassungsmäßige Rechtsordnung verstanden, d. h. als Gesamtheit der Normen, die formell und materiell verfassungsmäßig sind.“[1107] Die Klausel stellt daher einen Gesetzes- bzw. Rechtsvorbehalt dar und vermag Eingriffe in das Grundrecht zu rechtfertigen. Der Vorbehalt der „Rechte anderer“ geht als Summe der subjektiven Rechte[1108] in der oben dargestellten Interpretation der verfassungsmäßigen Ordnung auf.[1109] Auch die dritte Schranke der Handlungsfreiheit, das Sittengesetz, ist ohne praktische Bedeutung,[1110] Es wird im Sinne „allgemein anerkannter Wertvorstellungen unserer Rechtsgemeinschaft“[1111] bzw. der guten Sitten und Treu und Glauben[1112] verstanden. Beim

---

[1103] Neumann, S. 10.
[1104] Neumann, S. 10.
[1105] BVerfGE 8, 274, 328; 25, 371, 407; 50, 290, 366; BVerwG DVBl. 1982, 692, 694; BSGE 27, 43, 46.
[1106] Neumann S. 10.
[1107] BVerfGE 6, 32, 37; 80, 137, 153; 90, 145, 172.
[1108] Pieroth/Schlink, Rn. 385.
[1109] Jarass/Pieroth, Art. 2, Rn. 18.
[1110] Jarass/Pieroth, Art. 2, Rn. 19.
[1111] BVerfGE 6, 389, 435.

heutigen Grad der Durchnormiertheit aller Lebensbereiche ist dies nur für diejenigen Wertvorstellungen anzunehmen, die in einer Rechtsnorm Niederschlag gefunden haben,[1113] namentlich §§ 138, 242, 826 BGB. Bei der Prüfung der Verhältnismäßigkeit einer Maßnahme kommen den Rechten anderer jedoch ebenso wie dem „Sittengesetz" besondere Bedeutung zu: Je deutlicher Beschränkungen die Rechte anderer wahren oder Kerngehalte gesellschaftlicher Sozialmoral zur Geltung bringen, desto eher sollen sie zulässig sein.[1114]

(4) Ergebnis

Art. 2 Abs. 1 GG hat einen weiten Schutzbereich, so dass bürgerschaftliches Engagement, soweit es nicht bereits durch speziellere Grundrechte geschützt ist, durch die allgemeine Handlungsfreiheit des Art. 2 Abs. 1 GG umfasst wird. Das Bundesverfassungsgericht hat die allgemeine Handlungsfreiheit mit Blick auf soziale Arbeit auch als „Grundrecht der karitativen Betätigung" bezeichnet. Der weite Schutzbereich des Art. 2 Abs. 1 GG korrespondiert mit weitgefassten Schranken. Die wichtigste besteht in derjenigen der „verfassungsmäßigen Ordnung" als Summe aller verfassungsgemäßen Normen.

b) Verfassungsmäßigkeit des Verbots unentgeltlicher Rechtsberatung?

Bürgerschaftliches Engagement ist vielfältig und besteht nicht zuletzt darin, anderen mit Rat und Tat beiseite zu stehen, erbetene Hilfe nicht zu versagen und Unterstützung zu leisten, wo sie gebraucht wird. Soweit diese Unterstützung jedoch darin besteht, sich rechtlicher Fragen und Problemstellungen anzunehmen, stellt dies einen Verstoß gegen das Rechtsberatungsgesetz dar. Das RBerG bestimmt die grundsätzliche Unzulässigkeit von Rechtsberatung, die nicht durch einen Anwalt oder eine Anwältin durchgeführt wird. Dies gilt sowohl für die entgeltliche, als auch für die unentgeltliche Rechtsberatung.

Unentgeltliche Beratung ist zwar häufig Beratung für Familie und Freunde. Insoweit spielt sie im Rahmen dieser Arbeit keine Rolle. Geht sie über diesen Kreis hinaus, stellt sie als freiwillige und unentgeltliche Betätigung – Gemeinwohlorientierung vorausgesetzt – bürgerschaftliches Engagement dar. Die Zulässigkeit eines Verbots dieser Rechtsberatung, die sich als bürgerschaftliches Engagement darstellt, ist grundsätzlich an Art. 2 Abs. 1 GG zu messen. Ausnahmen gelten insbesondere für Rechtsanwältinnen und Rechtsanwälte, da sich

---

[1112] Pieroth/Schlink, Rn. 388.
[1113] Degenhart, JuS 1990, 161, 164.
[1114] Kube, JuS 2003, S. 111, 113.

die Zulässigkeit unentgeltlicher Rechtsberatung bei den Anwältinnen und Anwälten nach der BRAO bestimmt, und für kirchlich angebundene Rechtsberatung. Abgesehen von den Sonderregelungen für die Anwaltschaft macht der Gesetzgeber keinen Unterschied zwischen den verschiedenen Personen, die unentgeltlich rechtsberatend tätig sind. Insbesondere gibt es keine Sonderregelungen für juristisch ausgebildete Engagierte.

Während die Rechtsmäßigkeit des Verbots entgeltlicher Rechtsberatung für nicht als Anwälte zugelassene Personen zunehmend für nicht europarechtskonform gehalten wird,[1115] wurde das Verbot unentgeltlicher Rechtsberatung bisher nur selten thematisiert.[1116] Inzwischen kommt jedoch auch in den Bereich der unentgeltlichen Rechtsberatung Bewegung.[1117] So wird eine Neugestaltung des Rechtsberatungsgesetzes zur Zeit auf der Grundlage eines Referentenentwurfs des Bundesministeriums der Justiz[1118] diskutiert. Auch der Deutsche Anwaltverein hat in seinem Entwurf vom 11. Februar 2004 Stellung bezogen.[1119] Beim 65. Deutschen Juristentag 2004 in Bonn wurde zwei Gutachten zu diesem Thema vorgestellt.[1120] In den Beschlüssen des Deutschen Juristentages Bonn 2004 wurde dieses Thema umfassend behandelt.[1121] In diesen Entwürfen werden auch die bisher geltenden Regelungen zur unentgeltlichen Rechtsberatung einer Bewertung unterzogen und Vorschläge für eine Neuregelung gemacht.

Das Bundesverfassungsgericht hat zwar 2004 in einer lang erwarteten Entscheidung das Rechtsberatungsgesetz im Hinblick auf die unentgeltliche Rechtsberatung als noch verfassungskonform angesehen. Diese Entscheidung begegnet jedoch Bedenken. Sollte das Rechtsberatungsgesetz sich im Hinblick auf das Verbot der unentgeltlichen Rechtsberatung als verfassungswidrig erweisen, wäre eine Neuregelung nicht nur sinnvoll, sondern sogar notwendig.

Zunächst wird daher untersucht, ob die Regelung der unentgeltlichen Rechtsberatung verfassungsgemäß ist. Die Entscheidung des Bundesverfassungsgerichts wird dann vor diesem Hintergrund analysiert und bewert, bevor die vorgeschla-

---

1115 Lehmann, NJ 2000, S. 337ff.

1116 Kritisch zu dieser Tabuisierung vgl. etwa Kleine-Cosack, NJW 2000, S. 1593.

1117 Die Auseinandersetzung wird auch von Gegnern einer weitergehenden Zulässigkeit unentgeltlicher Rechtsberatung durchaus emotional geführt, Prütting, G 46f.

1118 Abrufbar unter http://www.bmj.de/media/archive/746.pdf

1119 Vorschlag des Deutschen Anwaltvereins zur Neugestaltung des Rechtsberatungsgesetzes, abrufbar unter http://www.anwaltverein.de/01/depesche/texte04/vorschlag.pdf.

1120 Prütting/Rotthleuthner: Rechtsberatung zwischen Deregulierung und Verbraucherschutz, Gutachten G und H für den 65. Deutschen Juristentag.

1121 NJW 2004, S. 3251.

genen Neuregelungen auf ihren Gehalt in Bezug auf die Regelung der unentgeltlichen Rechtsberatung untersucht werden.

(1) Verbot unentgeltlicher Rechtsberatung durch das Rechtsberatungsgesetz

(a) Regelungen des Rechtsberatungsgesetzes

Die maßgebliche Regelung für das Verbot unentgeltlicher Rechtsberatung findet sich gleich zu Beginn des Rechtsberatungsgesetzes. Das Rechtsberatungsgesetz verbietet alle Formen der Rechtsberatung, ob entgeltlich oder unentgeltlich, soweit sie nicht durch einen zugelassenen Anwalt oder eine zugelassene Anwältin durchgeführt werden. Eine Ausnahme gilt nur für diejenigen Tätigkeiten, für die nach Maßgabe des Rechtsberatungsgesetzes eine Erlaubnis erteilt wurde. Eine solche Erlaubnis wird seit 1980 nur noch für die in Art. 1 § 1 S. 2 Ziff. 1- 6 RBerG aufgeführten Berufe erteilt, wie etwa für Versicherungsberater und Frachtprüfer.[1122] Wer zu dieser Personengruppe gehört, bedarf einer behördlichen Erlaubnis für die Durchführung der Rechtsberatung. Für alle anderen ist diese ganz verboten, unabhängig davon, ob die Tätigkeit haupt- oder nebenberuflich oder entgeltlich oder unentgeltlich übernommen wird, wie Art. 1 § 1 Abs. 1 ausdrücklich festlegt. Für unentgeltliche Tätigkeiten gibt es im Rechtsberatungsgesetz also keine Ausnahmeregelungen.

Die ausgenommenen Personengruppen, die neben der Anwaltschaft und wenigen anderen wie Behörden und Notaren, Art. 1 § 3 RBerG, tätig werden dürfen, spielen für die Untersuchung des bürgerschaftlichen Engagements überwiegend keine Rolle. Zu ihnen zählen Personen, die ihre Aufgaben regelmäßig gegen Entgelt übernehmen.

Die Besorgung fremder Rechtsangelegenheiten im Sinne des Art. 1 § 1 RBerG ist jede Tätigkeit, die auf die unmittelbare Förderung konkreter fremder Rechtsangelegenheiten gerichtet ist, ohne Rücksicht auf den Schwierigkeitsgrad.[1123] Die Auslegung der Voraussetzungen ist dabei sehr streng. So ist zwar die bloße Bekanntgabe eigenen Wissens über das Bestehen und Nichtbestehen von Rechten noch keine Rechtsbesorgung. Ausreichend ist aber schon der Wille des Auskunftsgebenden, durch die Bekanntgabe des Wissens eine Rechtsangelegenheit des anderen konkret zu fördern.[1124] Dazu gehört nicht nur die unmittelbare Wahrnehmung fremder Rechte Dritten gegenüber (z. B. gegenüber Gerichten

[1122] Rasehorn, DRiZ 2000, S. 442.
[1123] BGH NJW 1989, S. 2125; NJW 1987, 3003, 3004.
[1124] Rennen/Caliebe, Art.1 § 1 RBerG, Rn. 35.

oder Behörden), sondern schon die Raterteilung oder das Verfassen von Schriftsätzen.[1125]

Unzulässig ist nur eine geschäftsmäßige Beratung. Dies klingt zunächst, als sei eine unentgeltliche Beratung, die nicht ständig geleistet wird, nicht einbezogen. Aber auch hier ist der Maßstab sehr streng. Geschäftsmäßigkeit im Sinne des Rechtsberatungsgesetzes wird regelmäßig schon bei einer einmaligen Rechtsberatung angenommen. Sie liegt schon vor, wenn mit Wiederholungen gerechnet werden kann.[1126] Das ist bereits dann der Fall, wenn die rechtsberatende Person erklärt, sie werde auch künftig anderen raten, wenn diese sich an sie wenden.[1127] Eine tatsächliche Wiederholung ist nicht notwendig.[1128] Andererseits soll aber ausnahmsweise nicht geschäftsmäßig handeln, wer nur gelegentlich aus Gefälligkeit unter besonderen Umständen (verwandtschaftliche oder freundschaftliche Beziehungen) einen Rechtsrat erteilt.[1129] Diese Ausnahme ist für die Frage nach der Behandlung von bürgerschaftlichem Engagement aber zumeist nicht einschlägig, da hier häufig nicht nur gelegentlich geraten wird, sich die Hilfe meist nicht auf einen Ratschlag beschränkt und im Übrigen auch nicht nur Freunden und Verwandten erteilt wird.

Die Tätigkeit muss selbständig ausgeführt werden.[1130] Eine Gewinnerzielungsabsicht, wie sie in der gewerberechtlichen Vorgängerregelung vorgesehen war, ist nicht mehr notwendig.[1131] Damit ist auch unentgeltliche Rechtsberatung i. S. d. bürgerschaftlichen Engagements von dem Verbot umfasst: Das OLG Stuttgart stellte sogar explizit fest, dass geschäftsmäßige rechtsberatende Tätigkeit, auch wenn sie nur aus Liebhaberei, Nächstenliebe oder sozialem Engagement betrieben wird, verboten sei.[1132] Für diese Rechtsberatung kann auch keine Erlaubnis erteilt werden, da für eine Erlaubnis die berufsmäßige Ausübung der Tätigkeit notwendige Voraussetzung ist, und soweit die Beratung unentgeltlich erfolgt, Berufsmäßigkeit so gut wie nie vorliegt.[1133] Insofern ist bürgerschaftliches Engagement noch schlechter gestellt als berufsmäßig ausgeübte Rechtsberatung.

[1125] Rennen/Caliebe, Art.1 § 1 RBerG, Rn. 34.

[1126] Rasehorn, DRiZ 2000, S. 442.

[1127] Diese – herrschende – Ansicht geht zurück auf die Rechtsprechung des Reichsgerichts von 1938, RGSt 72, 313, 315, und wurde nach 1945 übernommen, Rasehorn, DRiZ 2000, S. 442; BVerwG NJW 1988, S. 220; OVG Koblenz NJW 1988, 2555, 2557; Rennen/Caliebe, Art.1 § 1 RBerG, Rn. 56 m.w.N.

[1128] BVerwG NJW 1988, 220; OVG Münster NJW 1979, 2165.

[1129] BGH WM 1985, 1214, 1215 und NJW 1952, 315.

[1130] Rennen/Caliebe, Art. 1 § 1 RBerG, Rn. 56.

[1131] Rennen/Caliebe, Art.1 § 1 RBerG, Rn. 56.

[1132] Vgl. dazu OLG Stuttgart, NStZ 1989, S. 274.

[1133] Rennen/Caliebe, Art. 1 § 1 RBerG, Rn. 69.

Art. 1 § 1, 8 Abs. 2 RBerG sieht die Möglichkeit von Geldbußen bis zu € 5000 für diejenigen vor, die gegen das Verbot verstoßen, indem sie andere geschäftsmäßig beraten oder sonst fremde Rechtsangelegenheiten ohne Erlaubnis besorgen. Diese Bußen treffen häufig Personen oder Organisationen, deren Beratung sich als bürgerschaftliches Engagement darstellt, nämlich „Mitglieder von amnesty international, von Pro Asyl, Mitarbeiter des Caritas-Verbandes und anderer Wohlfahrtsverbände, die sich zum Fürsprecher von Flüchtlingen oder anderen Hilfsbedürftigen machen, Pfarrer, die Abschiebehäftlingen rechtlichen Beistand leisten; Sozialarbeiter, die ihre vom Sozialamt mitunter durch unrichtige Auskünfte zur Anspruchslage abgefertigten Schützlinge aufklären; Bürgerproteste zugunsten Obdachloser...“.[1134] Die Gemeinwohlorientierung der unentgeltlichen Rechtsberatung ergibt sich hier in erster Linie aus der auf sozial Schwache ausgerichteten Beratung. Durchgeführt wird sie durch Einzelpersonen oder Nichtregierungsorganisationen (NROs). Die Rechtsberatung für Flüchtlinge ist ein wichtiger Teil der Arbeit von NROs wie amnesty international oder Pro Asyl, aber auch dem Caritas Verband.[1135]

Im Rahmen dieser Arbeit geht es gerade um solche Rechtsberatung, die nicht nur unentgeltlich ist, sondern auch durch ihre Gemeinwohlorientierung und Freiwilligkeit bürgerschaftliches Engagement darstellt und die Frage danach, ob die Regelungen des Rechtsberatungsgesetzes, in denen eine derartige unentgeltliche Rechtsberatung untersagt wird, verfassungsgemäß sind.

(b) Eingriff in den Schutzbereich des Art. 2 Abs. 1 GG

Die Untersagung unentgeltlicher Beratung durch eine Volljuristin oder eine Volljuristen, die nicht anwaltlich tätig sind, könnte zunächst an Art. 12 Abs. 1 GG zu messen sein. Allerdings ist für diesen Bereich juristischer Tätigkeit gerade maßgeblich, dass er unentgeltlich erfolgt. Er ist auch – anders als bei Anwältinnen und Anwälten – nicht Teil der eigentlichen beruflichen Tätigkeit.[1136] Damit scheidet Art. 12 Abs. 1 GG als Maßstab für die Prüfung der Verfassungsmäßigkeit aus. Für andere rechtskundige Personen stellt die Rechtsberatung aufgrund ihrer Unentgeltlichkeit auch keine Berufstätigkeit im Sinne des Art. 12 Abs. 1 GG dar. Andere spezielle Grundrechte, die dem Art. 2 Abs. 1 GG als subsidiärem Recht vorgehen würden, sind ebenfalls nicht betroffen.

1134 Rasehorn, DRiZ 2000, S. 442, 443; vgl. zum Ganzen auch Kramer.
1135 Pressemitteilung der Caritas für das Bistum Essen vom 5.2.2004.
1136 Vgl. dazu D II 6 b (4) (c).

Als natürliche Personen sind sowohl Volljuristinnen und Volljuristen, die nicht als Anwälte zugelassen sind, als auch sonstige rechtskundige Personen vom persönlichen Schutzbereich des Art. 2 Abs. 1 GG umfasst. In den sachlichen Schutzbereich des Art. 2 Abs. 1 GG fällt jedes Tun und Unterlassen, soweit es nicht in den Schutzbereich eines anderen Grundrechts fällt.[1137] Damit unterfällt auch die unentgeltliche Rechtsberatung dem Schutzbereich des Art. 2 Abs. 1 GG. Der durch das allgemeine Freiheitsgrundrecht vermittelte Schutz ist nicht so schwach, wie es im ersten Augenblick angesichts seines weiten Gesetzesvorbehalts erscheint.[1138] Sieht man in Art. 2 Abs. 1 GG ein grundlegendes Strukturprinzip der Verfassung, das für die gesamte Rechtsordnung normative Geltungskraft besitzt und einen verbindlichen Verwirklichungsauftrag enthält, dann folgt daraus die Pflicht des Staates, bestehende individuelle Freiheitsräume auch dann soweit wie möglich aufrecht zu erhalten, wenn sie nicht durch eine spezielles Gesetz geschützt sind.[1139] Art. 2 Abs. 1 GG ist nicht nur bloßes Gesetzmäßigkeitsprinzip; in seinem Fall genießt Freiheitswahrung grundsätzlich Vorrang vor Freiheitsbeschränkung.[1140]

In diesen Schutzbereich müsste durch die Regelungen des Rechtsberatungsgesetzes eingegriffen worden sein. Welche Voraussetzungen an einen Eingriff in den Schutzbereich des Art. 2 Abs. 1 GG geknüpft sind, ist zum Teil umstritten;[1141] hier ist ein Eingriff aber schon nach der – strengen – klassischen Eingriffsdefinition gegeben und der Streit an dieser Stelle nicht relevant: Durch das Rechtsberatungsgesetz wird bis auf wenige Ausnahmetatbestände die Beratung in Rechtsfragen durch Personen, die nicht als Anwältinnen und Anwälte zugelassen sind, untersagt. Dies gilt auch für die unentgeltliche Rechtsberatung. Dadurch wird zielgerichtet und unmittelbar in die allgemeine Handlungsfreiheit derjenigen eingegriffen, die andere unentgeltlich in rechtlichen Fragen beraten wollen und ein Zuwiderhandeln mit Ordnungsgeld belegt. Ein Eingriff liegt also vor.

(c) Rechtfertigung

Wenn das Rechtsberatungsgesetz als verfassungsgemäßes Gesetz Teil der verfassungsmäßigen Ordnung ist, ist die Einschränkung der allgemeinen Handlungsfreiheit derjenigen gerechtfertigt,[1142] die unentgeltliche Rechtsberatung an-

---

[1137] Jarass/Pieroth, Art. 2, Rn. 3.
[1138] Geis, Selbsthilfe, S. 100.
[1139] Geis, Selbsthilfe, S. 100.
[1140] Geis, Selbsthilfe, S. 100.
[1141] Vgl. Nachweise bei Kube, JuS 2003, S. 111, 114.
[1142] Pieroth/Schlink, Rn. 383.

bieten, ohne dass sie als Anwältinnen und Anwälte zugelassen sind. Es ist also zu prüfen, ob die Voraussetzungen für die Verfassungsmäßigkeit des Rechtsberatungsgesetzes gegeben sind. Dafür ist notwendig, dass es für die entsprechenden Regelungen des Rechtsberatungsgesetzes einen sachlichen Grund gibt und dass sie verhältnismäßig sind.
Die erste Bedingung für die Verhältnismäßigkeit ist also, dass es für ein Verbot unentgeltlicher Rechtsberatung für nicht als Anwälte und Anwältinnen zugelassene Personen einen sachlichen Grund gibt. Ein solcher Grund könnte sich aus der Gesetzesbegründung des Rechtsberatungsgesetzes entnehmen lassen. Das Rechtsberatungsgesetz wurde 1935 verabschiedet. Es sollte der Gesetzesbegründung zufolge dem Schutz Rechtssuchender vor unzulänglicher Rechtsberatung, der Leistungsfähigkeit der Anwaltschaft und der Sicherung der Reibungslosigkeit von Verwaltung und Rechtspflege dienen.[1143]

(i) Schutz vor unzulänglicher Rechtsberatung

Der Schutz der Bürgerinnen und Bürger vor unzulänglicher Rechtsberatung ist ein legitimer Zweck für das grundsätzliche Verbot unentgeltlicher Rechtsberatung. Das Rechtsberatungsgesetz unterscheidet allerdings nicht zwischen Volljuristinnen und Volljuristen und sonstigen Personen, § 1 Abs. 1 S. 1 RBerG.
Ob das Verbot unentgeltlicher Rechtsberatung durch andere als Anwälte und Anwältinnen auch geeignet ist, diesen Zweck zu fördern, ist fraglich. Auch Anwälte und Anwältinnen können falsch oder unzulänglich beraten. Das Verbot unentgeltlicher Rechtsberatung durch Volljuristinnen und Volljuristen, die nicht anwaltlich zugelassen sind, ist daher nicht unbedingt geeignet, den Schutz vor unzulänglicher Rechtsberatung zu verbessern. Zumindest für die Gruppe der gemäß § 5 DRiG zum Richteramt zugelassenen Juristinnen und Juristen gilt, dass die Gefahr unzulänglicher Rechtsberatung jedenfalls nicht stärker ausgeprägt ist als bei einer anwaltlichen Konsultation. Daher wird zumindest in Bezug auf diese Gruppe zunehmend eine Aufhebung des Verbots der unentgeltlichen Rechtsberatung befürwortet.[1144]

Es werden durch das Rechtsberatungsgesetz allerdings auch alle anderen von der Rechtsberatung ausgeschlossen. Dazu gehören u.a. auch Personen, die sich in bestimmten Bereichen aufgrund ihrer beruflichen oder sonstigen Erfahrungen

---

[1143] Tatsächlich war es zumindest auch darauf ausgerichtet, jüdischen Anwälten, denen die Zulassung entzogen worden war, das Ausweichen in die Rechtsberatung zu versperren. So enthielten die §§ 5, 11 Abs. 2 der 1. AVO einen Ausschluss der Juden von der Rechtsberatung. Zum Streit um die Bedeutung der nationalsozialistischen Wurzeln des Gesetzes vgl. einerseits Kramer, S. 527ff., andererseits Prütting, G 30f.

[1144] So auch Prütting, G 48; diesen Personen sollten demnach allerdings die maßgeblichen Berufspflichten der Rechtsanwälte auferlegt werden.

rechtliches Fachwissen angeeignet haben und die in der Lage sind, ebenso wie ausgebildete Juristinnen und Juristen Rat zu geben. Hier wird die Gefahr unzulänglicher Rechtsberatung nicht maßgeblich größer sein als bei einer Rechtsberatung durch ausgebildete Juristinnen und Juristen. Allerdings besteht bei nicht Rechtskundigen eine größere Gefahr unzulänglicher Rechtsberatung als bei Anwältinnen und Anwälten.

Es kann dennoch sein, dass ein generelles Verbot unentgeltlicher Rechtsberatung nicht geeignet ist, unzulängliche Rechtsberatung zu vermeiden. Dabei ist zum einen zu bedenken, dass auch bei zugelassenen Rechtsanwältinnen und Rechtsanwälten ein hundertprozentiger Schutz vor unzulänglicher Rechtsberatung nicht besteht. Das Risiko wird nur durch die Verpflichtung zum Abschluss einer Berufshaftpflichtversicherung abgefedert.

Zum anderen muss das gewählte Mittel auch dann als ungeeignet angesehen werden, wenn zwar vordergründig das legitime Ziel erreicht wird, tatsächlich aber ein viel schwerwiegender Eingriff erfolgt, der den bezweckten Schutz faktisch leer laufen lässt. So leuchtet es unmittelbar ein, dass ein Mittel nicht geeignet sein kann, dass das Risiko einer falschen Auskunft zwar minimiert, gleichzeitig jedoch den Weg zur Rechtsberatung überhaupt versperrt. Dies ist aber häufig die Folge, da gerade diejenigen unentgeltliche Rechtsberatung in Anspruch nehmen, für die eine entgeltliche Beratung gerade keine Alternative darstellt, weil sie sich diese nicht leisten können, oder sie diese aufgrund von Schwellenängsten nicht in Anspruch nehmen. Es handelt sich in der Regel um sozial schwache Menschen, insbesondere um Flüchtlinge. Sie auf die entgeltliche Rechtsberatung zu verweisen, hieße möglicherweise, ihnen Hilfe ganz und gar zu entziehen, da es ihnen zum Teil nicht möglich ist, auf andere Beratungsmöglichkeiten auszuweichen.

So gibt es zwar ein Beratungshilfegesetz, in dem der Anspruch auf anwaltliche Beratung und Vertretung im vor- und außergerichtlichen Bereich für Bürgerinnen und Bürger mit geringem Einkommen festgelegt ist. Dieser umfasst seit 1994 auch die bis dahin ausgeschlossenen Teilbereiche des Arbeits- und Sozialrechts,[1145] sowie Zivil-, Verwaltungs- und Verfassungsrecht, § 2 Abs. 2 BerHG. Auch Ausländerinnen und Ausländer können einen Anspruch auf die Gewährung von Beratungshilfe haben. Es ist das Ziel des Beratungshilfegesetzes – wie der Prozesskostenhilfe – sozial schwachen Menschen den Zugang zu qualifizierten Juristinnen und Juristen zu ermöglichen. Das Beratungshilfegesetz ist seiner ganzen Konzeption nach allerdings nur als eine Minimallösung zugunsten

[1145] Gesetz zur Änderung des Beratungshilfegesetzes und anderer Gesetze vom 14.9.1994, BGBl. I, 2323.

der finanziell bedürftigsten Ratsuchenden anzusehen.[1146] Es kann mit seinen Mitteln und Möglichkeiten das Rechtsberatungsdefizit nicht abtragen, sondern allenfalls verringern.[1147]

Die Höhe der Vergütung war bisher sehr niedrig. Dies hat sich durch die Neuregelung der Rechtsanwaltsvergütung 2004 durch das Rechtsanwaltsvergütungsgesetz (RVG) nicht maßgeblich geändert. Das RVG regelt auch Teile der Beratungshilfe neu. Die Neuregelung des § 44 RVG und Nrn. 2601 und 2608 Vergütungsverzeichnis (VV) ersetzen die §§ 131 – 133 BRAGO. § 44 Abs. 1 RVG entspricht inhaltlich dem bisherigen § 131 BRAGO. Das BerHG bleibt, mit Ausnahme von § 8 Abs. 1, der durch Nr. 2600 VV ersetzt wird, in Kraft. Die Beratungsgebühr gemäß Nr. 2601 VV ist mit € 30 nur unwesentlich höher als die bisher in § 132 BRAGO vorgesehenen € 23 und damit so niedrig, dass es lebensfremd ist anzunehmen, die gewährte Beratung entspräche regelmäßig der entgeltlichen Beratung.[1148] Bei der Beratung mehrerer Rechtssuchender erhöht sich die Beratungsgebühr nicht. Das folgt aus Nr. 1008 VV. Die Beratungsgebühr fällt an für eine Beratung. Dabei ist „eine" nicht als Zahlwort, sondern als unbestimmter Artikel anzusehen. Es muss sich um „eine Angelegenheit" im Sinne des § 15 RVG handeln. Im Rahmen dieser Angelegenheit können mehrere Beratungen erfolgen.[1149]

Selbst wenn Beratungshilfe in Anspruch genommen wird, ist es schwierig, überhaupt Anwältinnen oder Anwälte zu finden, die sich für die in diesem Zusammenhang zumeist maßgeblichen sozialrechtlichen Fragestellungen interessieren und hier einen Arbeitsschwerpunkt haben[1150] und die sich engagiert der Anliegen der Betroffenen annehmen.[1151] Das Desinteresse der Rechtsanwaltschaft an der Beratung und Vertretung Mitteloser wird nicht nur auf die geringen Gebührensätze für Sozialrechtsfälle zurück geführt, sondern auch auf die Scheu vor Drogensüchtigen, Wohnungslosen und psychisch Kranken in der eigenen Kanzlei.[1152] Dass die Gewährung von Beratungshilfe für Rechtsanwältinnen und Rechtsanwälte verpflichtend ist und nur aus wichtigem Grund abgelehnt werden

---

[1146] Schoreit/Dehn, BerH, Einleitung, Rn. 4.
[1147] Schoreit/Dehn, BerH, Einleitung, Rn. 6.
[1148] In Hamburg ersetzt die „Öffentliche Rechtsauskunfts- und Vergleichsstelle" die Beratungshilfe auf der Grundlage von § 14 BerHG, in Bremen die Arbeitnehmerkammern. In Berlin besteht zur Zeit noch eine Wahlmöglichkeit zwischen den Rechtsberatungsstellen der Bezirksämter und Beratungshilfe nach dem BerHG, Rottleuthner, H 51.
[1149] Hartung/Römermann, RVG § 44 Rn. 21ff., auch zu den weiteren Besonderheiten im Gebührenrecht im Bereich der Beratungshilfe.
[1150] Vgl. dazu Rottleuthner, H 10, insb. Fn. 6.
[1151] Kramer, S. 527, 530.
[1152] Rotthleuthner, H 54, insb. Fn. 126.

kann, § 49a BRAO, ist einerseits Ausdruck dieser Schwierigkeit, Freiwillige zu finden, die sich solchen Angelegenheiten annehmen, andererseits nicht dazu angetan, dass sich der verpflichtete Anwalt oder die verpflichtete Anwältin über Gebühr einsetzt.

Das Verbot altruistischer Rechtsberatung zum Schutz vor möglicherweise unzulänglicher Rechtsberatung wäre, selbst wenn man die Geeignetheit und Erforderlichkeit annehmen würde, jedenfalls nicht angemessen. Der Eingriff steht außer Verhältnis zum erstrebten Zweck, nämlich dem Schutz des Ratsuchenden vor unzulänglicher Rechtsberatung. Zwar ist die Sicherung eines hohen Qualitätsniveaus und damit der Schutz der Rechtsuchenden grundsätzlich abstrakt höher anzusetzen als die Nutzung des Freiheitsrechts aus Art. 2 Abs. 1 GG. Andererseits ist die ehrenamtliche Tätigkeit als altruistische Verhaltensweise höher zu bewerten als andere Handlungen, die nur der Entfaltung der eigenen Persönlichkeit dienen.

Entscheidend ist aber der Vergleich auf der konkreten Ebene: Das Verbot unentgeltlicher Rechtsberatung verhindert praktisch jede Möglichkeit, im Rahmen des freiwilligen Engagements anderen Menschen rechtsberatend helfen zu können. Demgegenüber wird die Qualität der rechtsberatenden Tätigkeit nicht entscheidend durch das Gesetz geschützt.
Bei dem überwiegenden Teil der Beratenden ist das Risiko unzulänglicher Rechtsberatung nicht größer als bei Anwältinnen und Anwältinnen. Dies liegt zum einen im Qualifikationsprofil derjenigen begründet, die Beratung leisten, da sie zum Teil selbst ausgebildete Juristinnen und Juristen sind, zum Teil Fachleute auf ihrem Gebiet. Das ist auch der Grund, warum sich Rechtssuchende gerade an sie wenden. Gerade im Bereich des Flüchtlingsrechts und des Sozialrechts kann es sogar sinnvoller sein, sich an Menschen zu wenden, die besonderes Wissen in diesen Bereichen haben, als einen Anwalt zu konsultieren, der sich erst in die Materie einarbeiten muss, insbesondere vor dem Hintergrund der niedrigen Vergütung.
Zum anderen ist die Motivation altruistischer Rechtsberatung gerade nicht, dass ein Gewinn aus der Arbeit erzielt wird. Anders als bei Anwältinnen und Anwälten besteht daher nicht die Gefahr, dass bei niedrigen Gebührensätzen, wie sie etwa bei Beratungshilfe und Prozesskostenhilfe anfallen, auch die Beratungsqualität sinkt. Sollten tatsächlich Personen rechtsberatend tätig werden, deren Rechtskenntnisse unzulänglich sind, wird dies wegen der Unentgeltlichkeit der Beratung nicht von großem Schaden sein, da sich die rechtsuchenden Bürgerinnen und Bürger nicht so auf die Auskünfte verlassen werden wie bei der entgeltlichen Beratung durch Anwältinnen und Anwälte. Wer unentgeltlich Rechtsauskunft in Anspruch nimmt, weiß, dass er von einem staatlich nicht zugelassenen Berater nicht die gleiche fachliche Leistung und persönliche Zuver-

lässigkeit erwarten kann, die er von einem staatlich konzessionierten und überwachten, gegen Gebühr tätigen Rechtsberater erwarten würde. Die Rechtsordnung selbst setzt bei zivilrechtlichen Haftungsregelungen der meisten Gefälligkeitsgeschäfte ein solches Risikobewusstsein voraus (vgl. §§ 521, 599, 600 BGB).
Im übrigen ist zu bedenken, dass in Bereichen, in denen eine fehlerhafte Beratung sehr viel einschneidendere Folgen für die Betroffenen haben kann, wie in der Medizin, genauso wenig wie in anderen Bereichen eine entsprechende Regelung für notwendig gehalten worden ist.

(ii) Schutz vor den Folgen unzulänglicher Rechtsberatung

Während hinsichtlich des Schutzes vor der unzulänglichen Rechtsberatung selbst festgestellt worden ist, dass die Maßnahmen des RBerG nicht gerechtfertigt sind, soweit das Ziel der Schutz vor unzulänglicher Rechtsberatung selbst ist, kann sich dies in Bezug auf den Schutz vor den Folgen einer solchen Beratung anders darstellen. Menschen vor den Folgen zu schützen, die sich aus einer nicht ausreichenden oder nicht zutreffenden Rechtsberatung ergeben, ist ein legitimes Ziel.

Das Verbot unentgeltlicher Rechtsberatung müsste jedoch auch geeignet sein, einen Schutz vor den Folgen unzulänglicher Rechtsberatung zu gewährleisten. Ein Schutz vor den Folgen unzulänglicher Rechtsberatung ist grundsätzlich möglich; das Risiko unzulänglicher Rechtsberatung ist versicherbar. Durch sie entstandene Schäden können ausgeglichen werden. Dessen war sich auch der Gesetzgeber bewusst. Daher ist eine Voraussetzung für die Zulassung als Anwältin oder Anwalt der Nachweis über den Abschluss eine Berufshaftpflichtversicherung. Diese soll genau in diesen Fällen für einen Ausgleich des Schadens einstehen, den der Mandant oder die Mandantin erlitten hat. Bei zugelassenen Anwältinnen und Anwälten ist das Risiko mangelhafter Rechtsberatung also durch eine Haftpflichtversicherung abgedeckt. Diese Sicherung gegen das bei jeder Rechtsberatung vorliegende Risiko fehlt regelmäßig bei anderen Formen der Rechtsberatung, insbesondere bei der unentgeltlichen Rechtsberatung. Um auszuschließen, dass die Mandantinnen und Mandanten die Folgen unzulänglicher Rechtsberatung zu tragen haben, stellt das generelle Verbot unentgeltlicher Rechtsberatung deshalb auch ein geeignetes Mittel dar.

Das Verbot unentgeltlicher Rechtsberatung durch Personen, die nicht als Anwälte bzw. Anwältinnen zugelassen sind, müsste darüber hinaus auch erforderlich sein. Zum einen ist zu bedenken, dass grundsätzlich an eine unentgeltliche, altruistische Dienstleistung keine so hohe Erwartung geknüpft wird wie an eine entgeltliche. Insofern ist es fraglich, ob eine Regelung überhaupt notwendig ist. Eine Regelung muss aber auf jeden Fall das mildeste, ebenso wirksame Mittel darstellen. Selbst wenn die Gefahren, die von der unentgeltlichen Beratung durch Nichtjuristinnen und Nichtjuristen ausgehen, höher eingeschätzt werden, als das hier der Fall ist, so folgt daraus noch nicht, dass ein Verbot unentgeltlicher Rechtsberatung erforderlich ist.[1153] Als milderes Mittel kommt immer noch die Verpflichtung zum Abschluss einer Haftpflichtversicherung in Betracht. Die Regelung ist aus diesem Grund nicht erforderlich.

(iii) Sicherung der Reibungslosigkeit von Verwaltung und Rechtspflege

In der Gesetzesbegründung wurde auch darauf hingewiesen, das Rechtsberatungsgesetz habe den Zweck, die Reibungslosigkeit von Verwaltung und Rechtspflege zu gewährleisten. Auch dies stellt einen legitimen Zweck für die Schaffung einer Regelung dar.

Inwiefern kann eine altruistische Rechtsberatung eine Gefahr für diese Reibungslosigkeit der Abläufe in Verwaltung und Rechtspflege darstellen? Es wird angeführt, geschützt werden sollten öffentliche Stellen und Ämter, Behörden und Gerichte, denen die Auseinandersetzung mit unfähigen Beiständen und die Beschäftigung mit Anträgen und Klagen möglichst weitgehend erspart werden solle, die aus einer juristisch nicht kompetenten Beurteilung der Sach- und Rechtslage erwüchsen.[1154] Nach geltendem Recht ist es aber, vom gesetzlich geregelten Anwaltszwang vor bestimmten Gerichten abgesehen, jedermann möglich, selbst Anträge zu stellen. Dies gilt insbesondere im Umgang mit Behörden. Denkt man die dargestellte Argumentation weiter, müsste aber der weitaus größte Teil der Bevölkerung von der Vertretung seiner eigenen Angelegenheiten im Umgang mit den Behörden ausgeschlossen werden, da ihm eine entsprechende juristisch kompetente Sachverhaltsbeurteilung nicht möglich ist. Das kann, insbesondere vor dem Hintergrund des Art. 19 Abs. 3 GG, nicht gewollt sein. Insbesondere im Umgang mit öffentlichen Stellen und Behörden ist die Alternative im Übrigen regelmäßig nicht die Konsultation eines Rechtsanwaltes oder einer Rechtsanwältin, sondern das Handeln ohne rechtlich versierten Beistand.

Richtig ist, dass die Folge einer Rechtsberatung sein kann, dass sich die Betroffenen z. B. gegen eine bestimmte behördliche Maßnahme zur Wehr setzen, die sie sonst akzeptiert hätten. Dies kann etwa im Verwaltungsverfahren durch das

---

[1153] So aber Prütting, G 47.

[1154] Prütting, G 19 m.w.N.

Einlegen eines Widerspruchs oder durch den Gang zum Gericht geschehen. Dabei handelt es sich aber um nichts anderes als die Inanspruchnahme garantierter Rechte. Wenn Bürgerinnen und Bürger die ihnen zustehenden Rechte in Anspruch nehmen und dadurch der Arbeitsaufwand in Verwaltung und Rechtspflege steigt, so ist dieses Handeln nicht querulatorisch und ein Gefahr für die Reibungslosigkeit bestimmter behördlicher Abläufe; sie ist vielmehr Inanspruchnahme verfassungsrechtlich garantierter Rechte, Art. 19 Abs. 3 GG. Das gilt auch für den Fall, dass das eingelegte Rechtsmittel keine Aussicht auf Erfolg hat und ohne die Rechtsberatung nicht eingelegt worden wäre. Vor dem Hintergrund der verfassungsrechtlichen Garantie aus Art. 19 Abs. 3 GG muss es befremden, dass die Reibungslosigkeit der Rechtspflege offenbar über die Möglichkeit der Inanspruchnahme verfassungsrechtlich garantierter Rechte gestellt wird.

Andererseits darf nicht vergessen werden, dass eine Rechtsberatung gerade auch die aussichtslose Inanspruchnahme von Rechten vermeiden helfen kann. Rechtsberatung kann nämlich zwar zum einen dafür sorgen, dass die Betroffenen darin unterstützt werden zu versuchen, ihre Position durchzusetzen; sie kann aber auch bereits im Vorfeld zur Folge haben, dass bestimmte, nicht durchsetzbare Forderungen gegenüber der Verwaltung oder vor Gericht gar nicht erst erhoben werden, weil den Rechtssuchenden die Aussichtslosigkeit ihres Unterfangens klar gemacht wird.
Rechtsberatung gerade im Flüchtlingsrecht kann auch eine unnötige Belastung der Gerichte vermeiden, da die für die Gerichte mühsame und aufwändige Sachverhaltsaufklärung bereits im Vorwege geleistet werden kann. Nur Asylsuchende, denen klar ist, welche Bedeutung die verschiedenen Verfahrensschritte für ihr Asylverfahren haben, werden alle wichtigen Details ihrer Verfolgungsgeschichte darstellen. Ohne eine eingehende Beratung und Betreuung ist ihnen regelmäßig nicht bekannt, auf welche Details es ankommt. Das erleichtert ein effizientes und faires Asylverfahren.[1155]
Es ist nicht nachgewiesen, dass die Reibungslosigkeit behördlicher Abläufe unter der Inanspruchnahme unentgeltlicher Rechtsberatung leidet. Da ein kausaler Zusammenhang nicht erkennbar ist, kann das Verbot unentgeltlicher Rechtsberatung zur Sicherung der Reibungslosigkeit von Verwaltung und Rechtspflege nicht geeignet sein.

[1155] Vgl. zum Ganzen Duchrow/Grenz.

(iv) Schutz der Leistungsfähigkeit der Anwaltschaft

Ein weiteres Ziel des RBerG ist der Schutz der Leistungsfähigkeit der Anwaltschaft. Grundsätzlich ist es schon fraglich, ob es ein legitimes Ziel darstellt, die Leistungsfähigkeit der Anwaltschaft zu schützen. Dies ist nicht der Fall, soweit der Schutz der Leistungsfähigkeit der Anwaltschaft als Schutz der Anwaltschaft vor außenstehenden standes- und gebührenrechtlich ungebundenen Mitbewerbern zu verstehen ist. Der ökonomische Schutz einer Berufsgruppe vor Wettbewerbern hält aber eine Überprüfung nicht stand. Konkurrenzschutz als solcher ist kein Gemeinwohlbelang.[1156]

Im übrigen ist aber das generelle Verbot unentgeltlicher Rechtsberatung auch gar nicht geeignet, das Ziel zu erreichen, die Leistungsfähigkeit der Anwaltschaft zu schützen Wenn andere in Konkurrenz zur anwaltlichen Beratung treten, bedeutet das nicht, dass die Rechte von Anwältinnen und Anwälten davon berührt werden. Diese bleiben gleich. Es könnte sich höchstens eine Konkurrenz zur Anwaltschaft entwickeln, welche die Monopolstellung von Anwälten und Anwältinnen langfristig bedrohen könnte. Soweit der Gesetzeszweck insofern auf den Erhalt einer leistungsfähigen Anwaltschaft und darauf gerichtet ist, dass der Anwaltschaft nicht die wirtschaftliche Basis entzogen werden darf, ist nur die entgeltliche Rechtberatung von Bedeutung. Nur sie kann eine wirtschaftliche Konkurrenz zur anwaltlichen Tätigkeit darstellen. Nichtsdestotrotz sieht das Rechtsberatungsgesetz aber sogar eine Reihe von Ausnahmen vom grundsätzlichen Verbot der nicht-anwaltlichen Rechtsberatung vor, die gegen Entgelt erbracht werden. Dennoch gefährden sie die Leistungsfähigkeit der Anwaltschaft offenbar nicht. Bei den hier infragestehenden Konstellationen geht aber nicht um ausnahmsweise zugelassene entgeltliche, sondern um grundsätzlich verbotene unentgeltliche Rechtsberatung.

Gerade im Bereich des Flüchtlingsrechts[1157] zeigt sich, dass die Leistungsfähigkeit der Anwaltschaft durch die Rechtsberatung anderer, z. B. amnesty international, nicht betroffen sein muss. Insbesondere in den neuen Bundesländern gibt es nur sehr wenige Anwälte, die in diesem Bereich spezialisiert sind. Dies liegt sicherlich häufig daran, dass die Fälle von Asylsuchenden sehr aufwändig sind und aufgrund der häufigen Mittellosigkeit der Mandantinnen und Mandanten keine Honorarvereinbarungen geschlossen werden können. Die geringe Zahl von Anwältinnen und Anwälten hat zur Folge, dass Asylsuchende, die in Aufnahmeeinrichtungen leben, die häufig weit von größeren Städten entfernt sind, nur wenig Kontakt zu ihren Rechtsanwälten haben können. Auch verstehen sie

---

1156 BVerfGE 7, 377, 408; 97, 12, 31.
1157 Ähnliches gilt, wie bereits dargestellt, für sozialrechtliche Fragestellungen.

die Schriftsätze, die ihnen zugeschickt werden, häufig weder sprachlich noch inhaltlich.[1158] Das Interesse der Anwältinnen und Anwälte, diese Fälle zu übernehmen, ist angesichts des ungünstigen Verhältnisse von Arbeitsaufwand und finanziellem Ausgleich gering. Dass altruistische Rechtsberatung das Gebühreninteresse der Anwaltschaft ernsthaft beeinträchtigen könnte, ist daher nicht zu befürchten.

(v) Ergebnis

Das Verbot altruistischer Rechtsberatung ist nicht gerechtfertigt. Weder gebietet der Schutz vor unzulänglicher Rechtsberatung oder seinen Folgen, noch die Sicherung der Leistungsfähigkeit der Anwaltschaft oder der Reibungslosigkeit von Verwaltung und Rechtspflege die Verhängung eines solchen Verbotes.

(d) Ergebnis

Das Verbot der altruistischen Rechtsberatung durch das RBerG stellt einen Eingriff in die allgemeine Handlungsfreiheit des Art. 2 Abs. 1 GG der bürgerschaftlich engagierten Personen dar. Dieses Verbot ist nicht gerechtfertigt, da es gegen die verfassungsmäßige Ordnung verstößt. Es ist keine Begründung für das Verbot ersichtlich, aus der sich ein solcher Eingriff in die Freiheit rechtfertigen ließe.

(2) Die Position des Bundesverfassungsgerichts

Am 20.10.2004 hat das Bundesverfassungsgericht erstmals Stellung dazu genommen, ob das Verbot der altruistischen Rechtsberatung nach dem RBerG verfassungsgemäß ist. Dabei hat es keine grundsätzliche Bewertung der verfassungsrechtlichen Zulässigkeit der Regelungen der unentgeltlichen Rechtsberatung getroffen, sondern sich letztlich auf eine Einzelfallentscheidung beschränkt.

(a) Die Entscheidung des Bundesverfassungsgerichtes vom 20.10.2004

Das Gericht hatte über einen Fall zu entscheiden, in dem ein pensionierter Richter unentgeltlich als Verteidiger einen Angeklagten beraten hatte, ohne dass er

[1158] Zum Ganzen Duchrow/Grenz.

eine Erlaubnis nach dem Rechtsberatungsgesetz besaß.[1159] Er war bereits vorher verschiedentlich rechtsberatend tätig gewesen. In den Vorinstanzen war seine Verurteilung zu einem Bußgeld bestätigt worden mit der Begründung, dass hier eine geschäftsmäßige Tätigkeit vorgelegen habe und daher ein Verstoß gegen das RBerG vorliege. Bei der Beurteilung der Frage der Geschäftsmäßigkeit orientierte sich das Gericht entsprechend der ständigen Rechtsprechung an der inneren Einstellung des Beschwerdeführers. Dieser sei nicht zum ersten Mal rechtsberatend tätig gewesen und habe seine Bereitschaft bekundet, Menschen auch zukünftig in Rechtsnot zu helfen. Auf die Unentgeltlichkeit komme es nicht an.

Das Bundesverfassungsgericht sah in der Verfassungsbeschwerde des Beschwerdeführers keine Fragen von grundsätzlicher verfassungsrechtlicher Bedeutung aufgeworfen. In der Rechtsprechung des Bundesverfassungsgerichts sei geklärt, dass der Erlaubnisvorbehalt für die Besorgung fremder Rechtsgeschäfte gemäß § 1 Abs. 1 RBerG verfassungsgemäß sei. Das Rechtsberatungsgesetz diene dem Schutz der Rechtssuchenden sowie der geordneten Rechtspflege. Zu diesem Zweck sei es auch erforderlich und angemessen. Allerdings genügten die angegriffenen Entscheidungen nicht den sich aus Art. 2 Abs. 1 GG in Verbindung mit dem Grundsatz der Verhältnismäßigkeit ergebenden verfassungsrechtlichen Anforderungen.

Die 3. Kammer des Bundesverfassungsgerichts stellt in seiner Entscheidung auf die Voraussetzung der „geschäftsmäßigen Rechtsberatung" ab. Diese sei aufgrund ihrer generalklauselartigen Umschreibung im Einzelfall jeweils neu abzuklären. Dabei seien die durch das Gesetz geschützten Belange und die Freiheitsrechte des Einzelnen zu berücksichtigen und einer Veränderung der Lebenswirklichkeit Rechnung zu tragen und miteinander in Ausgleich zu bringen. Dies sei auch nach dem Sinn und Zweck einer Vorschrift zu beurteilen; vor dem Wortlaut einer Norm brauche der Richter nicht Halt zu machen. In diesem Fall sei von den Gerichten der Grundsatz der Verhältnismäßigkeit nicht hinreichend beachtet worden. Zwar legten die Gerichte den Begriff des „Geschäftsmäßigkeit" so aus, wie ihn die Rechtsprechung im Laufe der Zeit entwickelt habe. Dies werde dem vorliegenden Fall aber nicht gerecht. „Geschäftsmäßigkeit" sei unter Berücksichtigung der durch das Rechtsberatungsgesetz geschützten Interessen und des Grundrechts des Beschwerdeführers aus Art. 2 Abs. 1 GG von Verfassungs wegen im konkreten Fall vielmehr dahingehend auszulegen, dass es die unentgeltliche Rechtsberatung durch einen berufserfahrenen Juristen nicht umfasse. Die Gerichte hätten auch nicht geprüft, ob in der Zwischenzeit eine Veränderung der Lebenswirklichkeit eingetreten sei, die das Rechtsberatungs-

[1159] Entscheidung des BVerfG vom 20.10.2004, 1 BvR 130/03.

gesetz ergänzungsbedürftig und zugleich ergänzungsfähig werden lasse. Die 3. Kammer moniert, dass durch die Gerichte nicht in Erwägung gezogen worden sei, ob der Wortlaut des Art. 1 § 1 Abs. 1 Satz 1 RBerG im konkreten Fall nicht über den Sinn und Zweck des Gesetzes hinausgeht, so dass von Verfassungs wegen eine einschränkende Auslegung geboten sei.

(b) Stellungnahme

Begrüßenswert ist, dass die 3. Kammer des Bundesverfassungsgerichts deutlich gemacht hat, dass sie das Verbot einer unentgeltlichen Rechtsberatung durch eine Person, welche die Befähigung zum Richteramt hat und eine dem Beschwerdeführer entsprechend lange Beruferfahrung vorweisen kann, für nicht verhältnismäßig ansieht. Dies wird insbesondere diejenigen bestätigen, die eine Neuregelung des Rechtsberatungsgesetzes dahingehend befürworten, dass Personen mit Befähigung zum Richteramt gemäß § 5 DRiG unentgeltliche Rechtsberatung grundsätzlich erlaubt sein soll.[1160]

Der Anknüpfungspunkt, den das Gericht wählt, ist jedoch problematisch. Zwar ist dem Gericht darin zuzustimmen, dass in diesem Fall nicht ausreichend geprüft worden ist, ob ein Verbot der Tätigkeit geeignet und notwendig gewesen ist, um die durch das Rechtsberatungsgesetz geschützten Rechtsgüter zu wahren. Es leuchtet aber nicht ein, weshalb auf das Kriterium der Geschäftsmäßigkeit abgestellt wird. Es wird nicht klar, wieso eine Tätigkeit, die bereits in der Vergangenheit ausgeübt wurde und auch in Zukunft ausgeübt werden soll, deshalb als nicht geschäftsmäßig im Sinne des Rechtsberatungsgesetzes anzusehen ist, weil sie durch einen berufserfahrenen Juristen erfolgt.

Das Bundesverfassungsgericht stellt selbst fest, dass die Gerichte den Begriff der Geschäftsmäßigkeit so ausgelegt hätten, wie ihn die Rechtsprechung im Laufe der Zeit entwickelt habe.[1161] Diese Auslegung ist sicher insbesondere unter dem Gesichtspunkt schwierig, dass im Ergebnis schon bei einmaliger Tätigkeit eine Geschäftsmäßigkeit dann angenommen wird, wenn die beratende Person beabsichtigt, auch in Zukunft Rechtsrat zu erteilen. Dass sich aber die Annahme einer Geschäftsmäßigkeit an der Anzahl der Tätigkeiten entscheidet, die wahrgenommen werden, sich also am Umfang der Tätigkeit orientiert, ist grundsätzlich einleuchtend und sinnvoll. Dies entspricht auch dem Wortsinn des Begriffs der „Geschäftsmäßigkeit“. Die Argumentation des Bundesverfassungsgerichts überzeugt daher nicht.

[1160] Dazu und zu den weiteren Voraussetzungen Prütting, G 62.
[1161] Entscheidung des BVerfG vom 20.10.2004, 1 BvR 130/03, Rn. 16.

(c) Ergebnis

Das Bundesverfassungsgericht kommt im Ergebnis dazu, dass das Rechtsberatungsgesetz in seiner geltenden Fassung auch in Bezug auf die unentgeltliche Rechtsberatung als verfassungsgemäß anzusehen ist. Es verlangt von den Fachgerichten aber eine verfassungskonforme Auslegung des Begriffs der „Geschäftsmäßigkeit" unter Berücksichtigung des konkreten Einzelfalles. Diese soll dahin gehen, dass Fälle wie der Vorliegende, in dem es um einen Juristen mit langjähriger Berufserfahrung ging, von der „Geschäftsmäßigkeit" im Sinne des Rechtsberatungsgesetzes nicht umfasst sein sollen. Dies ist nicht überzeugend. Der Begriff der „Geschäftsmäßigkeit" wird hier überdehnt. Konsequenter und richtiger wäre es gewesen, den vorliegenden Verstoß gegen Art. 2 Abs. 1 GG klar zu benennen, statt den Begriff der „Geschäftsmäßigkeit" über den Wortlaut hinaus auszulegen, zumal bei einer in der Vergangenheit bereits ausgeführten Tätigkeit, die auch in der Zukunft weitergeführt werden soll, eine Verneinung des Kriteriums der Geschäftsmäßigkeit problematisch erscheint.

(3) Regelung der unentgeltlichen Rechtsberatung in neueren Entwürfen

Sowohl das Bundesministerium der Justiz, als auch der Deutsche Anwaltverein haben einen eigenen Diskussionsentwurf zur Neuregelung der Rechtsberatung vorgelegt. In beiden finden sich nicht nur veränderte Regelungen zur Zulässigkeit der Rechtsberatung an sich, sondern auch deutlich veränderte Vorschriften zur unentgeltlichen Rechtsberatung. Es zeichnet sich ab, dass eine deutliche Deregulierung im Bereich der unentgeltlichen Rechtsberatung auf Grundlage dieser Entwürfe nicht zu erwarten ist.

Der Entwurf eines Rechtsdienstleistungsgesetzes (RDG)[1162], welches das Rechtsberatungsgesetz ablösen soll, beschränkt sich auf die Regelung außergerichtlicher Rechtsdienstleistungen, § 1 Abs. 1 S. 1 RDG-E. In § 6 RDG-E ist die Regelung der unentgeltlichen Rechtsberatung vorgesehen. Das Kriterium der „Geschäftsmäßigkeit" wird nicht mehr verwendet. § 6 Abs. 1 RDG-E bestimmt die grundsätzliche Zulässigkeit unentgeltlicher Rechtsberatung. § 6 Abs. 2 RDG-E schränkt dies allerdings wieder deutlich ein. So soll eine unentgeltliche Rechtsdienstleistung nur innerhalb familiärer, nachbarschaftlicher und ähnlich enger persönlicher Beziehungen umfassend erlaubt sein. Geschieht sie außerhalb dieser Zusammenhänge, muss demnach sichergestellt werden, dass die Rechtsdienstleistung durch eine Person mit Befähigung zum Richteramt nach dem

[1162] Im weiteren mit RDG-E gekennzeichnet.

Deutschen Richtergesetz oder unter Anleitung und unter Aufsicht einer solchen Person erfolgt, § 6 Abs. 2 RDG-E.
Zudem sieht der Entwurf des Rechtsdienstleistungsgesetzes in § 6 Abs. 3 RDG-E eine Sanktionsregelung vor. Diese erlaubt eine Untersagung der Rechtsberatung für längstens fünf Jahre alternativ in zwei Fällen: Wenn begründete Tatsachen die Annahme rechtfertigen, dass dauerhaft unqualifizierte Rechtdienstleistungen erbracht werden und bei einem Verstoß gegen die Voraussetzung § 6 Abs. 2 RDG-E.
Begründet wird die vorgesehene Neuregelung damit, dass das Verbot unentgeltlicher Rechtsberatung nicht mehr zeitgemäß sei und unentgeltliche Rechtsberatung deshalb grundsätzlich erlaubt werden solle.[1163] Verbraucherschutzinteressen hätten das umfassende Verbot des Rechtsberatungsgesetzes nie gerechtfertigt.

Die vom Deutschen Anwaltverein vorgeschlagenen Neuregelungen[1164] weisen Parallelen zum Diskussionsentwurf des Bundesministeriums der Justiz auf. Diesem Vorschlag zufolge soll Rechtsbesorgung die entgeltliche und unentgeltliche Befassung mit konkreten fremden Angelegenheiten unter Anwendung des Rechts sein. Diese bliebe dem Entwurf nach grundsätzlich den Rechtsanwälten vorbehalten, § 1 DAV-E. § 3 DAV-E regelt die unentgeltliche Rechtsbesorgung. Gemäß § 1 Abs. 1 DAV-E soll unentgeltliche Rechtsberatung aus Gefälligkeit, aufgrund verwandtschaftlicher, nachbarschaftlicher oder ähnlicher enger sozialer Beziehungen gestattet sein. Darüber hinaus zielt der Entwurf darauf ab, auch Rechtsdienstleistungen durch Organisationen Rechtsanwälten vorzubehalten.[1165] § 1 Abs. 2 DAV-E bestimmt daher, dass eine unentgeltliche Rechtsberatung aus sozialen Gründen in Organisationen nur zulässig sein soll, wenn diese Rechtsberatung durch in der Organisation tätige Rechtsanwälte durchgeführt wird. Zweck der vorgeschlagenen Neuregelung soll es sein, dass Merkmal der „Geschäftsmäßigkeit" überflüssig zu machen.

(a) Bewertung

Eine gesetzliche Neuregelung auf der Grundlage der dargestellten Entwürfe ist weiterhin als verfassungsrechtlich problematisch anzusehen. Bei genauerer Betrachtung zeigt sich, dass entgegen der Begründung des RDG-E eine Umsetzung der vorgesehenen Neuregelungen zum Teil sogar Verschärfungen des geltenden Rechts beinhalten würde. So hätte der Verzicht auf die Voraussetzung der „Ge-

---

1163 RDG-E Begründung S. 31.
1164 Im weiteren mit DAV-E gekennzeichnet.
1165 DAV-E Begründung S. 7.

schäftsmäßigkeit" zur Folge, dass diejenigen, denen nach der Neuregelung die unentgeltliche Rechtsberatung versagt ist, nicht einmal ausnahmsweise und im Einzelfall eine solche Rechtsberatung durchführen dürften, während in der bisherigen Regelung zumindest die Intention des Beratenden dahingehend vorausgesetzt wurde, in Zukunft weiterhin Rechtsrat zu erteilen. Auch der Entwurf des Anwaltvereins verzichtet auf den Begriff der „Geschäftsmäßigkeit". Zudem beinhaltet er eine Beschränkung der Rechtsberatung auf Rechtsanwälte. Hierfür ist außer dem Schutz vor Konkurrenz kein Schutzzweck ersichtlich. Die Rechtspflege und der Verbraucherschutz sind ebenso gewährleistet, wenn eine unentgeltliche Rechtsberatung durch Personen durchgeführt wird, die allgemein die Befähigung zum Richteramt gemäß § 5 DRiG besitzen. Selbst wenn man den Schutz der Anwaltschaft vor Konkurrenz als schützenswertes Rechtsgut ansieht, so wäre es nicht erforderlich, die unentgeltliche Rechtsberatung der Anwaltschaft vorzubehalten, da in den Bereichen unentgeltlicher Rechtsberatung regelmäßig ein Interesse der Rechtsanwaltschaft, sich der jeweiligen Probleme anzunehmen, nicht besteht.

Eine solche Verschärfung ist daher verfassungsrechtlich bedenklich. Sie schränkt das Grundrecht auf freie Entfaltung der Persönlichkeit unverhältnismäßig stark ein. Dies gilt gerade auch mit Blick auf die neue Entscheidung des Bundesverfassungsgerichts, bei der – wenn auch in einer letztlich problematischen Art und Weise – das Kriterium der Geschäftsmäßigkeit weit ausgelegt wurde, um eine verfassungskonforme Deutung des Rechtberatungsgesetzes in der geltenden Fassung zu erreichen.

Mit der nur auf den ersten Blick umfassenden Erlaubnis unentgeltlicher Rechtsberatung im Entwurf des Bundesministeriums der Justiz ebenso wie den Regelungen in dem Entwurf des Deutschen Anwaltvereins bleiben die Schwierigkeiten insbesondere für kleine Vereine bestehen, die sozial Schwachen und Ausländerinnen und Ausländern raten. Denn aufgrund ihrer Struktur ist es ihnen häufig finanziell gar nicht möglich, wie im RDG-E gefordert, einen Volljuristen oder eine Volljuristin beschäftigen oder eine Rechtsberatung unter der Anleitung und Aufsicht eines Volljuristen oder einer Volljuristin durchzuführen. Tun sie es jedoch nicht, droht ihnen gemäß § 6 Abs. 3 S. 1 2. Alt. RDG-E eine behördliche Untersagung der weiteren Erbringung von Rechtsdienstleistungen für bis zu fünf Jahren, also in dem gleichen Umfang wie beim Vorliegen begründeter Tatsachen, dass dauerhaft unqualifizierter Rechtsrat erteilt wird, § 6 Abs. 3 S. 1 1. Alt. RDG-E. Ebenso wenig wird es ihnen möglich sein, einen Rechtsanwalt oder eine Rechtsanwältin zu beschäftigen, wie dies in § 3 Abs. 2 DAV-E verlangt wird.

Angesichts dessen, dass damit, wie bereits dargestellt, eine Beratung der Rechtssuchenden zum Teil nicht gewährleistet ist, sollten die bisher entwickelten Regelungen überdacht werden. Bedenkenswert ist in diesem Zusammenhang ein vom Deutschen Juristentag abgelehnter Beschlussantrag, der vorsah, dass zumindest gemeinnützigen, karitativen oder sozialen Einrichtungen dann die unentgeltliche Rechtsberatung erlaubt sein soll, wenn diese im Rahmen ihrer Tätigkeit durch hierfür geeignetes Personal auch ohne Befähigung zum Richteramt durchgeführt wird. Dieser wurde allerdings mit deutlicher Mehrheit abgelehnt.[1166] Zudem wäre als milderes Mittel zu einem Verbot der unentgeltlichen Rechtsberatung durch Personen, welche die Befähigung zum Richteramt nicht besitzen, die Verpflichtung zum Abschluss einer Berufshaftpflichtversicherung und eine Verpflichtung auf die grundlegenden standesrechtlichen Vorschriften für Rechtsanwälte denkbar.[1167]

(b) Ergebnis

In neuen Entwürfen des Bundesministeriums der Justiz und des Deutschen Anwaltvereins werden Vorschläge für eine Neuregelung der außergerichtlichen Rechtsberatung gemacht. Diese enthalten bei genauerer Betrachtung keine grundsätzliche Erweiterung der Möglichkeiten unentgeltlicher Rechtsberatung. Zum Teil beinhalten sie sogar Verschärfungen des bisher geltenden Rechts. Diese sind auch aus Verhältnismäßigkeitserwägungen problematisch. Sinnvoller als eine Beschränkung von Beratungstätigkeiten auf Volljuristinnen und Volljuristen bzw. Rechtsanwältinnen und Rechtsanwälte ist zumindest in Bezug auf gemeinnützige und karitative Tätigkeiten in Vereinigungen die Anknüpfung an die Geeignetheit der jeweiligen Person.

(4) Ergebnis

Das generelle Verbot der unentgeltlichen Rechtsberatung nach dem Rechtsberatungsgesetz verstößt gegen Art. 2 Abs. 1 GG. Es ist keine Begründung für das Verbot ersichtlich, aus der sich ein solcher Eingriff in die Handlungsfreiheit rechtfertigen ließe. Daher ist die Entscheidung des Bundesverfassungsgerichtes vom 20.10.2004, in welcher das Kriterium der „Geschäftsmäßigkeit" verfassungskonform dahingehend ausgelegt wird, dass es ausnahmsweise auch die

---

[1166] Beschlussantrag der Abteilung Rechtsberatung Nr. 10a, NJW 2004, S. 3251; das Ergebnis fiel mit 46:124:7 jedoch weniger deutlich aus als der überwiegende Teil der anderen Vorschläge, die auf die Deregulierung der unentgeltlichen Rechtsberatung zielten.

[1167] Ähnlich Prütting, G 48 mit Bezugnahme auf §§ 43, 43a, 43b, 44, 45, 46, 50, 51, 51a BRAO.

mehrfache unentgeltliche Rechtsberatung eines berufserfahrenen Juristen umfasst, nicht überzeugend.
Weder im Referentenentwurf des Bundesministeriums der Justiz noch im Entwurf des Deutschen Anwaltvereins wird diesen Gesichtspunkten ausreichend Rechnung getragen. Sie sind daher in ihrer bisherigen Fassung in Bezug auf die Regelung der unentgeltlichen Rechtsberatung abzulehnen.

c) Exkurs: Unentgeltliche Rechtsberatung durch grundgesetzlich besonders geschützte Engagierte

Neben dem überwiegenden Teil des bürgerschaftlichen Engagements im Bereich der rechtsberatenden Tätigkeit, das in den Schutzbereich des Art.2 Abs. 1 GG mit den oben genannten Konsequenzen fällt, gibt es insbesondere zwei andere Fälle von Rechtsberatung als bürgerschaftlichem Engagement, das durch speziellere Grundrechte besonders geschützt ist.

(1) Unentgeltliche Rechtsberatung im Rahmen der Kirche

Nicht selten wird in Kirchengemeinden eine kostenlose Rechtsberatung für sozial Schwache angeboten. Diese kann entweder durch ihre eigenen Mitarbeiter übernommen werden oder durch andere, häufig Juristinnen und Juristen, die sich dazu bereit erklären. Diese Rechtsberatung ist, soweit sie sich als Teil christlicher Karitas darstellt, bereits durch Art. 4 GG geschützt, der in diesem Fall dem Art.2 Abs. 1 GG gegenüber vorgeht.[1168] Als schrankenloses Grundrecht ist der Maßstab für eine Rechtfertigung deutlich strenger als bei der allgemeinen Handlungsfreiheit. Nur kollidierendes Verfassungsrecht kann einen Eingriff in Art. 4 GG rechtfertigen. Das Verbot unentgeltlicher Rechtsberatung als Teil der christlichen Nächstenliebe ist also im Vergleich zu der, die als bürgerschaftliches Engagement durch Art. 2 Abs. 1 GG geschützt ist, erst recht verfassungswidrig.

(2) Unentgeltliche Rechtsberatung durch bürgerschaftlich engagierte Anwältinnen und Anwälte

Auch Anwältinnen und Anwälte sind bürgerschaftlich engagiert, wenn sie sich in ihrem Fachgebiet freiwillig, unentgeltlich und gemeinwohlorientiert betätigen. Inwieweit dies zulässig ist, bestimmt sich nach der Bundesrechtsanwalts-

[1168] Vgl. dazu unter D II 1.

ordnung (BRAO). § 49b Abs. 1 BRAO regelt das grundsätzliche Verbot der Gebührenunterbietung für Rechtsanwältinnen und Rechtsanwälte, verbietet also an sich die unentgeltliche Rechtsberatung durch Anwältinnen und Anwälte. Gemäß § 49b Abs. 1 BRAO ist es unzulässig, geringere Gebühren oder Auslagen zu vereinbaren oder zu fordern, als die Bundesgebührenordnung für Rechtsanwälte vorsieht, soweit diese nicht anderes bestimmt. Im Einzelfall dürfen Rechtsanwalt oder Rechtsanwältin durch Ermäßigung oder Erlass von Gebühren und Auslagen nach Erledigung des Auftrages allerdings besonderen, in der Person des Auftraggebers oder der Auftraggeberin liegenden Umständen Rechnung tragen. Im gerichtlichen Verfahren ist die Unterschreitung der Gebühren bei in der Person des Mandanten oder der Mandantin liegenden Gründen zulässig. Diese Gebührenermäßigung ist gedacht für die Vertretung von Verwandten und Freunden.[1169] Gesetzlich geregelt ist sie auch für den Fall der Bedürftigkeit des Mandanten oder der Mandantin § 49b Abs. 1 S. 2 BRAO. Diese gilt für das gerichtliche Verfahren.[1170]

Diese Vorschrift wurde erst 1994 eingefügt. Vorher war eine Unterschreitung der Gebühren der BRAGO zulässig. Sinn der Regelung ist es, einen Preiswettbewerb um Mandantinnen und Mandanten zu verhindern und einen weitgehend gleichen Zugang zum Recht und zu den Rechtsanwälten zu gewährleisten, weil nicht von der Finanzkraft der Mandantinnen und Mandanten abhängen soll, welcher Rechtsanwalt beauftragt wird.[1171] Der Verlockung, sich aus wirtschaftlichen Gründen einen „besonders preiswerten" Anwalt zu suchen, soll das rechtsuchende Publikum nicht ausgesetzt werden, und sich frei von solchen Erwägungen für den Anwalt seines Vertrauens entscheiden können.[1172] Dies gilt nur im gerichtlichen Verfahren, die Bindung an die Gebühren des RVG im außergerichtlichen Bereich ist in wesentlichen Teilen entfallen.[1173]

Zunächst stellt sich die Frage, ob sich die Regelungen an Art. 2 Abs. 1 GG oder an Art. 12 GG messen lassen müssen. Grundsätzlich ist für eine Einbeziehung in den Schutzbereich der Berufsfreiheit notwendig, dass die ausgeübte Tätigkeit geeignet ist, zumindest zur Schaffung des Lebensunterhaltes beizutragen.[1174] Da es nach dem Gesetzeswortlaut um eine Gebührenermäßigung geht, die im Einzelfall bis zu einer Unentgeltlichkeit gehen kann, und da die Übernahme der Aufgabe innerhalb der Tätigkeit als Anwältin oder Anwalt übernommen wird, ist hier anzunehmen, dass es sich auch bei der nicht nach der Gebührenordnung

1169 BT-Drs. 12/ 4993, S. 31.
1170 Kleine-Cosack, BRAO, § 49b, Rn. 8.
1171 Feuerich/Braun, § 49b BRAO, Rn. 13.
1172 Feuerich/Braun, § 49b BRAO, Rn. 13.
1173 Dies galt schon in Bezug auf die BRAGO, Feuerich/Braun § 49b BRAO, Rn. 14.
1174 S. dazu ausführlich unter D II 6.

abgerechneten Anwaltstätigkeit um einen Teil der Berufsausübung im Sinne des Art. 12 GG handelt.

§ 49b Abs. 1 BRAO stellt daher einen Eingriff in die Berufsfreiheit dar. Nach der Rechtsprechung des Bundesverfassungsgerichts sind solche Beschränkungen möglich, wenn sie vorrangigen Interessen des Allgemeinwohls dienen.[1175] Es ist anzunehmen, dass die Festlegung einer Gebührenordnung tatsächlich dabei hilft, dass sich Mandantinnen und Mandanten frei für einen Rechtsanwalt oder eine Rechtsanwältin entscheiden. Anders als bei bloßen Gebührensenkungen im Sinne von „Sonderangeboten" existieren für bürgerschaftliches Engagement, ähnlich wie oben bereits zu Art. 2 Abs. 1 GG dargestellt, aber grundsätzlich keine Gefahren des „Preisdumpings" oder anderer Konkurrenz zur anwaltlichen Arbeit. Ihre Beschränkung dient nicht vorrangigen Interessen des Allgemeinwohls, sondern behindert sie vielmehr, denn es liegt im Interesse der Allgemeinheit, dass gemeinwohlorientiertes, freiwilliges und unentgeltliches Handeln zur Unterstützung anderer zugelassen wird. Unterstützt werden dabei regelmäßig Personen, für die eine entgeltliche Beratung nicht finanzierbar ist. Durch die Ausnahmeregelung des § 49b Abs. 1 BRAO, der eine Gebührenunterschreitung für den Fall der Bedürftigkeit des Mandanten oder der Mandantin zulässt, wird dieser Konstellation aber ausreichend Rechnung getragen. Die Regelungen der BRAO verstoßen daher auch im Hinblick auf das bürgerschaftliche Engagement von Anwältinnen und Anwälten in ihrem Beruf nicht gegen die Berufsfreiheit des Art. 12 Abs. 1 GG.

(3) Ergebnis

Soweit bürgerschaftliches Engagement in Form unentgeltlicher Rechtsberatung nicht durch die allgemeine Handlungsfreiheit, sondern im Rahmen der christlichen Nächstenliebe über Art. 4 GG geschützt ist, ist ein Verbot durch das RBerG verfassungswidrig. Für die Anwaltschaft gelten die Sonderregelungen der BRAO, die mit Art. 12 Abs. 1 GG auch in Bezug auf bürgerschaftliches Engagement verfassungsgemäß sind.

d) Ergebnis

Art. 2 Abs. 1 GG schützt die allgemeine Handlungsfreiheit. Als Auffanggrundrecht schützt er die Formen bürgerschaftlichen Engagements, die nicht durch spezielle Grundrechte geschützt werden. Die allgemeine Handlungsfreiheit um-

---

[1175] BVerfGE 37, 67, 77; 87, 287, 316.

fasst insbesondere das „Grundrecht der freien karitativen Betätigung". Begrenzt wird es durch die Schrankentrias des Art. 2 GG, und darin insbesondere durch die verfassungsmäßige Ordnung. Für das bürgerschaftliche Engagement ist die allgemeine Handlungsfreiheit als Abwehrrecht gegen den Staat insbesondere bei altruistischer Rechtsberatung von Bedeutung, da diese durch die Regelungen des RBerG untersagt ist. Dieses Verbot stellt einen Eingriff in Art. 2 Abs. 1 GG dar, der nicht gerechtfertigt ist. Insbesondere wird die Anwaltschaft durch altruistische Rechtsberatung nicht gefährdet. Auch das Risiko einer unzulänglichen Rechtsberatung reicht für eine Rechtfertigung nicht aus, da die Folge des Verbots, möglicherweise vollständig von der Möglichkeit, Rechtsberatung zu erhalten, ausgeschlossen zu sein, ungleich schwerer wiegt. Die Reibungslosigkeit der Verwaltung und der Rechtspflege ist auch nicht gefährdet. Die Inanspruchnahme eines Rechtssystems ist grundgesetzlich verbürgt. Im übrigen kann eine umfassende Information im Vorwege auch den Gang zum Gericht vermeiden helfen.

Soweit altruistische Rechtsberatung als Teil christlicher Nächstenliebe in den Schutzbereich des Art. 4 GG fällt, ist eine Verfassungswidrigkeit der Regelungen erst recht anzunehmen. Die Sonderregelungen der BRAO für Rechtsanwältinnen und Rechtsanwälte tragen der Problematik hingegen ausreichend Rechnung, da hier bei Bedürftigkeit einer Mandantin oder eines Mandanten die gesetzlichen Gebühren unterschritten werden dürfen.

8. Gleichbehandlung, Art. 3 GG

a) Der allgemeine Gleichheitssatz, Art. 3 Abs. 1 GG

Art. 3 Abs. 1 GG bestimmt: „Alle Menschen sind vor dem Gesetz gleich". Der allgemeine Gleichheitssatz enthält ein Grundrecht des Einzelnen und damit ein subjektives Recht. Gleichzeitig bildet er einen in allen Bereichen geltenden Verfassungsgrundsatz.[1176] Die Vorschrift soll die Gleichbehandlung von Personen in vergleichbaren Sachverhalten sicherstellen, sei es bei rechtlichen oder tatsächlichen Maßnahmen. Das Grundrecht gilt, anders noch als in Art. 9 Abs. 1 WRV, für alle natürlichen Personen und nicht nur für Deutsche. Auch inländische juristische Personen des Privatrechts sind Grundrechtsträger.[1177]

In Bezug auf das bürgerschaftliche Engagement sind Gleichheitsprobleme durch gerichtliche Entscheidungen von Bedeutung; das Handeln der Exekutive, insbesondere auf der kommunalen Ebene, spielt ebenfalls eine Rolle. Besonders häu-

[1176] Jarass/Pieroth, Art. 3, Rn. 1.
[1177] Jarass/Pieroth, Art. 3, Rn. 7.

fig stellen sich Fragen von Gleich- und Ungleichbehandlung allerdings bei Gesetzen.

(1) Bindung des Gesetzgebers durch Art. 3 Abs. 1 GG

Es ist heute unbestritten, dass der Gleichheitssatz auch den Gesetzgeber verpflichtet, trotz der missverständlichen Formulierung des Art. 3 Abs. 1 GG, alle Menschen seien vor dem Gesetz gleich.[1178] Begründet wird dies nicht zuletzt mit der Entstehungsgeschichte des Art. 3 Abs. 1 GG,[1179] da der Verfassungsgeber nur deshalb auf eine entsprechende Formulierung verzichtete, weil sie angesichts Art. 1 Abs. 3 GG überflüssig erschien.[1180] Wäre Art. 3 Abs. 1 GG eine Grundrechtsbestimmung, die für den Gesetzgeber nicht gilt, widerspräche das Art. 1 Abs. 3 GG, der alle drei Gewalten, also auch den Gesetzgeber, an die „nachfolgenden Grundrechte" bindet.[1181] Darüber hinaus kommt der Gleichheitssatz als ein die Rechtsordnung durchdringender „Fundamentalsatz" nur dann zur Wirkung, wenn bereits die Entscheidungen des Gesetzgebers, die das übrige staatliche Handeln „programmieren", an den Gleichheitssatz gebunden sind.[1182] Das Bundesverfassungsgericht ist von Anfang an von Art. 3 Abs. 1 GG nicht nur als Gebot der Rechtsanwendungs-, sondern auch der Rechtssetzungsgleichheit ausgegangen.[1183] Art. 3 Abs. 1 GG bindet Gesetzgebung, Exekutive und Judikative.

(2) Prüfungsmaßstab für eine Ungleichbehandlung gemäß Art. 3 Abs. 1 GG

Der allgemeine Gleichheitssatz gebietet, alle Menschen vor dem Gesetz gleich zu behandeln. Das Bundesverfassungsgericht hat zunächst einen sachlichen Grund für eine Ungleichbehandlung verlangt: „Der Gleichheitssatz ist verletzt, wenn sich ein vernünftiger, aus der Natur der Sache ergebender oder sonst wie sachlich einleuchtender Grund für die gesetzliche Differenzierung oder Gleichbehandlung nicht finden lässt, kurzum, wenn die Bestimmung als willkürlich bezeichnet werden muss."[1184] Eine wesentliche Gleichheit liegt genau dann vor,

---

[1178] Zippelius, VVDStRL 47 (1989), S. 8, 11; Starck in von Mangoldt/ Klein/ Starck, § 3 Abs. 1, Rn. 2.
[1179] Zippelius, VVDStRL 47 (1989), S. 8, 11.
[1180] Alexy, 358f.
[1181] Vgl. auch Alexy, S. 358.
[1182] Zippelius, VVDStRL 47 (1989), S. 8, 11.
[1183] BVerfGE 1, 14, 52; st. Rspr.
[1184] BVerfGE 1, 14, 52 st. Rspr., vgl. auch BVerfGE 60, 101, 108, 30, 409, 413.

wenn eine Ungleichbehandlung willkürlich wäre;[1185] eine Gleichbehandlung ist geboten, wenn kein zureichender Grund für die Erlaubtheit einer Ungleichbehandlung gefunden werden kann.[1186] Die Frage, was ein zureichender Grund für die Erlaubtheit oder Gebotenheit einer Differenzierung ist, kann der Gleichheitssatz als solcher nicht beantworten. Dafür sind wertende Gesichtspunkte erforderlich.[1187]

Inzwischen wird mit der sogenannten „neuen Formel" eine differenziertere Prüfung durch das Bundesverfassungsgericht vorgenommen. Dieser zufolge ist dieses Grundrecht vor allem dann verletzt, wenn eine Gruppe von Normadressaten im Vergleich zu anderen Normadressaten anders behandelt wird, obwohl zwischen beiden Gruppen keine Unterschiede von solcher Art und von solchem Gewicht bestehen, dass sie die ungleiche Behandlung rechtfertigen könnten.[1188] Dies stellt eine strenge Bindung an Verhältnismäßigkeitserfordernisse dar.[1189]

Den Anwendungsbereich der neuen Formel erweiterte der Erste Senat des Bundesverfassungsgerichts Anfang der 1990er Jahre über personenbezogene Differenzierungen hinaus erstens auf eine Ungleichbehandlung von Sachverhalten, die nur mittelbar eine Ungleichbehandlung von Personengruppen bewirkt, und zweitens auf verhaltensbezogene Unterscheidungen, falls die Betroffenen nicht in der Lage sind, durch ihr eigenes Verhalten die Verwirklichung des Merkmals zu beeinflussen, nach denen unterschieden wird.[1190] Im Anwendungsbereich der neuen Formel ist demnach dem „Gestaltungsspielraum des Gesetzgebers um so engere Grenzen gesetzt, je stärker sich die Ungleichbehandlung von Personen oder Sachverhalten auf die Ausübung grundrechtlich geschützter Freiheiten nachteilig auswirken kann".[1191]

Soweit eine Willkürprüfung verbleibt, lässt der Gleichheitssatz dem Gesetzgeber weitgehende Freiheit, Lebenssachverhalte und das Verhalten einer Person je nach Regelungszusammenhang verschieden zu behandeln. Es ist dann grundsätzlich Sache des Betroffenen, sich auf diese Regelung einzustellen und nachteiligen Auswirkungen durch eigenes Verhalten zu begegnen.[1192] Der Zwei-

[1185] Alexy, S. 367.
[1186] Alexy, S. 370.
[1187] Alexy, S. 373.
[1188] BVerfGE 75, S. 348, 357; erstmals 55, 72, 88; 68, 287, 301; st. Rspr.
[1189] BVerfGE 88, 87, 96.
[1190] Sachs, Grundrechte, S. 220.
[1191] BVerfGE 88, 87, 96, AK-Stein, 3. A., Art. 3, Rn. 33.
[1192] BVerfGE 55, 72, 80 (Neue Formel).

te Senat wendet unter der Bezeichnung der „neuen Formel“ weiterhin das Willkürverbot an.[1193]

Der sozial- und wirtschaftspolitische Gestaltungsspielraum ist bei der Gewährung von Leistungen durch den Staat an den Bürger grundsätzlich sehr weit.[1194] Der Staat hat bei Vergünstigungen einen weiteren Entscheidungsspielraum als bei Eingriffen. Die Verfassung enthält für das Eingriffsrecht mehr Differenzierungsgebote und -verbote als für das Leistungsrecht. Auch innerhalb des Leistungsrechts lassen sich Abstufungen feststellen.[1195] Leistungen zur Abwehr einer dringenden sozialen Notlage oder Wiedergutmachungsleistungen unterliegen einer strengeren Bindung als Subventionen, durch die der Staat ein bestimmtes Verhalten der Bürger fördert, das ihm aus wirtschafts-, sozial- oder gesellschaftspolitischen Gründen erwünscht erscheint.[1196] Soweit es um die Verteilung knapper Güter geht, stecken die Freiheitsrechte allerdings enge Grenzen für die notwendigen Differenzierungen.[1197]

Ob neben der Ungleichbehandlung von wesentlich Gleichem auch die Gleichbehandlung von wesentlich Ungleichem[1198] gegen den allgemeinen Gleichheitssatz verstößt oder ob sich diese Fälle bei der Wahl der geeigneten Vergleichsgruppen auch als Ungleichbehandlung von wesentlich Gleichem darstellen lassen, kann für die Frage nach der rechtlichen Behandlung von bürgerschaftlichem Engagement dahingestellt bleiben. Die hier relevanten Problemstellungen betreffen die Frage, ob es um eine Ungleichbehandlung von wesentlich Ungleichem geht.

(3) Ergebnis

Der allgemeine Gleichheitssatz gebietet, alle Menschen vor dem Gesetz gleich zu behandeln. Er bindet Exekutive, Legislative und Judikative. Bei der Prüfung eines Verstoßes gegen das Gleichbehandlungsgebot ist der Maßstab in dem meisten Fällen die sogenannte „neue Formel“ des Bundesverfassungsgerichts. Dieser zufolge ist dieses Grundrecht vor allem dann verletzt, wenn eine Gruppe von Normadressaten im Vergleich zu anderen Normadressaten anders behandelt wird, obwohl zwischen beiden Gruppen keine Unterschiede von solcher Art und

[1193] BVerfGE 75, 108, 157; AK-Stein, 3. A., Art. 3, Rn. 34.
[1194] Starck in von Mangoldt/ Starck/ Klein, § 3 Abs. 1, Rn. 57.
[1195] Starck in von Mangoldt/ Starck/ Klein, § 3 Abs. 1, Rn. 58.
[1196] BVerfGE 17, 210, 216.
[1197] Starck in von Mangoldt/ Starck/ Klein, § 3 Abs. 1, Rn. 57.
[1198] BVerfGE 49, 148, 165; 84, 133, 158; 98, 365, 385; BGHZ 112, 163, 173; BSGE 84, 235, 238.

von solchem Gewicht bestehen, dass sie die ungleiche Behandlung rechtfertigen könnten.
Dieser strenge Maßstab ist aber nicht in jedem Fall anzulegen. So ist der Spielraum des Gesetzgebers etwa bei der Gewährung von Leistungen grundsätzlich sehr weit.

b) Das Verhältnis von Art. 3 GG und bürgerschaftlichem Engagement am Beispiel der gesetzlichen Unfallversicherung, SGB VII

Für die Frage nach dem Verhältnis von Art. 3 Abs. 1 GG und bürgerschaftlichem Engagement ist insbesondere das Recht der gesetzlichen Unfallversicherung, SGB VII von Bedeutung, da hier einerseits viele Bereiche bürgerschaftlichen Engagements geschützt sind, andererseits aber auch Lücken bestehen. Ob die vom Gesetzgeber gewählten Beschränkungen auf bestimmte Engagementformen gegen den allgemeinen Gleichheitssatz verstoßen, wird daher im Folgenden anhand der Regelungen der Unfallversicherung untersucht.

Bürgerschaftliches Engagement als Oberbegriff für viele verschiedene Tätigkeiten, die sich in ihrem Umfang, in ihrer Dauer, ihrer Einbindung in organisatorische Zusammenhänge und in ihrer inhaltlichen Gestaltung voneinander unterscheiden, ist bisher nicht Anknüpfungspunkt für gesetzliche Regelungen. Ab dem 1. 1. 2005 gelten für bestimmte Formen des bürgerschaftlichen Engagements in der gesetzlichen Unfallversicherung neue Bestimmungen.[1199] Die Neuregelungen sehen verschiedene Erweiterungen des Schutzes in der gesetzlichen Unfallversicherung vor. Bürgerschaftliches Engagement ist dabei in der Gesetzesbegründung ein häufig verwandter Begriff. In den neugeschaffenen Regelungen hingegen findet er sich nur ausnahmsweise und dann nur neben, nicht statt dem der „ehrenamtlichen Tätigkeit“.

Auch nach Inkrafttreten der Neuregelungen werden die bestehenden Regelungen weiterhin nur selektiv und dadurch lückenhaft bleiben. Dies kann zu Problemen führen. Denn indem bestimmte Formen von bürgerschaftlichem Engagement in den Bereich des Unfallversicherungsrecht i. S. d. SGB VII fallen, andere aber von einem Unfallversicherungsschutz ausgeschlossen sind, könnte gegen den allgemeinen Gleichheitsgrundsatz des Art. 3 Abs. 1 GG verstoßen werden. In der Literatur wird zum Teil angenommen, dass der systematisch nicht begründ-

---

[1199] BT-Drs. 15/3439, BT-Drs. 15/4051, BR-Drs. 833/04; Zustimmung des BR am 26.11.2004.

bare Schutz nur bestimmter Formen bürgerschaftlichen Engagements aus Gleichheitsgesichtspunkten problematisch sein kann.[1200]

(1) Struktur der gesetzlichen Unfallversicherung

Die gesetzliche Unfallversicherung, die bis 1997 in der Reichsversicherungsordnung (RVO) geregelt war, ist heute als SGB VII Teil des Sozialgesetzbuchs. Ihre zentrale Funktion besteht in der Ablösung des Haftungsrisikos, das ein Unternehmer im Verhältnis zu seinen Beschäftigten aufgrund der zivilrechtlichen Haftungsvorschriften bei von ihm verursachten Schäden hat.[1201]

(a) Echte und unechte Unfallversicherung

Die gesetzliche Unfallversicherung entwickelte sich im Laufe der Zeit von der Sicherung der Arbeiterinnen und Arbeiter zu einem allgemeinen wohlfahrtsstaatlichen Instrument. Neben der echten Unfallversicherung entstand die sogenannte unechte Unfallversicherung, die ebenfalls im SGB VII geregelt ist. Die echte Unfallversicherung knüpft an das Grundmodell der abhängigen Beschäftigung und vergleichbare Fälle sozialer Schutzbedürftigkeit an.[1202] Beitragspflichtig in der echten Unfallversicherung ist grundsätzlich allein der Unternehmer, § 150 SGB VII.

Durch die unechte Unfallversicherung sind solche Tätigkeiten geschützt, die als gesellschaftlich besonders erwünscht betrachtet werden. Die unechte Unfallversicherung wird daher zu Recht überwiegend dem Bereich der sozialen Entschädigung zugeordnet.[1203] Die Finanzierung der unechten Unfallversicherung geschieht in der Regel durch die Unfallversicherungsträger der Länder und Gemeinden, also über Steuern, §§ 125, 128 und 129 SGB VII,[1204] allerdings mit einer wichtigen Ausnahme: Für die in der im Gesundheitswesen und in der Wohlfahrtspflege Tätigen werden die Beiträge von den Berufsgenossenschaften der freien Wohlfahrtspflege getragen.

In der unechten Unfallversicherung sind Personen geschützt, die nicht im Rahmen eines Arbeitsverhältnisses tätig werden.[1205] Der geschützte Personenkreis

[1200] Schulin/Igl, Rn. 404.
[1201] Igl/Jachmann/Eichenhofer, S. 363.
[1202] Muckel, Sozialrecht, § 10, Rn. 9.
[1203] Schulin/Igl, Rn. 404; Eichenhofer,. Rn. 41; Gitter/Nunius in Schulin, HS-UV, § 7, Rn. 60.
[1204] Schulin/Igl, Rn. 404.
[1205] Schulin/Igl, Rn. 404.

der unechten Unfallversicherung hat sich aufgrund jeweils vordringlicher sozialpolitischer Regelungsinteressen entwickelt. Zwar werden die verschiedenen Tatbestände dahingehend zusammengefasst, dass die Versicherten „im Allgemeininteresse tätig" werden.[1206] Eine systematische Begründung für eine Auswahl gerade der geschützten Personengruppen fehlt jedoch.[1207] So ist längst nicht jeder, der „im Allgemeininteresse tätig" wird, in der unechten Unfallversicherung geschützt. Für diese Untersuchung ist in erster Linie die sogenannte unechte Unfallversicherung von Bedeutung.

(b) Versicherte Risiken in der gesetzlichen Unfallversicherung

Versicherte Risiken der gesetzlichen Unfallversicherung sind der Arbeits- und Wegeunfall, § 8 SGB VII und die Berufskrankheiten, § 9 SGB VII. Da die geschützten Risiken auch durch die gesetzliche Krankenversicherung, SGB V, abgedeckt sind,[1208] wird der Wert der gesetzlichen Unfallversicherung zum Teil unterschätzt. Ihr Schutz geht aber über die Leistungen der gesetzlichen Krankenversicherung hinaus, da sich dieser am umfassenden zivilrechtlichen Haftungsumfang orientiert.[1209] Anders als in der Krankenversicherung werden nicht nur die Leistungsgruppen medizinischer Rehabilitation und der unterhaltssichernden und anderen ergänzenden Leistungen gewährt, § 11 Abs. 2 SGB V, sondern auch die Leistungsgruppen zur Teilhabe am Arbeitsleben und zur Teilhabe am Leben in der Gemeinschaft, § 26 Abs. 1 SGB VII. Auch die Zahlung von Renten – Verletztenrente und Hinterbliebenenrente – ist möglich, §§ 56ff SGB VII.

(c) Ergebnis

Die gesetzliche Unfallversicherung ist heute im SGB VII geregelt. Sie umfasst zwei systematisch unterschiedliche Arten der Versicherung: die echte und die unechte Unfallversicherung. Die echte Unfallversicherung knüpft an das abhängige Beschäftigungsverhältnis an und sichert vor allem Arbeitnehmerinnen und Arbeitnehmer bei Unfällen in Zusammenhang mit ihrem Arbeitsverhältnis ab. Die unechte Unfallversicherung ist demgegenüber dem sozialen Entschädigungsrecht zuzuordnen. Sie ist ein wohlfahrtsstaatliches Instrument zum Schutz gesellschaftlich besonders erwünschter Tätigkeiten.

[1206] KassKomm-Ricke, vor §§ 2-6 SGB VII, Rn. 2, und § 2 SGB VII, Rn. 40.
[1207] Vgl. auch Schulin/Igl, Rn. 404.
[1208] § 11 Abs. 4 SGB V, argumentum e contrario, vgl. Igl/Jachmann/Eichenhofer, S. 363.
[1209] Igl/Jachmann/Eichenhofer, S. 363.

Der Schutz der gesetzlichen Unfallversicherung umfasst den Arbeits- und Wegeunfall, sowie Berufskrankheiten. Die Leistungen der gesetzlichen Unfallversicherung gehen über diejenigen der gesetzlichen Krankenversicherung hinaus. Finanziert wird die echte Unfallversicherung durch die Unternehmer, die unechte Unfallversicherung hauptsächlich durch öffentliche Mittel.

(2) Bürgerschaftliches Engagement in der gesetzlichen Unfallversicherung

Bürgerschaftlich Engagierte können über unterschiedliche Eröffnungstatbestände in den Unfallversicherungsschutz gemäß SGB VII einbezogen sein. Eindeutig ist der Schutz in den Regelungen, die sich ausdrücklich auf ehrenamtliche bzw. unentgeltliche Tätigkeiten beziehen. Diese gehören regelmäßig zur unechten Unfallversicherung.
Schutz wird bürgerschaftlich Engagierten aber nicht ausschließlich durch die Regelungen der unechten Unfallversicherung gewährt. Werden Engagierte, die nicht über die unechte Unfallversicherung in den Versicherungsschutz des SGB VII einbezogen sind, wie Beschäftigte tätig, kann sich ein Schutz aus dem – subsidiären – § 2 Abs. 2 SGB VII ergeben.

Zwar wird die für die Einbeziehung des bürgerschaftlichen Engagements häufig ausschlaggebende Formulierung der „ehrenamtlichen Tätigkeit" in der Regel weit verstanden; dennoch fallen viele Formen von bürgerschaftlichem Engagement aus dem Schutz der gesetzlichen Unfallversicherung heraus. Dies hat seine Ursache insbesondere darin, dass die Strukturen von Ehrenamtlichkeit und bürgerschaftlichem Engagement nicht immer gleich sind. Im SGB VII wird für den Schutz in der Regel an eine Eingliederung in bestimmte Einrichtungen und Organisationen bzw. organisatorische Abläufe geknüpft. So gilt § 2 Abs. 1 Nr. 12 für Personen, die in Unternehmen zur Hilfe bei Unglücksfällen ehrenamtlich tätig sind; § 2 Abs. 1 Nr. 9 SGB VII knüpft an eine Tätigkeit im Gesundheitswesen oder der Wohlfahrtspflege an. Bürgerschaftliches Engagement ist aber häufig informeller strukturiert. Soweit § 2 Abs. 1 SGB VII auch die unentgeltliche Tätigkeit schützt, sind hier auch weniger formalisierte Tätigkeiten einbezogen.

(a) Schutz durch die unechte Unfallversicherung

Die zentralen Eröffnungstatbestände für bürgerschaftlich Engagierte gehören zur unechten Unfallversicherung. Es sind § 2 Abs. 1 Nr. 9 SGB VII, die Einbeziehung der ehrenamtlich im Gesundheitswesen und in der Wohlfahrtspflege Tätigen; § 2 Abs. 1 Nr. 12 SGB VII, der unentgeltliche, insbesondere ehrenamtliche

Tätigkeit in Unternehmen zur Hilfe bei Unglücksfällen und im Zivilschutz umfasst und der mit der Pflegeversicherung 1994 eingeführte § 2 Abs. 1 Nr. 17 SGB VII, durch den Pflegepersonen jedenfalls dann in der gesetzlichen Unfallversicherung geschützt sind, wenn ihre Pflegetätigkeit regelmäßig einen bestimmten Umfang hat.
Darüber hinaus sind weitere Formen ehrenamtlicher Tätigkeit geschützt. Zahlenmäßig besonders relevant ist Engagement, das unter § 2 Abs. 1 Nr. 12 SGB VII fällt: Insgesamt waren 1999 mehr als 1,8 Mio. ehrenamtlich Tätige und mehr als 400 000 Personen aus Hilfe leistenden Unternehmen im Sinne des § 2 Abs. 1 Nr. 12 SGB VII unfallversichert.[1210]
Durch die Neuregelungen, die zum 1.1.2005 in Kraft treten, wird der Schutz einiger Formen von Engagement ermöglicht, wenn für die infragestehende Tätigkeit eine Einwilligung oder Genehmigung gegeben ist, § 2 Abs. 1 Nr. 10 a und b SGB VII n. F; liegt eine solche Einwilligung oder Genehmigung vor, ist der oder die Engagierte in der gesetzlichen Unfallversicherung pflichtversichert. Zudem wird die Möglichkeit einer Versicherung kraft Satzung erweitert, § 3 Abs. 1 Nr. 4 SGB VII n. F. Diese Regelung ermöglicht den Unfallversicherungsträgern der öffentlichen Hand in Verbindung mit § 128 Abs. 1 Nr. 11 SGB VII, weitere ehrenamtlich Tätige und bürgerschaftlich Engagierte, die nicht kraft Gesetz versichert sind, per Satzung in den Versicherungsschutz einzubeziehen und die Voraussetzungen dafür zu regeln. Außerdem gibt es die Möglichkeit einer freiwilligen Versicherung, § 6 Abs. 1 Nr. 3 und 4 SGB VII n. F.

Überwiegend wird in diesen Neuregelungen eine Einbeziehung davon abhängig gemacht, ob die jeweiligen übergeordneten Organisationen, Körperschaften oder der Unfallversicherungsträger diesen Schutz wünschen. Dies gilt offensichtlich für § 3 Abs. 1 Nr. 4 SGB VII n. F., der eine entsprechende Regelung in einer Satzung voraussetzt, als auch für die freiwillige Versicherung, die für § 6 Abs. 1 Nr. 3 und 4 SGB VII n. F. vorgesehen ist. Der Schutz von Engagierten in Verbandsgremien und Kommission von Arbeitgeberorganisationen und Gewerkschaften sowie anderen selbständigen Arbeitnehmervereinigungen mit sozial- oder berufspolitischer Zielsetzung sollte ursprünglich als Pflichtversicherung ausgestaltet werden. Erst im Gesetzgebungsverfahren wurde die weniger einschneidende Maßnahme der freiwilligen Versicherung gewählt.[1211]

Aber auch die Erweiterung der Pflichtversicherung in § 2 Abs. 1 SGB VII n. F. enthält mit der eng gefassten Voraussetzung einer Einwilligung oder Genehmigung die Möglichkeit für die Verbände und Religionsgemeinschaften, auf einen Schutz zu verzichten. Diese strengen Kriterien sind erst im Laufe des Verfahrens

[1210] Schulin/Igl, Rn. 416.
[1211] Zur Begründung für die geänderte Regelung vgl. BT-Drs. 15/4051, S. 16.

eingeführt worden.[1212] Ursprünglich war nur vorgesehen, dass eine Tätigkeit „im Auftrag oder mit Zustimmung" ausgeführt werden muss.[1213]

In der Gesetzesbegründung für die Neuregelung wird auf die Bedeutung des bürgerschaftlichen Engagements hingewiesen.[1214] Allerdings spiegelt sich die Verwendung des Begriffs „bürgerschaftliches Engagement" überwiegend nicht in den Formulierungen den Neuregelungen wider. Zwar wird in § 3 Abs. 1 Nr. 4 SGB VII n. F. für „ehrenamtlich Tätige und bürgerschaftliche Engagierte" die Möglichkeit einer Versicherung kraft Satzung vorgesehen sein; abgesehen davon wird weiter an die Ehrenamtlichkeit der Tätigkeit angeknüpft, etwa in § 2 Abs. 1 Nr. 10 a und b SGB VII n. F. Der Begriff des „bürgerschaftlichen Engagements" tritt also nicht an die Stelle, sondern neben den des Ehrenamts. Welche Tätigkeiten der Gesetzgeber vom „bürgerschaftlichen Engagement" im Unterschied zum ebenfalls geregelten Ehrenamt umfasst sehen möchte, lässt sich auch aus den Gesetzesmaterialien nicht entnehmen.

(i) Gesundheitswesen und Wohlfahrtspflege, § 2 Abs. 1 Nr. 9 SGB VII

Zu den durch die unechte Unfallversicherung geschützten Personen gehört die große Gruppe derjenigen, die unentgeltlich, insbesondere ehrenamtlich im Gesundheitswesen oder in der Wohlfahrtspflege tätig sind, § 2 Abs. 1 Nr. 9 SGB VII.

Der Begriff des Gesundheitswesens erfasst Tätigkeiten und Einrichtungen, deren Hauptzweck auf die menschliche Gesundheit einschließlich der Hygiene zielt (Besserung oder Beseitigung krankhafter Zustände, Vorbeugung gegen Gesundheitsschäden Einzelner oder der Allgemeinheit).[1215] Die Wahrung der Gesundheit muss Hauptzweck der Einrichtung bzw. Tätigkeit sein; nicht ausreichend ist, dass gesundheitsfördernde oder krankheits- bzw. seuchenverhindernde Aspekte nur als Begleiterscheinung eine gewisse Rolle spielen.[1216] Zum geschützten Personenkreis gehören z. B. die Grünen Damen, die Patientinnen und Patienten im Krankenhaus freiwillig nichtmedizinisch betreuen.[1217]

1212 BT-Drs. 15/4051, S. 5.

1213 BT-Drs. 15/3439, S. 3.

1214 BT-Drs. 15/3439 S. 1, 5; BT-Drs. 15/4051 S. 1.

1215 BSGE 15, 41, 44.

1216 Wie das z. B. bei einem Beerdigungsinstitut, bei der Müllabfuhr oder bei einem Unternehmen zur Fäkalienbeseitigung der Fall sei; diese recht pragmatische Zusammenstellung findet sich bei Schlegel in Schulin, HS-UV, § 17, Rn. 5.

1217 Kater/Leube, § 2, Rn. 232.

Der Begriff der Wohlfahrtspflege wird weit verstanden und umfasst ein weites Spektrum von Tätigkeiten,[1218] denn Wohlfahrtspflege ist in den Regelungen der gesetzlichen Unfallversicherung nicht organisatorisch zu verstehen, sondern inhaltlich. Es bedarf keiner Anknüpfung an eine Organisation der im Spitzenverband der Wohlfahrtspflege organisierten Verbände.[1219] Maßgeblich für den Versicherungsschutz ist vielmehr die Zweckbestimmung der Einrichtung oder Tätigkeit, die hauptsächlich Wohlfahrtszwecken dienen muss.[1220] Ehrenamtliche bzw. unentgeltliche Tätigkeit in der Wohlfahrtspflege ist nicht nur die Tätigkeit innerhalb von Wohlfahrtsverbänden, sondern umfasst die planvolle, zum Wohl der Allgemeinheit und nicht des Erwerbs wegen ausgeübte, vorbeugende oder abhelfende unmittelbare Betreuung von gesundheitlich, sittlich oder wirtschaftlich gefährdeten Menschen insgesamt.[1221] Dazu zählen neben der Tätigkeit in einer freien Arbeitsgemeinschaft der Altenpflege z. B. auch eine solche in der Aidshilfe.[1222] Nicht ausreichend ist bloße Selbsthilfe.[1223] Diese fällt aufgrund der hier verwendeten Begriffsbestimmung ohnehin nicht unter den Begriff des bürgerschaftlichen Engagements.

Ehrenamtlich Tätige sind die Personen, die ein nach der Satzung oder den Statuten vorgesehenes Ehrenamt ausüben, z. B. als Vorstands-, Ausschuss- oder Beiratsmitglied. Unter unentgeltlich Tätigen werden die Personen verstanden, die, ohne ein Ehrenamt auszuüben, in den entsprechenden Institutionen aus immateriellen Gründen mitarbeiten bzw. Verantwortung übernehmen.[1224] Als Beispiele werden genannt: Helferinnen und Helfer bei Sammlungen, Sonntagshelfer in Altenheimen oder Krankenhäusern, Laienhelfer und -helferinnen, sowie Leiterinnen und Leiter von Selbsthilfegruppen. Die Tätigkeit der Leiter geht dabei über die bloße Selbsthilfe hinaus und ist auch von der hier verwendeten Definition von bürgerschaftlichem Engagement umfasst. Vom Versicherungsschutz umfasst ist darüber hinaus die kostenlose pflegerische Betreuung einer Person oder ein Transport von alten und behinderten Menschen im Rahmen einer Nachbarschaftsinitiative, wenn er unentgeltlich statt findet.[1225] Der Schutz der gesetzlichen Unfallversicherung gilt in diesem Bereich also nicht nur für klas-

---

[1218] Allerdings wird am Begriff der Wohlfahrtspflege grundsätzlich Kritik geübt. Mit Blick auf die Sozialwissenschaften werden Zweifel gehegt, ob der Begriff noch zeitgemäß ist. Igl/Jachmann/Eichenhofer, S. 367f.

[1219] KassKomm-Ricke, § 2 SGB VII, Rn. 41; BSG SozR 2200 § 539 Nr. 134 m.w.N.

[1220] So auch Igl/Jachmann/Eichenhofer, S. 366.

[1221] BSGE 6, 74, 77; Igl/Jachmann/Eichenhofer, S. 366; zum Begriff der Wohlfahrtspflege allgemein Neumann, Freiheitsgefährdung im kooperativen Sozialstaat.

[1222] Igl/Jachmann/Eichenhofer, S. 366f.

[1223] BSG SozR 2200 § 539 Nr. 111; KassKomm-Ricke, § 2 SGB VII, Rn. 45.

[1224] Igl/Jachmann/Eichenhofer, S. 367.

[1225] Igl/Jachmann/Eichenhofer, S. 367.

sische ehrenamtliche Tätigkeit, sondern auch für bürgerschaftliches Engagement im weiteren Sinne.

(ii) Ehrenamtliche Tätigkeit bei Unglücksfällen und Zivilschutz, § 2 Abs. 1 Nr. 12 SGB VII

In der Unfallversicherung geschützt sind auch Personen, die in Unternehmen zur Hilfe bei Unglücksfällen oder im Zivilschutz unentgeltlich, insbesondere ehrenamtlich tätig sind oder an Ausbildungsveranstaltungen dieser Unternehmen teilnehmen, § 2 Abs. 1 Nr. 12 SGB VII. Hierzu gehören einige Gruppen, deren Name fast ein Synonym für bürgerschaftliches Engagement geworden ist: Neben den freiwilligen Feuerwehren auch das Rote Kreuz, der Malteser-Hilfsdienst, die Johanniter-Unfallhilfe, die Deutsche Lebensrettungsgesellschaft, der Arbeitersamariterbund u.a.; ausgeschlossen sind solche Unternehmen, die gewerblich tätig werden.[1226]
Der Schutz bezieht sich auf solche Tätigkeiten, die den Aufgaben und Zwecken der Organisation unmittelbar dienen: zunächst natürlich auf die eigentlichen Einsätze, soziale und Pflegedienste und Behindertenarbeit; Arbeits- und Werkstattdienst. Darüber hinaus werden aber auch Tätigkeiten geschützt, die im weiteren Sinne zur Aufgabenwahrnehmung beitragen: Sitzungen der Organe und Gremien ebenso wie sportliche Betätigung, soweit sie als Dienst angesetzt ist und andere Tätigkeiten, soweit sie von einem Vorgesetzten angeordnet werden, genauso wie Veranstaltungen zur Mitgliederwerbung[1227] und andere Öffentlichkeitsarbeit.

(iii) Pflegepersonen, § 2 Abs. 1 Nr. 17 SGB VII

Seit der Einführung der sozialen Pflegeversicherung 1994 gilt die gesetzliche Unfallversicherung auch für Pflegepersonen im Sinne des § 19 SGB XI bei der Pflege von Pflegebedürftigen im Sinne des § 14 SGB XI, § 2 Abs. 1 Nr. 17 SGB VII. Voraussetzung ist, dass diese nicht erwerbsmäßig Pflegebedürftige im Sinne des § 14 SGB XI pflegen. Diese Pflege muss einen Umfang von mindestens 14 Stunden wöchentlich haben und in der häuslichen Umgebung des oder der Pflegebedürftigen statt finden, § 19 S. 2 SGB VII. Die Pflegetätigkeiten, die durch die gesetzliche Unfallversicherung abgesichert sind, richten sich nach den in § 14 Abs. 4 aufgeführten Tätigkeiten, die durch die Pflegepersonen für Pfle-

[1226] Kater/Leube, § 2, Rn. 281; hier werden allerdings die tätigen Personen zumeist als Beschäftigte im Sinne des § 2 Abs. 1 Nr. 1 SGB VII versichert sein.
[1227] Igl/Jachmann/Eichhenhofer, S. 371, Fn. 162.

gebedürftige erbracht werden.[1228] Pflegetätigkeiten, auch in Form von bürgerschaftlichem Engagement, die 14 Stunden wöchentlich nicht erreichen, sind nicht in die gesetzliche Unfallversicherung einbezogen.

(iv) Ehrenamtlich Tätige in Körperschaften des öffentlichen Rechts bzw. in öffentlich-rechtlichen Religionsgemeinschaften

(a) Rechtslage bis zum 31.12.2004

Der Schutz der gesetzlichen Unfallversicherung gilt bisher gemäß § 2 Abs. 1 Nr. 10 SGB VII auch für Personen, die für Körperschaften, Anstalten oder Stiftungen des öffentlichen Rechts oder deren Verbände oder Arbeitsgemeinschaften, für öffentliche Religionsgemeinschaften oder bestimmte andere Einrichtungen[1229] ehrenamtlich tätig sind oder an Ausbildungsveranstaltungen für diese Tätigkeit teilnehmen. Auch durch diese Regelung wird eine große Anzahl bürgerschaftlich Engagierter erfasst. § 2 Abs. 1 Nr. 10 1.HS. SGB VII gilt auch für die Personen, die im Bildungswesen ehrenamtlich tätig sind.

Zentrale Voraussetzung für eine Einbeziehung ist es zur Zeit noch, dass die infragestehende Tätigkeit im Rahmen gesetzlich geregelter Vertretungs-, Mitwirkungs- und Beteiligungsrechte erfolgt;[1230] der oder die Engagierte muss ein Amt ausüben.[1231] Zu den einbezogenen Einrichtungen gehören Gebietskörperschaften; darüber hinaus aber z. B. auch Universitäten, Sparkassen und allgemein Körperschaften, Stiftungen und Anstalten des öffentlichen Rechts. Ein Versicherungsschutz wird nur dann begründet, wenn hier eine unentgeltliche Tätigkeit ausgeübt wird, die im Rahmen eines verantwortlich auszuübenden Pflichtenkreises erfolgt, nicht in einem Beschäftigungsverhältnis, sondern im Rahmen eines Ehrenamts. Im Gegensatz zu § 2 Abs. 1 Nr. 9 SGB VII im Gesundheitswesen oder der Wohlfahrtspflege Tätigen wird in § 2 Abs. 1 Nr. 10 SGB VII nur geschützt, wer ehrenamtlich tätig wird, nicht auch, wer unentgeltlich tätig wird.

[1228] Dazu gehören Pflegetätigkeiten bei der Körperpflege, § 14 Abs. 4 Nr. 1 SGB XI, der Ernährung, Nr. 2; der Mobilität, Nr. 3 und der hauswirtschaftlichen Versorgung, Nr.4.

[1229] § 1 Abs. 1 Nr. 2 SGB VII umfasst Betriebsstätten, Lehrwerkstätten, Schulungskurse und ähnliche Einrichtungen; Einrichtungen im Sinne des § 1 Abs. 1 Nr. 8 SGB VII sind anerkannte Kindertageseinrichtungen, allgemein- und berufsbildende Schulen und Hochschulen.

[1230] Igl/Jachmann/Eichenhofer, S. 368

[1231] Riebel in Hauck/Noftz, K § 2 Abs. 2, Rn. 134.

In § 539 RVO waren die öffentlich-rechtlichen Religionsgemeinschaften nicht ausdrücklich erwähnt worden; diese Formulierung wurde mit der Einführung des SGB VII neu geschaffen. Der Versicherungsschutz war früher bereits für Religionsgemeinschaften als Körperschaften des öffentlichen Rechts anerkannt.[1232] Geschützt sind in erster Linie die evangelischen Kirchen und die katholische Kirche sowie deren Kirchengemeinden,[1233] sowie die nach Art. 137 Abs. 4 WRV als Körperschaften des öffentlichen Rechts anerkannten Freikirchen.[1234] Auf Religionsgemeinschaften in privater Rechtsform, Art. 137 Abs. 4 WRV oder ohne Rechtspersönlichkeit und ihre ehrenamtlich Tätigen ist Nr. 10 nicht, auch nicht analog, anzuwenden.[1235]
Anders als bei Körperschaften, Anstalten oder Stiftungen des öffentlichen Rechts sind – auch im Gegensatz zur Auslegung der Regelung des § 539 RVO a. F. – bei öffentlich-rechtlichen Religionsgemeinschaften nicht auch deren Verbände und Arbeitsgemeinschaften geschützt. Dies hat zur Folge, dass bestimmte Tätigkeiten bürgerschaftlichen Engagements, die nicht direkt der Kirche an sich zugeordnet werden können, aus dem Unfallversicherungsschutz herausfallen.[1236] Der Rechtsprechung zufolge setzt der Begriff der ehrenamtlichen Tätigkeit für eine öffentlich-rechtliche Religionsgemeinschaft sowohl gemäß § 539 Abs. 1 Nr. 13 RVO als auch für § 2 Abs. 1 Nr. 10 SGB VII voraus, dass es sich um einen qualifizierten sachlichen und organisatorischen Verantwortungsbereich der öffentlich-rechtlichen Körperschaft handelt, innerhalb dessen die ehrenamtliche Tätigkeit für die Körperschaft ausgeübt werden muss. Wenn dieser in Bezug auf die fragliche Veranstaltung nicht bereits gesetzes- oder satzungsmäßig von vornherein festgelegt ist, bedarf es für die betreffende einzelne Veranstaltung eines gesamtbezogenen, eigenständigen Annahmeaktes der Körperschaft als Zuordnungsgrund.[1237] Dabei muss die Veranstaltung für die Körperschaft insgesamt bedeutsam sein; das nur auf einzelne Bürger (oder Kirchengemeindenmitglieder) beschränkte Interesse genügt nicht.[1238]

Ehrenamtlich im Sinne der gesetzlichen Unfallversicherung wird in diesem Rahmen nur tätig, wer entweder ausdrücklich oder stillschweigend einen Auftrag zum Tätigwerden erhalten hat. Der stillschweigende Auftrag setzt einen klaren Zuordnungsgrund zum Aufgaben- und organisatorischen Verantwortungsbereich der Körperschaft sowie – z. B. durch laufende Förderung eines langjährigen Brauchtums – eine erkennbare Bereitschaft der öffentlich-rechtlichen Kör-

---

[1232] BSGE 34, 163, 165
[1233] BSG SozR 3-2200 § 539 Nr. 31 m.w.N.
[1234] Kater/Leube, § 2, Rn. 248.
[1235] Kater/Leube, § 2, Rn. 248.
[1236] BSG vom 10.10.2002 Az. B 2 U 14/02.
[1237] BSG vom 10.10.2002 Az. B 2 U 14/02.
[1238] BSG SozR 2200 § 539 Nr.95.

perschaft voraus, jeden einzelnen, der dem Brauch entsprechend mitarbeitet, stillschweigend demgemäß zu beauftragen.[1239] Daran soll es schon dann fehlen, wenn eine individuelle Zuordnung nicht geschieht, sondern eine Aufgabe an eine Personengesamtheit zugewiesen wird.[1240] Anders als bei dem weiter gefassten bürgerschaftlichen Engagement kommt es bei der ehrenamtlichen Tätigkeit neben der Unentgeltlichkeit, die sich in der „*Ehren*-amtlichkeit" widerspiegelt auch auf die „Ehren*amtlichkeit*" an: Darauf, dass die Aufgabe explizit auf die engagierte Person übertragen wird. Bürgerschaftliches Engagement im weiteren Sinne als unentgeltliche freiwillige und gemeinwohlorientierte Tätigkeit ohne diese Komponente wird in der Unfallversicherung in der Regel durch „unentgeltliche Tätigkeit" mit umfasst. Diese Komponente fehlt allerdings in § 2 Abs. 1 Nr. 10 SGB VII.
Außerdem werden Tätigkeiten, die nicht direkt den öffentlich-rechtlichen Religionsgemeinschaften zugeordnet sind, sondern anderen kirchennahen oder kirchenverbundenen Organisationen, wegen des Wortlauts des § 2 Abs. 1 Nr. 10 SGB VII als nicht geschützt angesehen.

(b) Rechtslage seit dem 1.1.2005

§ 2 Abs. 1 Nr. 10a und b SGB VII n. F. ersetzen seit dem 1.1.2005 den bisherigen § 2 Abs. 1 Nr. 10 SGB VII. § 2 Abs. 1 Nr. 10a SGB VII n. F. sieht nun einen Unfallversicherungsschutz für Personen vor, die für Körperschaften, Stiftungen oder Stiftungen des öffentlichen Rechts oder deren Verbänden oder Arbeitgemeinschaften, für die in den Nummern 2 und 8 genannten Einrichtungen oder für privatrechtliche Organisationen im Auftrag oder mit ausdrücklicher Einwilligung, in besonderen Fällen mit schriftlicher Genehmigung von Gebietskörperschaften ehrenamtlich tätig sind.
§ 2 Abs. 1 Nr. 10 b SGB VII n. F. ist eine Regelung für öffentlich-rechtliche Religionsgemeinschaften und deren Einrichtungen oder privatrechtliche Organisationen, wenn die Einwilligung oder Genehmigung durch die öffentlich-rechtliche Religionsgemeinschaft erfolgt. Verbände und Arbeitsgemeinschaften sind hier weiterhin nicht eingeschlossen.

Es ist davon auszugehen, dass durch die Neuregelung der bisherige Schutz nicht begrenzt werden soll. Daher ist die Formulierung „im Auftrag" so zu lesen, dass sie dem bisherigen „für" – „für Körperschaften" bzw. „für öffentlich-rechtliche Religionsgemeinschaften" entspricht. Durch die Formulierung „im Auftrag"

[1239] BSG SozR 2200 § 539 Nr. 95.

[1240] Im diesem Fall handelte es sich um die Betreuung eines Waffelstandes bei einem Gemeindefest, die nicht der Geschädigten direkt übertragen worden war, sondern der in der Gemeinde organisierten Gruppe der Katholischen Frauengemeinschaft Deutschlands. Sie übernahm die Betreuung des Standes als deren Mitglied.

wird der Zuordnungsakt sogar noch zusätzlich betont. Daher spricht viel dafür, dass es bei der oben dargestellten Rechtslage bleibt, soweit nicht die betroffenen Körperschaften oder Verbände von der Möglichkeit Gebrauch machen, in eine Tätigkeit, die nicht im direkten Auftrag geschieht, einzuwilligen oder sie zu genehmigen. Machen sie von dieser Möglichkeit Gebrauch, können diese Engagierten auch geschützt sein, ohne dass es einer entsprechend klaren Zuordnung bedarf.

In Bezug auf die Gebietskörperschaften war es Zweck der Änderung, dem Umstand Rechnung zu tragen, dass bisher von Gebietskörperschaften selbst wahrgenommene Aufgaben vermehrt durch bürgerschaftlich Engagierte unentgeltlich erfüllt werden.

(c) Ergebnis

Bei der Neuregelung handelt es sich um eine Einbeziehung in die Pflichtversicherung. Durch die Maßgabe, dass eine Einbeziehung über den bisherigen Schutz – „im Auftrag" – hinaus aber von einer ausdrücklichen Einwilligung abhängt oder von einer schriftlichen Genehmigung, die jedoch nur in besonderen Fällen vorgesehen ist, muss abgewartet werden, ob von diesen Möglichkeiten überhaupt Gebrauch gemacht wird.

(v) Ehrenamtlich in der Landwirtschaft Tätige, § 2 Abs. 1 Nr. 5 d, e SGB VII

Ebenfalls ausdrücklich geschützt sind Personen, die ehrenamtlich in Unternehmen tätig sind, die der Sicherung, Überwachung oder Förderung der Landwirtschaft dienen, § 2 Abs. 1 Nr. 5 d SGB VII. Die Unternehmen müssen privatrechtlich organisiert sein.[1241] „Ehrenamtliche Tätigkeit" ist dabei nicht synonym mit Ehrenamt zu verstehen, sondern ist weiter gefasst.[1242] Sie setzt die Unentgeltlichkeit der Tätigkeit voraus, die Freiwilligkeit des Handelns und das Eingebundensein in organisatorische Zusammenhänge. Ähnliches gilt für ehrenamtliche Tätigkeit in Berufsverbänden der Landwirtschaft, § 2 Abs. 1 Nr. 5 e SGB VII. Auch diese sind privatrechtlich organisiert; darüber hinaus muss eine landwirtschaftliche Berufsgenossenschaft für das Unternehmen zuständig sein, § 123 Abs. 1 Nr. 6 SGB II. Der Schutz gilt dann auch für ansonsten nicht in die Berufsgenossenschaft eingebundene Personen, so zum Beispiel für einen ehrenamtlich tätigen Rechtsanwalt.[1243]

[1241] Igl/Jachmann/Eichenhofer, S. 365.
[1242] BSG SozR 2200 § 359 Nr. 95; Kater/Leube, § 2, Rn. 251.
[1243] Hinweis bei Igl/Jachmann/Eichenhofer, S. 366.

(vi) § 2 Abs. 1 Nr. 13 a, c SGB VII

Im weiteren Sinne ebenfalls bürgerschaftliches Engagement sind die in § 2 Abs. 1 Nr. 13 a und c SGB VII geschützten Tätigkeiten: § 2 Abs. 1 Nr. 13 a SGB VII schützt diejenigen, die bei Unglücksfällen oder gemeiner Gefahr oder Not Hilfe leisten oder einen anderen aus erheblicher gegenwärtiger Gefahr für seine Gesundheit retten. § 2 Abs. 1 Nr. 13 c SGB VII eröffnet Versicherungsschutz für diejenigen, die sich bei der Verfolgung oder der Festnahme einer Person, die einer Straftat verdächtig ist oder die sich zum Schutz eines widerrechtlich Angegriffenen persönlich einsetzen. Dieses Handeln ist freiwillig und unentgeltlich. Wer bei „gemeiner Gefahr" hilft, unterstützt schon dem Wortlaut nach die Allgemeinheit; auch Hilfe bei Unglücksfällen dient dem allgemeinen Wohl. Wer jemand anderem in einer Notsituation beisteht, unterstützt diesen als Teil der Allgemeinheit und handelt gemeinwohlorientiert.

(b) Geschütztes Engagement gemäß § 2 Abs. 2 SGB VII: „Wie-Versicherte"

Die Sozialgerichte haben bereits mehrfach bei der Frage nach dem versicherungsrechtlichen Schutz bürgerschaftlich engagierter Personen auf die Vorschrift des § 2 Abs. 2 S. 1 SGB VII zurückgegriffen. Dieser regelt, anders als die oben vorgestellten Normen, nicht ausdrücklich den Schutz ehrenamtlicher Tätigkeit. Er bestimmt vielmehr, dass solche Personen in der gesetzlichen Unfallversicherung versichert sind, die wie Versicherte nach § 2 Abs. 1 Nr. 1 SGB VII, also wie Beschäftigte tätig werden. Er ist gegenüber den Regelungen des § 2 Abs. 1 SGB VII subsidiär.[1244] Dies ergibt sich schon aus dem Wortlaut („ferner sind Personen versichert").[1245]

Es ging bei diesen Entscheidungen in den meisten Fällen um die Tätigkeit von Vereinsmitgliedern in ihrem Verein. Hier wurde ein Schutz durch § 2 Abs. 2 SGB VII vom Bundessozialgericht für die Fälle verneint, in denen die infragestehende Tätigkeit nicht über den üblichen, typischen Rahmen der Vereinsarbeit hinausgeht. Hebe der Verein bestimmte Personen dadurch aus dem Kreis seiner Mitglieder heraus, dass er ihnen ehrenamtliche Vereinsfunktionen überträgt, so träfen diese Personen auch qualitativ und quantitativ andere Mitgliedspflichten als einfache Vereinsmitglieder.[1246] Damit ist der gesamte Bereich der Vereinstätigkeit bürgerschaftlich Engagierter, die nicht den für § 2 Abs. 2 SGB VII notwendigen Umfang hat, nicht durch § 2 Abs. 2 SGB VII geschützt.

[1244] Schmitt in SRH, C 15, Rn. 63.
[1245] So auch Kater/Leube, § 2, Rn. 417.
[1246] BSG Urteil vom 12.08.2002, Az. B 2 U 5/02 R.

Die Vorschrift ist auch auf Tätigkeiten anwendbar, die dem Aufgabenkreis des Landes oder der Gemeinde zuzurechnen sind, dem ausdrücklichen oder mutmaßlichen Willen des zuständigen Verwaltungsträger entsprechen und nach Art und Umfang rechtlich als Arbeit zu qualifizieren sind.[1247] Entscheidend soll sein, dass es sich um eine vom Land oder von der Gemeinde eingerichtete und durchgeführte Maßnahme handelt, der öffentliche Rechts- und Verwaltungsträger also in den ihm obliegenden Pflichten auch tatsächlich unterstützt und entlastet wird.[1248]

Ein Schutz über § 2 Abs. 2 SGB VII kommt nur dann in Frage, wenn es sich bei der Tätigkeit um eine ernsthafte, dem Unternehmen zu dienen bestimmte und seinem wirklichen oder mutmaßlichen Willen entsprechende Tätigkeit handelt, die ihrer Art nach sonst von Personen verrichtet werden könnte, die in einem dem allgemeinen Arbeitsmarkt zuzurechnenden Beschäftigungsverhältnis stehen, und die unter solchen Umständen geleistet wird, dass sie einer Tätigkeit auf Grund eines Beschäftigungsverhältnisses ähnlich ist. Eines persönlichen oder wirtschaftlichen Abhängigkeitsverhältnisses bedarf es allerdings im Gegensatz zu einem Beschäftigungsverhältnis nicht.[1249]

Zuständig für die Entschädigung von Unfällen nach § 2 Abs. 2 S. 1 SGB VII ist der Versicherungsträger, dessen Unternehmen die unfallbringende Tätigkeit gedient hat, § 136 Abs. 3 S. 1 SGB VII. Das Risiko wird damit dem Unfallversicherungsträger zugerechnet, den das Unternehmen angeht.[1250] § 133 Abs. 1 SGB VII trifft eine abschließende Regelung über den zuständigen Versicherungsträger.[1251] Dieser Bereich gehört also zur echten Unfallversicherung, nicht zur unechten Unfallversicherung im Sinne des sozialen Entschädigungsrechts.

(c) Versicherung kraft Satzung, § 3 Abs. 1 Nr. 4 SGB VII n. F.

Aus § 3 Abs. 1 Nr. 4, § 128 Abs. 1 Nr. 11 SGB VII n. F. ergibt sich seit dem 1.1.2005 die Möglichkeit für Unfallversicherungsträger, einen Versicherungsschutz kraft Satzung für ehrenamtlich Tätige und bürgerschaftlich Engagierte vorzusehen, soweit diese nicht kraft Gesetzes versichert sind. Es handelt sich dabei um eine optionale Versicherung. Die Folgen für die Behandlung von bürgerschaftlichem Engagement sind bisher noch nicht abzusehen.

1247 Igl/Jachmann/Eichenhofer, S. 373.
1248 Igl/Jachmann/Eichenhofer, S. 373, Fn. 176.
1249 BSG vom 10.10.2002 Az. B 2 U 14/02 R m.w.N.
1250 Riebel in Hauck/Noftz K § 2, Rn. 291.
1251 Riebel in Hauck/Noftz K § 2, Rn. 292.

(d) Freiwillige Versicherung, § 6 Abs. 1 Nr. 3 und 4 SGB VII n. F.

Weiterhin ist eine freiwillige Versicherung seit dem 1.1.2005 für gewählte Ehrenamtsträger in gemeinnützigen Organisationen und für Personen, die in Verbandsgremien und Kommission von Arbeitgeberorganisationen und Gewerkschaften sowie anderen selbständigen Arbeitnehmervereinigungen mit sozial- oder berufspolitischer Zielsetzung möglich.

(e) Ergebnis

Die Einbeziehung von bürgerschaftlichem Engagement in die gesetzliche Unfallversicherung geschieht auf unterschiedliche Art und Weise. Der bisher geltende selektive Versicherungsschutz bestimmter Formen ehrenamtlicher Tätigkeiten bleibt in seiner Struktur auch nach den Neuregelungen, die zum 1.1.2005 in Kraft getreten sind, erhalten. Die hier geschützten Bereiche gehören zur sogenannten unechten Unfallversicherung und damit zum sozialen Entschädigungsrecht. Die Beiträge werden – mit Ausnahme der Beiträge für die ehrenamtlich oder unentgeltlich im Gesundheitswesen oder der freien Wohlfahrtspflege Tätigen – durch die jeweils verantwortlichen Stellen auf Bundes-, Landes- und kommunaler Ebene getragen.

Zwar wird die für die Einbeziehung des bürgerschaftlichen Engagements häufig ausschlaggebende Formulierung der „ehrenamtlichen Tätigkeit" in der Regel weit verstanden; dennoch fallen viele Formen von bürgerschaftlichem Engagement aus dem Schutz der gesetzlichen Unfallversicherung heraus. Dies hat seine Ursache insbesondere darin, dass die Strukturen von Ehrenamtlichkeit und bürgerschaftlichem Engagement nicht immer gleich sind. Wie sich dies in Bezug auf § 2 Abs. 1 Nr. 10 a und b SGB VII n. F. entwickeln wird, bleibt dabei abzuwarten. Grundsätzlich gilt aber weiterhin, dass das SGB VII für den Schutz in der Regel an eine Eingliederung in bestimmte Einrichtungen und Organisationen bzw. organisatorische Abläufe anknüpft.

Bürgerschaftliches Engagement ist aber häufig anders strukturiert. Bürgerschaftliches Engagement umfasst auch mehr als Ehrenämter und ehrenamtliche Tätigkeiten. Im Gegensatz zum weitgehenden Einbezug von sozialen Tätigkeiten werden Tätigkeiten im Bereich Kunst und Kultur – abgesehen von Bildung, die in § 2 Abs. 1 Nr. 10 1.HS. SGB VII mit einbezogen sind[1252] – nicht geschützt.

[1252] Igl/Jachmann/Eichenhofer, S. 368.

Soweit durch die Neuregelung eine strenge Anknüpfung an Organisationsstrukturen nicht vorgesehen ist, § 3 Abs. 1 Nr. 4 SGB VII n. F., ist zu berücksichtigen, dass die Neuregelung nicht zwingend ist, sondern nur die Möglichkeit der Versicherung kraft Satzung eröffnet. Inwieweit davon tatsächlich Gebrauch gemacht werden wird, bleibt dabei abzuwarten.

(3) Grundsätzliche Vergleichbarkeit des geschützten und nicht geschützten Engagements

Notwendig für eine Anwendbarkeit des Art. 3 Abs. 1 GG bei der Frage nach der Verfassungsmäßigkeit eines Ausschlusses bestimmter Formen bürgerschaftlichen Engagements aus der gesetzlichen Unfallversicherung ist eine Vergleichbarkeit verschiedener Sachverhalte. Diese wird verneint, wenn es sich um Sachverhalte handelt, die unterschiedlichen „rechtlichen Ordnungsbereichen angehören und in anderen systematischen und sozialgeschichtlichen Zusammenhängen stehen".[1253] Zwar hat sich die gesetzliche Unfallversicherung durch die Einbeziehung verschiedener Gruppen über die Jahre immer wieder aufgrund unterschiedlicher Problemlagen weiterentwickelt. Weiterhin bestehen, wie oben dargestellt, für manche Lebenssituationen Lücken im Unfallversicherungsschutz. Durch die vergleichbaren Problemlagen und die Anknüpfung an die gesetzliche Unfallversicherung ist eine Vergleichbarkeit im Sinne des Art. 3 Abs. 1 GG für die hier infragestehenden Sachverhalte gegeben.

(4) Gerechtfertigte Ungleichbehandlung?

Alle diese Tätigkeiten können unter den Oberbegriff des bürgerschaftlichen Engagements gefasst werden. Ihnen ist gemeinsam, dass es sich um freiwillige, gemeinwohlorientierte und grundsätzlich unentgeltliche Tätigkeiten handelt. Sie werden unterschiedlich behandelt, weil ein Teil des so definierten bürgerschaftlichen Engagements den Schutz der gesetzlichen Unfallversicherung im Sinne der gesetzlichen Unfallversicherung genießt, ein anderer Teil jedoch nicht.

Grundsätzlich ist der sozial- und wirtschaftspolitische Spielraum bei der Gewährung von Leistungen durch den Staat an den Bürger sehr weit.[1254] Dies gilt nicht, soweit es um die Verteilung knapper Güter geht; hier schränken die Freiheitsrechte den Handlungsspielraum des Gesetzgebers ein.[1255] Zudem gilt: Je mehr sich der moderne Staat der sozialen Sicherung seiner Bürger zuwendet, desto

[1253] BVerfGE 40, 121, 139f.; BAGE 87, 180, 184.
[1254] Starck in von Mangoldt/Klein/Starck, § 3 Abs. 1, Rn. 57.
[1255] BVerfGE 33, 303, 333.

stärker tritt im Verhältnis Bürger gegen Staat neben den Anspruch auf Schutz vor Eingriffen die Forderung nach Teilhabe an staatlichen Leistungen.[1256]

(a) Unechte Unfallversicherung

Die ins SGB VII explizit aufgenommenen Formen bürgerschaftlichen Engagements sind in der unechten Unfallversicherung geschützt. Die unechte Unfallversicherung gehört in den Bereich des sozialen Entschädigungsrechts. Dieses befindet mit seinem Kernbereich Kriegsopferversorgung zwischen dem sozialstaatlich motivierten Einstehen der Allgemeinheit und der Staatshaftung i. w. S. einer Haftung für (nicht notwendig schuldhaftes) Verwaltungsunrecht und vereinigt damit in sich Elemente dieser beiden Bereiche.[1257]

(i) Maßstab für die Rechtfertigung einer Ungleichbehandlung in der unechten Unfallversicherung

Art. 3 Abs. 1 GG hat grundsätzlich große Bedeutung für das Sozialrecht. Diese Bedeutung muss in Bezug auf seine Auswirkungen auf die Unfallversicherung jedoch relativiert werden.[1258] Das liegt für die unechte Unfallversicherung darin begründet, dass sie Teil des sozialen Entschädigungsrechts ist. Das soziale Entschädigungsrecht ist durch das dem Rechtsstaatsprinzip innewohnende, der iustitia commutativa entsprechende Gebot des Ausgleichs staatlicherseits zu verantwortender Schäden mitgeprägt.[1259] Dieses Gebot würde für sich allein mangels haftungsrechtlicher Konkretisierung noch keine Entschädigungsansprüche auslösen, sondern tut dies nur in Verbindung mit dem Sozialstaatsprinzip als Ausprägung der iustitia distributiva. Soziale Entschädigung ist also der durch Kumulation rechtsstaatlicher und sozialstaatlicher Gebote motivierter Ausgleich von Schäden, die auf Ursachen beruhen, für welche die Allgemeinheit die Verantwortung übernimmt. Sie ist haftungsrechtlich betrachtet teils Kausalhaftung, teils Haftung des Nutznießers einer schädigenden Sache oder Tätigkeit.[1260]
Das soziale Entschädigungsrecht ist dadurch geprägt, dass die Allgemeinheit die Verantwortung für bestimmte Schäden übernimmt, ohne dazu verpflichtet zu sein, weil sie entweder zum Schaden beigetragen hat oder weil es sich um eine Tätigkeit in ihrem Interesse handelte.[1261] Die Frage danach, ob für eine Hand-

---

1256 BVerfGE 33, 303, 330f.
1257 In diesem Sinne auch BSGE 47, 259, 261.
1258 Gitter/Nunius in Schulin, HS-UV, § 4, Rn. 62.
1259 BVerwGE 19, 198, 203; 58, 68, 73.
1260 Bley u.a., Rn. 913.
1261 Bley u.a., Rn. 913.

lung die Verantwortung übernommen wird, ist grundsätzlich disponibel, da es sich nicht um eine Frage von Staatshaftung handelt.
Der Gesetzgeber verfügt bei der Abgrenzung des Kreises der Anspruchsberechtigten wie bei der Ausgestaltung der Ansprüche nach Art und Höhe über einen weiten Gestaltungsspielraum.[1262] Allerdings können Verfassungsvorschriften den Spielraum des Gesetzgebers beeinflussen. So muss mit Blick auf die Rechtsstaatskomponente der iustitia commutativa und dem Gebot des Ausgleichs staatlicherseits zu verantwortender Schäden im Zusammenspiel mit dem Sozialstaatsprinzip in manchen Fällen ein strenger Maßstab angelegt werden.[1263]

Bei den infragestehenden Regelungen in der gesetzlichen Unfallversicherung ist dies allerdings nicht der Fall. Bürgerschaftliches Engagement ist in erster Linie Ausdruck der Wahrnehmung bürgerlicher Freiheitsrechte. Vergleicht man das bürgerschaftliche Engagement mit den klassischen Bereichen des sozialen Entschädigungsrechts, der Kriegsopferversorgung und Versorgung der Opfer von Impfschäden, so zeigt sich die staatliche Verantwortung dort ungleich deutlicher als bei den frei gewählten Aufgaben bürgerschaftlich Engagierter, die in erster Linie ihre Grundrechte in Anspruch nehmen und sich in ihren Aufgaben selbst verwirklichen.
Zwar spielt es auch eine Rolle, dass bürgerschaftliches Engagement durch seine Gemeinwohlorientierung der Allgemeinheit zugute kommt. Je selbstbestimmter die Entscheidung für die Übernahme bestimmter Risiken aber ist und je weniger von Seiten des Staates bestimmt werden kann, ob jemand bestimmte Risiken auf sich nimmt, desto weniger ist er verpflichtet, Verantwortung zu übernehmen. Dies liegt darin begründet, dass die Komponente der iustitia commutativa weniger, die Komponente der iustitia distributiva stärker ausgeprägt ist. Diese ergibt sich aus dem Sozialstaatsprinzip; das Sozialstaatsprinzip wiederum lässt dem Gesetzgeber einen weiten Spielraum bei der Gestaltung des Sozialversicherungsrechts.

Dieser Gestaltungsspielraum gilt insbesondere für die Unfallversicherung. Ein Grund liegt darin, dass die Unfallversicherung keinerlei Differenzierung bei der Rentengewährung kennt. Ein weiterer Grund liegt darin, dass die Unfallversicherung, anders als die Kranken- und Rentenversicherung, nicht vom Gedanken der Umverteilung innerhalb einer Solidargemeinschaft geprägt ist, die gute und schlechte Risiken gleichermaßen umfasst.[1264] Anders als in anderen Sozialversicherungszweigen entsteht der Anspruch zudem schon mit Aufnahme einer Tätigkeit; es müssen keine Anwartschaftszeiten erfüllt werden. Die gesetzliche

---

[1262] Vgl. dazu nur BVerfGE 12, 151, 166; 24, 203, 215; 46, 299, 310.
[1263] BVerfGE 39, 316, 327; 44, 283, 290; 45, 376, 387.
[1264] Gitter/Nunius in Schulin, HS-UV, § 4, Rn. 62.

Unfallversicherung ist nicht von den Gedanken des Ausgleichs innerhalb einer Solidargemeinschaft geprägt.

Zudem darf nicht außer Acht gelassen werden, dass die infragestehenden Risiken, wenn auch nicht so umfassend, in der gesetzlichen Krankenversicherung abgesichert sind. Betroffene stehen also auch ohne eine Einbeziehung in die gesetzliche Unfallversicherung nicht vollständig ohne Schutz dar. Hinzu kommt, dass die Risiken, insbesondere auf Vereinsebene, durch den Abschluss einer privaten Versicherung abgedeckt werden können.

Zwar können, wie oben bereits dargestellt, auch die Freiheitsrechte enge Grenzen für gesetzliche Regelungen stecken – so zum Beispiel bei der Verteilung knapper Güter, wie etwa Studienplätzen,[1265] und in der unechten Unfallversicherung geht es um die Ausübung von Freiheitsrechten. Diese Ausübung wird aber auch nicht verhindert, wenn ein Schutz durch die Unfallversicherung ausbleibt. Die Einbeziehung in die Unfallversicherung hat nicht das Ziel, Engagement zu ermöglichen, sondern möglicherweise entstehende Nachteile auszugleichen. Dass die Unfallversicherung kaum Auswirkungen auf die faktische Übernahme von Engagement hat, zeigt sich auch daran, dass ein Großteil der Engagierten offenbar von dieser Absicherung gar nichts weiß.[1266] Auch die Freiheitsrechte gebieten daher keinen engen Prüfungsmaßstab.

(ii) Pflegepersonen

Eine Versicherungspflicht für Pflegepersonen in der gesetzlichen Unfallversicherung besteht unter den Voraussetzungen, dass ein Pflegebedürftiger im Sinne des § 14 SGB XI gepflegt wird, der Anspruch auf Leistungen aus der sozialen oder privaten Pflegeversicherung hat, dass die Pflege einen Umfang von mindestens vierzehn Stunden wöchentlich hat, in der häuslichen Umgebung des Pflegebedürftigen statt findet und nicht erwerbsmäßig ist, § 2 Abs. 1 Nr. 17 SGB VII. Dem gegenüber werden Pflegepersonen, die weniger als 14 Stunden wöchentlich pflegen, nicht in den Schutz einbezogen. Darin liegt eine Ungleichbehandlung. Beide Gruppen bilden zusammen die Pflegepersonen im Sinne des SGB XI.
Häusliche Pflege geschieht häufig, aber nicht immer als Pflege durch Familienangehörige. Die Verpflichtung und Einbindung von Laien und Selbsthilfegruppen neben den Angehörigen insbesondere in die ambulante Pflege stellen

[1265] Starck in von Mangoldt/ Starck/ Klein, § 3 Abs. 1, Rn. 57.
[1266] Freiwilligensurvey, Gesamtbericht, S. 129f.

einen Grundpfeiler der Pflegewesens dar.[1267] Laienarbeit ist regelmäßig bürgerschaftliches Engagement. Pflegepersonen im Sinne des SGB XI sind neben Familienangehörigen auch bürgerschaftlich engagierte Menschen.
Hat der Gesetzgeber, wie im Sozialrecht, ein komplexes Regelungssystem geschaffen und will er daran erkennbar festhalten und bleibt das System nur dann konsequent und stimmig, wenn eine Begünstigung auf eine übersehene Gruppe ausgedehnt wird, so ist die Regelung zu erweitern.[1268] Anders ist es jedoch zu beurteilen, wenn der Gesetzgeber eine Gruppe bewusst aus dem Schutz ausgenommen hat. Dies ist in der sozialen Pflegeversicherung der Fall. Der Gesetzgeber hat hier bewusst eine Grenze zwischen in der Unfallversicherung geschützter und nicht geschützter Tätigkeit gezogen.

Eine Pflegetätigkeit, die 14 Stunden wöchentlich oder mehr ausgeübt wird, unterscheidet sich zwar nicht in der Art, aber doch in den Auswirkungen auf die Lebensgestaltung der Pflegeperson, die Grenzbereiche von fast 14 und etwas über 14 Stunden ausgenommen. So nähert sich die Pflegetätigkeit, je umfangreicher und zeitaufwändiger sie ist, einer Erwerbstätigkeit an.[1269] Damit ähnelt sie stärker der Tätigkeit, für die der Schutz der gesetzlichen Unfallversicherung grundsätzlich eingeführt wurde, der abhängigen Beschäftigung. Zwar ist auch eine geringfügige abhängige Beschäftigung im Gegensatz zur geringfügigen häuslichen Pflegetätigkeit in der gesetzlichen Unfallversicherung geschützt. Die Anzahl der geringfügigen Beschäftigungsverhältnisse ist jedoch gegenüber Teilzeit- und Vollzeitarbeitsverhältnissen sehr viel geringer. Angesichts des weiten Spielraums, den der Gesetzgeber in der unechten Unfallversicherung hat, stellt diese Grenzziehung keinen Verstoß gegen Art. 3 Abs. 1 GG dar. Da aber die Unfallrisiken auch bei häuslicher Pflege bestehen, die einen geringeren Umfang hat, und diese Art der Versorgung Pflegebedürftiger auch gesellschaftspolitisch gewünscht ist, wäre eine Einbeziehung in die Unfallversicherung bedenkenswert.

[1267] Igl/Klie, S. 3, 10.
[1268] Pieroth/ Schlink, Rn. 486.
[1269] Vgl. zum Verhältnis von bürgerschaftlichem Engagement und Berufstätigkeit D II 6.

(iii) Ehrenamtlich Tätige in Körperschaften des öffentlichen Rechts bzw. in öffentlich-rechtlichen Religionsgemeinschaften, § 2 Abs. 1 Nr. 10 und § 2 SGB 1 Nr. 10a und b SGB VI n. F.

(a) Bisher geltendes Recht

Der noch geltende Schutz der öffentlich-rechtlichen Religionsgemeinschaften gemäß § 2 Abs. 1 Nr. 10 SGB VII wirft aus Gleichbehandlungsgesichtspunkten Fragen auf, die auch nach dem Inkrafttreten der Neuregelung weiter bestehen können. So hat der Ausschluss der Verbände und Arbeitsgemeinschaften öffentlich-rechtlicher Religionsgemeinschaften in § 2 Abs. 1 Nr. 10 SGB VII zur Folge, dass bestimmte Tätigkeiten bürgerschaftlichen Engagements, die nicht direkt der Kirche an sich zugeordnet werden können, aus dem Unfallversicherungsschutz herausfallen.[1270] Daher werden Tätigkeiten, die nicht direkt den öffentlich-rechtlichen Religionsgemeinschaften zugeordnet sind, sondern anderen kirchennahen oder kirchenverbundenen Organisationen, wegen des Wortlauts des § 2 Abs. 1 Nr. 10 SGB VII als nicht geschützt angesehen. Aus diesem Grund hatte auch ein Urteil des Sozialgerichts Speyer[1271] keinen Bestand, das unter Hinweis auf die „Wichtigkeit des ehrenamtlichen Engagements in der heutigen Gesellschaft“ den § 2 Abs. 1 Nr. 10 SGB VII weit ausgelegt hatte und eine ehrenamtliche Tätigkeit ausreichen ließ, die allgemein einer öffentlich-rechtlichen Religionsgemeinschaft zugeordnet werden konnte.

Zudem wird, anders als etwa bei der Bestimmung über die Wohlfahrtspflege nicht die umfassendere Formulierung der „unentgeltlichen, insbesondere ehrenamtlichen“ Tätigkeit gebraucht, sondern der Schutz auf die ehrenamtlichen Tätigkeiten beschränkt. Dabei ist der Begriff der ehrenamtlichen Tätigkeit im SGB VII weiter gefasst als der Begriff des Ehrenamtes. Neben der Unentgeltlichkeit ist in erster Linie die Freiwilligkeit des Versicherten ausschlaggebend, vorausgesetzt wird allerdings auch ein Handeln des Versicherten im Rahmen bestehender organisatorischer Strukturen.[1272] Anders als bei dem weiter gefassten bürgerschaftlichen Engagement kommt es also bei der ehrenamtlichen Tätigkeit neben der Unentgeltlichkeit, die sich im der „*Ehren*-amtlichkeit“ widerspiegelt, auch auf die „Ehren*amtlichkeit*“ an: Darauf, dass die Aufgabe explizit auf die engagierte Person übertragen wird. Dieses Tätigwerden in bestehenden Organisationsstrukturen ist bei der weiter gefassten Unentgeltlichkeit entbehrlich. Bürgerschaftliches Engagement im weiteren Sinne als unentgeltliche freiwillige und

---

[1270] BSG vom 10.10.2002, Az. B 2 U 14/02.

[1271] Urteil vom 19.9.2000, aufgehoben durch das LSG mit Urteil vom 15.10.2001. Die Revision vor dem BSG hatte keinen Erfolg, BSG, Urteil vom 13.8.2002, AZ: B 2 U 5/02 R.

[1272] Igl/Jachmann/Eichenhofer, S. 365.

gemeinwohlorientierte Tätigkeit wird in der Unfallversicherung in der Regel durch „unentgeltliche Tätigkeit" mit umfasst.

Zunächst stellt sich die Frage, ob die Beschränkung auf den Schutz der ehrenamtlichen Tätigkeit gegenüber anderen unentgeltlichen Tätigkeiten, die nicht in organisatorische Zusammenhänge eingebunden sind, gegen den allgemeinen Gleichheitssatz verstößt. Dabei ist jedoch, wie bei der gesetzlichen Unfallversicherung insgesamt, zu berücksichtigen, dass die Bindung des Gesetzgebers an Art. 3 Abs. 1 GG bei der Gewährung von Leistungen nicht so stark ist.[1273] Er hat einen großen Ausgestaltungsspielraum und ist weitgehend frei bei der Festlegung der Tatbestandsvoraussetzungen und der Bestimmung des Umfangs der zu gewährenden Leistungen.[1274] Dies gilt insbesondere bei Sozialleistungen, die an die Bedürftigkeit anknüpfen[1275] und bei bevorzugender Typisierung.[1276]

Durch die Beschränkung auf ehrenamtliche Tätigkeiten werden bereits viele unterschiedlich stark formalisierte Beschäftigungen in den Schutz des Unfallversicherungsrecht einbezogen. Dazu gehören zum Beispiel neben den Kirchenvorständen, Küstern und Organisten auch Ministranten, sowie von der Kirche beauftragte Betreuer von Behinderten oder Asylbewerbern.[1277] Ihnen ist gemeinsam, dass Aufgaben bewusst an die Engagierten übertragen worden sind. Durch die Übertragung haben sich Vertreterinnen und Vertreter öffentlich-rechtlicher Religionsgemeinschaften die Übernahme dieser Aufgaben als kirchliche Aufgaben zu eigen gemacht. Damit unterscheiden sie sich qualitativ von weniger formalisierter unentgeltlicher Tätigkeit. Diese Unterscheidung ist insbesondere aus zwei Gründen sachgerecht: Zum einen ist der Bereich unentgeltlicher Arbeit sehr weit; der Gesetzgeber kann angesichts der Besonderheit der unechten Unfallversicherung als Teil des sozialen Entschädigungsrechts von der Einbeziehung absehen.

Zwar ist bei der Frage danach, ob die Regelungen in der gesetzlichen Unfallversicherung, welche die Tätigkeit in Religionsgemeinschaften betreffen, gegen den allgemeine Gleichheitssatz verstoßen, auch Art. 4 GG zu berücksichtigen. Danach sind kirchliche Einrichtungen über die Glaubensfreiheit des Art. 4 und Art. 19 Abs. 3 GG dann geschützt, wenn sie nach kirchlichem Selbstverständnis ihrem Zweck oder ihrer Aufgabe entsprechend berufen sind, ein Stück Auftrag der

---

[1273] Vgl. nur BVerfGE 51, 295, 300ff.; BVerwGE 101, 86, 95; BSGE 70, 62, 67; Jarass, NJW 1997, 2547f.
[1274] Das gilt aber allgemein und ist nicht auf Art. 3 Abs. 1 GG bezogen; hier geht es um das Sozialstaatsprinzip, vgl. Gitter/Nunius in Schulin, HS-UV, § 4, Rn. 70.
[1275] BVerfGE 100, 195, 205.
[1276] BVerfGE 17, 1, 23f.; 65, 325, 356.
[1277] Igl/Jachmann/Eichenhofer, S. 369.

Kirche in dieser Welt wahrzunehmen und zu erfüllen.[1278] Allerdings bedeutet dies nicht, dass die Tätigkeiten über § 2 Abs. 1 Nr. 10 SGB VII geschützt werden müssen. Die Tätigkeiten, welche als Teil der Karitas, der christlichen Nächstenliebe, auch über Art. 4 Abs. 1 und 2 GG ausdrücklich geschützt sind, werden regelmäßig über den Schutz der Wohlfahrtspflege in die gesetzliche Unfallversicherung mit einbezogen. Insbesondere Tätigkeiten im Diakonischen Werk und im Caritasverband als kirchlichen Wohlfahrtsverbänden genießen unfallversicherungsrechtlichen Schutz über § 2 Abs. 1 Nr. 9 SGB VII. Auch andere Formen der „tätigen Nächstenliebe“ unterfallen regelmäßig dem weitgefassten Begriff der Wohlfahrtspflege in § 2 Abs. 1 Nr. 9 SGB VII, der auch die unentgeltlichen Tätigkeiten umfasst. Angesichts des weiten Spielraums bei der Gestaltung der Unfallversicherung ist es daher als gerechtfertigt anzusehen, unentgeltliche Tätigkeit in öffentlich-rechtlichen Religionsgemeinschaften nicht in den Schutz der unechten Unfallversicherung einzubeziehen.

Der Schutz des § 2 Abs. 1 Nr. 10 SGB VII umfasst auch nicht eine Tätigkeit in denjenigen Institutionen, die nur an die öffentlich-rechtlichen Religionsgemeinschaften angebunden, aber kein Teil von ihnen sind. Auch diese Unterscheidung ist sachlich begründbar. Insbesondere im Umfeld öffentlich-rechtlicher Religionsgemeinschaften gibt es viele Vereine, in denen eine kirchliche Bindung besteht. Gleichzeitig wird diese Organisationsform jedoch regelmäßig gewählt, um sich gegenüber der Amtskirche eine gewisse Unabhängigkeit zu bewahren. Fehlt es aber an einer Eingliederung in die bestehenden Strukturen, so bestehen so starke Unterschiede gegenüber der jeweiligen öffentlich-rechtlichen Religionsgemeinschaft, dass ein Verstoß gegen den allgemeinen Gleichheitssatz nicht gegeben ist. Auch das Bundessozialgericht lehnte daher den Schutz des § 2 Abs. 1 Nr. 10 SGB VII für den Leiter einer Pfadfindergruppe ab. Das Gericht begründete dies damit, dass zwar eine enge ideelle, organisatorische und finanzielle Verknüpfung zwischen der Pfadfinderorganisation und der römisch-katholischen Kirche bestanden habe, es aber an einer organisatorischen Eingliederung in die bestehenden Strukturen fehle. Die Gruppe war Teil einer eigenständigen Organisationsstruktur mit selbst bestimmten Organen, die eine Steuerung durch die Kirche ausschloss.[1279] Wenn die organisatorische Eigenständigkeit gerade bestimmendes Merkmal eines Zusammenschlusses ist, so rechtfertigt dies, diese Vereinigung auch unfallversicherungsrechtlich als von der öffentlich-rechtlichen Religionsgemeinschaft verschieden zu behandeln.

Anders stellt sich die Situation in dem Moment dar, in dem ein Teil der Religionsgemeinschaft – hier handelte es sich um eine Pfarrgemeinde – deren ehren-

[1278] S. zum Ganzen oben unter D II 1.

[1279] BSG Urteil vom 13.8.2002, AZ: B 2 U 5/02 R.

amtlich Beschäftigte in den Schutz des SGB VII grundsätzlich einbezogen sind, eine Aufgabe an eine an sich eigenständige Organisation überträgt und diese für die Aufgabe eine bürgerschaftlich engagierte Person findet. Die Übertragung an eine kirchennahe Organisation ist dann nicht als Ausgliederung aus der kirchlichen Struktur zu verstehen, sondern hat nur die Funktion, der Gemeinde die Suche nach einer geeigneten Person zu erleichtern.
In dem betreffenden Fall hatte eine Pfarrgemeinde eine Aufgaben an die Katholische Frauengemeinschaft Deutschlands (kfd) übertragen. Diese sollte einen Waffelstand auf dem Gemeindefest betreuen. In der kfd bestehen, ähnlich wie bei der Pfadfindergruppe, eigenständige Organisationsstrukturen neben den kirchlichen Strukturen. Aus diesem Grund erkannte das Bundessozialgericht auch hier einen Unfallversicherungsschutz nicht zu. Dem ist allerdings aus den bereits angeführten Gründen nicht zuzustimmen. Es kann nicht entscheidend darauf ankommen, dass die Gemeinde nur die kfd, und nicht einzelnen Mitgliedern die Aufgabe übertragen hat, da der Grund dafür darin lag, das die Auswahl des betreffenden Mitglieds, das sich letztlich engagiert, durch die kfd leichter getroffen werden konnte. Durch die Inanspruchnahme der Dienste der bürgerschaftlich Engagierten gliedert die Gemeinde sie für die Aufgabe in die Organisationsstruktur der Religionsgemeinschaft ein. Eine unterschiedliche Behandlung bei der Erfüllung der gleichen Aufgabe stellt ansonsten eine ungerechtfertigte Ungleichbehandlung dar.

(b) Folgen der Neuregelung des § 2 Abs. 1 Nr. 10 b SGB VII n. F.

§ 2 Abs. 1 Nr. 10 b SGB VII n. F. erlaubt nun eine Einbeziehung weiterer Tätigkeiten. Die Neuregelung sieht vor, dass Personen geschützt sein können, die für öffentlich-rechtliche Religionsgemeinschaften und deren Einrichtungen oder für privatrechtliche Organisationen im Auftrag oder mit ausdrücklicher Einwilligung tätig sind. Ziel der Neuregelung war es, dem Umstand Rechnung zu tragen, dass auch im kirchlichen Bereich vielfach eine Ausweitung religionsgemeinschaftlicher Aufgaben statt findet, bei der eine privatrechtliche Organisation unmittelbar im Auftrag oder mit Zustimmung einer öffentlich-rechtlichen Religionsgemeinschaft tätig wird.[1280] Es ist daher davon auszugehen, dass der Gesetzgeber gerade die oben genannten Fälle vor Augen hatte, in denen vom Bundessozialgericht ein Schutz aufgrund der fehlenden Angliederung der Organisationsstrukturen an die der Religionsgemeinschaft verneint hatte. Die Neuregelung ermöglicht jedenfalls in Zukunft in Fallkonstellationen wie den oben Dargestellten unter den strengen Voraussetzungen des § 2 Abs. 1 Nr. 10b SGB VII n. F. einen Schutz durch die gesetzliche Unfallversicherung.

[1280] BT-Drs. 15/3439, S. 5.

Inwieweit hier aber tatsächlich Einwilligungen gegeben oder nachträgliche Genehmigungen zugelassen werden, kann heute noch nicht beurteilt werden. Es besteht sicherlich die Gefahr, dass insbesondere bei wenig formalisierter Ausübung von Engagement eine Einwilligung konkludent geschieht und nicht ausdrücklich. Ob in diesen Fällen eine nachträgliche Genehmigung erteilt wird, ist eine Frage des Einzelfalles. Ebenfalls ist offen, welchen Maßstab die Gerichte an das Erfordernis des „besonderen Falles“ anlegen werden. Es spricht nach dem oben Gesagten viel dafür, hier einen nicht zu strengen Maßstab anzulegen.

(c) Ergebnis

Bisher galt eine Grenzziehung bei der Beurteilung des unfallversicherungsrechtlichen Schutzes bürgerschaftlich Engagierter in öffentlich-rechtlichen Religionsgemeinschaften, in der darauf abgestellt wurde, ob eine Tätigkeit in öffentlich-rechtlichen Religionsgemeinschaften oder in solchen Institutionen statt findet, die Teil dieser Religionsgemeinschaften sind. Dies führte in bestimmten Fällen aus gleichheitsrechtlichen Gesichtspunkten zu unbilligen Ergebnissen. Mit der Neuregelung ist nun die Möglichkeit gegeben, die bisher problematischen Fälle in den Unfallversicherungsschutz des SGB VII einzubeziehen. Trotz der Ausgestaltung als Pflichtversicherung hängt dies jedoch von dem guten Willen der jeweiligen Organisation ab, für welche die Engagierten tätig werden, da für eine Einbeziehung ein Tätigwerden mit Einwilligung oder in Ausnahmefällen mit Genehmigung vorausgesetzt wird.

(iv) Ergebnis

Der Gesetzgeber hat in der unechten Unfallversicherung, die Teil des sozialen Entschädigungsrechts ist, einen weiten Spielraum bei der Leistungsgewährung. Die bisher geltenden Regelungen sind aus Gleichheitsgesichtspunkten überwiegend als nicht problematisch anzusehen. Daher ist bei § 2 Abs. 1 Nr. 10 SGB VII eine Ungleichbehandlung von ehrenamtlich und nur unentgeltlich bürgerschaftlich Engagierten grundsätzlich genauso gerechtfertigt wie die Beschränkung des Schutzes auf öffentlich-rechtliche Religionsgemeinschaften. Im Einzelfall kann es davon aber Ausnahmen geben. Die ab dem 1.1.2005 geltende Neuregelung trägt zumindest im Ansatz den Schwierigkeiten Rechnung, die sich bisher im Bereich des Engagements für öffentlich-rechtliche Religionsgemeinschaften ergeben, das diesen nicht organisatorisch direkt zugeordnet ist.

(b) Echte Unfallversicherung

Auch durch den Auffangtatbestand des § 2 Abs. 2 SGB VII, durch den diejenigen in die gesetzliche Unfallversicherung einbezogen werden, die wie Versicherte tätig werden, werden manche bürgerschaftlich Engagierte geschützt, andere jedoch nicht. Für bürgerschaftliches Engagement spielt hier in erster Linie die Tätigkeit in einem und für einen Verein eine Rolle.

Das Bundessozialgericht nimmt diejenigen Tätigkeit von einem Schutz aus, die sich als nur geringfügig darstellen. Gekennzeichnet sind diese geringfügigen Tätigkeiten im Verein im Allgemeinen dadurch, dass sie nur wenig zeitlichen oder sachlichen Arbeitsaufwand erfordern. Das soll typischerweise dann der Fall sein, wenn die Verrichtung nicht über das hinausgeht, was Vereinssatzung, Beschlüsse der Vereinsorgane oder allgemeine Vereinsübung an Arbeitsverpflichtungen der Mitglieder festlegen.[1281] Das ist der Fall bei Tätigkeiten, die z. B. auf gesellschaftlichen oder körperschaftlichen Pflichten beruhen. So entschied das Bundessozialgericht zum Beispiel, dass ein Unfallversicherungsschutz für aktive Mitglieder eines Vereins dann nicht besteht, wenn es in diesem Verein üblich ist, dass diese andere Vereinskameraden betreuen oder trainieren.[1282]
Nach der Rechtsprechung des Bundessozialgerichts braucht der Maßstab für die allgemeine Vereinsübung, Mitglieder zu bestimmten Tätigkeiten heranzuziehen, aber nicht notwendig für alle Mitglieder gleich zu sein.[1283] Wer sich besonders in einem Verein engagiert, von dem kann auch im Rahmen des Vereins mehr erwartet werden als von anderen Mitgliedern, ohne dass die Tätigkeit zu einer „Wie-Beschäftigung" im Sinne des § 2 Abs. 2 SGB VII wird.[1284] Folglich ist derjenige, der aufgrund von Mitgliedschaftspflichten für seinen Verein tätig wird, nicht als ein Wie-Beschäftigter gemäß § 539 Abs. 2 RVO angesehen worden.[1285] Das gleiche gilt für die Regelung des § 2 Abs. 2 S. 1 SGB VII.[1286]
Die Grenze der Geringfügigkeit überschreiten kann eine Tätigkeit sowohl hinsichtlich ihres Umfangs als auch ihrer Art nach.[1287] Allgemein betrachtet ist die Grenze der Geringfügigkeit dort überschritten, wo sich eine Arbeitsleistung von wirtschaftlichem Wert deutlich erkennbar von dem Maß vergleichbarer Aktivitäten abhebt, das die Vereinsmitglieder üblicherweise aufwenden.[1288] Maßstab

---

[1281] BSG Urteil vom 12.08.2002, Az. B 2 U 5/02 R.
[1282] BSG SozR 2200, § 529, Nr. 101.
[1283] BSG Urteil vom 12.08.2002, Az. B 2 U 5/02 R; BSG SozR 3-2200, § 539, Nr. 41.
[1284] Sehr deutlich zu sehen in der Fluglehrer-Entscheidung, BSG Urteil vom 12.08.2002, Az. B 2 U 5/02 R.
[1285] BSG SozR 2200, § 539, Nr. 101, 114, 123.
[1286] BSG Urteil vom 12.08.2002, Az. B 2 U 5/02 R.
[1287] BSG SozR 2200, § 539, Nr. 101.
[1288] BSG Urteil vom 12.08.2002, Az. B 2 U 5/02 R; BSG SozR 2200, § 539, Nr. 101.

der Rechtsprechung ist, ob die übernommene Tätigkeit für Mitglieder entweder nach der Vereinssatzung oder nach der Vereinswirklichkeit zu erwarten ist,[1289] und, daraus folgend, ob man eine Tätigkeit von einem Vereinsmitglied nach der Vereinswirklichkeit im Allgemeinen ohne Bezahlung nicht verlangen kann.[1290]

Der Rechtsprechung des Bundessozialgerichts ist zuzustimmen. In der oben dargestellten Konstellation bestehen zu einer Tätigkeit in abhängiger Beschäftigung, die bei den sogenannten „Wie-Beschäftigten" ja der Maßstab für eine Einbeziehung in den Schutz der gesetzlichen Unfallversicherung sind, maßgebliche Unterschiede. Zum einen entspricht der Umfang der Tätigkeit nicht derjenigen, die typischerweise mit einer abhängigen Beschäftigung einhergeht.
Auch geringfügige Beschäftigungsverhältnisse, die als Arbeitsverhältnisse durch die gesetzliche Unfallversicherung abgesichert sind, sind grundlegend anders strukturiert. Eine geringfügige Beschäftigung für einen Verein stellt sich regelmäßig, auch aufgrund ihrer Unentgeltlichkeit, gerade nicht als beschäftigungsähnliches Verhältnis dar. Die Motivation zur Übernahme ist bei der Tätigkeit als Vereinsmitglied eine andere als bei der abhängigen Beschäftigung. Sie stellt sich regelmäßig gerade als Ausgleich zur beruflichen Tätigkeit dar. Die bürgerschaftlich Engagierten sind daher nicht wie Beschäftigte tätig. Daher sind sie auch nicht über § 2 Abs. 2 S. 1 SGB VII in die gesetzliche Unfallversicherung einzubeziehen.

(c) Ergebnis

Die Regelungen der gesetzlichen Unfallversicherungen in Bezug auf das bürgerschaftliche Engagement verstoßen grundsätzlich nicht gegen den allgemeinen Gleichheitssatz des Art. 3 Abs. 1 GG. Es wurde jedoch bisher insbesondere im Falle des § 2 Abs. 1 Nr. 10 SGB VII vom Bundessozialgericht in Bezug auf die organisatorische Eingliederung in die geschützten öffentlich-rechtlichen Religionsgemeinschaften zum Teil ein zu enger Maßstab angelegt. Insbesondere die Neuregelung des § 2 Abs. 1 Nr. 10 b SGB VII, der die Möglichkeiten für einen Einbeziehung von ehrenamtliche Tätigen im Bereich der öffentlich-rechtlichen Religionsgemeinschaften erweitert, zielt daher in die richtige Richtung. Da aber eine ausdrückliche Einwilligung bzw. in „besonderen Fällen" eine schriftliche Genehmigung notwendig ist, wird sich erst noch zeigen müssen, ob die Neuregelung tatsächlich zu einem umfassenderen Schutz führt.

[1289] BSG SozR 2200, § 539, Nr. 123.
[1290] BSG SozR 2200, § 359, Nr. 101.

(5) Ergebnis und Ausblick

Bei der unechten Unfallversicherung ist der Spielraum des Gesetzgebers weit, da diese Teil des sozialen Entschädigungsrechts ist. Je stärker bürgerschaftliches Engagement Ausdruck der Inanspruchnahme von Freiheitsrechten ist und je weniger der Staat Anstoß zur Übernahme der Tätigkeit gegeben hat, desto geringer ist auch seine Verantwortung, für die bestehenden Schäden einzustehen. Angesichts der Gemeinwohlorientierung des bürgerschaftlichen Engagements besteht aber die Möglichkeit, den Unfallversicherungsschutz auf bürgerschaftliches Engagement auszudehnen. Bisher sind die Ansätze für eine weitere Einbeziehung vorsichtig. Die Neuregelungen des Jahres 2004 sind dadurch charakterisiert, dass die Möglichkeiten für eine Versicherung in der gesetzlichen Unfallversicherung erweitert werden, diese aber regelmäßig eine Entscheidung der jeweiligen Träger und Verbände bleibt. Dies wird zu einer weiteren Zersplitterung im Bereich des Unfallversicherungsrechts führen, so dass regelmäßig über einen Schutz nur im Einzelfall aufgrund der konkreten Umstände entschieden werden kann.

Eine umfassende Einbeziehung bleibt daher eine bedenkenswerte Alternative. In der Beschlussempfehlung für die Neuregelung war deshalb auch eine Entschließung enthalten, in der die Einsetzung einer Bund-Länder-Arbeitsgruppe gefordert wurde, die in den kommenden Jahren einen Gesetzentwurf für eine umfassende Reform der gesetzlichen Unfallversicherung entwickeln soll.[1291] Wie diese aussehen wird, ist dabei noch völlig offen.

Als ein erster Schritt zu einer umfassenden Absicherung von bürgerschaftlich Engagierten wird zum Teil vorgeschlagen, alle im steuerrechtlichen Sinn gemeinnützig Tätigen in den Schutz der Unfallversicherung einzubeziehen.[1292] Grundsätzlich spricht einiges dafür, sich an bereits bestehenden Regelungen zu orientieren. Neben einer Einheitlichkeit der Maßstäbe spricht dafür insbesondere, dass die Förderung der Gemeinnützigkeit einer Tätigkeit weitgehend dem Zweck entspricht, den auch der Schutz bürgerschaftlichen Engagements in der gesetzlichen Unfallversicherung hat, nämlich eine gesellschaftlich gewünschte Tätigkeiten abzusichern.

Ob der Katalog der als gemeinnützig anerkannten Zwecke in § 52 AO allerdings eine sinnvolle Vorlage darstellt, ist zweifelhaft. Ähnlich wie bei den Regelungen der Unfallversicherung, die im Laufe der Zeit erweitert wurden, fehlt es am inneren Zusammenhang zwischen den beispielhaft genannten Tätigkeiten in der

---

1291 BT-Drs. 15/4051, S. 3.

1292 Igl/Jachmann/Eichenhofer, S. 379.

AO. Sinnvoller erscheint demgegenüber die Übernahme der oben entwickelten Dachdefinition mit dem Kriterium der Gemeinwohlorientierung, das sich an dem Vorschlag der unabhängigen Sachverständigenkommission zur Prüfung des Gemeinnützigkeits- und Spendenrechts orientiert.[1293] Die Finanzierung kann, soweit dies eindeutig zugeordnet werden kann, dem Nutznießer einer konkreten Tätigkeit auferlegt werden und soweit dieser nicht vorhanden ist, von der öffentlichen Hand getragen werden.[1294]

c) Ergebnis

Der allgemeine Gleichheitssatz gebietet, alle Menschen vor dem Gesetz gleich zu behandeln. Er bindet Exekutive, Legislative und Judikative. Er spielt in Bezug auf das bürgerschaftliche Engagement insbesondere bei der Leistungsgewährung eine Rolle. Als Beispiel kann hier die gesetzliche Unfallversicherung dienen, SGB VII. Der selektive Schutz des bürgerschaftlichen Engagements ist weit überwiegend als nicht gleichheitswidrig anzusehen. Gerade mit Blick darauf, dass bürgerschaftliches Engagement gesellschaftspolitisch gewünscht ist, bietet sich aber eine Neuregelung im Sinne einer umfassenden Einbeziehung an.

[1293] S. dazu oben unter B I 2 c (2) (b).
[1294] Zu den Einzelheiten s. Igl/Jachmann/Eichenhofer, S. 382f.

E. Thesen

- **Bürgerschaftliches Engagement ist freiwillig, unentgeltlich und gemeinwohlorientiert.**

Bürgerschaftliches Engagement ist eine grundsätzlich freiwillige, grundsätzlich unentgeltliche und gemeinwohlorientierte Tätigkeit, die in Organisationszusammenhängen statt finden kann, aber nicht muss. Ihre Grenzen findet sie in der verfassungsmäßigen Ordnung. Die häufigste Engagementform ist die innerhalb eines Vereins. Daneben entwickeln sich neue, zum Teil weniger gefestigte und zeitlich begrenzte Formen engagierter Tätigkeit, die in gesetzlichen Regelungen bisher nicht adäquat berücksichtigt werden. Individuelles Engagement ist zumeist Ausdruck der Eingebundenheit des oder der Engagierten in vielfältige gesellschaftliche Bezüge. Dazu gehört auch, dass Engagierte meist erwerbstätig sind.

- **Bürger*arbeit* ist weiblich, Ehren*amt* ist männlich.**

Die unterschiedliche Position von Männern und Frauen in der Gesellschaft spiegelt sich auch im Bereich der bürgerschaftlichen Engagements wieder. Frauen übernehmen häufiger als Männer wenig prestigeträchtige Arbeit insbesondere im sozialen Bereich, nicht zuletzt in der Pflege und als Teil der Kinderbetreuung. Männer sind überrepräsentiert in Ämtern und Leitungspositionen. Eine autonome Entscheidung insbesondere von Familienfrauen über die Gestaltung ihrer Freizeit – und dazu gehört das bürgerschaftliche Engagement – ist solange nicht möglich, wie adäquate Kinderbetreuungseinrichtungen fehlen und Frauen daher häufig kaum Zeitsouveränität haben. Besteht ein Interesse daran, auch Frauen eine selbstbestimmte Entscheidung über die Aufnahme von bürgerschaftlichem Engagement treffen zu lassen, so bedarf es flankierender Regelungen und insbesondere der Erweiterung staatlicher Kinderbetreuungsmöglichkeiten.

- **Der Zivilgesellschaftsdiskurs ist für die rechtliche Erfassung des bürgerschaftlichen Engagements nicht von zentraler Bedeutung.**

Die Einbettung bürgerschaftlichen Engagements in Konzepte von Bürger-, Zivilgesellschaft oder aktivierenden Staat kann bestimmte Facetten des Verhältnisse von Staat und Gesellschaft besonders beleuchten; sie haben aber für die rechtswissenschaftliche Untersuchung keine grundlegende Bedeutung. Eine rechtswissenschaftliche Untersuchung muss die Zulässigkeit von Regelungen am Verfassungsrecht messen.

- **Die Übernahme staatlicher Aufgaben durch bürgerschaftliches Engagement ist nicht durch ein grundgesetzliches Subsidiaritätsprinzip geboten.**

Ein Subsidiaritätsprinzip, das im Zusammenhang insbesondere mit dem Konzept der Bürgergesellschaft bzw. dem aktivierenden Staat eine Rolle spielt und u.a. einen Vorrang des Handelns von Bürgerinnen und Bürgern vor staatlichem Handeln umfasst, ist verfassungsrechtlich nicht nachweisbar. Die Frage nach dem Verhältnis von staatlichem Handeln und Handeln Einzelner oder von Gruppen aus der Gesellschaft, insbesondere in Form des bürgerschaftlichen Engagements, ist daher nicht an einem ungeschriebenen Subsidiaritätsprinzip zu messen. Handlungsmöglichkeiten für Bürgerinnen und Bürger ergeben vielmehr sich aus den Freiheitsrechten, insbesondere Art. 1 Abs. 1 und Art. 2 Abs. 1 GG.

Aus dieser Freiheit gegenüber dem Staat heraus können Bürgerinnen und Bürger ihr Handeln, auch in der Übernahme von gesellschaftlichen Aufgaben, bestimmen. Sie können jedoch nicht unter Hinweis auf ein Subsidiaritätsprinzip auf diese Aufgaben verwiesen werden. Es geht hier nicht um eine staatlich forcierte Verwirklichung von Bürgertugenden, sondern um die Verwirklichung von Bürgerfreiheiten. Weder das Demokratieprinzip, noch das Sozialstaats- oder Rechtsstaatsprinzip und insbesondere kein Subsidiaritätsprinzip begründen eine „Politik des Forderns und Förderns“, in der bürgerschaftliches Engagement erwartet und Teil einer neuen Aufgabenteilung werden kann.

- **Bürgerschaftliches Engagement ist Grundrechtsausübung. Es kann die sozialstaatlich gebotene Letztverantwortlichkeit des Staates bei seiner Aufgabenerfüllung ergänzen, aber nicht ersetzen.**

Für die Notwendigkeit staatlichen Handelns spielt das Sozialstaatsprinzip auch im Verhältnis zum Rechtsstaatsprinzip eine zentrale Rolle; für bürgerschaftlich Engagierte und ihre Vereinigungen hingegen stehen die jeweils einschlägigen Individualgrundrechte im Vordergrund. Meinungsfreiheit, Versammlungsfreiheit und die allgemeine Handlungsfreiheit sind die zentralen Rechte, die Freiräume für bürgerschaftliches Engagement gewährleisten.

Die Grundrechte sichern den Raum für die Entfaltung von Bürgerinnen und Bürgern auch in Bezug auf das bürgerschaftliche Engagement. Die Verfassungsprinzipien hindern eine Aufgabenübernahme durch bürgerschaftlich Engagierte daher jedenfalls dann nicht, wenn im Falle eines Rückzugs der Engagierten staatliche Stellen zur Übernahme von Aufgaben bereit stehen und diese auch tatsächlich weiterführen. Ehrenamtliche Arbeit beruht auf Freiwilligkeit, sie lässt sich nicht verordnen und nur begrenzt planen. Regelaufgaben, die einen kontinuierlichen, zeitlich verbindlichen, jederzeit bei Bedarf abrufbaren und flächendeckenden Personaleinsatz mit entsprechendem Qualifikationsstandard erfordern, lassen sich aus diesem Grund ohne die Gefahr einer gravierenden Verschlechterung der Versorgung nicht allein über ehrenamtliche Helfer abdecken. Insbesondere das Sozialstaatsprinzip gebietet die Letztverantwortung des Staates.

- **Soll bürgerschaftliches Engagement langfristig berufliche Tätigkeiten ersetzen, besteht Regelungsbedarf in Bezug auf die sozialversicherungsrechtliche Absicherung**

Solange das Sozialversicherungssystem eine angemessene Sicherung nur für Arbeitnehmerinnen und Arbeitnehmer in Normalarbeitsverhältnissen bietet, ist ein Ausweichen auf bürgerschaftliches Engagement anstelle von Erwerbsarbeit mit hohen Risiken, insbesondere einer fehlenden rentenversicherungsrechtlichen Absicherung im Alter behaftet. Engagement kann in einem erwerbsarbeitszentrierten System keine Alternative zu Erwerbsarbeit bieten. Insbesondere für Frauen, die besonders häufig auf Engagement anstelle von Berufstätigkeit ausweichen, bedeutet dies, dass Kinderbetreuung und Pflege durch andere gewährleistet werden muss, um als ersten Schritt den Zugang zum Arbeitsmarkt zu erleichtern. Erst dann kann eine Entscheidung über Umfang und Art des Engagements getroffen werden.

Wenn es politisch gewünscht sein sollte, bürgerschaftliches Engagement als Alternative zur Erwerbsarbeit zu etablieren, rückt die Frage nach der rentenversicherungsrechtlichen Absicherung mehr in den Mittelpunkt. Mögliche Lösungen gehen von der Möglichkeit freiwilliger Versicherung durch die Engagierten selbst bis zur Umstrukturierung der Alterssicherung zu einem steuerfinanzierten Modell. Ein Festhalten an den bestehenden Regelungen würde das Risiko von Altersarmut für engagierte Menschen ohne die rentenversicherungsrechtliche Absicherung eines Normalarbeitsverhältnisses oder einen vergleichbaren Anspruch unzumutbar erhöhen.

- **Partizipationsprozesse bürgerschaftlich Engagierter insbesondere auf kommunaler Ebene, die über Konsultation hinausgehen, bedürfen der demokratischen Legitimation.**

Die Grundrechte gewährleisten den Zusammenschluss und die unterschiedliche Ausgestaltung von bürgerschaftlichem Engagement. Dies gilt auch, soweit es um eine Einflussnahme auf staatliche Entscheidungsprozesse geht. Das Demokratieprinzip des Grundgesetzes stellt hingegen in erster Linie eine Herrschaftsform dar, so dass die Einbeziehung von Bürgerinnen und Bürgern in den staatlichen Entscheidungsprozess – außerhalb der Selbstverwaltung – ihre Rechtfertigung in der grundrechtlichen Betroffenheit des oder der Einzelnen, nicht im Demokratieprinzip findet.

Bürgerschaftliches Engagement und sein Verhältnis zum Demokratieprinzip spielt insbesondere in der kommunalen, aber auch in der funktionalen Selbstverwaltung eine Rolle. Für diese Bereiche gilt: Entscheidungen, die Dritte betreffen, dürfen nur von Engagierten, die vollständig personell legitimiert sind, getroffen werden.

In der kommunalen Selbstverwaltung bedeutet dies grundsätzlich eine Beschränkung auf Beratung und Information für die bürgerschaftlich Engagierten, denen eine personelle Legitimation fehlt. In der funktionellen Selbstverwaltung muss zwischen der Übertragung von Aufgaben, die sich auf die Selbstverwaltung beschränken und solchen, die auch Dritte betreffen, unterschieden werden. Soweit nur eigene Angelegenheiten verwaltet werden, kann ein weniger strenger Maßstab angelegt werden. Ansonsten gilt das strenge Erfordernis demokratischer Legitimation entsprechend der sonstigen Verwaltung.

- **Religionsfreiheit schützt über das bürgerschaftliches Engagement in der Organisationsstruktur der Glaubensgemeinschaft hinaus auch die tätige Nächstenliebe, soweit sie integraler Bestandteil der Religionsgemeinschaft ist.**

Art. 4 Abs. 1 und 2 GG schützt bestimmte Formen von bürgerschaftlichem Engagement als Teil der Religionsfreiheit. Zum einen wird die Übernahme von Aufgaben innerhalb der Organisationsstruktur der jeweiligen Glaubensgemeinschaft geschützt. Hierzu gehört z. B. die Übernahme von Ehrenämtern. Darüber hinaus kann auch soziales bürgerschaftliches Engagement im weiteren Sinne geschützt sein. Dies ist der Fall, wenn – wie etwa in den christlichen Kirchen – Engagement als tätige Nächstenliebe Teil der Religionsausübungsfreiheit ist.

Der Schutz des Art. 4 Abs. 1 und 2 GG kann auch juristische Personen umfassen. Ob diese einbezogen sind, hängt nicht von der Rechtform der Vereinigung ab, sondern gründet sich auf das jeweilige Selbstverständnis der Religions- oder Glaubensgemeinschaft. Wird in einem Verein bürgerschaftliches Engagement als Teil des religiösen Selbstverständnisses ausgeübt, kann es in den Schutzbereich des Art. 4 Abs. 1 und 2 GG fallen.

- **Bürgerschaftliches Engagement ist auf die Freiheitsgewährleistungen der Vereinigungs-, Versammlungs- und Meinungsfreiheit angewiesen. Sie gewährleisten die Organisationsstrukturen von Vereinen und Initiativen, die Artikulation der eigenen Positionen, die Möglichkeit von Zusammenkünften sowie Kommunikation nach außen**

Bürgerschaftliches Engagement ist häufig damit verbunden, andere von den eigenen Positionen zu überzeugen. Daher ist der Schutz über Art. 5 Abs. 1 GG, der u.a. die Erlaubnisfreiheit kommunikativen Gemeingebrauchs sichert, für das Engagement von großer Bedeutung. Die Vereinigungsfreiheit schützt das Zusammenkommen und den Aufbau von Organisationsstrukturen, in denen das bürgerschaftliche Engagement ausgeübt werden kann. Durch die Versammlungsfreiheit werden verschiedene Facetten des bürgerschaftlichen Engagements geschützt. Sie umfasst einen Großsteil des bürgerschaftlichen Engagements: Aktivitäten von Bürgerinitiativen im öffentlichen Raum genauso wie solche gemeinschaftlichen Veranstaltungen, in denen Kommunikation und Miteinander im Vordergrund steht. Nicht mehr umfasst ist die bloße Präsentation der Vereinstätigkeit gegenüber anderen, da es hier an einem verbindenden gemeinsamen Zweck fehlt.

- **Bürgerschaftliches Engagement kann vom Schutzbereich des Art. 12 GG umfasst sein, insbesondere von der Berufsausbildungsfreiheit, wenn es als Qualifikation beim (Wieder-)Einstieg in die Berufstätigkeit helfen soll.**

Das Verhältnis von beruflicher und freiwilliger Tätigkeit verändert sich. Diskontinuierliche Erwerbsbiographien nehmen zu; dabei wechseln Zeiten der Berufstätigkeit nicht nur mit solchen der Arbeitslosigkeit oder Selbständigkeit, sondern zum Teil auch mit bürgerschaftlichem Engagement. Dennoch ist bürgerschaftliches Engagement zumeist nicht vom Schutz der Berufsfreiheit des Art. 12 GG umfasst, da es regelmäßig nicht zur Schaffung und Erhaltung der Lebensgrundlage beiträgt.

Allerdings gibt es zunehmend Beschäftigungsformen, in denen bürgerschaftliches Engagement, von seiner Unentgeltlichkeit einmal abgesehen, sich strukturell nicht mehr von Erwerbstätigkeit unterscheidet. Anstelle von oder in Kombination mit Erwerbsarbeit kann bürgerschaftliches Engagement den Weg in eine Berufstätigkeit erleichtern. Das gilt insbesondere für Engagementformen, die ähnlich strukturiert wie Praktika, insbesondere im pädagogischen Bereich zur Weiterqualifikation übernommen werden. Diese Formen können von der Berufsausbildungsfreiheit geschützt werden, wenn eine entsprechende organisatorische Einbindung vorliegt, die erworbene Qualifikation nachgewiesen werden kann und das Engagement zumindest auch ausgeübt wird, um für eine bestimmte Berufstätigkeit zu qualifizieren.

- **Art. 2 Abs. 1 GG hat einen weiten Schutzbereich, so dass bürgerschaftliches Engagement, soweit es nicht durch ein spezielleres Grundrecht geschützt ist, durch die allgemeine Handlungsfreiheit umfasst ist. Das Verbot der unentgeltlichen Rechtsberatung nach dem Rechtsberatungsgesetz verstößt gegen Art. 2 Abs. 1 GG. Auch neuere Entwürfe zur Neuregelung unentgeltlicher Rechtsberatung tragen Art. 2 Abs. 1 GG nicht ausreichend Rechnung.**

Die in Art. 2 Abs. 1 GG geschützte Handlungsfreiheit schließt auch den Tatbestand des Helfens ein. Unentgeltliche Rechtsberatung ist aber bisher durch das Rechtsberatungsgesetz verboten. Dieses umfassende Verbot verstößt gegen Art. 2 Abs. 1 GG, obwohl mit ihm zum Teil legitime Zwecke verfolgt werden, da es zur Durchsetzung dieser Zwecke nicht geeignet bzw. nicht erforderlich ist. Insbesondere der Schutz der Rechtspflege und der Schutz vor unzulänglicher Rechtsberatung oder ihren Folgen erfordert kein umfassendes Verbot unentgeltlicher Rechtsberatung. Als milderes Mittel kommt insbesondere die Verpflichtung zum Abschluss einer entsprechenden Haftpflichtversicherung in Betracht. Das Bundesverfassungsgericht legt in einer neuen Entscheidung den Begriff der „Geschäftsmäßigkeit" verfassungskonform aus, um das Verbot unentgeltlicher Rechtsberatung eines berufserfahrenen Juristen zu überwinden. Dies überzeugt nicht. Der Begriff der „Geschäftsmäßigkeit" wird hier überdehnt.

Die Regelung unentgeltlicher Rechtsberatung wird auch in neueren Entwürfen restriktiv gehandhabt. Die Zulässigkeit wird hier entweder an die Befähigung zum Richteramt oder die Zugehörigkeit der beratenden Person zur Anwaltschaft geknüpft. Auch dies ist im Hinblick auf Art. 2 Abs. 1 GG bedenklich.

- **Der selektive Schutz bürgerschaftlichen Engagements ist überwiegend nicht als gleichheitswidrig im Sinne des Art. 3 Abs. 1 GG anzusehen. Dennoch gibt es insbesondere im Bereich der gesetzlichen Unfallversicherung Regelungsbedarf.**

Der allgemeine Gleichheitssatz des Art. 3 Abs. 1 GG spielt für das bürgerschaftliche Engagement in Bezug auf Leistungsgewährungen eine Rolle. Da der Spielraum des Gesetzgebers bei der Leistungsgewährung jedoch weit ist, fehlt es bei einer Ungleichbehandlung verschiedener Formen bürgerschaftlichen Engagements regelmäßig an einem Verstoß gegen Art. 3 Abs. 1 GG.

Von besonderer Bedeutung unter Gleichheitsaspekten ist die Einbeziehung von bürgerschaftlich Engagierten in die gesetzliche Unfallversicherung. Hier gilt bisher nur ein Schutz für bestimmte Formen des bürgerschaftlichen Engagements. Der Spielraum des Gesetzgebers ist in diesem Bereich grundsätzlich sehr weit, da die Schutzregelungen Teil der unechten Unfallversicherung sind und damit zum sozialen Entschädigungsrecht gehören. In den bisher geltenden Regelungen liegt daher kein Verstoß gegen Art. 3 Abs. 1 GG.

Zum 1.1.2005 sind Neuregelungen in Kraft getreten. Diese beinhalten eine begrüßenswerte Erweiterung des Schutzes von bürgerschaftlichem Engagements in der gesetzlichen Unfallversicherung. Die Neuregelungen sind allerdings überwiegend als freiwillige Versicherung ausgestaltet und bieten weiterhin nur selektiv Schutz. Gerade im Hinblick auf die gesellschaftspolitische Bedeutung des Engagements und seine Förderungswürdigkeit bietet sich aber eine umfassende Einbeziehung insbesondere in diesem Bereich an.

Literaturverzeichnis

Abendroth, Wolfgang, Zum Begriff des demokratischen und sozialen Rechtsstaates im Grundgesetz der Bundesrepublik Deutschland, in: Kempen, Otto Ernst (Hrsg.), Sozialstaatsprinzip und Wirtschaftsordnung, 1. A. Frankfurt/Main 1976, S. 70 – 95

Alexy, Robert, Theorie der Grundrechte, 3. Auflage, Frankfurt/ Main 1996.

Apel, Karl-Otto, Das Apriori der Kommunikationsgemeinschaft, Transformation der Philosophie Band 2, 4. A. Frankfurt/Main 1988

Arendt, Hannah, Vita activa oder vom tätigen Leben, 12. Auflage, München, Zürich 2001

Aristoteles, Nikomachische Ethik, 7. A. Berlin 1976

Azzola, Axel u.a., Kommentar zum Grundgesetz für die Bundesrepublik Deutschland in zwei Bänden, Band 1 Art. 1 – 37, 2. Auflage Neuwied 1989, zitiert: AK-Bearbeiter, 2. A.

Bachof, Otto, Begriff und Wesen des sozialen Rechtsstaates: Der soziale Rechtsstaat aus verwaltungsrechtlicher Sicht, VVDStRL 1954 (Band 12), S. 37 – 84

Bachof, Otto/ Scheuing, Dieter Helmut, Krankenhausfinanzierung und Grundgesetz. Rechtsgutachten zum Entwurf eines Gesetzes zur wirtschaftlichen Sicherung der Krankenhäuser und zur Regelung der Krankenhauspflegesätze, Stuttgart 1971

Bäcker, Gerhard u.a., Sozialpolitik und soziale Lage in Deutschland, Band 2: Gesundheit und Gesundheitssystem, Familie, Alter, Soziale Dienste, 3. Auflage Wiesbaden 2000, zitiert Bäcker/ Bispinck u.a., Bd. 2

Badura, Peter, Der Sozialstaat, DÖV 1989, S. 491 – 499

ders., Staatsrecht, 3. A. München 2003, zitiert: Badura, Staatsrecht

Battisti, Siegfried, Freiheit und Bindung. Wilhelm von Humboldts „Ideen zu einem Versuch, die Grenzen der Wirksamkeit des Staates zu bestimmen" und das Subsidiaritätsprinzip, Berlin 1987

Beck, Ulrich, Die Seele der Demokratie: Bezahlte Bürgerarbeit, in: Beck, Ulrich (Hrsg.), Zukunft von Arbeit und Demokratie, 2000, S. 416 – 447

Becker, Joachim, Das Demokratieprinzip und die Mitwirkung Privater an der Erfüllung öffentlicher Aufgaben, DÖV 2004, S. 910 – 914

Beher, Karin/ Liebig, Reinhard, Transferpotenziale von Tätigkeiten jenseits der Lohnarbeit, WSI-Mitt. 2001, S. 188 – 195

Beher, Karin/ Liebig, Reinhard/ Rauschenbach, Thomas, Strukturwandel des Ehrenamtes. Gemeinwohlorientierung im Modernisierungsprozess, Weinheim, München 2000

Benda, Ernst, Der soziale Rechtsstaat, in: Benda, Ernst/ Maihofer, Werner/ Vogel, Hans-Jochen: Handbuch des Verfassungsrechts der Bundesrepublik Deutschland, 2. Auflage, Berlin 1994

Bendele, Ulrich, Soziale Hilfe zu Discountpreisen, in: Müller, Siegfried/ Rauschenbach, Thomas (Hrsg.), Das soziale Ehrenamt – Nützliche Arbeit zum Nulltarif?, 2. Auflage, Weinheim 1992, S. 71 – 86

Bialluch, Klaus/ Gunkel, Alfons/ Westerhelweg, Paul-Heinz, Sozial- und Jugendhilferecht, 11. Auflage, Witten 2002

Bieback, Karl-Jürgen, Inhalt und Funktion des Sozialstaatsprinzips, Jura 1987, S. 229 - 237

Blanke, Thomas, Antidemokratische Effekte der verfassungsgerichtlichen Demokratietheorie, KJ 1998, S. 452 – 471

Bley, Helmar/ Kreikebohm, Ralf/ Marschner, Andreas, Sozialrecht, 8. Auflage, Neuwied 2001, zitiert Bley u.a.

Bock, Teresa, Ehrenamtlichkeit im sozialen Bereich, in: Deutscher Verein für Öffentliche und Private Fürsorge (Hrsg.), Fachlexikon der sozialen Arbeit, 2. Auflage, Frankfurt/Main 1986, S. 223 – 225

Böckenförde, Ernst-Wolfgang, Die Bedeutung der Unterscheidung von Staat und Gesellschaft im demokratischen Sozialstaat der Gegenwart, in: Böckenförde u.a., Rechtsfragen der Gegenwart, Festgabe für Wolfgang Hefermehl zum 65. Geburtstag, Stuttgart 1972, S. 11 – 36, zitiert: Böckenförde in FS Hefermehl

ders., Lorenz von Stein als Theoretiker der Bewegung von Staat und Gesellschaft zum Sozialstaat, in: Böckenförde, Ernst-Wolfgang (Hrsg.), Staat und Gesellschaft, Darmstadt 1976, S. 131 - 171, zitiert: Böckenförde, Staat und Gesellschaft

ders., Gemeinwohlvorstellungen bei Klassikern der Rechtsgeschichte und Staatsphilosophie, in: Münkler, Herfried/Fischer, Karsten, Gemeinwohl und Gemeinsinn im Recht: Konkretisierung und Realisierung öffentlicher Interessen, Berlin 2002, S. 43 – 65, zitiert: Böckenförde, Gemeinwohl

ders., Demokratie als Verfassungsprinzip, in: Isensee, Josef/ Kirchof, Paul (Hrsg.), Handbuch des Staatsrechts, Band II, § 24, 3. Auflage, Heidelberg 2004

Bourdieu, Pierre, Ökonomisches Kapital, kulturelles Kapital, soziales Kapital, in: Kreckel, Reinhard (Hrsg.), Soziale Ungleichheiten, Sonderband 2 der Sozialen Welt, Göttingen 1983, S. 183 – 198, zitiert: Bourdieu, Soziales Kapital

ders., Sozialer Raum und "Klassen", Lecon sur la lecon, 1. Auflage Frankfurt/ Main 1985, zitiert: Bourdieu, Lecon

Braun, Sebastian, Bürgerschaftliches Engagement im politischen Diskurs, in: Aus Politik und Zeitgeschichte B 25-26/2001, S. 3 – 5, zitiert: Braun, Diskurs

Braun, Sebstian, Soziales Kapital, sozialer Zusammenhalt und soziale Ungleichheit, in: Aus Politik und Zeitgeschichte B 29-30/2002, S. 6 – 12, zitiert: Braun, Soziales Kapital

Breit, Gotthard/ Massing, Peter (Hrsg.), Bürgergesellschaft, Zivilgesellschaft, Dritter Sektor, Schwalbach, Ts 2002

Breuer, Rüdiger, Freiheit des Berufs, in: Isensee, Josef/ Kirchhof, Paul, Handbuch des Staatsrechts VI, 2. Auflage, Heidelberg 2001, § 147

Brockhaus, Enzyklopädie, Band 7, GEC – GZ

Brunkhorst, Hauke, Solidarität, Frankfurt/ Main 2002

Brünneck, Alexander von, Die Eigentumsgarantie des Grundgesetzes, 1. Auflage, Baden-Baden 1984

Brunotte, Heinz, Die evangelische Kirche in Deutschland: Geschichte, Organisation und Gestalt der EKD, 1. Auflage, Gütersloh 1964

Bryde, Brun-Otto, Art. 12 GG – Freiheit des Berufs und Grundrecht auf Arbeit, NJW 1984, 2177- 2181

Buchstein, Hubertus, Bürgergesellschaft und Bürgerkompetenzen, in: Breit, Gotthard/ Massing, Peter (Hrsg.), Zivilgesellschaft und Dritter Sektor, Schwalbach, Ts. 2002

Bundesministerium der Finanzen (Hrsg.), Gutachten der Unabhängigen Sachverständigenkommission zur Prüfung des Gemeinnützigkeits- und Spendenrechts, Bonn 1988, zitiert: Sachverständigenkommission

Bundesministerium der Justiz, Diskussionsentwurf des Bundesministeriums der Justiz; Entwurf eines Gesetzes zur Neuregelung des Rechtsberatungsgesetzes, http://www.bmj.de/media/archive/746.pdf

Bundesministerium des Innern, Stabstelle Moderner Staat – Moderne Verwaltung, Moderner Staat – Moderne Verwaltung: Das Programm der Bundesregierung; Kabinettsbeschluss vom 1. Dezember 1999, Berlin 1999, zitiert: Kabinettsbeschluss, Moderner Staat – Moderne Verwaltung

Bundesministerium für Familie, Senioren, Frauen und Jugend (Hrsg.), Ergebnisse der Repräsentativerhebung zu Ehrenamt, Freiwilligenarbeit und bürgerschaftlichem Engagement, Band 1: Freiwilliges Engagement in Deutschland, Gesamtbericht, Stuttgart 2000, zitiert: Freiwilligensurvey, Gesamtbericht

Bundesministerium für Familie, Senioren, Frauen und Jugend (Hrsg.), Ergebnisse der Repräsentativerhebung 1999 zu Ehrenamt, Freiwilligenarbeit und bürgerschaftlichem Engagement, Band 2: Zugangswege zum freiwilligen Engagement und Engagementpotenzial in den neuen und alten Bundesländern, Stuttgart 2000, zitiert: Freiwilligensurvey, Zugangswege

Bundesministerium für Familie, Senioren, Frauen und Jugend, 2. Freiwilligensurvey 2004 – Ehrenamt, Freiwilligenarbeit, Bürgerschaftliches Engagement, Kurzzusammenfassung, http://www.bmfsfj.de/Politikbereiche/

freiwilliges-engagement, zitiert: Freiwilligensurvey 2004, Kurzzusammenfassung

Campenhausen, Axel Freiherr von, Religionsfreiheit, in: Isensee, Josef/ Kirchhof, Paul, Handbuch des Staatsrechts VI, 2. Auflage, Heidelberg 2001, § 136

Caritas-Verband, Pressemitteilung für das Bistum Essen vom 5.2.2004, http://www.caritas-essen.de/presse/2004/cpa017-ok.pdf

Creifelds, Rechtswörterbuch, 18. Auflage, München 2004

Dederer, Hans-Georg, Organisatorisch-personelle Legitimation der funktionellen Selbstverwaltung, NVwZ 2000, S. 403 – 405

Degenhart, Christoph, Die allgemeine Handlungsfreiheit des Art. 2 I GG, JuS 1990, S. 161 – 169

ders., Staatsrecht I, 20. Auflage, Heidelberg 2004, zitiert: Degenhart, Staatsrecht I

Deger, Johannes, Sind Chaos-Tage und Techno-Paraden Versammlungen? NJW 1997, S. 923 – 925

Denninger, Erhard u.a., Kommentar zum Grundgesetz für die Bundesrepublik Deutschland, 3. Auflage, Neuwied 2001, 2. Aktualisierungslieferung 2002, zitiert: AK-Bearbeiter, 3. A.

Depenheuer, Otto, Rechtsstaat und Globalisierung, in Zöller (Hrsg.), Vom Betreuungsstaat zur Bürgergesellschaft – Kann die Gesellschaft sich selbst regeln und erneuern?, Hanns Martin Schleyer Stiftung Köln 2000, S. 19 – 26, zitiert: Depenheuer, Globalisierung

ders., Der Wortlaut als Grenze, Thesen zu einem Topos der Verfassungsinterpretation, Heidelberg 1988, zitiert: Depenheuer, Thesen

Deutelmoser, Anna, Angst vor den Folgen eines weiten Versammlungsbegriffs?, NVwZ 1999, S. 240 – 244

Deutscher Anwaltverein, Vorschlag des Deutschen Anwaltvereins zur Neugestaltung des Rechtsberatungsgesetzes, http://www.anwaltverein.de/01/depesche/texte04/vorschlag.pdf

Dreier, Horst, Das Demokratieprinzip des Grundgesetzes, Jura 1997, S. 249 – 257

ders. (Hrsg.), Grundgesetz: Kommentar, Band 2: Art. 20 – 82, Tübingen 1998, zitiert: Bearbeiter in Dreier

Duchrow, Julia/ Grenz, Wolfgang, Stellungnahme zur Reform des Rechtsberatungsgesetzes vom 12.08.2003, http://www2.amnesty.de/internet/Gutachten.nsf

Duden-Redaktion, Duden, Das Fremdwörterbuch, 7. Auflage Mannheim 2001

Eberhard, Angela, Das freiwillige soziale Jahr, Augsburg 2001

Ehmke, Horst, „Staat“ und „Verfassung“ als verfassungstheoretisches Problem, in: Staatsverfassung und Kirchenordnung, Festgabe für Rudolf Smend zum 80. Geburtstag, Tübingen 1962, S. 23 – 49

Eichenhofer, Eberhard, Sozialrecht, 4. Auflage, Tübingen 2003.

Emde, Ernst Thomas, Die demokratische Legitimation der funktionalen Selbstverwaltung, Berlin 1990

Enders, Christoph, Der Schutz der Versammlungsfreiheit (Teil II), Jura 2003, S. 103 – 109

Endres, Gerhard L./ Back, Ruth, Ehrenamtlichkeit und Bürger-Arbeit unter den Bedingungen von hoher Arbeitslosigkeit und tendenziell steigender Kluft zwischen Reichen und Armen, in: Kistler, Ernst/ Noll, Heinz-Herbert/ Priller, Eckhard (Hrsg.), Perspektiven gesellschaftlichen Zusammenhalts. Empirische Befunde, Praxiserfahrungen, Meßkonzepte, Berlin 1999; S. 355 – 366

Engel, Christoph, Ehrenamt und Arbeitsrecht: Die Übertragbarkeit von Regelungen des Individualarbeitsrechts und des Arbeitsschutzrechts auf ehrenamtlich Tätige, Bayreuth 1994

Engelmann, Klaus, Untergesetzliche Normsetzung im Recht der gesetzlichen Krankenversicherung durch Verträge und Richtlinien (Teil 2), NZS 2000, S. 76 – 84

Enquete-Kommission Bürgerschaftliches Engagement, Gesamtbericht, BT-Drs. 14/8900

Erichsen, Hans-Uwe, Das Grundrecht aus Art. 2 Abs. 1 GG, Jura 1987, S. 367 – 373

ders., Allgemeine Handlungsfreiheit, in: Isensee, Josef/Kirchhof, Paul, Handbuch des Staatsrechts VI, 2. Auflage, Heidelberg 2001 § 152

Eschenburg, Theodor, Herrschaft der Verbände?, Stuttgart 1955

Etzrodt, Wolf, Der Grundrechtsschutz der negativen Vereinigungsfreiheit, Frankfurt/Main 1980

Evers, Adalbert/ Olk, Thomas, Analytische und normativ-politische Dimensionen eines Leitbegriffs, in: dies. (Hrsg.), Wohlfahrtspluralismus. Vom Wohlfahrtsstaat zur Wohlfahrtsgesellschaft, Opladen 1996, S. 9 – 60

Feuerich, Wilhelm E./ Braun, Anton, Bundesrechtsanwaltsordnung – Recht für Anwälte aus dem Gebiet der Europäischen Union, 5. Auflage München 2000

Forsthoff, Ernst, Der totale Staat, Hamburg 1933, zitiert: Forsthoff, Totaler Staat

ders., Begriff und Wesen des sozialen Rechtsstaates, VVDStRL 1954 (Band 12), S. 8 – 34

ders., Verfassung und Verfassungswirklichkeit der Bundesrepublik, in: Kempen, Otto Ernst (Hrsg.), Sozialstaatsprinzip und Wirtschaftsordnung, 1. Auflage, Frankfurt/Main 1976, S. 184 – 200, zitiert: Forsthoff in Kempen

Gaskin, Katharine/ Smith Justin Davis/ Paulwitz, Irmtraut, Ein neues bürgerschaftliches Europa: Eine Untersuchung zur Verbreitung und Rolle von Volunteering in zehn Ländern, Freiburg/Breisgau 1996

Geis, Max-Emanuel, Kulturstaat und kulturelle Freiheit: Eine Untersuchung des Kulturstaatskonzeptes von Ernst Rudolf Huber aus verfassungsrechtlicher Sicht, Baden-Baden 1990, zitiert: Geis, Kulturstaat

ders., Die öffentliche Förderung sozialer Selbsthilfe, Baden-Baden 1997, zitiert: Geis, Selbsthilfe

Gensicke, Thomas, Freiwilliges Engagement in den neuen und alten Ländern, in: Bundesministerium für Familie, Senioren, Frauen und Jugend (Hrsg.), Ergebnisse der Repräsentativerhebung 1999 zu Ehrenamt, Freiwilligenarbeit und bürgerschaftlichem Engagement, Band 2: Zugangswege zum freiwilligen Engagement und Engagementpotenzial in den neuen und alten Bundesländern, Stuttgart 2000, S. 22 – 113

Gerhard, Ute, Gleichheit ohne Angleichung, München 1990, zitiert: Gerhard, Gleichheit

dies., Unerhört – Die Geschichte der deutschen Frauenbewegung, Reinbek bei Hamburg 1992, zitiert: Gerhard, Frauenbewegung

Gern, Alfons, Deutsches Kommunalrecht, 3. Auflage, Baden-Baden 2003

Gillich, Stefan, Bürgerschaftliches Engagement in der Hilfe für Wohnungslose, TuP 2001, S. 455 – 460

Gneist, Rudolf, Der Rechtsstaat und die Verwaltungsgerichte in Deutschland, Darmstadt 1966

Goll, Eberhard, Die freie Wohlfahrtspflege als eigener Wirtschaftssektor. Theorie und Empirie ihrer Verbände und Einrichtungen, Baden-Baden 1991

Grimm, Dieter, Verbände, in: Benda, Ernst/Maihofer, Werner/Vogel, Hans-Jochen: Handbuch des Verfassungsrechts der Bundesrepublik Deutschland, 2. Auflage, Berlin 1994

Grimm, Dieter, Gemeinwohl in der Rechtsprechung des Bundesverfassungsgerichts, in: Münkler, Herfried/Fischer, Karsten: Gemeinwohl und Gemeinsinn im Recht: Konkretisierung und Realisierung öffentlicher Interessen, Berlin 2002, S. 125 – 139, zitiert: Grimm, Gemeinwohl

Gromm, Bernhard, Neues Ehrenamt, in: Stimmen der Zeit 2001, S. 505- 506

Häberle, Peter, „Gemeinwohl“ und „Gemeinsinn“ im national-verfassungsstaatlichen und europarechtlichen Kontext, in: Münkler, Herfried/Fischer, Karsten: Gemeinwohl und Gemeinsinn im Recht: Konkretisierung und Realisierung öffentlicher Interessen, Berlin 2002, S. 99 – 124

Habermas, Jürgen, Faktizität und Geltung: Beiträge zur Diskurstheorie des Rechts und des demokratischen Rechtsstaats, 4. Auflage, Frankfurt/Main 1994

Hartung, Wolfgang/ Volker Römermann Praxiskommentar zum Rechtsanwaltsvergütungsgesetz, München 2004
Hattenhauer, Hans, Die geistesgeschichtlichen Grundlagen des deutschen Rechts, 2. Auflage Heidelberg 1980
Hauck, Karl/ Noftz, Wolfgang, Sozialgesetzbuch Gesamtkommentar, SGB VII, Gesetzliche Unfallversicherung, Band 1, Stand: 21. Lieferung Januar 2004, zitiert: Bearbeiter in Hauck/Noftz
Haug, Sonja, Soziales Kapital. Ein kritischer Überblick über den aktuellen Forschungsstand, Mannheim 1997
Häußermann, D., Lockerung personell-organisatorischer Legitimation bei funktionaler Selbstverwaltung, JA 2004, S. 22 – 25
Heimburg, Sibylle von, Verwaltungsaufgaben und Private, Funktionen und Typen der Beteiligung Privater an öffentlichen Aufgaben unter besonderer Berücksichtigung des Baurechts, Berlin 1982
Heinze, Rolf G., Neue Subsidiarität: Leitidee für eine künftige Sozialpolitik?, Opladen 1986
Heinze, Rolf G./ Schmid, Josef/ Strünck, Christoph, Vom Wohlfahrtsstaat zum Wettbewerbsstaat – Arbeitsmarkt- und Sozialpolitik in den 90er Jahren, Opladen 1999
Heller, Hermann, Rechtsstaat oder Diktatur?, in: Kempen, Otto Ernst: Sozialstaatsprinzip und Wirtschaftsordnung, 1. Auflage, Frankfurt/ Main 1976, S. 55 – 69
Hendler, Reinhard, Selbstverwaltung als Ordnungsprinzip, Köln 1984
Hennis, Wilhelm, Demokratisierung. Zur Problematik eines Begriffs, in: Martin Greiffenhagen (Hrsg.), Demokratisierung in Staat und Gesellschaft, München 1973, S. 47 – 70
Herzog, Roman, Subsidiaritätsprinzip und Staatsverfassung, Der Staat 1963, S. 399 – 423
Herzog, Roman, Subsidiaritätsprinzip, in: Evangelisches Staatslexikon, 3. Auflage 1987, Band II N – Z, Spalte 3564 – 3571
Hesse, Hans Albrecht, Der Einzelne und sein Beruf: Die Auslegung des Art. 12 Abs. 1 GG durch das Bundesverfassungsgericht aus soziologischer Sicht, AöR 95 (1970), S. 449 – 474
ders., Die Einbeziehung der Soziologie in die juristische Dogmatik am Beispiel der Auslegung des Art. 12 GG, DVBl. 1976, S. 657 – 662
Hesse, Konrad, Der Rechtsstaat im Verfassungssystem des Grundgesetzes, in: Staatsverfassung und Kirchenordnung, Festgabe für Rudolf Smend zum 80. Geburtstag, Tübingen 1962, S. 77 – 96, zitiert: Hesse in FS Smend
Hobbes, Thomas, Leviathan oder Stoff, Form und Gewalt eines kirchlichen und bürgerlichen Staates, München 1984
Hoffmann, Gerd, Berufsfreiheit als Grundrecht der Arbeit, Diss. Baden-Baden 1981

Hoffmann-Hoeppel, Jochen, Die Entwicklung der versammlungsrechtlichen Rechtsprechung seit den Urteilen des VG und LG Hamburg zum „Hamburger Kessel", DÖV 1992, S. 867 – 875

Hoffmann-Riem, Wolfgang, Neuere Rechtsprechung des BVerfG zur Versammlungsfreiheit, NVwZ 2002, S. 257 – 265

Hofmann, Hasso, Verfassungsrechtliche Annäherungen an den Begriff des Gemeinwohls, in: Münkler, Herfried/Fischer, Karsten, Gemeinwohl und Gemeinsinn im Recht: Konkretisierung und Realisierung öffentlicher Interessen, Berlin 2002, S. 25 – 41

Hollberbach, Alexander, Grundlagen des Staatskirchenrechts, in: Isensee, Josef/ Kirchhof, Paul: Handbuch des Staatsrechts VI, 2. Auflage, Heidelberg 2001, § 138

ders., Freiheit kirchlichen Wirkens. in: Isensee, Josef/Kirchhof, Paul: Handbuch des Staatsrechts VI, 2. Auflage, Heidelberg 2001, § 140

Hufen, Friedhelm, Gesetzesgestaltung und Gesetzesanwendung im Leistungsrecht, VVDStRL 1989 (Band 47), S. 142 – 171

Igl, Gerhard, Das neue Pflegeversicherungsrecht, München 1994, zitiert: Igl, Pflegeversicherung

ders., Rechtsfragen des freiwilligen sozialen Engagements, 2. Auflage Stuttgart 1996, zitiert: Igl, Soziales Engagement

Igl, Gerhard/ Jachmann, Monika/ Eichenhofer, Eberhard, Rechtliche Rahmenbedingungen bürgerschaftlichen Engagements, Opladen 2002

Igl, Gerhard/ Klie, Thomas, Die jüngere Entwicklung der Qualitätsdiskussion in der Versorgung Pflegebedürftiger im Rahmen des SGB XI und in der häuslichen Krankenpflege, in: Igl, Gerhard u.a.: Qualität in der Pflege – Betreuung und Versorgung von pflegebedürftigen alten Menschen in der stationären und ambulanten Altenhilfe, Stuttgart 2002, S. 3 – 17

Ipsen, Jörn, Staatrecht I, 10. Auflage, Neuwied, Kriftel 1998

ders., Staatrecht I, 15. Auflage, Neuwied, Kriftel 2003

ders., Staatrecht II, 7. Auflage, Neuwied, Kriftel 2004

Isensee, Josef, Subsidiaritätsprinzip und Verfassungsrecht. Eine Studie über das Regulativ des Verhältnisses von Staat und Gesellschaft, Berlin 1968, zitiert: Isensee, Subsidiaritätsprinzip

Isensee, Josef, Der Dualismus von Staat und Gesellschaft, in: Böckenförde (Hrsg.), Staat und Gesellschaft, Darmstadt 1976, S. 317 – 329, zitiert: Isensee, Dualismus

ders., Gemeinwohl und Bürgersinn im Steuerstaat des Grund-gesetzes, in: Maurer, Hartmut (Hrsg.), Das akzeptierte Grundgesetz, Festschrift für Günter Dürig zum 70. Geburtstag, München 1990, S. 33 – 65, zitiert: Isensee in FS Dürig *ders.*, Gemeinwohl und Staatsaufgaben im Verfassungsrecht, in: Isensee, Josef/ Kirchhof, Paul, Handbuch des Staatsrechts III, Heidelberg 1996, § 57

ders., Subsidiarität – das Prinzip und seine Prämissen, in: Blickle, Peter/Hüglin, Thomas O./ Wyduckel, Dieter (Hrsg.), Subsidiarität als rechtliches und politisches Ordnungsprinzip in Kirche, Staat und Gesellschaft, (Beiheft 20 zur Zeitschrift Rechtstheorie) Berlin 2002, S. 129 – 177, zitiert: Isensee, Subsidiarität als Ordnungsprinzip

Isensee, Josef/ Knobbe-Keuk, Brigitte, Sondervotum zu den Vorschlägen der Unabhängigen Sachverständigenkommission zur Prüfung des Gemeinnützigkeits- und Spendenrechts, in: Bundesministerium der Finanzen (Hrsg.), Gutachten der Unabhängigen Sachverständigenkommission zur Prüfung des Gemeinnützigkeits- und Spendenrechts, Bonn 1988, S. 331 – 510

Janning, Heinz/ Bartjes, Heinz, Ehrenamt und Wirtschaft, Internationale Beispiele bürgerschaftlichen Engagements der Wirtschaft, Stuttgart 2000

Jarass, Hans D., Folgerungen aus der neueren Rechtsprechung des Bundesverfassungsgerichts für die Prüfung von Verstößen gegen Art. 3 I GG, NJW 1997, 2545 – 2550

Jarass, Hans D./ Pieroth, Bodo, Grundgesetz für die Bundesrepublik Deutschland, Kommentar, 7. Auflage, München 2004

Jonas, Hans, Die drei Dilemmata des Gemeinsinns, Dokumentation der Frankfurter Rundschau vom 17. Juli 2001

Karsten, Maria-Eleonora, Die neue ehrenamtliche Arbeit – Handlungs(kompetenz)modell für Frauen?, in: Müller, Siegfried/ Rauschenbach, Thomas (Hrsg.), Das soziale Ehrenamt – Nützliche Arbeit zum Nulltarif?, 2. Auflage, Weinheim 1992, S. 103 – 117

Kater, Horst/ Leube, Konrad, Gesetzliche Unfallversicherung, SGB VII: Kommentar, München 1997

Katz, Alfred, Staatsrecht, 15. Auflage, Heidelberg 2002

Kempen, Otto Ernst (Hrsg.), Sozialstaatsprinzip und Wirtschaftsordnung, Frankfurt/Main 1976

Keupp, Heiner/ Kraus, Wolfgang/ Straus, Florian, Civic matters: Motive, Hemmnisse und Fördermöglichkeiten bürgerschaftlichen Engagements, in: Beck, Ulrich (Hrsg.), Die Zukunft von Arbeit und Demokratie, Frankfurt/Main 2000, S. 217 – 268

Klages, Helmut, Engagement und Engagementpotential in Deutschland, in: Beck, Ulrich (Hrsg.), Die Zukunft von Arbeit und Demokratie, Frankfurt/Main 2000, S. 151 – 170, zitiert: Klages, Engagement

ders., Engagementpotenzial in Deutschland, in: Bundesministerium für Familie, Senioren, Frauen und Jugend (Hrsg.), Ergebnisse der Repräsentativerhebung 1999 zu Ehrenamt, Freiwilligenarbeit und bürgerschaftlichem

Engagement, Band 2: Zugangswege zum freiwilligen Engagement und Engagementpotenzial in den neuen und alten Bundesländern, Stuttgart 2000, S. 114 – 145

ders., Mehr Selbstentfaltung bedeutet auch ein verstärktes Engagement, Das Parlament, Nr. 32-33/2001, S. 1

Klages, Helmut/ Gensicke, Thomas, Wertewandel und bürgerschaftliches Engagement an der Schwelle zum 21. Jahrhundert, Speyer 1999

Klein, Ansgar, Der Diskurs der Zivilgesellschaft. Politische Hintergründe und demokratietheoretische Folgerungen, Opladen 2001, zitiert: Klein, Zivilgesellschaft

ders., Zivilgesellschaft als Reformpotenzial für Gesellschaft oder Politik? Die Enquete-Kommisson „Zukunft des bürgerschaftlichen Engagements", in: Breit, Gotthard/ Massing, Peter (Hrsg.), Bürgergesellschaft, Zivilgesellschaft, Dritter Sektor, Schwalbach, Ts. 2002, S. 60 – 69, zitiert: Klein, Reformpotenzial

Kleine-Cosack, Michael, Vom Rechtsberatungsgesetz zum freien Wettbewerb, NJW 2000, S. 1593 – 1601

ders., Bundesrechtsanwaltsordnung mit Berufs- und Fachanwaltsordnung, Kommentar, 4. Auflage, München 2003

Klenner, Christina/ Pfahl, Sonja Zeitlich alles im Griff. Wie vereinbaren Frauen Beruf, Familie und Ehrenamt?, spw 4/2001, S. 35 – 39

Kloepfer, Michael, Versammlungsfreiheit, in: Isensee, Josef/ Kirchhof, Paul, Handbuch des Staatsrechts VI, 2. Auflage, Heidelberg 2001 § 143

Kluth, Winfried, Funktionale Selbstverwaltung, Tübingen 1997

Kniesel, Michael, Versammlungs- und Demonstrationsfreiheit, NJW 2000, S. 2857 – 2866

Kniesel, Michael/ Poscher, Ralf , Die Entwicklung des Versammlungsrechts 2000 – 2003, NJW 2004, S. 422 – 429

Kocka, Jürgen, Das Bürgertum als Träger von Zivilgesellschaft, in: Enquete-Kommission „Zukunft des Bürgerschaftlichen Engagements", Deutscher Bundestag (Hrsg.), Bürgerschaftliches Engagement und Zivilgesellschaft, Opladen 2002, S. 15 – 22

Kramer, Helmut, Soziales Engagement verboten, in: Grass, Günter/ Dahn, Daniela/ Strasser, Johanno (Hrsg.), In einem reichen Land, Göttingen 2002, S. 527 – 540

Kube, Hanno, Die Elfes-Konstruktion, in: JuS 2003, S. 111 – 118

Lamping, Wolfram u.a., Der Aktivierende Staat; Positionen, Begriffe, Strategien; Studie für den Arbeitskreis Bürgergesellschaft und Aktivierende Staat der Friedrich-Ebert-Stiftung, Bonn 2002

Lehmann, Karl-Heinz, Ist das Rechtsberatungsgesetz noch zeitgemäß?, NJ 2000, S. 337 – 339

Leif, Thomas, Die Faszination der großen Zahl, Dokumentation der Frankfurter Rundschau vom 29.12.2001

Locke, John, Two Treatises of Government, Cambridge 1992

Luhmann, Niklas, Die Legeshierarchie und die Trennung von Staat und Gesellschaft, in: ders., Grundrechte als Institution, Berlin 1965, S. 26 – 37; zitiert: Luhmann, Legeshierarchie

ders., Recht und Automation in der öffentlichen Verwaltung: eine verwaltungswissenschaftliche Untersuchung, 2. Auflage, Berlin 1997, zitiert: Luhmann, Verwaltung

Maier, Hans/ Denzer, Horst (Hrsg.), Klassiker des politischen Denkens, Band 1: Von Plato bis Hobbes, 5. Auflage, München 2001, zitiert: Bearbeiter in Maier/Denzer, Bd. 1

dies., Klassiker des politischen Denkens, Band 2: Von Locke bis Max Weber, 5. Auflage, München 2001, zitiert: Bearbeiter in Maier/Denzer, Bd. 2

Mangoldt, Hermann von/ Klein, Friedrich/ Starck, Christian, Das Bonner Grundgesetz, Kommentar, Band 1: Präambel, Art. 1- 19, 4. Auflage, München 1999, zitiert: Bearbeiter in von Mangoldt/ Klein/ Starck

Martens, Wolfgang, Grundrechte im Leistungsstaat, VVDStRL 1972 (30), S. 7 – 42

Maunz, Theodor/ Dürig, Günter/ Herzog, Roman, Grundgesetz: Kommentar, 42. Lieferung 2003, zitiert: MD-Bearbeiter

Maydell, Bernd von / Ruland, Franz (Hrsg.), Sozialrechtshandbuch, 3. Auflage, Baden-Baden 2003, zitiert: Bearbeiter in SRH

Mayen, Thomas, Verwaltung durch unabhängige Einrichtungen, DÖV 2004, S. 45 – 55

Merten, Detlef, Vereinsfreiheit, in: Isensee, Josef/ Kirchhof, Paul, Handbuch des Staatsrechts VI, 2. Auflage, Heidelberg 2001, § 144

Meyer, Hubert, Kommunales Ehrenamt und die Verwaltungsreform, Der Landkreis (DL) 2004, S. 432 – 437

Montesquieu, Charles de, Vom Geist der Gesetze, Tübingen 1992

Muckel, Stefan, Die Selbstverwaltung in der Sozialversicherung auf dem Prüfstand des Demokratieprinzips, NZS 2002, S. 118 – 125

ders., Sozialrecht, 1. Auflage München 2003, zitiert: Muckel, Sozialrecht

Müller-Kohlenberg, Hildegard, Laienhilfe – Die bessere Alternative?, in: Müller, Siegfried/ Rauschenbach, Thomas (Hrsg.), Das soziale Ehrenamt – Nützliche Arbeit zum Nulltarif?, 2. Auflage, Weinheim 1992, S. 185 – 193

Münch von, Ingo/ Kunig, Philip, Grundgesetz-Kommentar Band 1 (Präambel bis Art. 19), 5. Auflage, München 2000, zitiert: von Münch – Bearbeiter

Münder, Johannes u.a., Frankfurter Kommentar zum SGB VIII: Kinder- und Jugendhilfe, 4. Auflage, Weinheim 2003, zitiert: FK-SGB VIII

Musil, Andreas, Das Bundesverfassungsgericht und die demokratische Legitimation der funktionalen Selbstverwaltung, DÖV 2004, S. 116 – 120
Mutius, Albert von, Repetitorium Öffentliches Recht. Die Vereinigungsfreiheit gemäß Art. 9 Abs. 1 GG, Jura 1984, 193 – 203
Mutius, Albert von/ Rentsch, Harald, Kommunalverfassungsrecht Schleswig-Holstein, 5. Auflage, Kiel 1998
Mutz, Gerd, Der souveräne Arbeitsgestalter in der zivilen Arbeitsgesellschaft, in: Aus Politik und Zeitgeschichte 32/2001, S. 14 – 23

Neumann, Volker, Freiheitsgefährdung im kooperativen Sozialstaat, Köln 1992
Niesel, Klaus, Kasseler Kommentar zum Sozialversicherungsrecht, Band 2, München, 38. Ergänzungslieferung, Stand 1. Dezember 2002, zitiert: KassKomm-Bearbeiter
Notz, Gisela, Frauen, die zum Nulltarif arbeiten, waren immer unentbehrlich, in: Dalhoff/Frey,/Schöll (Hrsg.), Frauenmacht in der Geschichte, Düsseldorf 1986, zitiert: Notz, Frauen
dies., Arbeit ohne Geld und Ehre. Zur Gestaltung ehrenamtlicher sozialer Arbeit, Forschungsberichte des Landes Nordrhein-Westfalen, Opladen 1987, zitiert: Notz, Arbeit

Olk, Thomas, Zwischen Hausarbeit und Beruf, in: Müller, Siegfried/ Rauschenbach, Thomas (Hrsg.), Das soziale Ehrenamt – Nützliche Arbeit zum Nulltarif?, 2. Auflage, Weinheim 1992, S. 19 – 36
Olk, Thomas/ Jakob, Gisela, Sozialkulturelle Varianten ehrenamtlichen Engagement innerhalb des Caritasverbandes, in: Neue Praxis (NP) 1991, S. 500 – 503
Oppermann, Thomas, Subsidiarität als Bestandteil des Grundgesetzes, JuS 1996, S. 569 – 573

Pankoke, Eckart, Ehren-Amt und Bürger-Kompetenz: Freies Engagement als soziales Kapital, TuP 2002, S. 214 – 221
Peters, Hans, Das Recht auf freie Entfaltung der Persönlichkeit in der höchstrichterlichen Rechtsprechung, Köln, Opladen 1963
Picot, Sibylle, Jugend und freiwilliges Engagement, in: Bundesministerium für Familie, Senioren, Frauen und Jugend (Hrsg.), Freiwilliges Engagement in Deutschland – Freiwilligensurvey 1999, Band 3: Frauen und Männer, Jugend, Senioren, Sport. S. 111 – 208
Pieroth, Bodo/ Schlink, Bernhard, Grundrechte, Staatsrecht II, 20. Auflage Heidelberg 2004
Pitschas, Rainer, Berufsfreiheit und Berufslenkung, Berlin 1983
Prütting, Hanns, Rechtsberatung zwischen Deregulierung und Verbraucherschutz, Gutachten G für den 65. Deutschen Juristentag, München 2004

Putnam, Robert D., Bowling alone. The collapse and revival of American Community, New York 2000
ders., Making Democracy Work. Civic Taditions in Modern Italy, Princeton 1993, zitiert: Putnam, Democracy

Rabe-Kleberg, Ursula, Wenn der Beruf zum Ehrenamt wird – Auf dem Weg zu neuartigen Arbeitsverhältnissen in sozialen Berufen?, in: Müller, Siegfried/ Rauschenbach, Thomas (Hrsg.), Das soziale Ehrenamt – Nützliche Arbeit zum Nulltarif?, 2. Auflage, Weinheim 1992, S. 87 – 101
Rasehorn, Theo, Zur Pönalisierung der informellen Rechtsberatung durch das Rechtsberatungsgesetz, DRiZ 2000, S. 442 – 447
Rauschenbach, Thomas/ Müller, Siegfried/ Otto, Ulrich, Vom öffentlichen und privaten Nutzen sozialen Ehrenamtes, in: Müller, Siegfried/ Rauschenbach, Thomas (Hrsg.), Das soziale Ehrenamt – Nützliche Arbeit zum Nulltarif?, 2. Auflage, Weinheim 1992, S. 223 – 242
Rebenstorf, Hilke. Die politische Klasse. Zur Entwicklung und Reproduktion einer Funktionselite, Frankfurt/Main 1995
Rendtorff, Trutz, Kritische Erwägungen zum Subsidiaritätsprinzip, Der Staat 1962, S. 405 – 430
Rennen, Günter/ Caliebe, Gabriele, Rechtsberatungsgesetz mit Ausführungverordnungen, 3. Auflage München 2001
Rohls, Jan Subsidiarität in der reformierten Konfessionskultur, in: Blickle, Peter/ Hüglin, Thomas O./ Wyduckel, Dieter (Hrsg.), Subsidiarität als rechtliches und politisches Ordnungsprinzip in Kirche, Staat und Gesellschaft, (Beiheft 20 zur Zeitschrift Rechtstheorie), Berlin 2002, S. 37 – 58
Rohr, Wolfgang, Staatsrecht mit Grundzügen des Europarecht, Köln 2001
Rohwer-Kahlmann, Harry/ Ströer, Heinz, SGB I, München 1979
Roth, Roland, Besonderheiten des bürgerschaftlichen Engagements in den neuen Bundesländern, in: Aus Politik und Zeitgeschichte B 39-40/ 2001, S. 15 – 22
Rottleuthner, Hubert, Rechtsberatung zwischen Deregulierung und Verbraucherschutz, Gutachten H für den 65. Deutschen Juristentag, München 2004
Sachs, Michael, Verfassungsrecht II, Grundrechte, 3. Auflage, Berlin 2003, zitiert: Sachs, Grundrechte
ders., Grundgesetz Kommentar, 3. Auflage, München 2003, zitiert: Bearbeiter in Sachs
Sachße, Christoph, Ehrenamtlichkeit, Selbsthilfe und Professionalität. Eine historische Skizze, in: Müller, Siegfried/ Rauschenbach, Thomas (Hrsg.), Das soziale Ehrenamt – Nützliche Arbeit zum Nulltarif?, 2. Auflage, Weinheim 1992, S. 51 – 55, zitiert: Sachße, Ehrenamtlichkeit
ders., Traditionslinien bürgerschaftlichen Engagements, in: Enquete-Kommission „Zukunft des Bürgerschaftlichen Engagements," Deutscher Bundes-

tag (Hrsg.), Bürgerschaftliches Engagement und Zivilgesellschaft, Opladen 2002, S. 23 – 28, zitiert: Sachße, Traditionslinien

Schliesky, Utz, Bürgerschaftliches Engagement in der repräsentativen Demokratie – Rechtliche und gesellschaftliche Rahmenbedingungen auf der kommunalen Ebene, DL 2004, S. 422 – 428

Schmidt, Thomas, Die Freiheit verfassungswidriger Parteien und Vereinigungen – Zur Schrankenlehre im Rahmen von Art. 21 Abs. 2 und 9 Abs. 2 GG, Berlin 1983

Schmidt-Aßmann, Eberhard, Verwaltungslegitimation als Rechtsbegriff, AöR 116 (1991), S. 329 – 390

Schmidt-Aßmann, Eberhard (Hrsg.), Besonderes Verwaltungsrecht, 12. Auflage, Berlin 2003, zitiert: Schmidt-Aßmann, BesVwR

Schmidt-Bleibtreu, Bruno/ Klein, Franz, Kommentar zum Grundgesetz, 10. Auflage, Neuwied 2004, zitiert: Bearbeiter in Schmidt-Bleibtreu/Klein

Schmidt-Jortzig, Eberhard, Meinungs- und Informationsfreiheit, in: Isensee, Josef/ Kirchhof, Paul, Handbuch des Staatsrechts VI, 2. Auflage, Heidelberg 2001, § 141

Schneider, Hans-Peter, Art. 12 GG - Freiheit des Berufs und Grundrecht auf Arbeit, Veröffentlichungen der Vereinigung Deutscher Staatsrechtslehrer (VVDStRL) Band 43 (1985), S. 7 – 43

Schoreit, Armin/ Dehn, Jürgen, Beratungshilfe, Prozesskostenhilfe, Kommentar, 6. Auflage, Heidelberg 1998

Schulin, Bertram, Die soziale Pflegeversicherung des SGB XI – Grundstrukturen und Probleme, NZS 1994, S. 433 – 444

Schulin, Bertram (Hrsg.), Handbuch des Sozialversicherungsrechts, Band 2: Unfallversicherungsrecht, München 1996. Zitiert: Bearbeiter in Schulin, HS-UV

Schulin, Bertram/ Igl, Gerhard, Sozialrecht, 7. Auflage, Düsseldorf 2002

Schuppert, Gunnar Folke, Grundrechte und Demokratie, EuGRZ 1985, S. 525 – 532

ders., Aktivierender Staat und Zivilgesellschaft – Versuch einer Verhältnisbestimmung, in: Enquete-Kommission „Zukunft des Bürgerschaftlichen Engagements" Deutscher Bundestag (Hrsg.), Bürgerschaftliches Engagement und Zivilgesellschaft, Opladen 2002, S. 185 – 207, zitiert: Schuppert, Zivilgesellschaft

Smend, Rudolf, Verfassung und Verfassungsrecht, München 1928

Smith, Adam, An Inquiry into the Nature and the Causes of the Wealth of Nations, Oxford 1993

Sobota, Katharina, Das Prinzip Rechtsstaat: verfassungs- und verwaltungsrechtliche Aspekte, Tübingen 1997

Stecker, Christina, Vergütete Solidarität und solidarische Vergütung, Opladen 2002

Stein, Ekkehart/ Frank, Götz, Staatsrecht, 19. Auflage, Tübingen 2004
Stein, Lorenz von, Geschichte der sozialen Bewegung in Frankreich von 1789 bis auf unsere Tage in drei Bänden, München 1921, zitiert: von Stein, Soz. Bew., Bandzahl
Steiner, Udo, Öffentliche Verwaltung durch Private, DÖV 1970, S. 526 – 532
Steiner, Udo (Hrsg.), Besonderes Verwaltungsrecht, 7. Auflage, Heidelberg 2003
Stober, Rolf, Kommunalrecht in der Bundesrepublik Deutschland, 3. Auflage, Stuttgart 1996
Stolleis, Michael, Gemeinwohl, in: Evangelisches Staatslexikon, 3. Auflage 1987, Band I A - M , Spalte 1061 – 1064
Störig, Hans Joachim, Kleine Weltgeschichte der Philosophie, Frankfurt/Main 1997
Suhr, Dieter, Rechtsstaatlichkeit und Sozialstaatlichkeit, in: Kempen, Otto Ernst (Hrsg.), Sozialstaatsprinzip und Wirtschaftsordnung, Frankfurt/Main 1976, S. 151 – 183
Süsterhem, Adolf, Das Subsidiaritätsprinzip als Grundlage der vertikalen Gewaltenteilung, in: Theodor Maunz (Hrsg.), Vom Bonner Grundgesetz zur gesamtdeutschen Verfassung, Festschrift zum 75. Geburtstag von Hans Nawiasky, München 1956, S. 141 – 155

Tomerius, Stephan/ Breitkreuz, Tilman, Selbstverwaltungsrecht und „Selbstverwaltungspflicht“ – Verfassungsrechtliche Überlegungen zur Rolle von Art. 28 Abs. 2 S. 1 GG bei der Privatisierung kommunaler Aufgaben, DVBl. 2003, S. 426 – 435
Tschentscher, Axel, Versammlungsfreiheit und Eventkultur, NVwZ 2001, S. 1243 – 1246

Udsching, Peter, SGB XI, Soziale Pflegeversicherung, Kommentar, 2. Auflage, München 2000
Utz, Arthur Fridolin, Subsidiaritätsprinzip, Heidelberg 1953

Wallenstätter, Alfred, Das Subsidiaritätsprinzip und die Rechtsprechung des Bundesverfassungsgerichts zu den Grundrechten, Würzburg 1976
Welti, Felix, Die soziale Sicherung der Abgeordneten des Deutschen Bundestages, der Landtage und der deutschen Abgeordneten im Europäischen Parlament, Berlin 1998
Wieland, Joachim, Anmerkung zur Entscheidung des BVerwG JZ 1995, 96; JZ 1995, S. 96 – 97
Wiesner, Reinhard u.a., SGB VIII – Kinder- und Jugendhilfe, 2. Auflage, München 2000 – 2002

Wohlfahrt, Norbert, Bürgerschaftliches Engagement und freie Wohlfahrtspflege – ein Widerspruch?, TuP 2001, S. 323 – 328

Zacher, Hans F., Pluralität der Gesellschaft als rechtspolitische Aufgabe, Der Staat Band 9 (1970), S. 161 – 186, zitiert: Zacher, Pluralität

ders., Sozialstaat und Gesundheitspolitik, in: Perspektiven einer sozialstaatlichen Umverteilung im Gesundheitswesen, Hrsg.: Igl, Gerhard/ Naegele Gerhard, S. 143 – 164, zitiert: Zacher, Gesundheitspolitik

ders., Das soziale Staatsziel, in: Isensee, Josef/ Kirchhof, Paul, Handbuch des Staatsrechts II, 3. Auflage, Heidelberg 2004 § 28

Zierau, Johanna, Genderperspektive – Freiwilligenarbeit, ehrenamtliche Tätigkeit und bürgerschaftliches Engagement bei Männern und Frauen, in: Bundesministerium für Familie, Senioren, Frauen und Jugend (Hrsg.), Freiwilliges Engagement in Deutschland, Freiwilligensurvey 1999, Band 3: Frauen und Männer, Jugend, Senioren und Sport, Stuttgart 2000, S. 15 – 110

Zimmer, Annette, Bürgerengagement, Zivilgesellschaft und Dritter Sektor vor Ort, in: Breit, Gotthard/ Massing, Peter (Hrsg.), Zivilgesellschaft und Dritter Sektor, Schwalbach, Ts. 2002

dies., NGOs als Akteure einer internationalen Zivilgesellschaft, in: Frantz, Christiane/ Zimmer, Annette (Hrsg.), Zivilgesellschaft international. Alte und neue NGOs, Opladen 2002

Zippelius, Reinhold, Der Gleichheitssatz, VVDStRL Band 47 (1989) S. 8 – 36

ders., Allgemeine Staatslehre, 14. Auflage München 2003, zitiert: Zippelius, Staatslehre

Zuck, Rüdiger, Subsidiaritätsprinzip und Grundgesetz, München 1968

VERFASSUNGS- UND VERWALTUNGSRECHT UNTER DEM GRUNDGESETZ

Band 1 Jürgen W. Hidien: Die positive Konkretisierung der öffentlichen Zweckbindung kommunaler Wirtschaftsunternehmen. Zugleich ein Beitrag zu Inhalt und Grenzen der unternehmenswirtschaftlichen Betätigung der Kommunen. 1985.

Band 2 Eckhard Schmidtke: Verfassungsrechtliche Anforderungen an die kassen(zahn-)ärztliche Vergütung unter Berücksichtigung der Kostendämpfungsgesetzgebung des Bundes. 1986.

Band 3 Hans-Michael Wolffgang: Interkommunales Zusammenwirken durch Einbeziehung kreisangehöriger Gemeinden in den Vollzug von Kreisaufgaben. 1987.

Band 4 Friedrich D. Bacmeister: Die Reform des deutschen Kommunalverfassungsrechts durch die britische Besatzungsmacht. Wiedereinführung einer demokratischen Stadtverfassung in Lüneburg 1945 und die Neufassung der Deutschen Gemeindeordnung 1946. 1988.

Band 5 Birgit Spießhofer: Der Störer im allgemeinen und im Sonderpolizeirecht. 1989.

Band 6 Wolfgang Richter: Gentechnologie als Regelungsgegenstand des technischen Sicherheitsrechts. Rechtliche Steuerung unter Bedingungen der Ungewißheit. 1989.

Band 7 Peter Engel: Das schleswig-holsteinische Amt bei Erledigung der Selbstverwaltungsangelegenheiten der amtsangehörigen Gemeinden. 1990.

Band 8 Josef Christ: Raumordnungsziele und Zulässigkeit privater Vorhaben. Bindungswirkung nach der Raumordnungsklausel des § 35 Abs. 3 Satz 3 BauGB. 1990.

Band 9 Helmut Albert: Das Grundrecht auf Leben als Schranke für aufenthaltsbeendende Maßnahmen. 1990.

Band 10 Stephan Dewald: Die privatrechtliche Stiftung als Instrument zur Wahrnehmung öffentlicher Zwecke. 1990.

Band 11 Dimitris Triantafyllou: Haftungsrechtliche Probleme der Staatsaufsicht in der Wirtschaft. Für die Geldwirtschaft dargestellt unter Einbeziehung rechtsvergleichender Befunde. 1991.

Band 12 Wolfgang Buschmann: Kooperationspflichten im Versammlungsrecht. Unter besonderer Berücksichtigung sogenannter Großdemonstrationen. 1990.

Band 13 Armin Teschner: Die Amtshaftung der Gemeinden nach rechtswidrigen Beschlüssen ihrer Kollegialorgane. 1990.

Band 14 Biner Kurt Wenkholm Bähr: Verfassungsmäßigkeit des Einsatzes der Bundeswehr im Rahmen der Vereinten Nationen. 1994.

Band 15 Just Georg Ilgner: Die Rechtsordnung des deutschen Seelotswesens. Eine überkommen ständische Organisation eines staatlich gebundenen Berufs. 1993.

Band 16 Nicola Krekeler: Die Genehmigung gentechnischer Anlagen und Arbeiten nach dem GenTG unter Berücksichtigung europarechtlicher Vorgaben. 1994.

Band 17 Jan van Dyk: Kommunale Elektrizitätsversorgung in den fünf neuen Bundesländern. 1994.

Band 18 David Hawkes: Der Faktor Mensch im Gentechnikrecht. Eine Untersuchung zu den Grenzen probabilistisch geprägter Rechtsbegriffe im Umweltrecht. 1995.

Band 19 Iwan Chotjewitz: Die Organisationsgewalt nach den Verfassungen der deutschen Bundesländer. 1995.

Band 20 Christoph Sieger: Die maßgebende Sach- und Rechtslage für die Beurteilung der Rechtswidrigkeit des Verwaltungsaktes im verwaltungsgerichtlichen Anfechtungsprozeß. 1995.

Band 21 Lars-Hendrik Schröder: Das verwaltungsrechtlich organisatorische Verhältnis der strafverfolgenden Polizei zur Staatsanwaltschaft. 1996.

Band 22 Hans-Peter Donoth: Die Bundesländer in der Europäischen Union. Die bundesstaatliche Ordnung in der Bundesrepublik Deutschland bei der Verwirklichung der Europäischen Union - eine Analyse unter besonderer Berücksichtigung des neugefaßten Art. 23 GG. 1996.

Band 23 Philipp v. Hugo: Die Vorgaben des Eckwertes Nr. 1 der Gemeinsamen Erklärung der beiden deutschen Regierungen vom 15.06.1990 für die Enteignungen in den Jahren 1945-1949. Die Gestaltung der gesamtdeutschen Eigentumsordnung durch ein informelles Regierungsabkommen. 1997.

Band 24 Tilman Giesen: Die Vorbereitung der Grundgesetzänderungen nach der deutschen Wiedervereinigung. Zur Rechtmäßigkeit von Organisation und Verfahren der Gemeinsamen Verfassungskommission. 1997.

Band 25 Conrad Friedrich Rumpf: Richterliches Sozialengagement und Befangenheit. Zugleich eine Stellungnahme für die Befangenheitsablehnung von Amts wegen. 1997.

Band 26 Kathrin Misera-Lang: Dogmatische Grundlagen der Einschränkbarkeit vorbehaltloser Freiheitsgrundrechte. 1999.

Band 27 Bettina Böhm: Öffentlich-private Partnerschaften in der kommunalen Stadtentwicklung. Öffentlich-rechtliche Vorgaben und gesellschaftsrechtliche Gestaltungen. 1999.

Band 28 Bernd Köster: Die Privatisierung des Bauleitplanverfahrens und der Einsatz von Mediation in den Beteiligungsverfahren. 2002.

Band 29 Angelika Leppin: Rechtsprobleme bei der Umstrukturierung deutscher Bahnhöfe vor dem Hintergrund der gemeindlichen Planungshoheit, des Fachplanungsrechts sowie des öffentlichen Sachenrechts. 2003.

Band 30 Anke Brenne: Soziale Grundrechte in den Landesverfassungen. 2003.

Band 31 Birgit Tischer: Das System der informationellen Befugnisse der Polizei. 2004.

Band 32 Judith Reuter: Verfassungsrechtliche Grundlagen des bürgerschaftlichen Engagements. 2005.

www.peterlang.de

Peter Lang · Europäischer Verlag der Wissenschaften

Rainer Geesmann

Soziale Grundrechte im deutschen und französischen Verfassungsrecht und in der Charta der Grundrechte der Europäischen Union

Eine rechtsvergleichende Untersuchung zu den Wirkdimensionen sozialer Grundrechte

Frankfurt am Main, Berlin, Bern, Bruxelles, New York, Oxford, Wien, 2005.
IXX, 311 S.
Europäische Hochschulschriften: Reihe 2, Rechtswissenschaft. Bd. 4207
ISBN 3-631-54061 · br. € 56.50*

Ende 2000 wurde die Charta der Grundrechte der Europäischen Union proklamiert. In dem mit ihrer Ausarbeitung beauftragten Gremium, dem Konvent, waren auch Vertreter Deutschlands und Frankreichs anwesend. Als schwierig erwies sich für den Konvent die Niederlegung sozialer Grundrechte in der Charta. Die Arbeit analysiert, inwieweit die Vertreter Deutschlands und Frankreichs bei den diesbezüglichen Debatten Beeinflussungen durch ihr nationales Verfassungsrecht ausgesetzt waren. Die deutsch-französischen Konventsdebatten sind dabei auch auf spezifische rechtliche Fragestellungen sozialer Grundrechte konzentriert: Es sind dies Fragen nach der grundrechtsfunktionalen Wirkweise dieser Kategorie von Rechten. Ausgehend von den insoweit aufgeworfenen Fragestellungen untersucht die Arbeit rechtsvergleichend das deutsche und französische Verfassungsrecht. Die dabei gewonnenen Erkenntnisse werden schließlich für die Auslegung der sozialen Grundrechte der Charta fruchtbar gemacht.

Aus dem Inhalt: Die Charta der Grundrechte der Europäischen Union · Die sozialen Grundrechte der Charta · Die deutsch-französischen Konventsdebatten

Frankfurt am Main · Berlin · Bern · Bruxelles · New York · Oxford · Wien
Auslieferung: Verlag Peter Lang AG
Moosstr. 1, CH-2542 Pieterlen
Telefax 00 41 (0) 32 / 376 17 27

*inklusive der in Deutschland gültigen Mehrwertsteuer
Preisänderungen vorbehalten

Homepage http://www.peterlang.de